AVERTISSEMENT.

ON fait que la Mythologie eſt un tiſſu d'imaginations bizarres, un amas confus de faits, quelquefois vrais dans le fond, mais ſans chronologie, ſans ordre, ſouvent même répétés ſous différens noms; qu'enfin c'eſt un aſſemblage de contes miſérables, la plupart deſtitués de vraiſemblance, & dignes de mépris. Mais on ſait auſſi que la connoiſſance de ces chimères poétiques & payennes eſt abſolument néceſſaire pour entendre les Auteurs. Dans cette vue on a ici raſſemblé par ordre alphabétique, ce qu'il y a d'eſſentiel à ſavoir ſur cette matière, afin d'épargner aux jeunes gens la peine d'aller puiſer dans des ſources ſouvent empoiſonnées, où, après une étude dangereuſe & dégoûtante, il n'y a rien à gagner pour la raiſon, & il y a tout à perdre pour le cœur.

Le ſuccès de cet Ouvrage a paru exiger qu'on le rendît le plus complet qu'il étoit poſſible, en y inſérant une quantité de mots inconnus à ceux qui n'ont pas encore une parfaite connoiſſance de la Fable: tels ſont les mots qui ont rapport à la Géographie poétique, ou aux ſurnoms des Divinités payennes, comme *Taumantias*, *Virago*, *Addephagus*, *Tardipes*, &c. Par ce moyen on sera éclairci sur le champ en lisant les beaux restes de l'antiquité.

Il n'est pas mal-à-propos cependant de fixer encore plus exactement l'objet de ce petit Dictionnaire, pour ne lui pas demander ce qui lui est étranger. On entend par la Fable, les contes que le paganisme a fait des dieux, des demi-dieux & des héros que les poëtes ont chantés, avec les fêtes & les cérémonies de religion qu'on y observoit. Voilà dequoi il s'agit pour l'intelligence des poëtes. Nous n'avons pas entrepris d'expliquer ce qui est caché sous ces voiles : c'est une autre espéce d'étude. Les folies des princes qui se sont fait adorer, les apothéoses des empereurs Romains, les noms de toutes les divinités des anciens peuples barbares, l'idolâtrie des sauvages Amériquains ; tout cela n'a pas plus de rapport à l'Histoire Poétique, que les Fables, ou les pagodes des Indes Orientales.

On a continué à faire une attention particulière à l'Iconologie, c'est-à-dire, à l'explication des statues & des tableaux de la Fable, dont les peintres & les sculpteurs ont fidélement marqué les symboles. L'usage de cette partie essentielle du petit Dictionnaire est toujours le même. Pour savoir, par exemple, ce que c'est qu'une figure d'homme portée sur un *Aigle* ou armée d'une *Faux* ; ce que c'est qu'une figure d'homme avec un *Croissant* ou une *Tour* sur la tête ; il faut chercher le

DICTIONNAIRE
ABRÉGÉ
DE LA FABLE,
POUR L'INTELLIGENCE DES
Poëtes, des Tableaux & des Statues,
dont les sujets sont tirés de l'Histoire
Poétique.

DOUZIÈME ÉDITION.
Par M. CHOMPRÉ, Licentié en Droit.

A PARIS,
Chez { SAILLANT & NYON, rue S. Jean de Beauvais.
Veuve DESAINT, rue du Foin, la premiere porte cochere à droite, en entrant par la rue S. Jacques.

M. DCC. LXXV. 1775
Avec Approbation & Privilége du Roi.

493.

mot *Aigle* qui renvoie à Jupiter ou à Ganimède, *Faux* à Saturne, *Croissant* à Diane, & *Tour* à Cybèle, &c. Si le symbole renvoie à plusieurs articles, on compare le tableau ou la statue qu'on considère, avec celui des récits qui le caractérise.

Nous croyons devoir avertir qu'on a contrefait dans plusieurs endroits, & plusieurs fois, *le Dictionnaire abrégé de la Fable*. Les éditions différentes qu'on en a faites, ne sont point exactes. Il y en a en papier gris, qui portent à la première vue un caractère de réprobation : les éditions où l'on s'est masqué avec plus d'art, n'en sont pas moins défectueuses. Nous n'en reconnoissons donc point d'autres de ce Dictionnaire, non plus que de celui de la Bible dans le même goût, & de toute la collection des études, depuis l'A,B,C, jusqu'aux humanités, inclusivement, que celles qui se font à Paris sous nos yeux, & d'où il faut les tirer directement pour n'être pas trompé.

Nous avons encore tâché de perfectionner ce Lexique, en conférant les articles sur les originaux, & en y faisant les additions qui nous ont paru nécessaires, particulièrement dans ce qui concerne les surnoms des divinités payennes & les noms patronymiques des héros fabuleux, partie essentielle pour l'intelligence d'une infinité d'endroits des poëtes Grecs & Latins, où ces divinités ne sont désignées que par quelques-uns de leurs attri-

AVERTISSEMENT.

buts, & les héros par le nom de leurs peres ou de leurs ancêtres; de sorte, qu'on a dans ce petit Livre tout ce qu'il y a d'essentiel à savoir sur la Fable.

Si on ne trouve pas ici bien des articles qu'on voit dans de nouveaux Dictionnaires prétendus portatifs sur la même matiere, c'est que ces articles sont ou étrangers à la Mythologie, ou sous des noms défigurés & barbares avec des traits d'imagination quelquefois très-singuliers. Dans un de ces ouvrages on lit : *Abarbarie*, *déesse du fleuve Naïs*. Le véritable nom est *Abarbarea* ou *Abarbarée*. Homere dit que c'étoit une Naïade; & comme on n'a consulté que la traduction latine qui rend le mot grec qui signifie *Naïade*, par celui de *Naïs*, on n'a pas entendu ce mot latin qu'on a pris pour le nom d'un fleuve; ce qui a fait imaginer qu'Abarbarée étoit la déesse de ce fleuve; mais *la déesse d'un fleuve*! cela est assurément très-neuf. Ajoutons quelques exemples pris dans une foule d'autres, de noms défigurés qui font des articles, dont plusieurs sont tout-à-fait dans le goût de celui d'Abarbarie. Acroncé *pour* Aconce; Ætalidès *pour* Æthalidès; Ambulti *pour* Ambulii *pl.* d'Ambulius; Amiclum *pour* Amyclæus; Anascis *pour* Anaxis; Aphesiens *pour* Apheteriens; Areotopotès *pour* Acratopotès; Arius *pour* Arnæus ou Arnée; Arnus *pour* Carnus, &c.

DICTIONNAIRE ABRÉGÉ DE LA FABLE.

A B A.

ABA ou ABÆ, ville de la Phocide, ainsi appellée du nom d'Abas, fils de Lyncée & d'Hypermnestre.

ABADIR ou BETYLE. C'est le nom de la pierre qu'Ops ou Rhée, femme de Saturne, emmaillotta lorsqu'elle mit Jupiter au monde, pour la présenter à son mari, qui devoroit tous ses enfans mâles, de crainte qu'ils ne le détrônassent. On a mal-à-propos confondu cette pierre avec le dieu Terme, puisqu'il n'étoit pas moins révéré sous la forme d'un pieu ou d'une tuile, que sous celle d'une pierre.

ABÆUS. Apollon étoit ainsi surnommé d'un temple qu'il avoit à Aba.

ABANTIADES, nom patronymique de Persée, petit-fils d'Abas, roi des Argiens; d'où encore les rois d'Argos furent nommés *Abantiades*. Comme il y a eu plusieurs héros du nom d'Abas, leurs fils se trouvent auſſi dans les poëtes, déſignés par celui d'*A-bontiades.*

ABANTIAS, nom patronymique de Danaé & d'Atalante, toutes deux petites-filles d'Abas, roi des Argiens.

ABARBARÉE, une des Naïades, que Bucolion fils aîné de Laomédon épouſa, & dont il eut deux fils, Eſépe & Pédaſe. *Hom. l. 6. Il.*

ABARIS étoit un Scythe, qui, pour avoir chanté le voyage d'Apollon au pays des Hyperboréens, fut fait grand-prêtre de ce dieu, & reçût de lui, outre l'eſprit de divination, une fléche sur laquelle il traverſoit les airs. On dit qu'ayant fabriqué une ſtatue de Minerve des os de Pelops, il la vendit aux Troyens, qui crurent sur sa parole, que cette ſtatue venoit du ciel, d'où il l'avoit aidée à deſcendre. C'eſt ce ſimulacre qui depuis fut célébre ſous le nom de *Palladium.*

Il y a eu deux autres Abaris; un qui fut tué par Perſée, & l'autre qui le fut par Euryale.

ABAS, fils de Métanire & d'Hippothoon, quelques-uns diſent de Céléus. Il fut changé en lézard par la déeſſe Cérès, parce qu'il s'étoit moqué d'elle & de ſes ſacrifices, en la regardant boire avec trop d'avidité. On croit que c'eſt le même que Stellé. *Mét. l. 5.*

Il y avoit un compagnon d'Enée, & un Centaure de ce nom.

Il y en eut un autre, le même qu'Abas, roi des Argiens, fils de Lyncée & d'Hypermneſtre, & ſelon d'autres de Bélus. Il fut pere de Prœtus & d'Acriſe, & ayeul de Perſée. Il aimoit paſſionnément la guerre.

C'étoit auſſi le nom d'un des principaux Grecs, qui furent tués la nuit de la priſe de Troie.

ABASTER, l'un des chevaux de Pluton.

ABATOS. C'étoit un grand rocher ſéparé de l'iſle de Philé dans le Nil, où étoit le tombeau d'Oſiris dans un temple qui lui étoit dédié.

ABDERE, ville de Thrace, qu'Abdera ſœur de Diomède fit bâtir. Selon d'autres, ce fut Hercule qui bâtit cette ville en l'honneur de son ami Abderus, qui avoit été dévoré par les chevaux de Diomède. Les Abdéritains sont assez communément maltraités par les anciens, étant représentés dans leurs écrits avec un caractere de stupidité qui ne s'accorde guère avec la passion qu'ils avoient pour la poësie, pour la musique & pour la déclamation des piéces de théâtre, sur-tout des tragédies. Ils furent contraints d'abandonner leur ville, à cause d'une quantité prodigieuse de grenouilles & de rats, qui se multiplioient dans ce pays, & ils se retirerent dans la Macédoine. *Pomp. Solin.*

ABDERUS, jeune Grec qui fut dévoré par les chevaux de Diomède, qu'Hercule, après les avoir enlevés à ce roi de Thrace, lui avoit donnés à garder. *Apoll.*

ABEILLES. *Voyez* ARISTÉE.

ABELLION, ancienne divinité des Gaulois. C'est le même qu'Apollon ou le Soleil, que les Crétois appelloient ABÉLIOS.

ABÉONE & ADÉONE, divinités qui présidoient aux voyages ; la premiere au départ, & l'autre à l'arrivée.

ABÉRIDES, fils de Cœlus & de Vesta. On croit que c'est le même que Saturne.

ABERRIGENES. *Voyez* ABORIGÉNES.

ABIA, fille d'Hercule, sœur & nourrice d'Hyllus. Elle avoit un temple fameux en Messénie. Elle se retira dans la ville d'Ira, à laquelle elle donna son nom, & qui fut l'une des sept villes qu'Agamemnon promit à Achille. *Homer.*

ABIENS, peuples de Scythie, qui étoient au voisinage des Mysiens de Thrace. On a mal-à-propos confondu dans Homere ces Scythes avec les HIPPOMOLGUES. Ceux-ci qu'on nommoit aussi GALACTOPHAGES, faisoient, du lait de jument, leur principale nourriture. Parmi les Abiens, les uns, dit-on, vivoient dans le célibat, & les autres tenoient à honneur d'épouser un grand nombre de femmes. *Hom. Strabon.*

ABONDANCE, divinité allégorique qu'on repréſente ſous la figure d'une jeune fille au milieu de toute ſorte de biens, avec beaucoup d'embonpoint, des couleurs vives, & tenant en ſa main une corne remplie de fleurs & de fruits. On dit que c'eſt celle d'Acheloüs, ou de la chèvre Amalthée. Cette déeſſe ſe ſauva avec Saturne, lorſque Jupiter le détrôna. *Ovid. Mét.*

ABORIGENES, peuples que Saturne policea, & qu'il conduiſit d'Egypte en Italie, où ils s'établirent. Quelques auteurs ont cru que les Aborigenes étoient venus d'Arcadie, ſous la conduite d'Œnotrus, & que c'eſt pour cela que Virgile les appelle *Œnotrii viri*. Il y a peu d'étymologies plus incertaines que celle du nom de ces peuples. Les uns le font venir d'*abhorrenda gens*, peuple abominable; d'autres d'ABERRIGENES, peuples vagabonds, &c.

ABRACADABRA, nom qui ſervoit à former une figure ſuperſtitieuſe à laquelle on attribuoit la vertu de prévenir les maladies & de les guérir. Les lettres de ce nom devoient être diſpoſées ainſi :

<pre>
      A B R A C A D A B R A
       A B R A C A D A B R
        A B R A C A D A B
         A B R A C A D A
          A B R A C A D
           A B R A C A
            A B R A C
             A B R A
              A B R
               A B
                A
</pre>

Cette figure étant principalement compoſée des lettres du nom *Abraca*, le même qu'*Abracax* ou *Abraxas*, qu'on croyoit être le plus ancien des dieux, étoit elle-même révérée comme une eſpèce de divinité. *Voyez* ABRACAX.

ABRACAX & ABRAXAS, divinité ſinguliere que

quelques-uns croient être le Mithra des Perses. On avoit un grand respect pour son nom, dont les lettres en caracteres grecs, prises chacune pour un chiffre, forment dans leur totalité le nombre de trois cent soixante-cinq, qui est celui des jours de l'année. *Voyez* ABRACADABRA.

ABRÉTIE, nymphe qui donna son nom à la Mysie, d'où Jupiter qui y étoit adoré, fut aussi surnommé *Abretanus*.

ABSÉE, géant, fils de la Terre & du Tartare.

ABSYRTE, frere de Médée. Cette Magicienne le coupa par morceaux, & sema ses membres dans le chemin pour retarder son pere qui la poursuivoit, lorsqu'elle se sauva avec Jason. Un fleuve de la Colchide sur les bords duquel ceci se passa, en fut aussi appellé *Absyrte*.

ABYDOS, ville d'Asie sur l'Hellespont, & patrie de Héro & de Léandre.

Il y en avoit encore une de ce nom en Egypte, où étoit le fameux temple d'Osiris, & où Memnon faisoit son séjour ordinaire.

ABYLA, montagne d'Afrique, & CALPÉ, autre montagne en Espagne sur le détroit de Gibraltar: c'est ce qu'on appelle les colonnes d'Hercule. On feint que ce Prince vagabond trouvant ces deux montagnes unies, les sépara, & fit par ce moyen communiquer les eaux de l'Océan avec la Méditerranée.

ACACALIS, nymphe qu'Apollon épousa. Ce fut aussi le nom d'une fille de Minos. *Paus.*

ACACESIUS, Mercure ainsi surnommé du nom de son pere nourricier Acacus, fils de Lycaon.

ACADINE, fontaine célèbre de Sicile. Elle étoit consacrée aux freres Paliques, divinités particuliérement honorées dans cette isle. On attribuoit à cette fontaine une propriété merveilleuse pour faire connoître la sincérité des sermens. On les écrivoit sur des tablettes qu'on jettoit dans l'eau; & si elles ne surnageoient pas, on étoit persuadé que ces tablettes ne contenoient que des parjures.

ACALE ou PERDIX, neveu de Dédale, inventa la

scie & le compas. Dédale en fut si jaloux, qu'il le précipita du haut d'une tour, mais Minerve par compassion le métamorphosa en Perdrix. *Hyg.*

ACALIS ou ACASIS. On croit que c'est la même qu'Açacalis. *Voyez* ACASIS.

ACAMARCHIS, nymphe fille de l'Océan.

ACAMAS, fils de Thésée & de Phédre. Il étoit au siége de Troie, & fut député avec Diomède pour aller redemander Héléne. Pendant cette ambassade, qui fut inutile, Laodicé, fille de Priam, eut de lui un fils qui fut élevé par Ethra, ayeule paternelle d'Acamas, que Pâris avoit emmenée avec Héléne. Quand les Grecs se rendirent maîtres de Troie, Acamas que Virgile nomme Athamas, fut un de ceux qui s'étoient enfermés dans le cheval de bois. Au milieu du carnage, ce prince eut la double joie de reconnoître Ethra avec son fils, & de les retirer d'entre les mains des Grecs. *Voyez* ETHRA.

ACANTHE, jeune homme qui fut métamorphosé en oiseau. *Ant. Lib.* Aucun auteur ancien ne parle d'une prétendue nymphe de ce nom changée en plante.

ACANTHO. La théologie payenne admettoit cinq différents soleils, & donnoit Acantho pour mere au quatriéme. *Cic. de nat. Deor. l. 3. Arnob. l. 4.* Un traducteur de l'ouvrage *De natura Deorum*, s'est singuliérement mépris, en faisant dire à Cicéron que le quatriéme soleil .... nâquit .... d'un pere, appellé Achante. Tome 3, p. 121.

ACARNANIE, province d'Epire. Il y avoit aussi une région de ce nom en Egypte, & une ville auprès de Syracuse, où l'on voyoit un vieux temple dédié à Jupiter Olympien. *Plin. Serv. Thucyd.*

ACARNAS & AMPHOTERUS, freres, enfans d'Alcméon & de Callirhoé. Leur mere obtint de Jupiter qu'ils devinssent grands tout d'un coup pour venger la mort de leur pere, que les freres d'Alphésibée avoient tué. *Voyez* ALCMÉON.

ACASIS, fille de Minos. Apollon l'épousa, & en eut deux enfans.

ACASTE, fameux chasseur, fils de Pélias, roi de Thessalie. Crétheïs sa femme, que quelques-uns nomment Hippolyte, ayant aimé Pelée, qui ne voulut pas l'écouter, en fut si irritée, qu'elle l'accusa auprès de son mari d'avoir attenté à son honneur. Acaste dissimulant son chagrin, conduisit Pelée dans une partie de chasse sur le mont Pélion; & l'abandonna aux Centaures & aux bêtes sauvages. Mais Chiron défendit contre ces monstres, & en délivra ce malheureux prince, qui avec le secours des Argonautes, alla se venger de la cruauté d'Acaste & des calomnies de Crétheïs.

Acaste est aussi le nom d'une nymphe, fille de l'Océan & de Téthys.

ACATE. *Voyez* ACHATE.

ACCA, sœur & compagne de Camille, reine des Volsques.

ACCA-LAURENTIA, sœur de Camille, reine des Volsques. Il y eut une autre Acca-Laurentia, femme de Faustulus qui éleva Remus & Romulus, & à qui pour cela les Romains décernerent des honneurs divins. *A. Gell.*

ACELUS, un des fils d'Hercule, qui donna son nom à une ville de Lycie.

ACERSECOMES. Les Grecs donnoient ce surnom à Apollon, que les Latins appelloient dans le même sens *Intonsus.* c. à d. *Qui ne se fait pas couper les cheveux.* On représentoit en effet ce dieu avec une longue chevelure & sans barbe. Dans Juvénal, ce mot n'est qu'une épithéte, sans aucun rapport à Apollon. *Sat.* 8.

ACESIUS & *ALEXICACUS.* On appelloit ainsi Apollon, comme dieu de la Médecine, cet mot signifiant, *qui délivre des maladies.* On donnoit aussi à Telesphore le surnom d'*Acesius.*

ACESTE, roi de Sicile, & fils du fleuve Crinise. Il reçut honorablement Enée, & fit ensevelir Anchise sur le mont Eryx.

ACÉTE, capitaine d'un vaisseau Tyrien. Il s'opposa à ses compagnons qui vouloient emmener Bacchus qu'ils trouvèrent, sans le connoître, sur le bord de la mer, dans l'espérance d'en tirer une grosse rançon. Bacchus sur le champ se découvrit, & les métamorphosa en dauphins, excepté Acéte dont il fit son grand sacrificateur.

Il y eut un autre Acéte, fils du Soleil & de Persa. Il donna sa fille en mariage à Phryxus.

C'étoit aussi le nom de l'écuyer d'Evandre, roi d'Italie.

ACHÆA, surnom de Cérès & de Pallas.

ACHÆUS. Voyez ACHÉUS, ACHAIE.

ACHAIE, contrée de la Grèce au midi de la Macédoine ; mais plus particuliérement province du Péloponese compris aussi quelquefois tout entier sous la dénomination générale d'Achaie. De-là, dans les poëtes, les mots *Achaicus*, *Achivus*, *Achœus*, *Achœas*, *Acheis*, pour désigner les Grecs & ce qui les concerne.

ACHAMANTYS, une des filles de Danaüs.

ACHATE, ami & fidèle compagnon d'Enée.

ACHELOIA, Callirhoé, fille d'Acheloüs.

ACHELOIDES : les Sirenes étoient ainsi surnommées du nom d'Achéloüs leur pere.

ACHÉLOUS, fils de l'Océan & de Téthys ; selon d'autres, du Soleil & de la Terre. Ayant aimé Déjanire, & sachant qu'elle devoit épouser un grand conquérant, il se battit contre Hercule ; mais il fut vaincu. Aussi-tôt il prit la forme d'un serpent, sous laquelle il fut encore défait ; ensuite celle d'un taureau, sous laquelle il ne réussit pas mieux : car Hercule le prit par les cornes, le terrassa, lui en arracha une, & le contraignit d'aller se cacher dans le fleuve Thoas, qui fut depuis appellé Achéloüs. Il donna à son vainqueur la corne d'Amalthée, ou la corne d'Abondance pour ravoir la sienne. *Voyez* PÉRICLIMÈNE.

ACHEMÉNE, fils d'Egée, donna son nom à une partie de la Perse.

ACHEMÉNIDE, l'un des compagnons d'Ulysse. Il échapa des mains du géant Polyphéme, & s'attacha depuis à Enée qui le reçut avec bonté sur ses vaisseaux. *Virg.*

ACHÉMON, ou ACHMON, frere de Basalas ou Passalus, tous deux Cercopes. Ils étoient si querelleurs, qu'ils attaquoient tous ceux qu'ils rencontroient. Seanon leur mere les avertit de ne pas tomber, s'ils pouvoient, entre les mains du Mélampyge, c'est-à-dire, de l'homme aux fesses noires. Un jour ils rencontrerent Hercule endormi sous un arbre, & l'insulterent : ce prince les lia par les pieds, les attacha à sa massue, la tête en bas, leur ayant tourné le visage de son côté, & les porta sur son épaule comme les chasseurs portent le gibier. Ce fût en cette plaisante posture qu'ils dirent : Voilà le Mélampyge que nous devions craindre. Hercule les entendant, se prit à rire, & les laissa aller. *Suidas. Erasme in Adag.*

ACHEROIS, épithète qu'Homere donne au peuplier blanc, comme étant consacré aux dieux infernaux, & parce qu'on croyoit que cet arbre croissoit sur les bords du fleuve Achéron.

ACHÉRON, fils du Soleil & de la Terre. Il fut changé en fleuve, & précipité dans les enfers, pour avoir fourni de l'eau aux Titans, lorsqu'ils déclarerent la guerre à Jupiter. Ses eaux devinrent bourbeuses & améres; & c'est un des fleuves que les Ombres passoient sans retour. Il y a plusieurs fleuves de ce nom ; un dans l'Epire, un autre dans l'Elide, un troisiéme en Italie, un quatriéme dans la Bithynie, &c.

ACHÉRUSE, caverne sur le bord du Pont-Euxin. On prétendoit qu'elle communiquoit aux enfers, & les habitans du pays soutenoient que c'étoit par-là qu'on en avoit tiré le chien Cerbére, &c. *Xenoph. Eustath. &c.*

ACHÉRUSIE, marais auprès d'Héliopole en Egypte. Ce marais étoit entre Héliopole & le lieu destiné à l'inhumation des morts de cette ville ; de sorte qu'il falloit le traverser dans une barque pour y arriver. Comme on n'accordoit les honneurs funébres qu'à ceux qui avoient bien vécu, il n'étoit pas permis au Batelier, qu'en langue Egyptienne on appelloit CHARON, de recevoir dans sa barque les corps des méchans. De-là la fable de Caron & de sa barque. *Voyez* CARON.

On avoit encore donné le nom d'ACHÉRUSIE à un marais proche de Capoue, & à une presqu'isle dans le Pont. C'est dans cette presqu'isle qu'on plaçoit la fameuse caverne d'Achéruse. *Voyez* ACHÉRUSE.

ACHÉUS, surnommé Callicon, Grec qui se distingua par des traits de stupidité singuliere. Entr'autres il avoit pris un pot de terre pour lui servir d'oreiller ; mais se trouvant gêné, il l'emplit de paille, croyant le rendre ainsi plus commode. *Eust. Odyss.*

Il y eut un autre Achéus, fils de Xuthus.

ACHILLE, fils de Pélée, roi de la Phthiotide en Thessalie, & de Thétis. On dit que sa mere le plongea dans le Styx pour le rendre invulnérable. Il le fut par tout le corps, excepté au talon, par lequel elle le tenoit en le plongeant. On le mit sous la discipline du Centaure Chiron, qui le nourrit de moëlle de lions, d'ours, de tigres, & de plusieurs autres bêtes sauvages. Sa mere ayant su de Calchas qu'il périroit devant Troie, & qu'on ne prendroit jamais cette ville sans lui, l'envoya à la cour de Lycoméde dans l'isle de Scyros, en habit de fille, sous le nom de Pyrrha, pour l'y tenir caché. Etant ainsi déguisé, il se fit connoître à Déidamie, fille de Lycoméde. Il l'épousa en secret, & en eut un fils nommé Pyrrhus. Lorsque les Grecs s'assemblerent pour aller assiéger Troie, Calchas leur indiqua le lieu de sa retraite. Ils y députerent Ulysse, qui se déguisa en marchand ; & en présentant aux dames de la cour de Lycoméde des bijoux & des armes, il reconnut ce jeune prince qui préféra les armes aux bijoux, & l'emmena avec lui au siége de Troie. Achille fit bientôt voir qu'il étoit le premier héros de la Grèce, & devint la terreur de tous ses ennemis. Pendant le fiége, Agamemnon lui enleva une captive, appellée Hippodamie, & surnommée *Briséis*, du nom de son pere Brisés; ce qui fut cause qu'il se retira dans sa tente, & ne voulut plus combattre. Tant que dura sa retraite, les Troyens eurent toujours l'avantage; mais Patrocle son ami ayant été tué par Hector, il retourna au combat, & le vengea en tuant Hector, qu'il traîna trois fois autour des murailles, l'ayant attaché à son char par les pieds; puis il le rendit aux larmes de Priam. Ayant ensuite conçu de la passion pour Polyxène, fille de Priam, il la demanda en mariage, & lorsqu'il alloit l'épouser, Pâris lui décocha une fléche au talon. Il mourut de cette blessure. On dit que ce fut Apollon qui conduisit cette fléche. Les Grecs lui éleverent un tombeau sur le promontoire de Sigée; sur lequel Pyrrhus son fils lui immola Polyxène. On conte encore de lui, que Thétis lui avoit proposé dans son enfance de vivre long-tems sans rien faire pour la gloire; ou de mourir jeune & chargé d'honneurs, & qu'il prit le dernier parti.

Il paroît nécessaire d'observer ici que la Fable qui suppose Achille invulnérable, n'étoit pas reçue du tems d'Homere. Ce poëte dit précisément le contraire. Il n'avoit garde de donner dans une fiction qui auroit deshonoré son héros. *Hom. Nat. Com. Voyez.* PYRISOUS.

ACHILLÉE, isle du Pont-Euxin, ainsi appellée du nom d'Achille, à qui on y rendoit des honneurs divins.

Il y avoit une fontaine de ce nom auprès de Milet; on l'appelloit ainsi, parce qu'Achille s'y étoit baigné.

ACHILLÉENNES, fêtes qu'on célébroit dans la Laconie, en l'honneur d'Achille.

ACHIROÉ, petite-fille de Mars.

ACHIVUS. Voyez ACHAIE.

ACHLYS, déesse de l'obscurité & des ténèbres. Hésiode en fait un portrait affreux. *Scut. Herc.*

ACHMON. *Voyez* ACHÉMON.

ACHOR ou ACHORUS. *Voyez* MYIAGRE.

ACIDALIE. C'étoit un nom qu'on donnoit à Vénus, considérée comme la déesse qui causoit des soins & des inquiétudes. On prétend aussi que c'étoit une fontaine où les Graces alloient se baigner.

ACILIUS, ACITHIUS ou ACIS, fleuve coulant de l'Etna dans la mer de Sicile. Il tiroit son nom d'un jeune homme appellé Acis, que Polyphème avoit tué, & qui fut métamorphosé en fleuve par Neptune, à la priere de Galathée, dont Acis avoit été aimé.

ACIS, fils de Faune & de la nymphe Simœthis. Il s'attira par sa beauté la tendresse de Galathée, que le géant Polyphème aimoit. Ce Cyclope l'ayant un jour surpris avec Galathée, l'écrasa sous un rocher qu'il lui jetta ; mais la nymphe pénétrée de douleur, changea son sang en un fleuve appellé depuis Acis. *Théoc. Ovid. Voyez* ACILIUS.

ACITHIUS. *Voyez* ACILIUS.

ACOETES. C'étoit un pêcheur qui n'est connu que par l'élégante description de sa pauvreté dans les Métamorphoses d'Ovide, *L. 3, f. 8.*

ACMENES, nymphes de Vénus.

ACMON, fils de la Terre, & pere de Cœlus. Son culte étoit célèbre dans l'isle de Crete.

ACMONIDE, un des Cyclopes. On donne aussi ce nom à Saturne & à Cœlus, comme fils d'Acmon.

ACONCE, jeune homme d'une beauté singuliere. Etant venu à Délos pour sacrifier, il aima éperduement Cydippe, qui ne voulut point l'écouter ; & ayant perdu toute espérance de l'épouser, il grava sur une boule ces mots : *Je jure par Diane, Aconce, de n'être jamais qu'à vous.* Cydippe, au pied de qui il avoit laissé tomber cette boule, la ramassa, lut cet écrit sans y penser, & s'engagea de même. Toutes les fois qu'elle vouloit se marier, elle étoit attaquée d'une fiévre violente ; & croyant que c'étoit une punition des dieux, elle épousa ce jeune homme. *Ovid. héroid. 19 & 20.*

ACONTE, un des fils de Lycaon.

ACOR ou ACHOR. *Voyez* MYIAGRE.

ACRÆA, surnom donné à plusieurs déesses, comme celui d'ACRÆUS à Jupiter & à d'autres, parce qu'il y avoit des temples qui leur étoient dédiés sur des montagnes; du mot grec *Acra*, mont, sommet.

ACRÆPHIUS, surnom d'Apollon.

ACRÆUS. *Voyez* ACRÆA.

ACRATOPOTE & ACRATOPHORE, surnoms de Bacchus. Ils signifient : *Qui boit le vin pur*, & *qui le porte bien*.

ACRATUS. Ce mot signifie : *vin pur*. Les Athéniens en avoient fait une divinité.

ACRÉE, fille d'Astérion, & l'une des nourrices de Junon.

ACRISE, roi d'Argos. Ayant consulté l'Oracle, il apprit qu'un de ses petits-fils le tueroit un jour. Pour prévenir ce malheur, il enferma dans une tour d'airain Danaé sa fille unique : mais Jupiter qui voulut la mettre au nombre de ses femmes, descendit en pluie d'or dans la tour. Acrise averti que Danaé étoit enceinte, la fit exposer dans une petite barque sur la mer. Polidecte, roi de Sériphe, une des Cyclades, où aborda cette barque, traita bien Danaé, & fit élever son fils Persée, qui étant devenu grand, se mit à courir le monde, à la maniere des héros fabuleux, pour y chercher des occasions de signaler son courage. En passant par Larisse, il y trouva son ayeul Acrise qu'il reconnut. Il se préparoit à partir de cette ville avec lui pour retourner à Argos, lorsque dans des jeux Gymniques, voulant faire preuve de son adresse à lancer le disque qu'il avoit inventé, le disque retomba malheureusement sur Acrise qui en fut frappé si rudement, qu'il mourut du coup. *Voyez* PERSÉE.

ACRISIONEIS, Danaé, fille d'Acrise.

ACRISIONIADÉS, Persée, petit-fils d'Acrise.

ACTÆA, Orithyie, parce qu'elle étoit Athénienne. C'étoit aussi le nom d'une des Néréides.

ACTÆUS. *Voyez* ACTIACUS.

ACTÉE, ancien roi de l'Attique. C'étoit aussi le

nom d'un des dieux Telchines. *Voyez* TELCHINES.

ACTÉON, fils d'Aristée, & petit-fils de Cadmus, fut élevé par Chiron, & devint un grand chasseur. Ayant un jour surpris Diane dans un bain, cette déesse en fut si piquée, qu'elle le métamorphosa en cerf, & ses propres chiens le dévorerent. Un des chevaux du Soleil se nommoit Actéon.

ACTIACUS, ACTIUS & ACTÆUS, surnoms donnés à Apollon, du promontoire d'Actium qui lui étoit consacré. On en donne encore d'autres raisons. *Voyez l'Histoire des Dieux de Giraldi.*

ACTIAQUES, fêtes qu'Auguste institua en l'honneur d'Apollon, à l'occasion de la victoire qu'il remporta sur Antoine auprès d'Actium.

ACTIAS, c'est-à-dire, *Athénienne*, surnom d'Orithyie

ACTINUS, fils du Soleil, fut habile dans l'Astrologie.

ACTIUS. *Voyez* ACTIACUS.

ACTOR, pere de Menœtius, & ayeul de Patrocle, qui pour cela est appellé *Actoridès*. Il y eut un autre Actor, pere de deux fils, qu'on surnomma aussi *Actorides*. Ils avoient chacun deux têtes, quatre mains & autant de pieds. Hercule ne put les vaincre qu'en leur tendant des piéges. Il y a eu plusieurs autres Actors ; un compagnon d'Hercule ; un fils de Neptune ; un frere de Céphale. *Voyez* MOLIONIDES.

ACTORIDES. *Voyez* ACTOR.

ADAD, ADARGATIS ou ATERGATIS, divinités des Assyriens. On croit qu'Adad est le Soleil, & Adargatis, la Terre.

ADAMANTÉE, nourrice de Jupiter. Peut-être est-ce là même qu'Amalthée. *Voyez* AMALTHÉE.

ADARGATIS. *Voyez* ADAD.

ADDEPHAGIE ou ADEPHAGIE, en latin *Voracitas*, déesse de la Gourmandise. On lui rendoit des honneurs divins dans la Sicile. Son nom est composé de deux mots grecs, *phago*, manger, & *adden* ou *aden*, amplement, excessivement. *Elien. liv. 1 & Athenée, liv. 10.*

ADDEPHAGUS, *insatiable*, ou *très-gourmand*, surnom d'Hercule. Il fit un jour un défi de gourmandise avec un certain Lépréus, petit-fils de Neptune. Il s'agissoit de manger un bœuf entier. On servit à chacun le sien, dont ils vinrent à bout l'un & l'autre ; mais Hercule eut plutôt fait que Lépréus ; ce qui lui fit adjuger la victoire. Comme ils avoient bu à proportion de ce qu'ils avoient mangé, ils se dirent des injures qu'Hercule termina en assommant son antagoniste. Cette prouesse valut à Hercule le beau surnom d'*insatiable*, dont il paroît que les héros fabuleux se faisoient honneur. Ulysse, tout sage qu'il étoit, paroît aussi l'avoir envié ; & Homère lui donne un caractere de gourmandise, dont Athénée est lui-même choqué. *Athen. liv.* 10.

ADÉONE. *Voyez* ABÉONE.

ADEPHAGIE. *Voyez* ADDEPHAGIE.

ADÉS ou HADÉS. *Voyez* AIDONÉE.

ADMÉTE, fils de Phérès, roi d'une contrée de la Thessalie, dont Phére étoit la capitale, fut l'un des princes Grecs qui s'assemblerent pour la chasse du sanglier de Calydon. Il eut encore part à l'expédition des Argonautes. Ce fut chez ce roi qu'Apollon fut réduit à garder des troupeaux, lorsqu'il fut chassé du ciel par Jupiter. Adméte ayant voulu épouser Alceste, fille de Pélias, ne put obtenir cette princesse, qu'à condition qu'il donneroit à Pélias un char traîné par un lion & par un sanglier. Apollon reconnoissant des bons offices d'Adméte, lui enseigna l'art de réduire sous un même joug deux animaux si féroces. Ce Dieu obtint encore des Parques, que lorsque ce prince toucheroit à son heure derniere, il pût éviter la mort, pourvû qu'il se trouvât quelqu'un assez généreux pour s'y livrer en sa place. Adméte ayant été attaqué d'une maladie mortelle, & personne ne s'offrant pour lui, Alceste le fit généreusement : mais Adméte en fut si chagrin, que Proserpine touchée de ses larmes, voulut lui rendre sa femme. Pluton s'y étant opposé, Hercule descendit aux enfers, & en tira Alceste. Apollon rendit une infinité d'autres services à Adméte pendant sa retraite. Jamais prince n'essuia plus de traverses que lui; mais les dieux le protégérent toujours particuliérement à cause de sa vertu. *Ovid. Métam. liv.* 2.

Il y eut une prêtresse de Junon qui se nommoit Adméte. Ce fut aussi le nom d'une nymphe.

ADOD. C'est le même qu'Adad. *Voyez* ADAD.

ADONÉE ou ADONEUS. C'étoit un surnom commun à plusieurs divinités, à Jupiter, à Bacchus, à Pluton, &c.

ADONIES, fêtes en l'honneur d'Adonis. On les passoit dans le deuil & dans la tristesse. Les femmes se faisoient un devoir d'y pleurer beaucoup.

ADONIS, jeune homme extrêmement beau, naquit de l'inceste de Cynire, roi de Cypre, avec Myrrha sa fille. Il étoit grand chasseur : Venus l'aima passionnément, & eut la douleur de le voir tué par un sanglier : mais elle le métamorphosa en Anémone. Quelques auteurs ajoutent à cette fable, que Proserpine touchée des plaintes de cette déesse, s'engagea de le lui rendre, à condition qu'il demeureroit avec elle dans les enfers six mois de l'année, & les six autres avec Venus ; mais celle-ci manqua bientôt à la convention : ce qui causa entre ces déesses une grande querelle que Jupiter termina, en ordonnant qu'Adonis fût libre quatre mois de l'année ; qu'il en passât quatre avec Vénus, & le reste avec Proserpine. *Métamorph. liv.*

Il y a eu un autre Adonis, né à Byblos, ville de Phénicie. On l'a assez généralement confondu avec le précédent.

Orphée & d'autres anciens ont considéré Adonis comme étant le Soleil, dont ils lui ont donné tous les attributs. *Nat. Com. l.* 5, *c.* 16.

ADOREA, divinité qu'on croit être la même que la Victoire. On appelloit aussi ADOREA des fêtes où l'on offroit aux dieux des gâteaux salés, du mot *Ador*, pur froment.

ADPORINA, ou APORRINA, ou ASPORINA, surnom donné à Minerve, d'un temple qu'elle avoit sur un mont escarpé. On croit que c'est le mont Ida. On l'appelloit aussi MONTANA : ce qui revient au même.

ADRAMELECH, idole des Assyriens. On croyoit l'honorer en exposant aux flammes, & en faisant brûler des enfans sur ses autels.

ADRAMUS ou ADRANUS, dieu dont le culte étoit célébre dans toute la Sicile.

ADRASTA, nymphe, fille de l'Océan, & nourrice de Jupiter.

ADRASTE, roi d'Argos, fut obligé de se sauver chez Polybe, son ayeul paternel, pour fuir les persécutions de l'usurpateur qui s'étoit emparé de ses Etats. Il leva une puissante armée contre les Thébains, commandée par Polynice, Tydée, Amphiaraüs, Capanée, Parthénopée, Hippomédon, & luimême qui en fut le chef. C'est ce qu'on appelle l'entreprise des sept Preux qui assiégerent Thébes, & où ils périrent presque tous. Peu après, il excita leurs enfans à venger la mort de leurs peres, leva une armée semblable à la premiere, & celle-ci fut appellée l'armée des Epigones. *Hygin. Pindare. Euripide.*

Il y eut un autre Adraste, roi des Doriens, que Télémaque tua à cause de sa perfidie.

Il y eut encore un autre Adraste, fils de Midas, qui tua par inadvertance Atys, fils de Crésus. Il en eut tant de douleur, quoique Crésus le lui eût pardonné, qu'il se tua sur le tombeau d'Atys.

ADRASTÉ. *Voyez* ANDATÉ.

ADRASTÉE, nom de la déesse Némésis. Elle étoit fille de Jupiter & de la Nécessité, autrement aussi appellée Némésis.

Il y eut une nymphe & une servante d'Héléne de ce nom. *Odyssée, liv. 4.*

ADREUS, dieu qui présidoit à la maturité des grains.

ADULTUS. Dans les mariages on invoquoit Jupiter sous ce nom, & Junon sous celui d'*ADULTA*.

ÆA & ÆAQUE. *Cherchez par E les noms latins qu'on écrit avec un Æ, excepté les mots suivans.*

ÆACIDES, Achille, petit-fils, ou Pyrrhus, arriere petit-fils d'Æacus. C'est aussi Phocus ou Pélée, fils d'Æacus.

ÆÆA, surnom de Circé. *Voyez* Ea.

ÆETIAS, Médée, fille d'Eétès.

ÆGIDÉS, Thésée, fils d'Egée.

ÆGIUCHUS. *Voyez* EGIOCHUS.

ÆLURUS, divinité des Egyptiens : c'est le chat.

ÆMONIA, la Thessalie ainsi appellée par les poëtes, du nom d'Æmon un de ses rois. Elle étoit célèbre par la magie qu'Ovide désigne par *Æmoniæ artes*. Le même poëte désigne la constellation du Sagittaire par *Æmonii arcus*, parce que Chiron avoit vécu dans la Thessalie.

ÆMONIUS *juvenis*, Jason, fils d'Eson, roi de Thessalie.

ÆNEADÆ, les Troyens, ainsi nommés du nom d'Enée leur roi; & quelquefois les Romains, parce qu'ils prétendoient descendre des Troyens.

ÆNEADES. C'est Iule ou Ascagne, fils d'Enée.

ÆOLIDES, Ulysse ou Céphale, ou Athamas; le dernier, fils, & les deux autres, petits-fils d'Eole.

ÆOLIS, Alcione, fille d'Eole.

ÆOLIUS, Athamas, fils d'Eole.

ÆSCULANUS, dieu de la monnoie de cuivre.

AEDON ou AIDONE, femme du roi Zethus, frere d'Amphion. Comme elle portoit envie à la femme d'Amphion de ce qu'elle étoit mere de six jeunes princes, elle tua pendant la nuit son propre fils Itylus, que l'obscurité l'empêcha de reconnoître, & qu'elle prit pour un de ses neveux, nommés Amanée. Aédon ayant vu son erreur, pleura tant la mort de son fils, que les dieux touchés de compassion, la changerent en chardonneret.

Il y eut une autre Aédon, fille de Pandarée Ephésien, qui épousa un artisan de la ville de Colophon, nommé Polytechnus. Les deux époux y vécurent heureux & contens, jusqu'à ce que s'applaudissant des douceurs de leur union, ils oserent se vanter de s'aimer plus parfaitement que ne faisoient Jupiter & Junon

Junon. Les dieux irrités leur envoyerent, pour les punir, un esprit de division, qui fut pour eux une source de maux affreux.

AELLO, l'une des Harpies.

ÆSONIDES ou ÆSONIUS heros, Jason, fils d'Eson.

ÆTHEREA, surnom de Pallas & d'autres divinités aériennes, pris de l'origine fabuleuse du Palladium. Voyez PALLADIUM.

ÆTOLIUS heros. Voyez ETOLIE.

ÆX. Voyez AIX.

ÆSYMNETÉS. Voyez ESYMNETE.

AFRÆ sorores, les Sœurs Africaines, c'est-à-dire, les Hespérides.

AFRICUS, l'un des principaux Vents.

AGAMÉDE & TROPHONIUS, fils d'Erginus; d'autres disent d'Apollon & d'Epicaste. Ils étoient grands architectes & encore plus grands fripons. Ils en donnerent des preuves à Delphes, & par la construction du fameux temple de cette ville, & par le moyen qu'ils avoient trouvé de piller journellement le trésor du prince. Comme on ne pouvoit découvrir ni surprendre les voleurs, on leur tendit un piége où Agamede se trouva pris, & dont il ne put se débarrasser ; de sorte que son frere n'imagina point d'autre expédient pour se tirer lui-même d'affaire, que de lui couper la tête. Quelque tems après, la terre s'entrouvrit sous les pas de Trophonius, & l'engloutit tout vivant. Tout cela méritoit bien qu'on en fit un dieu, & un dieu à oracles. V. TROPHONIUS.

AGAMEMNON, roi d'Argos & de Mycénes, fils de Plistene, & neveu d'Atrée, fut le chef de l'armée des Grecs contre les Troyens. Il eut au siége de Troie une grande querelle avec Achille, pour une captive appellée Briséis qu'il lui avoit ravie. La ville étant prise, Cassandre, fille de Priam, lui prédit qu'il seroit assassiné en arrivant chez lui ; mais il ne la crut pas, & il le fut effectivement par Egisthe, ami de Clytemnestre. Voyez CLYTEMNESTRE, IPHIGENIE, ORESTE, ÉLECTRE.

AGAMEMNONIDÉS, Oreste, fils d'Agamemnon.

AGANICE ou AGLAONICE, femme qui ayant connu la cause & le tems des éclipses de la Lune, en voulut prendre occasion de faire la magicienne : ce qui lui attira de grands malheurs. *Plut.*

AGANIPPE, fille du fleuve Permessus, qui coule du pied du mont Hélicon. Elle fut métamorphosée en fontaine, dont les eaux avoient la vertu d'inspirer les poëtes ; & cette fontaine fut consacrée aux Muses.

AGANIPPÉDES & AGANIPPIDES, surnoms des Muses. On les appelloit ainsi à cause de la fontaine Aganippe qui leur étoit consacrée.

AGAPENOR, fils d'Ancée, fut un des princes qui avoient voulu épouser Hélene. Il alla au siége de Troie, & se joignit pour cela à la flote des Grecs avec soixante vaisseaux. Après la prise de Troie, il fut jetté par une tempête dans l'isle de Chypre, où il bâtit la ville de Paphos. *Hygin, Pauf.*

AGASTHENE, roi des Eléens, & pere de Polyxenus, qui alla avec les autres Grecs au siége de Troie.

AGASTROPHE, Troyen qui fut tué par Dioméde.

AGATHODÆMONES, c'est-à-dire, *Génies bienfaisans*. Les payens donnoient ce nom aux dragons ou serpens ailés qu'ils honoroient comme des divinités. *Lamp.*

AGATHON, un des fils de Priam.

AGATHYRNUS, fils d'Eole, qui donna son nom à une ville qu'il bâtit en Sicile. *Diod.*

AGATHYRSE, fils d'Hercule, pere d'un peuple cruel, qui fut appellé de son nom.

AGAVÉ, fille de Cadmus & d'Hermione, qu'Hygin nomme Harmonie. Bacchus, pour se venger de Penthée, fils d'Agavé, qui n'avoit pas voulu le reconnoître pour dieu, ni recevoir ses mysteres, inspira une si grande fureur à sa mere & à ses deux tantes Ino & Autonoé, qu'elles le mirent en piéces de leurs propres mains.

Agavé fut aussi le nom d'une des Néreides, celui d'une des filles de Danaus, & celui d'une Amazone.

AGAVUS, l'un des fils de Priam.

AGDESTIS & AGDISTIS, monstre, homme & femme tout ensemble, fils de Jupiter & de la pierre nommée Agdus. Il fut la terreur des hommes & même des dieux. Les Grecs l'adoroient comme un puissant Génie. *Pauf. & Arnobe.*

AGDUS, pierre d'une grandeur extraordinaire, de laquelle on dit que Deucalion & Pyrrha prirent celles qu'ils jetterent par-dessus leur tête pour re-peupler le monde. Jupiter épris des charmes de cette pierre, la métamorphosa en femme, dont il eut Agdestis. *Arnobe.*

AGE-D'OR. C'étoit le régne de Saturne; parce que, les hommes vivant dans l'innocence, la terre produisoit d'elle-même toutes les commodités de la vie. *Voyez* ASTRÉE.

AGE-D'ARGENT. C'est le tems que Saturne passa dans l'Italie, où il enseigna l'art de cultiver la terre qui refusoit de produire, parce que les hommes commençoient à devenir injustes.

AGE-D'AIRAIN. C'étoit lorsqu'après le régne de Saturne, le libertinage & l'injustice commencerent à régner.

AGE DE-FER. On appelloit ainsi le tems auquel on commettoit les crimes les plus horribles. Les poëtes ont feint que la terre alors ne produisoit plus rien, parce que les hommes ne s'occupoient que du soin de se tromper les uns les autres.

AGÉLAS, AGÉLASTE, ou AGÉLAUS, fils de Damastor, fut un de ceux qui vouloient épouser Pénélope pendant l'absence d'Ulysse. *Odyss.* 20.

AGÉLIE, surnom de Minerve.

AGÉNOR, étoit fils de Neptune & de Lybie. Il épousa Telephassa, la même qu'Agriope, de qui il eut Europe, Cadmus, Phénix & Cilix. Europe ayant été enlevée par Jupiter, & Agénor ne sachant ce qu'elle étoit devenue, ordonna à ses fils d'aller la chercher, avec défense de revenir sans elle. *Voyez* CADMUS.

C'étoit aussi le nom d'un roi d'Argos, & d'un fils d'Antenor.

AGENORIDES, Cadmus, fils d'Agenor.

AGÉNORIE ou AGERONE, déesse de l'Industrie : on l'appelloit aussi *Strenua*, Agissante. On lui opposoit la déesse Murcie ou Murcée, c'est-à-dire, la déesse de la lâcheté, parce qu'elle rend les hommes lâches & efféminés.

AGEROCHUS, fils de Nélée & de Chloris.

AGERONE. *Voyez* AGÉNORIE.

AGÉSILAS, surnom de Pluton, parce qu'il attiroit les morts, & les faisoit conduire aux enfers par Mercure.

AGÉTÉS ou AGÉTIS, fils d'Apollon & de Cyrène, & frere d'Aristée.

AGEUS ou ARGEUS, le même qu'AGÉTÉS.

AGLAÏA, la même qu'AGLAYA & PASITHÉE.

AGLAONICE. *Voyez* AGANICE.

AGLAOPE, nom d'une Sirene.

AGLAOPES, Les Lacédémoniens appelloient ainsi Esculape.

AGLAURE ou AGRAULE, fille de Cecrops. Elle promit à Mercure de favoriser sa passion pour sa sœur Hersé, moyennant une récompense : mais Pallas indignée de cette convention, versa dans le sein d'Aglaure une telle jalousie contre Hersé, qu'elle mit tout en œuvre pour les brouiller. Après cela Pallas donna aux trois sœurs Aglaure, Hersé & Pandrose, un panier où étoit enfermé Ericthonius, avec défense de l'ouvrir. Aglaure & Hersé ne pouvant commander à leur curiosité, n'eurent pas plutôt ouvert le panier, qu'elles furent agitées des Furies & se précipiterent du haut de l'endroit le plus escarpé de la citadelle d'Athenes. *Ovid. Pauf.*

Minerve est aussi surnommée AGRAULE. Il y avoit en son honneur des fêtes nommées AGRAULIES.

L'une des Graces avoit ce même nom. C'étoit encore celui d'une fille d'Erechthée, roi d'Athènes. Mercure la changea en rocher.

AGLAUS, le plus pauvre des Arcadiens, qu'Apollon jugea plus heureux que Gygès, parce qu'il n'avoit jamais passé les bornes de son petit héritage,

& qu'il vivoit content des fruits qu'il en retiroit. *Val. Max.*

AGLAYA, l'une des trois Graces.

AGLIBOLUS, un des dieux des Palmyréniens. Dans les anciens monumens on le trouve toujours accompagné d'une autre divinité nommée MALACH-BÉLUS. On croit que sous le nom du premier, c'étoit le Soleil qu'ils adoroient, & que sous celui de l'autre, c'étoit la Lune. *Voyez* LUNUS.

AGLOAPHEME, une des Sirenes.

AGNITA ou AGNITÉS, surnom d'Esculape.

AGNO ou HAGNO, une des nymphes qui nourrirent Jupiter. Elle donna son nom à une fontaine célèbre par bien des merveilles fabuleuses.

AGONALES, fêtes que les Romains célébroient en l'honneur de Janus, d'autres disent d'Agonius. Les prêtres de Mars étoient aussi surnommés AGONALES.

AGONES. On surnommoit ainsi les prêtres qui frappoient la victime.

AGONIUS, dieu qui présidoit aux desseins & aux entreprises.

Mercure étoit aussi appellé AGONIUS, parce qu'il présidoit aux Spectacles, du mot grec *Agon*, qui signifie *Jeux solemnels*.

AGORÆUS, surnom donné à Jupiter & à Mercure, parce qu'ils avoient des temples aux places publiques de quelques villes, du mot grec *Agora*, *place*. Minerve étoit aussi surnommée AGORÆA, pour la même raison.

AGRÆUS, c'est-à-dire, *Champêtre*. On donnoit ce nom à Apollon & à Jupiter. On donnoit aussi celui d'AGRÆA à Diane.

AGREUS, fils d'Apollon & de Cyrene, fut pere d'Aristée.

AGRAÏ, l'un des Titans.

AGRAULE ou AGRAULIES. *Voyez* AGLAURE.

AGRESTIS, *Champêtre*, surnom de Pan.

AGRIENS. On adoroit les Titans sous ce nom.

AGRIODOS, c'est-à-dire, *Dent féroce*, c'étoit un des chiens d'Actéon.

AGRIONIES, fêtes en l'honneur de Bacchus.

AGRIOPE, femme d'Agénor. Eurydice, femme d'Orphée, étoit aussi nommée Agriope.

AGRIUS, fils de Parthaon & pere de Thersite.

Il y eut un autre Agrius, fils d'Ulysse & de Circé, & un autre frere d'Oenée.

AGROLETERA & AGROTERA, surnoms de Diane, à cause d'un temple qu'elle avoit dans un lieu de l'Attique, nommé *Agra*.

AGROTÉS, divinité des Phéniciens.

AGYEUS ou AGYIEUS, surnom d'Apollon, pris d'un mot grec qui signifie *rue*, parce que les rues étoient sous sa protection. Il y avoit à Athènes des dieux qu'on nommoit *Agyiei*, & auxquels on sacrifioit pour détourner les malheurs dont on se croyoit menacé par de certains prodiges.

AGYRTES, prêtres de Cybele, ou plutôt devins qui couroient les rues & les spectacles du Cirque pour dire la bonne aventure, & se servoient pour cela des vers d'Homère, de Virgile & des autres poëtes. Agyrtès fut aussi le nom d'un parricide dont parle Ovide.

AÏANTIES. *Voyez* AJAXTIES.

AJAX, fils d'Oilée, fut un des princes Grecs qui allerent au siége de Troie. Il étoit si adroit dans tous les exercices du corps, que personne ne l'égaloit. Il outragea Cassandre dans le temple de Minerve, où elle s'étoit refugiée pendant l'embrasement de la ville. Minerve résolut de l'en punir, & fit élever par Neptune une tempête furieuse, dès qu'il fut sorti du port. Après avoir échapé à une infinité de dangers, il se sauva sur un rocher, où il dit avec une impiété qui lui étoit ordinaire : *J'en échaperai malgré les Dieux*. Neptune indigné fendit le rocher avec son trident, & l'engloutit sous les eaux. Virgile attribue sa mort à Pallas sans y faire intervenir Neptune. Il s'étoit fait une grande réputation par son courage, & il rendit de grands services aux Grecs pendant le siége de Troie *Hom. Virg.*

Il y eut un autre Ajax, fils de Télamon, qui ne se

rendit pas moins célébre que le premier. Celui-ci étoit invulnérable, excepté dans un endroit de la poitrine que lui seul connoissoit, & étoit aussi impie que l'autre. Il fut au siége de Troie, & s'y distingua beaucoup. Il se battit pendant un jour entier contre Hector ; & charmés l'un de l'autre ils cesserent le combat, & se firent des présens funestes. Car le baudrier qu'Hector reçut, servit à l'attacher au char d'Achille, lorsque celui-ci le traîna autour des murs de Troie, après l'avoir tué. Ensuite Achille ayant été tué, Ulysse & Ajax disputerent ses armes ; Ulysse l'emporta, & Ajax en devint si furieux, que pendant la nuit il se jetta sur tous les troupeaux du camp, & en fit un grand carnage, croyant tuer Ulysse : mais lorsqu'il revint dans son bon sens, il tourna contre lui-même l'épée qu'il avoit reçue d'Hector & se tua. Son sang fut changé en hyacinthe, fleur en laquelle avoit déja été changé le jeune homme de ce nom tué par Apollon. Quelques uns disent que par la fleur d'hyacinthe, il faut entendre le pied d'Alouette où l'on croit voir ces deux lettres AI qui sont en même-tems le commencement du mot AJAX, & qui forment le son naturel par lequel on exprime sa douleur, lorsqu'on se sent blessé, comme on suppose que le jeune Hyacinthe exprima la sienne, lorsqu'il fut blessé par le disque qu'Apollon avoit lancé. Cette remarque qui pourroit paroître inutile, est néanmoins nécessaire pour l'intelligence de deux vers du bel endroit d'Ovide, où ce poëte décrit les fureurs & la mort d'Ajax. *Métam. l. 13.*

AJAXTIES pour AYANTIES, fêtes en l'honneur d'Ajax.

AICHEERA, divinité des Arabes.

AIDONE, femme de Zethus. *Voyez* AÉDON.

AIDONÉE ou ADÉS, roi des Molosses, qui mit Thésée en prison, pour avoir voulu avec Pirithous, enlever sa fille Proserpine. Comme Pluton étoit aussi surnommé Adés ou Aidonée, de-là est venue la fable que Thésée étoit descendu aux enfers, pour enlever la femme de ce dieu. *Voyez* PIRITHOUS.

AIGENETÉS. *Voyez* ARCHEGENETÉS.
AIGLE. *V.* JUPITER, PÉRIPHAS, PROMÉTHÉE.
AILERONS. *Voyez* CADUCÉE.
AILES, *Sur la tête, aux talons*. Voyez MERCURE, PERSÉE, CALAÏS.

Attachées aux flancs d'un Cheval. Voyez PÉGASE.

—— *Aux épaules d'une figure humaine.* Voyez BORÉE, DÉDALE, RENOMMÉE, VICTOIRE, NÉMÉSIS.

AIMÉNÉ ou EMÉNÉ, Troyenne à qui on rendit des honneurs divins dans la Grece.

AIMILUS, le même qu'Emylus. *Voyez* EMYLUS.

AIR. Les anciens avoient fait une divinité de cet élément qu'ils adoroient selon divers rapports sous les noms de Jupiter, de Junon, de Minerve, &c. C'est la Venus céleste des Assyriens & des Arabes.

AIRÉENNES ou ALOENNES, fêtes que les laboureurs célébroient en l'honneur de Bacchus & de Cérès.

AIUS LOCUTIUS ou AIUS LOQUENS. De toutes les divinités fabuleuses, il n'y en a point dont l'origine soit si claire & si nette que celle-ci. L'an de Rome 364, Céditius, homme du peuple, vint dire aux Tribuns, que marchant seul la nuit dans la rue Neuve, il avoit entendu une voix plus forte que celle d'un homme, qui lui avoit annoncé d'aller avertir les magistrats que les Gaulois approchoient. Comme Céditius étoit un homme sans nom, & que d'ailleurs les Gaulois étoient une nation fort éloignée, & par cette raison, inconnue, on ne fit aucun cas de cet avis. Cependant l'année d'après, Rome fut prise par les Gaulois. Après qu'on fut délivré de ces ennemis, Camille, pour expier la négligence qu'on avoit eue, en ne faisant point usage de la voix nocturne, fit ordonner qu'on éleveroit un temple en l'honneur du dieu *Aius-Locutius*, dans la rue Neuve, au même endroit où Céditius disoit l'avoir entendu. « Ce dieu, dit plaisamment Cicé- » ron, lorsqu'il n'étoit connu de personne, parloit » & se faisoit entendre, ce qui l'a fait appeler *Aius-*

» *Locutius* : mais depuis qu'il est devenu célèbre, &
» qu'on lui a érigé un autel & un temple, il a pris le
» le parti de se taire, & est devenu muet ». *De Divin.*
Rollin, *Hist. Rom. Tom. 2, liv. 6.*

Aix ou Æx, isle de la mer Egée, qui étant pleine de rochers escarpés, présente de loin la figure d'une chévre que les Grecs appelloient *Aix*. Pline dit que c'est du nom de cette isle (*Aigos* au second cas) que la mer Egée a pris son nom. *Aix* étoit aussi le nom d'une nymphe, nourrice de Jupiter. *V.* AMALTHÉE.

ALABANDUS, fils de Callirhoé, qui fut mis au nombre des dieux. Son culte étoit célébré à Alabanda, ville de Carie. *Cicer. de Nat. Deor. lib. 3.*

ALAHGABAL, le même qu'Héliogabale. *Voyez* HÉLIOGABALE.

ALALA, surnom de Bellone.

ALALCOMENE, sculpteur célébre, qui fit une statue de Minerve, dont il établit le culte dans une ville qu'il bâtit en Béotie, & à laquelle il donna son nom. C'est de-là que Minerve fut appellée *Alalcomeneis*.

ALALCOMENEIS, surnom de Minerve. *Voyez* ALALCOMÈNE.

ALASTOR. L'un des chevaux de Pluton. Ce fut aussi le nom du frere de Nelée, fils de Nestor, & celui d'un des compagnons de Sarpédon, qui fut tué par Ulysse au siége de Troie. On donnoit encore le nom *Alastores* à des Génies mal-faisans.

ALBANIE, contrée de l'Asie sur les côtes de la mer Caspienne, ainsi appellée, parce que ses habitans étoient originaires du territoire d'Albe en Italie, d'où ils étoient sortis sous la conduite d'Hercule, après la défaite de Geryon.

ALBE, ville du Latium, bâtie par Ascagne, d'Enée.

ALBION & BERGION, fameux géans, enfans de Neptune. Ils eurent l'audace d'attaquer Hercule, parce qu'il n'avoit point ses fléches, & voulurent l'empêcher de passer le Rhin : mais Jupiter les accabla d'une grêle de pierres.

ALBUNÉE, fameuse Sybille qui rendoit ses oracles dans une forêt proche de Tybur, qui lui étoit consacrée, & appellée de son nom *Albulnea*. Cette Sibylle qui étoit la dixiéme, se nommoit aussi Albuna, qu'on croit être la même que Leucothée ou Matuta. Elle étoit révérée comme une déesse.

ALBURNUS, dieu révéré sur une montagne du même nom, dans la Lucanie.

ALCATHÉES, fêtes en l'honneur d'Alcathous.

ALCATHOUS fils de Pelops. Ayant été fortement soupçonné d'avoir eu part à la mort de Chrysippe son frere, il se retira à Mégare, où il tua un lion qui avoit dévoré Euripe, fils du roi, dont il épousa la fille, & à qui il succéda.

Il y eut un Troyen de ce nom, qui avoit épousé Hippodamie, fille d'Anchise, & qui fut tué au siége de Troie par Idomenée.

ALCÉE, fils de Persée & mari d'Hippomene, appellée aussi Hippomene. Il fut pere d'Amphitryon & ayeul d'Hercule, appellé pour cela Alcide.

Il y eut un autre Alcée, fils d'Hercule, & qui fut le premier des Héraclides, appellés ainsi du nom d'Hercule.

ALCESTE, fille de Pélias, & femme d'Admête, roi de Thessalie. Ce prince étant tombé dangereusement malade, Alceste consulta l'oracle, qui répondit qu'il mourroit, si quelqu'un ne subissoit le même sort en sa place. Personne ne s'offrant, Alceste se dévoua elle-même. Hercule arriva dans la Thessalie le jour qu'Alceste fut sacrifiée. Admete le reçut parfaitement bien, & le logea dans un appartement séparé, afin que ses malheurs ne lui fissent pas négliger les devoirs de l'hospitalité. Hercule paya bien son hôte; car il entreprit de combattre la Mort & descendit aux enfers, d'où il retira Alceste malgré Pluton, & la rendit à son mari. *V.* ADMÉTE.

ALCIDE. On appelloit ainsi Hercule, du nom d'Alcée son ayeul.

Minerve étoit aussi surnommée Alcide, du mot grec *Alcè*, *force*.

Il y avoit aussi les Dieux Alcides.

Alcimede, femme d'Eson & mere de Jason.

Alcimedon, fameux sculpteur. Il y eut un autre Alcimédon, héros Grec. *Voyez* Echmagoras.

Alcinoé, femme d'Amphiloque, ayant retenu le salaire d'une pauvre ouvriere, elle en fut punie par Diane, qui lui inspira tant de passion pour un nommé Xanthus, qu'elle quitta son mari & ses enfans pour le suivre : malgré les attentions de Xanthus, elle devint si jalouse, que le croyant infidéle, elle se précipita dans la mer.

Alcinoüs, fils de Nausithoüs, & roi des Phéaques ou Phéaciens dans l'isle de Corcyre. Son nom est devenu célèbre par la beauté des jardins qu'il cultivoit, ou plutôt par les merveilles qu'en a dit Homere, à l'occasion du naufrage que fit Ulisse sur les côtes de cette isle, où il fut bien accueilli & magnifiquement traité par Alcinous. *Hom. Odyss. 7. Ovid. Métam. 2.*

Alcion ou Alcyonée. C'étoit un géant, frere de Porphyrion. Il tua vingt-quatre soldats d'Hercule, voulut assommer ce héros qui para le coup avec sa massue, & fut tué lui-même à coups de fléches. Sept jeunes filles dont il étoit le pere, en furent si touchées, qu'elles se précipiterent de désespoir dans la mer, où elles furent changées en Alcions.

Alcione ou Halcyone, fille d'Eole, fut inconsolable de la mort de Ceix son mari, fils de Lucifer, qui s'étoit noyé dans la mer, en la traversant pour aller retrouver sa femme, qui l'attendoit avec une extrême impatience. Les dieux récompenserent leur fidélité en les métamorphosant l'un & l'autre en Alcions ; & voulurent que la mer fût tranquille dans le tems que ces oiseaux feroient leurs nids sur l'eau, où, dit-on, ils le font ordinairement.

Alcionée, fameux géant, qui secourut les dieux contre Jupiter. Minerve le jetta hors du globe de la Lune où il s'étoit posté. Il avoit la vertu de se ressusciter : mais dans la suite Hercule l'écrasa. C'est le même qu'Alcion. *Voyez* Alcion.

B vj

ALCIOPE, fille d'Aglaure & de Mars, fut une des femmes de Neptune.

ALCIPPE, fille de Mars, qu'Allyrothius enleva. Mars, pour venger sa fille, tua le ravisseur, & ce fut pour ce meurtre qu'il fut cité en jugement devant un conseil composé de douze dieux. *Voyez* ARÉOPAGE.

Il y eut encore plusieurs autres Alcippes: une, fille d'Œnomaüs; une autre, fille du géant Alcion; une troisiéme, bergere dans Théocrite, Virgile, &c.

ALCIS, une des divinités des Germains. On croit que c'est Castor ou Pollux.

ALCITHOÉ, l'une des filles de Minée, qui, s'étant moquée des fêtes de Bacchus, & ayant travaillé & fait travailler ses sœurs & ses servantes à la laine pendant qu'on célébroit les Orgies, fut métamorphosée en chauve-souris, & ses toiles en feuilles de vigne ou de lierre.

ALCMÉNE, fille d'Electrion, roi de Mycénes, & de Lysidice. Elle épousa Amphitryon, à condition qu'il vengeroit la mort de son frere, que les Thélébéens avoient fait mourir. Tandis qu'Amphytrion étoit occupé à la guerre, Jupiter prit la forme de ce prince pour tromper Alcméne. Junon sachant que cette princesse étoit en travail d'enfant, elle s'opposa à ses couches, parce que Jupiter avoit promis de grandes destinées à Hercule qui devoit naître d'Alcméne. Elle la fit accoucher d'Eurysthée, avant qu'elle accouchât d'Hercule, afin que comme aîné, Eurysthée eût quelqu'empire sur l'autre. Galanthis, servante d'Alcméne, trompa adroitement Junon à la naissance d'Hercule. Alcméne épousa Rhadamanthe après la mort d'Amphytrion. *Métam. liv. 9. Plaute dans Amph. Voyez* GALANTHIS, RENARD.

ALCMÉON, fils d'Amphiaraüs, fut obsédé des Furies & de l'ombre de sa mere Eriphyle, qu'il avoit tuée par l'ordre de son pere, parce qu'elle avoit découvert le lieu où il s'étoit retiré, pour ne point aller à la guerre de Thébes. Polynice avoit arraché ce secret d'Eryphyle pour un collier qui venoit, & non qu'il avoit eu d'Hermione, fille de Mars & de

Venus, & femme de Cadmus. Alcméon tourmenté des plus affreux remords, à cause du crime qu'il avoit commis, se retira à Psophis dans l'Arcadie pour y faire des expiations afin d'être délivré des Furies : ce qu'il fit entre les mains de Phégée, dont il épousa la fille Arsinoé, que quelques-uns nomment Alphésibée, & lui donna le fatal collier qu'il avoit emporté avec lui. Ces premieres expiations ayant été sans succès, il en alla faire d'autres chez Achélous, pere de Callirhoé, qu'il épousa, au mépris de ses engagemens avec Arsinoé, à qui même il alla reprendre le collier qu'il lui avoit donné, pour en faire présent à sa nouvelle femme. Phégée & Arsinoé furent fort irrités de cet affront ; mais Temenus & Axion, freres d'Arsinoé, en furent si furieux, qu'ils poursuivirent Alcméon & le tuerent. Callirhoé ayant appris cela, pria Jupiter, & obtint que ses deux fils Acarnas & Amphoterus qui étoient encore enfans, devinssent en un moment hommes faits pour venger la mort de leur pere ; ce qu'ils firent, en tuant non seulement Temenus & Axion, mais encore Phégée & Arsinoé, & ils consacrerent le fatal collier à Apollon. Properce, un de ceux qui donnent le nom d'Alphésibée à la fille de Phégée, dit que ce fut elle-même qui tua ses freres, pour venger sur eux l'assassinat de son mari, tout infidéle qu'il étoit. *Pausan. Apollon. Diod.* & *Métamorph. liv. 9.*

ALCOMENÆUS ; Ulysse est ainsi surnommé du nom d'Alcoméne, une des villes de l'isle d'Itaque.

ALCON, fils d'Ericthée. *Voyez* ERICTHÉE.

Il y a eu plusieurs autres Alcons ; un fils de Mars, un fils d'Amycus, un fils d'Hippocoon.

ALCYON ou ALCYONÉE. *Voyez* ALCION & ALCIONÉE.

ALEA. Minerve étoit ainsi appellée d'une ville de ce nom en Arcadie, où elle avoit un temple.

ALECTON, l'une des trois Eumenides ou Furies.

ALECTOR, un des chefs des Argiens au siége de Thébes.

ALECTRYOMANTIE, sorte de divination qui se faisoit par le moyen d'un coq.

ALECTRYON, jeune soldat, confident & favori de Mars. Faisant un jour sentinelle, lorsque ce dieu étoit avec Venus, il s'endormit & les laissa surprendre par Vulcain. Mars en fut si piqué, qu'il le métamorphosa en coq.

ALÉENNES ou ALÉES, fêtes en l'honneur de Minerve. *Voyez* ALEA.

ALEMANNUS, héros des anciens Germains, qui en firent un dieu.

ALEMONIDES, Myscelus, fils d'Alémon.

ALEMONA, déesse tutélaire des enfans avant leur naissance.

ALEON, un des dieux Dioscures. *Voyez* DIOSCURES.

ALES DEUS, le dieu oiseau: c'est Mercure.

ALÉTÉS, fils d'Egisthe, qui ayant usurpé le royaume de Mycenes, fut tué par Oreste.

ALETIDES, fêtes en l'honneur d'Erigone surnommée *ALETIS*.

ALEUS, roi d'Arcadie, célèbre par plusieurs temples qu'il fit bâtir.

ALEXANDRA, la même que Cassandre, fille de Priam. *Voyez* CASSANDRE.

ALEXANDRE, fils de Priam. Il fut appellé Paris par les bergers qui l'éleverent. *Voyez* PARIS. Il y eut un autre Alexandre, fils d'Eurysthée.

ALEXIA, ville de la Celtique, bâtie par Hercule.

ALEXICACUS. *Voyez* ACESIUS.

ALEXIRHOÉ ou ALYXOTHOÉ, nymphe qui fut une des femmes de Priam.

ALIES, fêtes en l'honneur du Soleil.

ALIGER ARCAS; c'est-à-dire, *l'Arcadien ailé*. C'est Mercure. *Voyez* ARCAS.

ALILAT, divinité des Arabes, qui sous ce nom adoroient la matiere de toutes choses, ou la nature, qu'ils désignoient par les croissans de la Lune.

ALIPES DEUS, *le dieu qui a des ailes aux pieds*. C'est Mercure.

ALITERIUS, Jupiter fut ainsi surnommé, & Cérès ALITERIA parce que dans un tems de famine ils avoient empêché les meuniers de voler la farine.

ALLOPROSALLOS, c'est-à-dire, *Inconstant*. On surnommoit ainsi Mars, comme le dieu commun de deux armées ennemies, étant tantôt pour l'un, & tantôt pour l'autre.

ALLYROTHIUS, fils de Neptune. *Voyez* ALCIPPE.

ALMON, dieu d'un petit fleuve de ce nom dans le territoire de Rome, & pere de la nymphe Lara.

ALMOPS. Ce fut un des géans qui déclarerent la guerre à Jupiter.

ALOENNES. *Voyez* AIRÉENNES.

ALOÉUS ou ALOUS, fameux géant, fils de Titan & de la Terre. Il épousa Iphimédie, qui ayant été surprise par Neptune, mit au monde Othus & Ephialthe. Aloéus les éleva comme ses propres enfans. Voyant qu'ils croissoient de neuf pouces tous les mois, & ne pouvant aller lui-même à la guerre des géans, à cause de son extrême vieillesse, il les envoya en sa place : mais Apollon & Diane les percerent à coups de fléches.

ALOIDES. Ce sont les enfans d'Iphimédie & de Neptune ; ils blesserent Mars dans la guerre des géans. *Voyez* ALOEUS.

ALOPE, fille de Cercyon, ayant écouté Neptune, de qui elle eut Hippothous, fut tuée par son pere, & changée en fontaine. C'étoit aussi le nom d'une des Harpies.

ALOUETTE. C'étoit Scylla, fille de Nisus, roi de Mégare. Aimant tendrement Minos, roi de Créte, & ennemi déclaré des Mégariens, elle coupa à son pere un cheveu dont dépendoient les destinées de la ville, qui fut ainsi livrée avec ses habitans à Minos. Nisus se mit en devoir de la poursuivre, & de la punir : mais il fut changé en épervier, & Scylla en alouette.

ALOUS. *Voyez* ALOEUS.

ALPHEÆA ou ALPHEA. Diane fut ainsi surnommée d'un temple qu'elle avoit sur les bords de l'Alphée.

ALPHÉE étoit un chasseur de profession, qui ayant poursuivi long-tems Aréthuse, nymphe de la suite de Diane, fut changé par cette déesse en fleuve, & Aréthuse en fontaine; mais ne pouvant oublier sa tendresse pour elle, il mêla ses eaux avec celles de cette nymphe.

ALPHELAS. C'est Aréthuse, ainsi surnommée du nom d'Alphée. *Voyez* ALPHÉE.

ALPHÉSIBÉE ou ARSINOÉ, fille de Phégée, qu'Alcméon épousa, & à qui il donna & reprit le fatal collier, source des malheurs de sa maison, comme de celle d'Eriphyle. *Voyez* ALCMÉON.

ALRUNES. Les anciens Germains nommoient ainsi leurs dieux Pénates.

ALTELLUS, c'est-à-dire, *nourri sur la terre* ou *dans les armes*, surnom de Romulus.

ALTHÉE, fille de Thestius & femme d'Œnée, roi de Calydon. Ce prince ayant un jour oublié Diane dans ses sacrifices, la déesse, pour se venger de cet affront, lui suscita un sanglier qui vint ravager les terres de Calydon. Les princes de la contrée s'étant réunis pour exterminer ce monstre, firent une partie de chasse à laquelle se trouva Atalante, fille du roi d'Arcadie. Cette princesse blessa la première le sanglier dont elle reçut les dépouilles de la main de Méléagre, fils d'Œnée: mais les freres d'Althée, piqués qu'on eût fait tout l'honneur de cette chasse à une fille, lui enleverent ces dépouilles qu'elle emportoit. Méléagre qui aimoit Atalante, en fut si transporté de colere, qu'il tua ses oncles. Althée, pour venger la mort de ses freres, jetta au feu le tison fatal auquel les Parques avoient attaché la destinée de ce prince. A mesure que le tison brûloit, Méléagre se consumoit, & périt enfin: Althée se tua de désespoir. Selon quelques auteurs, ce fut Méléagre qui oublia Diane dans ses sacrifices.

ALTHEMENE. *Voyez* CRATÉE.

ALTHÉPUS, fils de Neptune & roi d'Egypte.

ALTIUS, surnom de Jupiter, pris du culte qu'on lui rendoit dans un bois sacré nommé *Altis*, proche d'Olympie.

ALUMNA, c'est-à-dire, *nourrice*, surnom de Cérès.

ALYATTES ou ALYATTEUS, pere de Crésus, & roi de Lydie. *Horat.*

ALYSIUS, surnom de Jupiter & de Bacchus.

ALYXOTHOÉ, nymphe & mere d'Esaque, qu'elle eut de Priam dont elle fut fort aimée.

AMÆA, surnom de Cérès.

AMALTHÉE est le nom de la chévre qui allaita Jupiter. En reconnoissance de ce bon office, il la plaça avec ses deux chevreaux dans le ciel, & donna une de ses cornes aux nymphes qui avoient eu soin de son enfance, avec la vertu de produire ce qu'elles desireroient. C'est ce qu'on appelloit la corne d'abondance. Quelques-uns disent qu'Amalthée étoit fille de Mélissus, roi de Créte, & qu'elle prit soin de l'enfance de Jupiter, qu'elle nourrit de lait de chévre. On donnoit aussi ce nom à la Sibylle de Cumes.

AMANUS, divinité des Perses. On croit que c'est le Soleil.

AMARACUS. C'étoit un officier de la maison de Cynire ou Cynare, roi de Chypre. Comme il étoit chargé du soin des parfums, il eut tant de chagrin d'avoir cassé des vases qui en contenoient des plus excellens, qu'il en sécha de douleur. Les dieux touchés de compassion, le métamorphoserent en marjolaine. *Pline.*

AMARUSIA, AMARYNTHIA ou AMARYNTHIS & AMARYSIA, surnoms assez communs de Diane, pris d'un bourg où elle étoit particuliérement adorée dans l'isle d'Eubée : d'autres disent dans la Thessalie.

AMATE, femme du roi Latinus, & mere de Lavinie. Elle se pendit de désespoir, lorsqu'elle vit qu'elle ne pouvoit empêcher le mariage d'Enée avec sa fille.

AMATHONTE, ville de l'isle de Chipre, consacrée à Venus. Les habitans lui avoient bâti un superbe temple aussi bien qu'à Adonis.

AMATHONTIE, AMATHUSE ou AMATHUSIE. Venus est souvent ainsi appellée du nom d'Amathonte, ville où son culte fut célébre. *Voyez* AMATHONTE.

AMATHUS, fils d'Hercule, donna son nom à la ville d'Amathonte dans l'isle de Chypre.

AMATHUSE, mere de Cynire. *V.* AMATHONTIE.

AMAZONES. Femmes guerrieres de la Cappadoce, sur les bords du fleuve Thermodoon. Elles ne souffroient point d'hommes avec elles, & n'en recevoient qu'une fois l'an : ensuite elles les renvoyoient ; encore falloit-il pour en avoir, qu'elles eussent auparavant tué trois de leurs ennemis. Elles faisoient mourir, ou elles estropioient leurs enfans mâles, & élevoient avec soin leurs filles, auxquelles elles bruloient la mammelle droite, & les exerçoient à tirer de l'arc. Elles eurent de grandes guerres avec leurs voisins, & furent presque détruites par Hercule, qui fit leur reine prisonniere. *Voyez* HIPPOLYTE. *Diod. liv. 3. Plin. liv. 6. Hérodote.*

AMAZONIUS, surnom d'Apollon, parce qu'il avoit mis fin à la guerre des Amazones contre les Grecs. *Paus.*

AMBARVALES, sacrifices en l'honneur de Cérès. Le peuple suivoit en forme de procession les victimes qu'on devoit immoler, en faisant le tour des bleds avant la moisson. Ceux qui présidoient à ces fêtes, étoient douze prêtres appellés ARVALES.

AMBITION. Les anciens en avoient fait une déesse.

AMBROSIE. Rien n'est si obscur ni si confus chez les poëtes que la véritable destination de l'Ambroisie & du Nectar. On croiroit qu'ils ont pris à tâche de donner sur cela la torture aux Grammairiens, de sorte qu'on est encore à savoir certainement si l'on mangeoit l'Ambrosie, & si l'on bûvoit le Nectar. On trouve plus souvent boire le Nectar. Ce n'est donc qu'en suivant l'opinion la plus commune, qu'on regarde l'Ambrofie, comme l'aliment qu'on fervoit fur la table des dieux, & le Nectar comme leur boiffon ; mais en ce cas, pour entendre bien des endroits d'Homère, de Virgile & d'autres poëtes, il faut fuppofer, comme on le croit, qu'on faifoit bien des chofes avec l'Ambrofie ; & qu'outre l'Ambrofie folide, il y avoit de l'eau d'Ambrofie, de la quinteffence d'Ambrofie, de la pommade, de la pâte d'Ambrofie. Quoi qu'il en foit, la fable ne pouvoit rien inventer de plus charmant que l'Ambrofie & le Nectar. Cette nourriture delicieufe & cette liqueur embaumée flattoient tous les fens à-la-fois ; elles donnoient la jeuneffe ou la confervoient, rendoient la vie parfaitement heureufe, & procuroient l'immortalité. Comme les anciens ne connoiffoient rien de plus doux que le miel, on ne fera pas étonné que le poëte Ibicus, cité par Athénée, en ait fait la matiere d'une comparaifon par laquelle il veut donner une idée de la nature & du goût de l'Ambrofie. Il dit donc : « L'Ambrofie eft neuf » fois plus douce que le miel, & en mangeant du » miel, on éprouve la neuviéme partie du plaifir » qu'on auroit en mangeant de l'Ambrofie ». Voyez la favante & agréable differtation de M. le Franc fur cette matiere. Elle a pour titre : *Effai fur le Nectar & fur l'Ambrofie.*

C'étoit auffi le nom d'une des Hyades & d'une fête en l'honneur de Bacchus.

AMBULIUS. Jupiter étoit ainfi furnommé ; Minerve AMBULIA, & Caftor & Pollux AMBULII ; parce que ces divinités avoient des autels auprès d'un vafte portique, où les Lacédémoniens alloient fe promener.

AMBURBALE. C'étoit une fête où l'on immoloit une victime à laquelle on avoit fait faire le tour de la ville.

AMENTHÉS. Pluton fut ainfi furnommé, parce que fa femme lui ôta une nymphe nommée Menthe qu'il aimoit. Ce mot *Amenthes* fignifie : *Privé de Menthe.*

AMISODAR, roi des bords du Xanthe, dont la principale force consistoit dans la Chimére, qui fut tuée par Bellérophon. *Voyez* CHIMÉRE.

AMITHAON, pere de Mélampe, & frere d'Eson.

AMITIÉ. Les Grecs en avoient fait une divinité. Les Romains la répréfentoient fous un emblême dont on nous a confervé la defcription. C'étoit la figure d'une jeune perfonne vêtue d'une tunique, fur la frange de laquelle on lifoit ces mots : *La mort & la vie.* Sur fon front étoient gravés ces mots: *L'été & l'hiver.* La figure avoit le côté ouvert jufqu'au cœur, qu'elle montroit du doigt avec ces mots : *De près & de loin.*

AMMON ou HAMMON. C'eft le même que Jupiter. Il étoit particuliérement honoré à Thébes, capitale de la haute Egypte. On dit que Bacchus s'étant trouvé dans l'Arabie déferte, mourant de foif, il implora le fecours de Jupiter, qui lui apparut fous la forme d'un bélier, lequel en frappant du pied contre terre, lui montra une fource d'eau. On dreffa là un autel fuperbe à Jupiter, qu'on furnomma Ammon, à caufe des fables qui font dans cette contrée. D'autres difent que Jupiter fut ainfi furnommé à l'occafion du premier temple qui lui fut élevé par un berger appellé Ammon. Les peuples de Libye lui en bâtirent un magnifique, fous ce nom, dans les déferts qui font à l'occident de l'Egypte, où l'on venoit de bien loin confulter la ftatue de ce dieu, qui y rendoit de fameux oracles. On le repréfentoit fous la forme d'un bélier, ou feulement avec une tête & des cornes de bélier. *Pline*, liv. 6 & 5. *Lucain. Ariftoph.* &c. Ammon fut auffi le nom d'un roi de Libye, que quelques-uns prennent pour Bacchus.

AMMONIA, furnom de Junon.

AMMOTHÉE, nymphe, fille de Nerée & de Doris.

AMMUDATÉS, un des dieux des Romains.

AMNISIADES ou AMNISIDES, nymphes ainfi appellées d'Amnifus, fleuve de l'ifle de Créte.

AMOUR. *Voyez* CUPIDON.

AMPELOS, fils d'un satyre & d'une nymphe, fut un des amis de Bacchus, qui avoit aussi un prêtre de ce nom. Ce mot qui signifie *vigne*, fut encore le nom d'un promontoire de l'Isle de Samos ; d'une ville dans la Créte ; d'une autre dans la Macédoine, &c.

AMPELUSIE, promontoire d'Afrique dans la Mauritanie, où étoit une caverne consacrée à Hercule.

AMPHIARAIDES, Alcméon, fils d'Amphiaraüs.

AMPHIARAS ou AMPHIARAUS, fils d'Apollon & d'Hypermnestre. Eriphyle sa femme enseigna à Polynice, pour un collier d'or, le lieu où il s'étoit caché pour ne point aller à la guerre de Thébes, où il devoit périr. La veille qu'il fut englouti dans la terre avec son char, étant à table avec les chefs de l'armée, un aigle fondit sur sa lance, l'enleva, puis la laissa tomber dans un endroit où elle se convertit en laurier : le lendemain la terre s'ouvrit sous lui, & il fut abîmé avec ses chevaux. Les poëtes le confondent quelquefois avec Alcméon son fils. *Plin. Ov.*

AMPHIARÉES, fêtes en l'honneur d'Amphiaraüs.

AMPHICTYON, fils de Deucalion & de Pyrrha.

Il y eut un autre Amphictyon, fils d'Hélénus, qui institua le fameux tribunal auquel il donna son nom, & dont les décrets étoient aussi respectés que les oracles des dieux.

AMPHIDAMAS, fils de Busiris, qu'Hercule tua.

AMPHILOQUE, fils d'Amphiaraüs. Il se trouva au siége de Troie. A son retour il bâtit une ville à laquelle il donna son nom. Il fut depuis honoré comme un dieu.

AMPHIMAQUE. Deux des capitaines Grecs qui allerent au siége de Troie, se nommoient ainsi.

AMPHIMARUS. *Voyez* LINUS.

AMPHIMÉDON, fils de Mélantho, l'un de ceux qui vouloient épouser Pénélope. Télémaque le tua d'un coup d'épée.

C'est aussi le nom d'un Centaure.

AMPHINOME, une des Néréides. La mere de Jason se nommoit aussi Amphinome. *Voyez* AMPHINOMÉE.

AMPHINOMÉE ou AMPHINOME, mere de Jason, chef des Argonautes. Elle se plongea un poignard dans le sein, du regret qu'elle eut de la longue absence de son fils, qui étoit allé à la conquête de la Toison d'or.

AMPHINOMUS, un de ceux qui vouloient épouser Pénélope.

AMPHION, fils de Jupiter & d'Antiope, reine de Thébes. Il bâtit les murs de cette ville avec les accords de sa lyre. Les pierres sensibles à cette mélodie, se rangeoient d'elles-mêmes à leur place. Ce fut lui qui inventa la musique avec Zéthus son frere.

Un des Argonautes se nommoit aussi Amphion. C'étoit encore le nom d'un roi d'Orchomene, fils de Jasius & pere de Chloris.

AMPHIPYROS, c'est-à-dire, *qui tient un flambeau à chaque main*, surnom de Diane.

AMPHIRROÉ, une des nymphes de l'Océan.

AMPHITHOÉ, nymphe marine, fille de Nérée & de Doris.

AMPHITRITE, fille de l'Océan & de Doris, déesse de la mer, & femme de Neptune. Après avoir fui le mariage, Neptune envoya deux dauphins qui la trouverent au pied du mont Atlas, la lui amenerent sur un char en forme de coquille, & ce dieu l'épousa.

AMPHITRYON, fils d'Alcée & petit-fils de Persée, s'empara de Thébes & épousa Alcméne. Il fit la guerre aux Thélébéens ou Téléboens, qu'il défit par le moyen de Cométho, fille de Ptérélas leur roi, à qui cette princesse coupa un cheveu d'or, dont dépendoient les destinées de ce prince. Ce fut pendant cette guerre que Jupiter, sous la forme d'Amphitryon, trompa Alcméne. Ce prince envahit les états de Ptérélas, devint formidable à tous ses voisins, & punit Cométho de sa trahison. La même chose arriva à Minos, lorsqu'il assiégeoit Mégare. *Voyez* NISUS.

AMPHITRYONIDES & AMPHITRYONIADES, Hercule, comme fils d'Amphitryon.

AMPHITUS. *Voyez* RHECIUS.

AMPHOTHERUS. *Voyez* ACARNAS.

AMPHRISE, fleuve de Theſſalie, ſur les bords duquel Apollon gardoit les troupeaux d'Adméte, & où il écorcha tout vif le ſatyre Marſyas. Ce fut là qu'il aima Evadné, Lycoris, & Hyacinthe qu'il tua, ſans le vouloir, en jouant au palet.

C'eſt du nom de ce fleuve que la Sibylle de Cumes eſt appellée *Amphriſia Vates*, parce qu'elle prétendoit être inſpirée par Apollon.

AMPICIDES ou *AMPYCIDES* ; c'eſt Mopſus, fils d'Ampix. *Voyez* MOPSUS.

AMPICUS, AMPIX ou AMPYX, fils de Chloris, & pere de Mopſus. C'étoit auſſi le nom d'un fils de Pelias.

AMSANCTUS, lac profond & environné de précipices & de forêts dans le territoire d'Hirpinum en Italie. Il en exhaloit une puanteur ſi horrible, qu'on regardoit ce lieu comme le ſoupirail des enfers.

AMUN. C'eſt le même qu'Ammon.

AMYCLA, l'une des filles de Niobé, que Latone épargna, auſſi-bien que ſa ſœur Mélibée, lorſqu'elle tua leurs freres & leurs ſœurs *Voyez* NIOBÉ.

AMYCLÆUS. Apollon étoit ainſi ſurnommé d'un temple magnifique qu'il avoit à Amyclée, ville de la Laconie. C'étoit auſſi un ſurnom de Pollux.

AMYCUS, fils de Neptune, & roi des Bébriciens. *Voyez* BÉBRICIENS.

Il y eut un des principaux Centaures, & un compagnon d'Enée de ce nom.

Il y eut encore un autre Amycus, frere d'Hippolyte, reine des Amazones, qui fut tué par Hercule.

AMYMONE, l'une des cinquante Danaïdes. Elle épouſa Encelade, qu'elle tua la premiere nuit de ſes nôces, ſelon l'ordre de ſon pere. Preſſée de remords, elle ſe retira dans les bois, où voulant tirer ſur une biche, elle bleſſa un ſatyre qui la pourſuivit, & dont elle devint la proie malgré Neptune qu'elle imploroit. Neptune, quelque temps après, la métamorphoſa en fontaine.

Il y eut une autre Amymone, fille de Bélus, & mere de Nauplius.

AMYNTAS. C'est, dans les poëtes, un nom de berger.

AMYNTOR, roi des Dolopes, peuple d'Epire, fut tué par Hercule pour lui avoir refusé le passage dans ses Etats.

Il y eut aussi un Amyntor, fils d'Egyptus, qui fut tué par sa femme la premiere nuit de ses nôces.

Amyntor étoit aussi le nom du pere de Phénix.

AMYNTORIDÉS, Phénix, fils d'Amyntor.

AMYTHAON. *Voyez* AMITHAON.

ANACÉES, fêtes en l'honneur des dieux Dioscures, qu'on nommoit aussi ANACES. *Voyez* ANAX.

ANACES ou ANACTES. *Voyez* ANAX.

ANACHIS, un des quatre dieux Lares révérés par les Egyptiens. Les trois autres étoient Dymon, Tychis & Héros.

ANACLETHRA. C'étoit une pierre sur laquelle les Grecs croyoient que Cérès s'étoit reposée, après les longues courses qu'elle avoit faites pour chercher sa fille. Les femmes de Mégare avoient une grande vénération pour cette pierre qu'on gardoit à Athènes auprès du Prytanée. *Paus.*

ANACTES. *Voyez* ANAX.

ANADYOMENE, surnom de Venus. Auguste lui consacra sous ce nom un tableau peint par Apelles, où elle étoit représentée au moment de sa naissance, sortant du sein de la mer. *Plut. Plin.*

ANAGOGIES, fêtes en l'honneur de Vénus absente, pour la prier de revenir.

ANAIDEIA ou IMPUDENCE. Les Athéniens en avoient fait une divinité. *Pausan. Cic.*

ANAÏTIS, nom sous lequel les Perses & les Arméniens adoroient Venus. Anaïtis étoit la Diane des Lydiens.

ANATIS. C'étoit le nom que les Perses donnoient à Diane.

ANAMELECH; c'est le même qu'Adramelech.

ANAPIS ou ANAPUS. C'est le nom d'un fleuve auquel la nymphe Cyané se joignit, lorsqu'elle fut métamorphosée en lac.

ANATOLE,

ANATOLE, une des Heures.

ANAURUS, fleuve de la Troade, sur les bords duquel Pâris gardoit les brebis de Priam.

ANAX, fils du Ciel & de la Terre. Son nom, qui signifie *maître*, *seigneur*, étoit révéré comme quelque chose de grand & de sacré, de sorte qu'on ne le donnoit par honneur qu'aux demi-dieux, aux rois & aux héros. Si on leur parloit, ou si l'on en parloit au pluriel, on les nommoit ANACTES ou ANACES. *Plut. Cic.*

ANAXABIE, nymphe qui disparut dans le temple de Diane, où elle s'étoit refugiée pour éviter les poursuites d'Apollon.

ANAXANDRA, héroïne révérée comme une déesse dans la Laconie.

ANAXARETE, nymphe de l'Isle de Chypre. Elle fut métamorphosée en rocher, pour avoir refusé d'écouter Iphis.

ANAXIS, fils de Castor & d'Ilaïre.

ANAXITHÉE, une des Danaïdes, que Jupiter mit au nombre de ses femmes.

ANAXO, fille d'Ancée, & selon quelques-uns, mere d'Alcméne.

ANCARIE, déesse qu'on invoquoit contre les incursions des ennemis.

ANCARIUS. *Voyez* ANCHIALUS.

ANCÉE, roi d'Arcadie, fut du nombre des Argonautes. Un des ses esclaves lui prédit un jour qu'il ne boiroit plus de vin de sa vigne. Ancée se moqua de cette prédiction, & se fit apporter sur le champ une coupe pleine de vin : avant qu'il en bût, l'esclave lui dit qu'il y avoit encore du chemin de la coupe à sa bouche. On vint en même-tems l'avertir que le sanglier de Calydon étoit dans sa vigne : aussi-tôt il jette la coupe, courut à l'animal, qui vint à lui & le tua.

ANCHÉMOLE, fils de Rhétus, roi d'une contrée de l'Italie. Epris d'une passion criminelle pour sa marâtre, il lui fit un outrage dont son pere voulut le punir, mais il prit la fuite, & se retira auprès de Turnus.

ANCHIALUS ou ANCARIUS. Les payens croyoient que c'étoit le dieu des Juifs.

C'étoit aussi le nom d'un Grec, fils de Mentès.

ANCHISE, prince Troyen, & de la famille de Priam, étoit fils de Capis & d'une nymphe. Il épousa secrettement Venus, & en eut Enée. Anchise ayant osé s'en venter, Jupiter, pour le punir de son indiscrétion, le frappa de sa foudre: mais elle ne l'écrasa pas, elle ne fit que l'effleurer. Après la prise de Troie, il sortit de la ville avec peine, à cause de son extrême vieillesse. Enée le porta sur son dos jusqu'aux vaisseaux, tenant son fils Ascagne par la main. Il emporta ses dieux Pénates avec ce qu'il avoit de plus précieux, & alla mourir dans la Sicile, où Enée lui éleva un tombeau magnifique. *Virg.*

ANCHISIADES. C'est Enée, fils d'Anchise.

ANCHURUS, fils de Midas. Un gouffre s'étant ouvert à Céléne, ville de Phrigie, Anchurus se dévoua pour le bien public, & s'y précipita avec son cheval. Ce gouffre se referma aussi-tôt. Midas fit élever à l'endroit un autel à Jupiter. *Plut.*

ANCILÉ. C'est le nom qu'on donna à un bouclier que Numa feignit être tombé du ciel, & à la conservation duquel il prétendit qu'étoit attachée la destinée de l'empire Romain. De peur qu'on n'enlevât ce bouclier, il en fit faire onze autres si parfaitement semblables, qu'il étoit impossible de le reconnoître. Il en confia la garde à douze prêtres qu'il institua pour cela, & qu'il nomma Saliens. Quand on portoit les *Ancilia* ou Boucliers dans une fête qui duroit trois jours au commencement de Mars, on ne pouvoit se marier, ni entreprendre rien d'important. *Ovid. Tit. Liv. Voyez* SALIENS.

ANCILIA. *Voyez* ANCILÉ.

ANCULES, dieux & déesses des esclaves. Ils étoient ainsi appellés du vieux mot *anculari*, servir.

ANDATÉ ou ANDRASTÉ. Les anciens Bretons adoroient la Victoire sous ce nom.

ANDIRINE, surnom de la mere des dieux, pris de

la ville *Andira*, auprès de laquelle elle avoit un temple.

ANDRASTÉ. *Voyez* ANDATÉ.

ANDRÉMON, pere de Thoas, l'un des chefs Grecs au siége de Troie.

Il y en eut un autre qui fut gendre d'Œnée.

ANDROCLÉE, l'une des filles d'Antipœnus, qui se sacrifierent pour le salut des Thébains, suivant la réponse de l'Oracle, qui avoit dit que la ville ne seroit jamais délivrée de ses ennemis, s'il ne se trouvoit quelqu'un d'une des plus illustres familles, qui voulut se sacrifier. Toutes les filles d'Antipœnus se tuerent.

ANDROGÉE, fils de Minos. *Voyez* MINOS, MINOTAURE.

ANDROGÉNIES, fêtes en l'honneur d'Androgée.

ANDROGEOS ou ANDROGÉE, un des capitaines Grecs au siége de Troie.

ANDROGYNE, c'est-à-dire, *homme & femme*. *Voyez* HERMAPHRODITE.

ANDROMAQUE, fille d'Eëtion, roi de Thébes, femme d'Hector, & mere d'Astyanax. Après la prise de Troie, elle échut en partage à Pyrrhus qui l'emmena en Epire, & l'épousa. Pyrrhus étant mort, elle épousa Hélénus, fils de Priam. Cette veuve aima si tendrement Hector, qu'elle ne cessoit point de parler de lui : elle lui fit élever un magnifique tombeau en Epire ; ce qui causoit beaucoup de jalousie & de chagrin à ceux qui l'aimerent successivement.

ANDROMÉDE, fille de Céphée, roi d'Ethiopie, & de Cassioppe, qui eut la témérité de disputer de la beauté avec Junon & les Néréides. Junon, pour la punir, condamna Androméde à être liée par les Néréides avec des chaînes, & exposée sur un rocher à un monstre marin : mais Persée monté sur le cheval Pegase, pétrifia le monstre en lui montrant la tête de Méduse, & délivra Androméde qu'il rendit à son pere ; lequel en reconnoissance la lui donna en mariage. *Voyez* ANTIGONE, fille de Laomédon *Ov. Met. l. 4.*

ANDROPHONOS, c'est-à-dire, *homicide*. Ce nom fut donné à Vénus pour avoir fait périr par la peste beaucoup de Thessaliens, les punissant ainsi de la mort de Laïs qui avoit été tuée dans son temple.

ANDROS ou ANDRUS, fils d'Eurymaque, donna son nom à l'Isle d'Andros. Un fils d'Anius se nommoit aussi Andrus.

ANE. *Voyez* SILENE, MIDAS.

ANEMONE. *Voyez* ADONIS.

ANEMOTIS, c'est-à-dire, *qui calme les vents*, surnom de Pallas.

ANÉTIS, la même qu'Anaïtis.

ANGÉLIE, fille de Mercure, qui étoit lui-même surnommé *Angelus*, Messager. *Voyez* MERCURE.

ANGELUS, un des fils de Neptune. *V.* ANGELIE.

ANGENONE, déesse à laquelle on avoit recours contre l'esquinancie.

ANGERONALES, fêtes en l'honneur de la déesse Angerone.

ANGERONE, déesse du silence. On croit que c'est la même que Volupie, déesse de la volupté.

ANGITIA, surnom de Médée. *V.* ANGUITIA.

ANGUIPEDES, monstres dont la démarche tortueuse ressembloit à celle des serpens. Ovide donne ce nom aux géans qui voulurent détrôner Jupiter.

ANGUITIA ou ANGITIA, fille d'Eetès & sœur de Médée. Celle-ci étoit aussi surnommée *Angitia*.

ANGUIFER & ANGUITENENS. *V.* OPHIEUS.

ANGUIGENÆ, les Thébains, ainsi désignés par Ovide, parce que la Fable les fait naître des dents d'un dragon. *Voyez* CADMUS.

ANIENUS, dieu du fleuve *Anio*, le Teveron.

ANIGRE. *Voyez* ANYGER.

ANIGRIDES, nymphes du fleuve Anigre. On leur attribuoit le pouvoir de donner aux eaux de ce fleuve une vertu contraire à leur qualité naturelle.

ANIMALES, divinités ainsi nommées, parce que c'étoient les ames de ceux qui après leur mort avoient été mis au nombre des dieux, *Animales Dii*.

ANIMAUX *buvant dans une coupe. Voyez* CIRCÉ.

ANITIS. C'est la même qu'Anaïtis.

ANIUS, roi de l'Isle de Délos, & grand prêtre d'Apollon. Il eut trois filles qui avoient reçu de Bacchus le don de changer tout ce qu'elles touchoient, l'une en vin, l'autre en bled, & la troisiéme en huile. Agamemnon allant au siége de Troie, voulut les contraindre de l'y suivre, comptant qu'avec leur secours il n'auroit plus fallu de provision ; mais Bacchus qu'elles implorerent, les changea en colombes. *Ovide.*

ANNA PERENNA, déesse qui présidoit *aux Années*, & à laquelle on faisoit de grands sacrifices à Rome, au mois de Mars. Les uns ont cru que cette déesse étoit la même que la Lune ; d'autres ont pensé que c'étoit Thémis, ou Io, ou celle des Atlantides qui avoit nourri Jupiter, ou enfin une nymphe du fleuve Numicius, la même qu'Anne, sœur de Didon. *Ovid. Fast. Voyez* ANNE.

ANNE, sœur de Pygmalion & de Didon, suivit sa sœur en Afrique. Après la mort de Didon, elle se retira à Malthe, d'où Pygmalion ayant voulu l'enlever, elle se sauva en Italie où elle fut très bien reçue par Enée qu'elle y trouva établi : mais bientôt Lavinie en conçut une jalousie si violente, qu'elle résolut de la faire périr. Anne en ayant été avertie en songe par sa sœur Didon, prit la fuite pendant la nuit, & vint se jetter dans le fleuve Numicius, où elle fut changée en nymphe. *Virg. Ovid.*

ANNEDOTS, dieux des Chaldéens.

ANNONA, déesse de l'abondance & des provisions de bouche.

ANOBRETH, nymphe, l'une des femmes de Saturne : mere de Jeoud. *Voyez* JEHOUD.

ANOGON, fils de Castor & d'Ilaïre.

ANOSIA, c'est-à-dire *impitoyable*. Venus eut ce nom pour la même raison qu'elle fut surnommée *Androphonos. Voyez* ANDROPHONOS.

ANTÆA, la même qu'*Antias*.

ANTANDROS, ville & port de Phrygie où Enée s'embarqua.

ANTÉE, fameux géant, fils de Neptune & de la Terre. Il s'établit dans les déserts, pour massacrer tous les passans, parce qu'il avoit fait vœu de bâtir un temple à Neptune avec des crânes d'hommes. Hercule combattit ce géant, le terrassa trois fois, mais en vain : car la Terre sa mere lui rendoit des forces nouvelles lorsqu'il la touchoit. Ce héros l'éleva en l'air & l'étouffa. C'étoit dans la Libie qu'Antée exerçoit ses brigandages. *Nat. Comes. Lucain.*

Il y eut une femme de ce nom, appellée autrement Sténobée. *Voyez* BELLÉROPHON.

ANTELIUS ou ANTHELIUS ; un des dieux d'Athènes. Il y avoit des Génies qu'on révéroit sous le nom d'*Antelii Dæmones*.

ANTÉNOR, prince Troyen, lequel, à ce qu'on dit, trahit sa patrie, en cachant Ulysse dans sa maison. On prétend qu'après le siége de Troie il alla fonder la ville de Padoue. Il eut plusieurs enfans ; savoir, Archiloque, Atamante, Laodocus, Achelaüs, Anthée, &c. *Virg. Eneid. liv. 1.*

ANTENORIDÆ, les fils d'Anténor.

ANTÉROS, divinité opposée à Cupidon. On le croit fils de Venus & de Mars. Celui-ci voyant que Cupidon ne croissoit point, en demanda la cause à Thémis, qui lui répondit que c'étoit parce qu'il n'avoit point de compagnon. Elle lui donna Antéros, avec lequel Cupidon commença à croître. On les représentoit comme deux petits enfans ayant des ailes aux épaules, & s'arrachant une palme. *Natalis Comes.*

ANTEVORTA, déesse qui présidoit au souvenir des choses passées.

ANTHÉE, fils d'Anténor, que Pâris tua par méprise. C'étoit aussi le nom d'un des capitaines d'Enée.

ANTHESPHORIES, fêtes en l'honneur de Proserpine.

ANTHESTERIES, fêtes qu'on célébroit à Athènes en l'honneur de Bacchus. Elles ressembloient beaucoup aux Saturnales.

ANTHIA, sœur de Priam, que les Grecs firent prisonniere.

Il y eut une autre Anthia, femme de Prœtus.

ANTHION, puits auprès duquel on dit que Cérès, fatiguée des courses qu'elle avoit faites en cherchant sa fille, se reposa sous la figure d'une vieille femme. Les filles de Céléus l'ayant trouvée en cet endroit, la menerent à leur mere. *Voyez* CELÉUS.

ANTHIOPE & mieux ANTIOPE, reine des Amazones, fut vaincue & prise par Hercule, qui en fit présent à Théfée.

Il y eut une autre Anthiope, fille de Nyctée; elle eut deux enfans de Jupiter. Son pere voulut la faire mourir: mais elle se sauva; & après la mort de son pere, Lycus son oncle la poursuivit, & la mit sous la garde de Dircé sa femme, qui la traita fort durement. Ses enfans vinrent la délivrer. *Voyez* ZÉTHUS.

ANTHIUS, c'est-à-dire, *le fleuri*, surnom de Bacchus.

ANTHOR ou ANTHORÉS; il étoit d'Argos, & fut un des compagnons d'Hercule, & depuis d'Evandre.

ANTIA ou ANTHIA, femme de Prœtus.

ANTIAS, la Fortune, ainsi surnommée d'un temple célèbre, qu'elle avoit à *Antium*, ville du *Latium*.

ANTICLÉE, fille de Dioclès & mere d'Ulysse. On dit que Laërte étant près de l'épouser, Sisyphe, fils d'Eole, la surprit, & qu'il fut le véritable pere d'Ulysse. *Ovid. Métam. liv. 13*

ANTICYRE, isle dans le golfe de Corinthe, célèbre par ce que disent les poëtes, de l'ellébore qui y croissoit en abondance.

ANTIDIEUX. *Voyez* ANTITHÉES.

ANTIGONE, fille d'Œdipe & de Jocaste. Voulant rendre les derniers devoirs à Polynice son frere, contre la défense de Créon, elle fut condamnée par ce cruel prince à mourir de faim dans une prison; mais elle s'y étrangla. Hémon qui devoit l'épouser, se tua de désespoir sur son corps.

Il y en eut une autre, fille de Laomédon. Celle-ci se croyant plus belle que Junon, fut changée en cigogne. *Voyez* CASSIOPE, ANDROMÉDE, &c.

ANTIGONIES, fêtes en l'honneur d'un Antigonus peu connu.

ANTILOQUE, fils de Nestor & d'Eurydice. Ayant suivi son pere au siége de Troie, il y fut tué par Memnon, fils de l'Aurore. *Hom. Odiss.* 4.

Il y eut un autre Antiloque, fils d'Amphiaras.

ANTINOUS, un de ceux qui vouloient épouser Pénélope. Ulysse le tua dans un festin. *Hom. Odyss.* 22.

Il y eut un autre Antinoüs que l'empereur Adrien fit mettre au nombre des dieux.

ANTIOPE. *Voyez* ANTHIOPE.

ANTIPHATES, roi des Lestrigons. *Voyez* LESTRIGONS.

ANTIPHUS, fils de Priam, qui fut tué par Agamemnon.

Il y eut deux autres Antiphus; un, petit-fils d'Hercule; & l'autre, ami d'Ulysse.

ANTIPŒNUS. *Voyez* ANDROCLÉE.

ANTITHÉES ou ANTIDIEUX, mauvais Génies qu'on s'imaginoit occupés à tromper les hommes, & à leur faire illusion. *Arnobe.*

ANTIUM. *Voyez* ANTIAS.

ANUBIS, roi des Egyptiens, adoré sous la forme d'un chien. Quelques-uns disent que c'étoit un fils d'Osiris; d'autres de Mercure: d'autres croient que c'étoit Mercure lui-même. *Voyez* TEUTATES.

ANXUR, ANXURUS, ANXYRUS, AXURUS ou AXUR, c'est-à-dire, *sans barbe*, nom sous lequel Jupiter étoit adoré comme enfant; dans la Campanie, & sur-tout à *Anxur*, ville du pays des Volsques. *Virg. Scalig.*

ANIGER. C'est un fleuve de Thessalie, dans lequel les Centaures qu'Hercule avoit blessés, allerent laver leurs plaies.

AON, fils de Neptune. Ayant été obligé de fuir de l'Apulie, il vint dans la Béotie où il s'établit sur des montagnes qui furent appellées Aoniennes de son nom. Ces montagnes furent consacrées aux Muses, & c'est de-là qu'elles ont aussi été appellées Aonides. Ausonne les nomme *Bœotia Numina*, de la Béotie où sont ces montagnes qui ont donné le nom d'Aonie à la contrée.

AONIDES & AONIE. *Voyez* AON.

AONIUS deus. C'est Bacchus, parce qu'il étoit de la Béotie. *Voyez* AON. Aonius est aussi un surnom d'Hercule, par la même raison.

AORASIE, c'est-à-dire, *invisibilité*, attribut que les philosophes payens reconnoissoient dans leurs dieux.

AORNÔS ou AVERNE *Voyez* AVERNE.

APATURIE, surnom de Minerve, ou selon d'autres, de Venus. On nommoit aussi de la sorte des fêtes Grecques dans lesquelles on sacrifioit à Jupiter & à Pallas.

APESANTIUS ou APHESANTIUS, surnom de Jupiter, pris d'*Apésas*, montagne de Némée, qui lui étoit consacrée.

APHACITIS, Venus étoit ainsi surnommée d'un temple qu'elle avoit à *Aphaia*, ville de la Palestine.

APHÆA, surnom de Diane. A Egine on adoroit aussi Britomarte sous ce nom.

APHÆUS ou APHNIUS, surnom de Mars.

APHARÉE, pere de Lyncée qu'Ovide nomme *Aphareia proles*.

APHÉTÉRIENS. Castor & Pollux étoient ainsi surnommés, parce qu'ils avoient un temple dans l'enceinte d'où partoient ceux qui disputoient le prix de la course.

APHÉTOR, surnom d'Apollon, pris des oracles qu'il rendoit à Delphes, & du prêtre qui les publioit.

APHNÉUS ou APHNIUS, surnom de Mars.

APHRODISIES, fêtes en l'honneur de Venus. *V.* APHRODITE.

APHRODITE, nom de Venus. On l'appelle ainsi, parce que ce mot qui vient du grec, signifie *écume* : les poëtes disent qu'elle naquit de l'écume de la mer.

APHTHAS. *Voyez* OPAS.

APIS, fils de Niobé. Il s'empara de toute l'Egypte, & la gouverna avec tant de douceur, que les peuples le regarderent comme un dieu. On l'adoroit sous la figure d'un bœuf; parce qu'on croyoit qu'il en avoit pris la forme, pour se sauver avec les autres dieux, quand ils furent vaincus par Jupiter. Il étoit aussi appellé Osiris & Sérapis.

APOBOMIES, fêtes dans lesquelles on ne sacrifioit pas sur des autels, mais sur le sol de la terre.

APOLLINEA proles, Esculape, fils d'Apollon.

APOLLINEUS vates. C'est Orphée.

APOLLON, fils de Jupiter & de Latone, & frere de Diane. On l'appelloit *Phœbus* au ciel, parce qu'il conduisoit le char du Soleil trainé par quatre chevaux, & Apollon sur la terre. On le regardoit comme le dieu de la poésie, de la médecine, de la musique & des arts : il se mit à la tête des neuf Muses, & habitoit avec elles les monts Parnasse, Helicon, Piérius, les bords d'Hippocrène & du Permesse, où paissoit ordinairement le cheval Pégase, qui leur servoit de monture. Jupiter ayant foudroyé Esculape, qui avoit ressuscité Hippolyte, Apollon tua les Cyclopes, parce qu'ils lui avoient fourni des foudres. Cette action le fit chasser du ciel ; & pendant cet exil, il se retira chez Adméte, roi de Thessalie, dont il garda les troupeaux que Mercure vint lui dérober. Il voulut prendre son arc & ses fléches pour l'arrêter ; mais envain, car Mercure les lui avoit aussi volées. Après cela, ne sachant que devenir, il alla avec Neptune faire des briques pour aider Laomédon à relever les murs de Troie, & n'en reçut aucun salaire. *Voyez* LAOMÉDON. Lorsque les eaux du déluge de Deucalion furent retirées, il tua le serpent Python qui étoit né du limon de la terre, & qui désoloit les campagnes. La peau de cet animal lui servit à couvrir le trépied sur lequel s'asseyoit la Pythonisse ou la prêtresse pour rendre ses oracles. Les lieux les plus fameux où ils se rendoient, étoient Delphes, Délos, Claros, Ténédos, Claros & Patare. Son temple le plus superbe & le plus renommé étoit à Delphes. Leuchotoé, Daphné, Clytie & une infinité d'autres, furent les objets de sa passion. Le coq, l'épervier & l'olivier lui étoient consacrés, parce que ceux & celles qu'il avoit aimés, avoient été métamorphosés de la sorte. On le représente ordinairement tenant en sa main sa lyre, ou auprès de lui des instrumens pour les arts, & sur un char trainé par quatre chevaux, parcourant le Zodiaque.

APOLLONIES, fêtes en l'honneur d'Apollon.

APOMYIUS, surnom de Jupiter, pris du pouvoir qu'on lui attribuoit sur les mouches. *Voyez* MYODE.

APONE, fontaine d'Italie près de Padoue. On attribuoit à ses eaux une vertu de divination. *Suet.*

APOPOMPÉENS. *Voyez* POMPÉENS.

APORRINA. *Voyez* ADPORINA.

APOSTROPHIE. On invoquoit Vénus sous ce nom, quand on lui demandoit d'être délivré de quelque passion.

APOTHÉOSE. On nommoit ainsi la cérémonie par laquelle on mettoit quelqu'un au nombre des dieux.

APOTROPÉENS. On appelloit ainsi les dieux, quand on les prioit de détourner les malheurs dont on étoit menacé. *Voyez* AVERRUNCUS.

APPIADES, c'est un surnom de Pallas & de Vénus, parce qu'il y avoit un temple dédié à ces deux divinités auprès des eaux Appiennes à Rome. *Cicer.*

AQUARIUS. *Voyez* VERSEAU.

AQUILON, vent furieux & extrêmement froid. Les poëtes le font fils d'Eole & de l'Aurore. Ils disent qu'il avoit une queue de serpent & les cheveux toujours blancs.

ARABUS, fils d'Apollon, que quelques-uns ont regardé comme inventeur de la médecine.

ARACHNÈ, fille d'Idmon, très-habile brodeuse, osa un jour défier Minerve à qui broderoit mieux une tapisserie. La déesse offensée d'une telle témérité, rompit le métier & les fuseaux de cette orgueilleuse, & la métamorphosa en araignée.

C vj

ARACYNTE, montagne de la Béotie consacrée à Minerve.

ARAIGNÉE. *Voyez* ARACHNÉ.

ARATÉES, fêtes en l'honneur d'Aratus, héros grec, qui fut mis au nombre des dieux pour avoir combattu & défait des tyrans. *Plut.*

ARBITRATOR, surnom de Jupiter.

ARBRES. *Hommes ou femmes métamorphosés, dont les bras s'élevent en forme de branches d'arbres, & dont les pieds s'enfoncent dans la terre en forme de racines.* Voyez DAPHNÉ, PHAÉTON, LOTIS, PHILÉMON.

ARC. *Voyez* DIANE, CUPIDON, ACTÉON, HERCULE, AMAZONES, CHIRON, ARCAS, ORION, HIPPOLYTE, MÉLÉAGRE, ACASTE.

ARCADIE, partie du Péloponèse, dont les habitans furent très-célebres par leur goût pour la poésie & pour la musique. *Voyez* ARCAS.

ARCADIUS DEUS, le dieu d'Arcadie; c'est Pan. *Voyez* ARCAS.

ARCAS, fils de Jupiter & de Calisto, donna son nom à l'Arcadie : c'est le pays de toute la Grèce, dont on raconte le plus de fables : il y avoit des ânes d'une taille extraordinaire. Le dieu Pan y étoit honoré plus qu'ailleurs, parce qu'on dit qu'il n'en sortoit pas. Arcas étant devenu grand, des chasseurs le présenterent à Lycaon son ayeul, qui le reçut avec joie ; & qui dans la suite, pour éprouver la puissance de Jupiter, lorsqu'il lui donna l'hospitalité, lui servit dans le festin les membres d'Arcas. Jupiter indigné d'une expérience aussi détestable, le changea en loup, & Arcas en ours, qui fut placé dans le ciel auprès de sa mere. *Voyez* la même fable dans ATRÉE.

Il y eut un autre Arcas, fils d'Evandre.

ARCAS, c'est-à-dire, *Arcadien*, étoit un surnom de Mercure, parce qu'il avoit été nourri sur la montagne de Cyllene en Arcadie. Ovide désigne aussi par ce nom, Ancée, fils de Lycurgue.

ARC-EN-CIEL. *Voyez* IRIS.

ARCESILAS, un des chefs des Béotiens au siége de Troie.

ARCESIUS, fils de Jupiter & pere de Laërte.

ARCHEGENETES, AIGENETES ou ARCHEGETES, c'est-à-dire, *Chef*, *Principe*, surnom d'Apollon & d'Hercule. On donnoit aussi celui d'*Archegetis* à Minerve.

ARCHEMORE, fils de Lycurgue, roi de Némée. Ayant été mis par sa nourrice sur une plante d'ache, pendant qu'elle alloit montrer une fontaine aux princes qui alloient assiéger Thébas, ce jeune prince mourut de la morsure d'un serpent, que les princes tuerent. Lycurgue voulut punir de mort la négligence de la nourrice ; mais les Argiens la prirent sous leur protection. Ce fut en mémoire de cet accident que furent institués les jeux Néméens, qui se célébroient de trois en trois ans. Les vainqueurs se mettoient en deuil, & se couronnoient d'ache.

ARCHET. *Voyez* ERATO, APPOLLON, ORPHÉE, ARION, LINUS.

ARCHIGALLE, ou chef des Galles. C'étoit le premier des prêtres de Cybele.

ARCHILOQUE, poëte qui inventa les vers Iambiques. Il en fit de si mordans contre Lycambe, qui après lui avoir promis sa fille Néobule, l'avoit néanmoins donnée à un autre, que cet homme se pendit de désespoir. Quelque tems après, Archiloque fut tué dans un combat. On dit que l'oracle de Delphes blâma les meurtriers de ce poëte, tant il l'estimoit à cause de la beauté de son génie. Il étoit de l'isle de Paros ; &, selon quelques-uns, de *Parium* dans la Mysie.

ARCHITIS, nom sous lequel les assyriens adoroient Vénus.

ARCITENENS. Les poëtes donnent quelquefois ce nom à Apollon. C'est le plus souvent celui de Chiron ou du Sagittaire, l'un des signes du Zodiaque.

ARCTOPHYLAX, *Voyez* BOOTES.

ARCTOS. C'est le nom grec de la constellation de l'ourse. *Voyez* CALISTO.

ARCTURE. Quoique ce ne soit proprement que le nom d'une étoile dans le *Bootès*, les poëtes ne s'en servent presque jamais que pour désigner l'ourse. *Voyez* BOOTÉS.

ARCULUS, dieu des coffres & des cassettes.

ARDALIDES. Les Muses furent ainsi appellées du nom d'Ardalus, fils de Vulcain, à qui on attribue l'invention de la flutte.

ARDEA, ville du Latium, bâtie par Danaé. Elle fut, selon Ovide, consumée par les flammes, & fut changée en *Héron*, en latin *Ardea*.

ARDUENNA, surnom de Diane, pris d'une vaste forêt des Gaules, appellée encore aujourd'hui Ardenne.

ARÉOPAGE, fameux tribunal d'Athènes. Le nom d'Aréopage est formé de deux mots grecs qui signifient *le bourg* ou *la colline de Mars*, parce que ce fut, dit-on, dans cet endroit que Mars ayant été appellé en jugement devant douze dieux, fut renvoyé absous du crime de meurtre dont on l'accusoit.

ARÉS, nom de Mars chez les Grecs. Ce mot signifie *combat*, *blessure*.

ARESTHANAS. *Voyez* ARISTHÉNE.

ARESTOR, le même qu'Aristor.

ARESTORIDES, Argus, fils d'Arestor.

ARETÉ, femme d'Alcinoüs, roi des Phéaques ou Phéaciens. *Voyez* ALCINOUS.

ARÉTHUSE, compagne de Diane qui la métamorphosa en fontaine, lorsque cette nymphe fuyoit les poursuites d'Alphée. Ce fut elle qui déclara à Cérès l'enlevement de Proserpine par Pluton. Ses eaux coulent en Sicile, & se mêlent avec celles d'Alphée. Ov. *Métam. liv. 5*.

L'une des Hespérides portoit aussi le nom d'Aréthuse.

AREUS, ou plutôt *AREÏUS*, c'est-à-dire, *guerrier*, ou *à qui on adresse des prieres*. On donnoit ce surnom à Jupiter, & celui d'*Areïa* à Minerve.

ARGANTHONE ou ARGANTHONIS, femme de Rhésus. Elle fut si touchée de la mort de son mari qui fut tué au siége de Troie, qu'elle en mourut de douleur.

ARGÉ, nymphe que le Soleil changea en biche. C'étoit aussi le nom d'une fille de Jupiter.

ARGÉE, fils de Pélops. Il y en eut un autre qui étoit ami d'Hercule.

ARGÉES. On appelloit ainsi différens endroits de la ville de Rome, que Numa avoit consacrés aux dieux. On appelloit aussi Argées, *Argei*, des figures d'hommes de jonc, que les Vestales jettoient dans le Tibre avec de grandes cérémonies.

ARGENTINUS, dieu de la monnoie d'argent, fils d'Æsculanus.

ARGÉS, l'un des Cyclopes. *Apoll.*

ARGEUS. *Voyez* AGEUS.

ARGIÉE, fille d'Adraste & femme de Polynice, dont elle alla chercher le cadavre avec Antigone, pour lui rendre les derniers devoirs ; ce qui irrita tellement Créon, qu'il les tua toutes deux ; mais Argie fut métamorphosée en une fontaine de ce nom. *Voyez*. ANTIGONE.

ARGIENNE, *ARGIVA*, surnom de Junon, pris du culte qu'on lui rendoit à Argos.

ARGILETE. Evandre étant venu s'établir en Italie, reçut en hospitalité un certain Argus, qui forma bientôt le dessein de lui ôter la vie & de regner à sa place. Les gens d'Evandre en ayant eu connoissance, le tuérent à l'insu de ce prince, qui par respect pour les droits inviolables de l'hospitalité, fit faire des funérailles honorables à ce scélérat, & un tombeau dans un lieu qui depuis fut nommé *Argilete*. *Virg. Æn. l. 8.*

ARGIOPE, nom d'une nymphe.

ARGIPHONTE, surnom qu'on donna à Mercure pour avoir tué Argus. *Voyez* ARGUS.

ARGIVI. *Voyez* ARGOS.

ARGO, navire des Argonautes sur lequel Jason, avec les princes Grecs, alla conquérir la Toison d'or. On prétend que c'est le premier vaisseau qui ait été sur mer. Il fut appellé Argo du nom d'Argus, fameux architecte qui l'inventa, & le fit avec des chênes de la forêt de Dodône; ce qui lui faisoit attribuer la vertu de parler & de rendre des oracles.

ARGOLICI. *Voyez* ARGOS.

ARGOLIS, Alcmène, parce qu'elle étoit d'Argos.

ARGON, fils d'Acée, & l'un des Héraclides.

ARGONAUTES, princes Grecs, ainsi nommés du vaisseau Argo, sur lequel ils s'embarquerent pour aller dans la Colchide y conquérir la Toison d'or. Les principaux, tous sous la conduite de Jason, étoient Castor, Pollux, Hercule, Télamon, Orphée, Mélampe, Thésée, Amphiaras, Tiphys, Eurydamas, Zétès, Calaïs, &c.

ARGOS, ville de l'Achaïe, célèbre par le culte de Junon & par les héros dont elle fut la patrie. C'est du nom de cette ville, que non-seulement ses habitans, mais encore tous les Grecs en général sont si souvent désignés dans Virgile & ailleurs par les mots *Argivi* & *Argolici*.

ARGUS, fils d'Arestor. Il avoit, dit-on, cent yeux, dont cinquante étoient toujours ouverts, quand les cinquante autres dormoient. Junon lui confia la garde de la vache Io, que Jupiter aimoit; mais Mercure l'endormit au son de sa flute, & le tua. Junon le métamorphosa après sa mort en paon, & prit cet oiseau sous sa protection. *Métamorph. Apollon.*

Il y eut un autre Argus, fameux architecte, fils de Polybe, & qui inventa le navire Argo.

Il y eut un troisième Argus, fils de Jupiter & de Niobé; il regnoit à Argos, & cultiva le premier les terres de la Gréce.

Il y en eut encore un autre. *Voyez* ARGILETE.

ARGYNNUS. C'étoit un jeune Grec qui se noya en se baignant. Agamemnon qui l'aimoit beaucoup, fit bâtir en son honneur un temple qu'il dédia à Vénus. Argynnis. *Prop.*

ARGYRE, nymphe de Thessalie. Comme elle aimoit extrêmement Sélenus son mari, qui l'aimoit aussi tendrement, celui-ci sécha presque de douleur, se voyant près de la perdre ; mais Vénus touchée de pitié, les métamorphosa l'un en fleuve, & l'autre en fontaine, qui, comme Alphée & Aréthuse, mêlèrent leurs eaux ensemble. Cependant Sélenus parvint à oublier Argyte, & il eut depuis la vertu de faire perdre à ceux qui aimoient, le souvenir de leur tendresse, lorsqu'ils buvoient de ses eaux, ou qu'ils s'y baignoient.

ARIADNE *Voyez* ARIANE.

ARIADNÉES, fêtes en l'honneur d'Ariane.

ARIANE, fille de Minos, roi de Créte. Elle fut si touchée de la bonne mine de Thésée, qui devoit être la proie du Minotaure, qu'elle lui donna un peloton de fil, par le moyen duquel il sortit du labyrinthe après avoir vaincu le Minotaure. Elle s'en alla avec lui : mais il l'abandonna sur un rocher dans l'isle de Naxos, où après avoir pleuré amèrement son malheur, elle se fit prêtresse de Bacchus, qui l'épousa, & mit la couronne de cette princesse au nombre des constellations. *Ovid. Prop.*

ARICIE, fille de Pallante. *Voyez* PALLANTE.

ARICINA, surnom de Diane, pris du culte qu'on lui rendoit dans la forêt d'Aricie, à quelques milles de Rome.

ARIES. *Voyez* PHRYXUS.

ARIMANE, dieu adoré chez les Perses. On croit que c'est le même que Pluton.

ARION, fameux musicien, étant sur un vaisseau, les matelots voulurent l'égorger pour avoir son argent ; mais il obtint avant que de mourir la permission de jouer de son luth, au son duquel les dauphins s'attrouperent autour du vaisseau : ensuite il se jetta dans la mer, & l'un de ces dauphins le porta à bord. Il arriva chez Périandre, qui fit courir après ces pirates, dont la plupart furent punis de mort.

Le cheval que Neptune fit sortir de la terre d'un coup de trident, fut nommé Arion. *V.* MINERVE.

ARISTÉE, fils d'Apollon & de Cyrene. Il aima beaucoup Euridice, qui fuyant ses poursuites le jour de ses nôces avec Orphée, fut piquée d'un serpent,

& mourut sur le champ. Les nymphes touchées de ce malheur, tuerent toutes les abeilles d'Aristée. Sa mere lui conseilla de consulter Protée, qui lui dit d'appaiser les manes d'Eurydice, en faisant un sacrifice de quatre génisses & de quatre taureaux, des entrailles desquels il sortit des essains d'abeilles. Aristée fut mis au nombre des dieux après sa mort, & particuliérement révéré par les bergers, qui bâtirent des temples en son honneur. *Virg.*

ARISTHENE, ou plutôt ARESTHANAS, berger qui trouva Esculape enfant, que sa mere Coronis avoit abandonné sur le mont Titthion, proche d'Epidaure. *Pausan. in Corinth.*

ARISTOBULA, surnom de Diane.

ARISTOR, fils de Crotope, & pere d'Argus.

ARISTORIDÉS, Argus, fils d'Aristor.

ARMATA VENUS ou VENUS ARMÉE. Les Lacédémoniens adoroient Vénus sous ce nom, en mémoire de la victoire que les femmes avoient remportée sur les Messéniens.

ARMIFERA DEA, *la déesse qui porte des armes*; c'est Minerve.

ARMIGER JOVIS, l'écuyer de Jupiter : c'est l'Aigle.

ARMIPOTENS, surnom qu'on donnoit à Pallas quand on la considéroit comme déesse de la guerre.

ARNÉ, princesse d'Athènes. Elle fut métamorphosée en chouette pour avoir voulu trahir sa patrie en faveur de Minos. On croit que c'est la même que Scylla, fille de Nisus.

ARNÉE, le même qu'Irus.

AROUERIS. *Voyez* ARUERIS.

ARRICHION, nom d'un fameux Athlete.

ARSINOÉ, fille de Nicocréon. Elle fut aimée d'Arcéophon, qui mourut de déplaisir de n'avoir pu lui plaire. Cette fille regarda tranquillement les funérailles d'Arcéophon ; mais Vénus la métamorphosa en caillou.

ART. Les anciens en avoient fait une divinité.

ARTEMIS, c'est le nom de la Sibylle Delphique,

qu'on nomme auſſi Daphné. *Voyez* SIBYLLE.

C'eſt auſſi le nom que les Grecs donnoient à Diane.

ARTEMISE. *Voyez* MAUSÔLE.

ARTEMISIES, fêtes en l'honneur de Diane.

ARTIMPASA, nom ſous lequel les Scythes adoroient Vénus.

ARVALES ou ARVAUX, ſociété de douze hommes qui s'appelloient freres. Ils préſidoient aux ſacrifices qu'on faiſoit à Cérès pour les biens de la terre. Ils célébroient leurs fêtes deux fois l'an, en faiſant le tour des bleds. Ces prêtres avoient été inſtitués par Romulus.

ARUERIS. C'eſt le même qu'Orus, fils d'Oſiris & d'Iſis. *Plut*.

ARUNGUS ou ARUNCUS. V. AVERRUNCUS.

ARUNTICÉS, ayant mépriſé les fêtes de Bacchus, fut puni par ce dieu, qui lui fit tant boire de vin, qu'il perdit la raiſon, & abuſa de ſa propre fille Méduline. Elle en fut ſi outrée, qu'elle tua ce malheureux pere.

ARUSPICES ou HARUSPICES. On nommoit ainſi ceux qui dans les ſacrifices prétendoient par l'inſpection des entrailles de la victime, connoître les événemens futurs.

ASBOLUS, c'eſt-à-dire, *Poil couleur de ſuie*, un des chiens d'Actéon.

ASCAGNE ou IULE, ou JULE, fils unique d'Enée & de Créüſe. Il fut emmené tout jeune par ſon pere dans le *Latium*, où il fonda la ville d'Albe. *Virg*.

ASCALAPHE, fils de l'Achéron & de la Nuit. Ce fut lui qui déclara que Cérès avoit mangé ſept grains de grenade dans les enfers : ce qui fut cauſe qu'elle ne put avoir ſa fille Proſerpine qu'elle y alloit chercher. Jupiter avoit promis de la lui rendre, à condition qu'elle n'y auroit rien mangé. Elle fut ſi indignée contre Aſcalaphe qui vint l'accuſer, qu'elle lui jetta de l'eau du fleuve Phlégéton au viſage, & le métamorphoſa en hibou, oiſeau que Minerve prit ſous ſa protection, parce qu'Aſcalaphe l'avertiſſoit pendant la nuit de tout ce qui se passoit. *Mét. liv.* 5.

Il y eut un autre Ascalaphe, fils de Mars, & un des chefs des Grecs au siége de Troie.

ASCLEPIES, fête en l'honneur d'Esculape.

ASCOLIES, fêtes en l'honneur de Bacchus. On les célébroit en sautant un pied en l'air sur une peau de bouc enflée & graissée d'huile. Celui qui se laissoit tomber, étoit la risée des autres.

ASCRA, ville bâtie au pied de l'Hélicon, par Œcalus, petit-fils de Neptune. C'est Hésiode qui est souvent désigné par le surnom d'*Ascræus*, parce qu'il étoit de cette ville. On a feint que ce poëte avoit été enlevé par les Muses, pendant qu'il faisoit paître un troupeau de brebis sur l'Hélicon.

ASCRÆUS. *Voyez* ASCRA.

ASERA ou ASEROTH, idole des Chananéens.

ASIE. C'étoit une nymphe, fille de l'Océan & de Téthys, & femme de Japet; elle donna son nom à l'une des quatre parties du monde.

ASIMA, divinité adorée à Emath.

ASIUS, surnom de Jupiter, pris de la ville d'Ason dans l'Isle de Crète, où il étoit particuliérement honoré. Asius fut aussi le nom d'un frere d'Hécube.

ASOPE, fils de l'Océan & de Téthys. Il fut changé en fleuve par Jupiter, à qui il voulut faire la guere, parce que ce dieu avoit abusé d'Egine sa fille.

C'étoit aussi le nom d'un fleuve d'Achaïe, ainsi appellé d'un autre Asope, fils de Neptune.

ASOPIADES, Eaque, petit-fils du fleuve Asope.

ASOPIS, Egine, fille du fleuve Asope.

APHALION & ASPHALIUS, c'est à dire, *Tutélaire*. On surnommoit ainsi Neptune.

ASPORENA, surnom de la mere des dieux, pris d'un temple qu'elle avoit sur le mont *Asporenus*, proche de pergame.

ASPORINA. *Voyez* ADPORINA.

ASSABINUS, nom que les Ethiopiens donnoient à Jupiter.

ASSARAQUE, fils de Tros, & ayeul d'Anchise.

ASTAROTH, ASTARTÉ ou ASTARTHÉ, divinité

des Sidoniens. On croit que c'est la même qu'Isis. On l'honoroit sous la forme d'une geniffe ou d'une brebis.

ASTEBÉ. *Voyez* PIGMALION.

ASTERIE, fille de Ceus. Elle fut métamorphosée en caille, lorsqu'elle fuyoit les poursuites de Jupiter.

Il y eut une autre Asterie, de qui Bellerophon eut un fils.

ASTERION, un des Argonautes.

ASTERIUS, roi de Créte & pere de Minos.

ASTERODIE, femme d'Endymion qui en eut plusieurs enfans.

Il y eut une nymphe de ce nom.

ASTÉROPE, une des Pleïades.

ASTEROPÉE, jeune guerrier, qui étant venu au secours des Troyens, fut tué par Achille qu'il avoit osé attaquer, lorsqu'il reparut devant Troie, tout furieux de la mort de Patrocle.

ASTIANAX & mieux ASTYANAX, fils unique d'Hector & d'Andromaque. Ce jeune prince donna de l'inquiétude aux Grecs après la prise de Troie. Calchas leur conseilla de le précipiter du haut d'une tour, parce qu'il pourroit bien un jour venger la mort d'Hector, & relever les murs de Troie. Ulysse le chercha; mais on prétend qu'on lui donna un autre enfant à sa place; qu'Astyanax fut sauvé par sa mera, & qu'elle l'emmena avec elle en Epire.

ASTILE, l'un des Centaures, qui fut un devin fameux.

ASTOMES ou *hommes sans bouche*, peuples fabuleux.

ASTRABACUS, héros Grec, qui fut célèbre dans le Péloponèse.

ASTRÆI *fratres*, les Vents, enfans d'Astréus.

ASTRÉE, fille de Jupiter & de Thémis. Elle quitta le ciel pour habiter sur la terre, tant que dura l'Age d'or: mais les crimes des hommes l'en ayant chassée, elle remonta au ciel, & se plaça dans cette partie du Zodiaque, qu'on appelle le signe de la Vierge.

ASTRES, enfans d'Astréus & d'Héribée. On conte

que c'étoient des Titans qui voulant escalader le ciel, les uns demeurerent attachés au ciel, & les autres furent foudroyés par Jupiter. *Voyez* CASTOR, CÉPHÉE.

ASTRÉUS, l'un des Titans, pere des Vents & des Astros. Voyant que ses freres avoient déclaré la guerre à Jupiter, il arma de son côté les Vents ses enfans; mais Jupiter les précipita sous les eaux, & Astréus fut attaché au ciel & changé en Astre. Beaucoup de poëtes font cependant les Vents enfans d'Eole.

ASTROPHE, une des Pleïades.

ASTYALE, Troyen qui fut tué par Néoptoleme.

ASTYANASSE, servante d'Hélene, fameuse, comme sa maîtresse, par le déréglement des mœurs.

ASTYANAX. *Voyez* ASTIANAX.

ASTYDAMIE, une des femmes d'Hercule. C'étoit aussi le nom d'une femme d'Acaste.

ASTYLUS, un des Centaures. Il avoit conseillé à ses freres de ne pas s'engager dans la guerre contre les Lapithes.

ASTYMEDUSE, seconde femme d'Œdipe, qui calomnia les enfans du premier lit, pour les rendre odieux à leur pere.

ASTYNOMÉ, fille de Chrysés. *Voyez* CHRYSEÏS.

ASTYOCHÉ ou ASTYOCHÉE, femme de Téléphe. C'est aussi le nom de la mere d'Ascalaphe, & celui d'une des femmes d'Hercule qui en eut Tlépoleme.

ASTYPALÉE, fille de Phénix, qui donna son nom à une des Cyclades. C'est du culte qu'on rendoit à Apollon dans cette isle, qu'il est surnommé *Astypalæus*.

ASTYRENA & ASTYRENE, surnoms de Diane, pris de divers lieux où on l'adoroit.

ASTYRIS, surnom de Minerve, pris du culte qu'on lui rendoit à *Astyra*, ville de Phénicie.

ATA. *Voyez* ATÉ.

ATABYRYUS. Jupiter étoit ainsi surnommé dans l'isle de Rhode, d'un temple qu'il y avoit sur le mont Atabyre.

ATALANTE, fille de Jasius, roi d'Arcadie & de Climéne : elle épousa Méléagre, dont elle eut Parthénopée. Elle avoit beaucoup de passion pour la chasse, & blessa la premiere le sanglier de Calydon, dont elle reçut les dépouilles de la main de Méléagre, avant qu'ils fussent mariés.

Il y eut une autre Atalante, fille de Schénée. Elle fut recherchée en mariage par plusieurs jeunes princes : mais son pere ne la voulut donner qu'à celui qui la vaincroit à la course. Hippoméne eut cet avantage par le secours de Vénus qui lui conseilla de jetter dans la carriere des pommes d'or, qu'Atalante s'amusoit à ramasser. Étant entrés l'un & l'autre dans un temple de Cybéle, leur passion les aveugla au point d'oublier le respect qu'ils devoient à la déesse. Ils furent métamorphosés, l'un en lion, & l'autre en lionne.

On parle encore d'une autre Atalante, qui dans une partie de chasse, étant entrée dans une caverne avec un jeune homme nommé Milanion, y fut dévorée avec lui par un lion & une lionne. Ce qui a fait dire d'eux, qu'ils avoient été métamorphosés comme l'autre Atalante avec Hippoméne.

ATÉ ou ATA, déesse malfaisante, qui prenoit plaisir à engager les hommes dans des malheurs, en leur troublant l'entendement.

ATERGATA, ATARGATA ou ATERGATIS. *V.* DERCÉTE, ADAD.

ATHAMANTIADES, les fils d'Athamas ; savoir, Phryxus, Mélicerte & Learque.

ATHAMANTIS, Ino ou Leucothée, femme d'Athamas. Ovide désigne aussi la mer d'Ionie par le mot *Athamantis*, parce que ce fut dans cette mer qu'Ino se précipita.

ATHAMAS, fils d'Eole, & pere de Phryxus & de Hellé, qu'il eut de Néphélé sa premiere femme. Il épousa ensuite Leucothée, qui par ses mauvais traitemens obligea Phryxus & Hellé de s'enfuir. *Voyez* LEUCOTHÉE, PHRYXUS.

Il y eut encore un autre Athamas. *V.* ACAMAS.

ATHENA ou ATHENÉ: C'est le nom que les Grecs donnoient à Minerve.

ATHENÉES, fêtes en l'honneur de Minerve.

ATHENES, ville capitale de l'Attique. *Voyez* MINERVE.

ATHIR. *Voyez* ATHYR.

ATHOS, fameuse montagne entre la Macédoine & la Thrace, où Jupiter étoit particuliérement adoré, ce qui lui a fait donner le surnom d'*Athous*.

ATHYR, c'est-à-dire, *la nuit*, *les ténèbres*, divinité des Egyptiens.

ATLANTIADÉS, Mercure, petit-fils d'Atlas.

ATLANTIDES. C'est le nom des quinze filles d'Atlas & de Pléione : ce sont les mêmes que les Hyades, les Pléiades & les Vergilies.

ATLAS. C'étoit un géant, fils de Jupiter & de Clyméne. Jupiter lui donna la commission de soutenir le ciel sur ses épaules. Ayant un jour été averti par l'oracle de se donner de garde d'un fils de Jupiter, il devint si misanthrope, qu'il ne voulut recevoir personne chez lui. Persée y alla, & fut traité comme les autres : ce qui le piqua tellement, qu'il lui déroba des pommes qu'il gardoit soigneusement; ensuite il lui montra la tête de Méduse, & le changea en montagne.

ATRACIA Virgo & *ATRACIS*, Hippodamie, fille d'Atrax.

ATRACIDES, Cœneus d'Etolie. *Voyez* ATRAX.

ATRAX, roi d'Etolie, donna son nom à un fleuve de cette contrée ; & celui d'Atracides, aux Etoliens.

ATRÉE, fils de Pelops & d'Hippodamie. Irrité de ce que Thyeste son frere, avoit des familiarités avec Erope sa femme, il lui fit manger son propre fils dans un festin. On dit que le Soleil rebroussa d'horreur, pour ne point éclairer une action aussi détestable. Cette fable ressemble à celles de Térée, de Pélops & d'Arcas.

ATRIDES, Agamemnon & Ménélas, neveux, & non petits-fils d'Atrée.

ATROPOS,

ATROPOS, l'une des trois Parques. C'est celle qui coupe le fil de la vie. *Voyez* PARQUES.

ATTIN, ATTIS ou ATTYS, le même qu'Atys.

ATYS, jeune Phrygien, à qui Cybéle laissa le soin de ses sacrifices, à condition qu'il ne violeroit pas son vœu de chasteté : mais y ayant manqué, en s'attachant à la nymphe Sangaris ou Sangaride, Cybèle le métamorphosa en pin. *Ovide.*

Il y eut un autre Atys, fils d'Hercule & d'Omphale ; & un autre qui fut tué par Tydée, lorsqu'il alloit épouser Ismene, fille d'Œdipe.

Il y eut encore un autre Atys. *Voyez* ADRASTE.

AVENTIN, fils d'Hercule, qui donna du secours à Enée contre Turnus.

AVERNE, marais dans la Campanie, consacré à Pluton, d'où il sortoit des exhalaisons si infectes, qu'on croyoit que c'étoit l'entrée des enfers : les oiseaux qui passoient par-dessus en volant, ne pouvoient y résister, & tomboient morts dans ce marais, le même que l'Aorne, *Aornos.*

AVERRUNCUS ou ARUNCUS, dieu que les Romains adoroient, sur-tout dans les temps de calamités, parce qu'ils croyoient qu'il étoit très-puissant pour détourner les maux, & pour y mettre fin. Quand ils prioient les autres dieux de les préserver ou de les délivrer de quelques malheurs, ils les surnommoient quelquefois *Averrunci.*

AUGÉ, AUGÉE ou AUGA, fille d'Aléus. Ayant habité avec Hercule, elle alla dans les bois accoucher de Téléphe. Ce prince étant devenu grand, s'avança beaucoup dans la cour de Téthras, roi de Mysie, chez qui Augé s'étoit réfugiée, pour éviter la colere de son pere. Téléphe obtint sa mere du roi, pour l'épouser sans la connoître ; & Augé ne voulant pas épouser un avanturier, elle alloit le tuer, lorsqu'elle fut effrayée par un serpent : ce qui l'arrêta. Cela leur donna occasion de se dire qui ils étoient ; & alors ils se reconnurent. *Eurip. cité par Strab. liv.* 3.

AUGIAS ou AUGEAS, roi de l'Elide. Il convint

avec Hercule de lui donner la dixiéme partie de son bétail pour nétoyer ses étables, dont le fumier infectoit l'air. Hercule détourna, pour en venir à bout, les eaux du fleuve Alphée; ensuite il tua ce roi qui lui avoit refusé son salaire, & donna ses Etats à Philée son fils. *Ovid. Métam.*

AUGURE, sorte de divination par l'inspection du vol des oiseaux, par leur chant & par la maniere dont ils mangeoient.

AVIRON ou RAME. *Voyez* CARON, SATURNE, ARGONAUTES.

AULIDE, petit pays de Béotie, dont la capitale se nommoit Aulis. Selon Servius, c'étoit une petite isle avec un port capable de contenir cinquante vaisseaux. Ce fut-là que se rassemblerent les Grecs, lorsqu'ils allerent assiéger Troie.

AULIS, surnom de Minerve, pris d'un mot grec qui signifie *flute*, dont quelques-uns lui attribuent l'invention. C'étoit aussi le nom d'une ville. *Voyez* AULIDE.

AULON, fils de Tlésiméne, héros pour lequel les Grecs avoient beaucoup de vénération.

AURIGENA, Persée, ainsi surnommé de la pluie d'or, en laquelle se changea Jupiter pour entrer dans la tour où étoit sa mere Danaé.

AURORE, fille de Titan & de la Terre. C'est elle qui préside à la naissance du jour. On la représente dans un palais de vermeil, montée & traînée sur un char de ce métal. Elle aima tendrement Tithon, jeune prince célèbre par sa beauté, fils de Laomédon, l'enleva, l'épousa, & en eut un fils qu'elle appella Memnon. Sa passion pour lui fut si grande, que lui ayant proposé de lui demander ce qu'il voudroit pour gage de sa tendresse, il en obtint une longue vie, de sorte qu'il parvint à une vieillesse excessive, & fut enfin changé en cigale. Après cela, elle aima Céphale, qu'elle enleva à Procris sa femme: & pour s'en faire aimer, elle brouilla ces deux époux: mais ils se raccommoderent; & Céphale ayant un jour tué à la chasse Procris sans y penser,

Aurore l'emmena en Syrie, où elle l'époufa, & eut un fils de lui. Lorfqu'elle en fut dégoutée, elle enleva encore Orion, & après lui beaucoup d'autres.

AURUNCUS, le même qu'*Averruncus*.

AUSON, fils d'Ulyffe & de Calypfo. Il alla s'établir en Italie, & donna fon nom à cette contrée, qu'on appella Aufonie. *Eneid.*

AUSONIE. *Voyez* AUSON.

AUSPICES, cérémonies avec lefquelles on prétendoit découvrir la volonté des dieux. C'étoit l'art des Augures. *Voyez* AUGUSTE.

AUSTER, vent extrêmement chaud, fils d'Aftréus & d'Héribée, felon quelques-uns, & fils d'Eole & de l'Aurore, felon beaucoup d'autres.

AUTEL. *Voyez* CALLIRHOÉ, PRIAM, IPHIGÉNIE, IDOMÉNÉE, &c.

AUTHÉ, une des filles d'Alcyonée. *V.* ALCION.

AUTOLÉON, général des Crotoniates. Combattant un jour contre les Locriens, qui laiffoient toujours au milieu de leur armée une place vuide pour Ajax le Locrien, comme s'il eût été en vie, il fondit en cet endroit, & fut bleffé à la poitrine par le fpectre d'Ajax. Il ne fut guéri qu'après avoir appaifé les manes de ce héros.

AUTOLIQUE, fils de Mercure & de Chioné. Il apprit de ce dieu le métier de voleur, avec le pouvoir de prendre différentes formes, & d'en donner à fes larcins. Sifyphe le découvrit, & le joua lui-même; mais enfin il fit amitié avec lui, parce qu'il aimoit fa fille Anticlée. *Métam. liv.* 1.

AUTOMATIA, nom fous lequel on adoroit la Fortune comme la déeffe de l'heureux hazard.

AUTOMEDON. C'étoit le nom du cocher d'Achille, après la mort duquel il fut l'écuyer de Pyrrhus.

AUTOMNE, faifon de l'année, repréfentée fous l'emblême d'un jeune homme, tenant d'une main une corbeille de fruits, & carreffant un chien de l'autre.

AUTONOÉ, fille de Cadmus, & mere d'Actéon.

AUTONOEIUS HÉROS, le héros, fils d'Autonoé. C'eft Actéon.

Auxesie & Damia, divinités révérées par les habitans de Trezene, par ceux d'Egine & par ceux d'Epidaure. *Voyez* Lapidation.

Auxo & Hegemoné. Les Athéniens ne reconnoissoient que deux Graces, qu'ils honoroient sous ces noms.

Axinomantie, sorte de magie où l'on employoit une espéce de pierre nommée *Gagate*. Pl.

Axion, fils de Phégée & frere d'Arsinoé. *Voyez* Alcméon.

Axur ou Axurus. *Voyez* Anxur.

Azan, montagne d'Arcadie, consacrée à Cybéle. Elle fut ainsi appellée d'Asan, fils d'Arcas, le premier dont la mort fut honorée de jeux funébres.

Azesia, surnom de Proserpine.

Azizus, surnom de Mars.

Azones. On appelloit ainsi les dieux qu'on croyoit communs à tous les peuples.

B A B

Baal. *Voyez* Bel.

Baal Berith, c'est-à-dire, *Seigneur de l'Alliance*, idole Phénicienne.

Baal-Gad, c'est-à-dire, *Dieu du bonheur*, autre idole Phénicienne.

Baal-Peor, Baalphegor, Beelphegor, Belphegor ou Phegor, divinité infame des Moabites. C'est le Priape des Latins.

Baaltis ou Beltis, divinité des Phéniciens. On croit que c'est la même que la Lune.

Baal-Tsephon, c'est-à-dire, *Dieu sentinelle*. Les magiciens d'Egypte avoient mis cette idole dans le désert, comme une barriere qui devoit arrêter les Hébreux, & les empêcher de fuir.

Babactès, surnom de Bacchus.

Babia, idole des Syriens.

Babys, frere de Marsyas. Apollon voulant le traiter comme son frere, lui fit grace à la priere de Pallas.

BACCHANALES, fêtes en l'honneur de Bacchus. On les célébroit par toutes sortes de débauches.

BACCHANTES. On appelloit ainsi les femmes qui suivirent Bacchus à la conquête des Indes, faisant par-tout de grandes acclamations pour publier ses victoires. Pendant la cérémonie des Bacchanales & des Orgies, elles couroient vêtues de peaux de tygres, tout échevelées, tenant des thyrses, des torches & des flambeaux, & poussant des hurlemens effroyables.

BACCHÉMON, fils de Persée & d'Andromède.

BACCHIADES. C'étoit une famille des Corinthiens, ainsi appellée du nom de Bacchia, fille de Bacchus, de laquelle elle prétendoit descendre. Cette famille ayant été bannie de Corinthe, elle vint s'établir en Sicile.

BACCHIS, taureau consacré au Soleil & révéré à Hermonthis, ville d'Egypte. Le poil de ce taureau croissoit & remontoit en un sens contraire à celui des autres animaux.

BACCHUS, fils de Jupiter & de Sémélé. Plusieurs le font fils de Proserpine. Il y a eu plusieurs Bacchus; Cicéron en compte jusqu'à cinq, & c'est peut-être pour cela que les auteurs ne s'accordent pas sur cette fable : mais le plus grand nombre la raconte ainsi. Junon toujours outrée contre les concubines de Jupiter, pour se venger, conseilla à Sémélé, pendant sa grossesse, d'exiger de Jupiter qu'il se fît voir dans toute sa gloire ; ce qu'elle obtint difficilement. La majesté du dieu ayant mis le feu dans la maison, elle périt dans les flammes. De crainte que Bacchus, dont elle étoit grosse, ne fût brûlé avec elle, Jupiter le mit dans sa cuisse, où il le garda le reste des neuf mois. Dès que le tems de sa naissance fut accompli, on le mit secrettement entre les mains d'Ino sa tante, qui en eut soin avec le secours des Hyades, des Heures & des Nymphes. Quand il fut grand, il fit la conquête des Indes, puis alla en

Egypte, où il enseigna l'agriculture aux hommes, planta le premier la vigne, & fut adoré comme le dieu du vin. Il punit sévérement Penthée qui vouloit s'opposer à ses solemnités, triompha de tous ses ennemis, & se tira de tous les dangers auxquels les persécutions de Junon l'exposoient continuellement ; car les ressentimens de cette déesse ne se bornoient pas seulement aux concubines de Jupiter, elle les faisoit encore retomber sur les enfans qui en naissoient. Bacchus se transforma en lion pour dévorer les Géans qui escaladoient le ciel, & fut regardé, après Jupiter, comme le plus puissant des dieux. On le représentoit quelquefois avec des cornes à la tête ; parce que dans ses voyages il s'étoit toujours couvert de la peau d'un bouc, animal qu'on lui sacrifioit : tantôt assis sur un tonneau, tantôt sur un char traîné par des tygres, des lynx ou des pantheres : souvent aussi tenant une coupe d'une main, & de l'autre un thyrse d'ont il s'étoit servi pour faire couler des fontaines de vin.

BACIS, fameux devin, dont le nom passa à plusieurs de ceux qui, après lui, se mêlerent de prédire l'avenir.

BAGOÉ, nymphe qui enseigna aux Toscans l'art de deviner par les foudres. On prétend que c'étoit la Sibylle Erythrée ou Erophyle. *Voyez* SIBYLLE.

BAGUETTE. *Voyez* BACCHANTES, JANUS, PROVIDENCE.

BAIN. *Voyez* DIANE, ACTÉON, CALISTO.

BAL, le même que Baal.

BALANCE. *Voyez* THÉMIS.

BALCAZAR. *Voyez* PIGMALION.

BALIUS & XANTHUS, chevaux d'Achille. Homère dit qu'ils étoient immortels & nés de Zéphire & de Podarge.

BANDEAU. *Voyez* FORTUNE, CUPIDON, FAVEUR.

BAPTES, prêtre de la déesse Cotytto, dont on célébroit les fêtes la nuit, par des danses & par toutes sortes de débauches.

BARDES, poëtes célèbres des Celtes qui les avoient en grande vénération.

BARQUE. *Voyez* ENFER, CARON.

BASALAS ou PASSALUS, *Voyez* ACHÉMON.

BASILÉE, c'est-à-dire, Reine, fille de Cœlus & de Titea. On croit que c'est la même que Cybèle, ou Junon.

BASILIS, surnom de Venus.

BASSAREUS, surnom de Bacchus. On prétend que c'étoit le cri qu'on faisoit entendre dans les fêtes de ce dieu : mais ce qui paroît plus vraisemblable, ce mot ne signifie rien autre chose que vendangeur. *Dacier sur l'Ode* 18 *du liv.* 1 *d'Hor.*

BASSARIDES, prêtresses de Bacchus : on les appelloit ainsi de Bassareus, surnom de Bacchus.

BATEA, fille de Teucer, & femme de Dardanus.

BATON, cocher d'Amphiaraüs, à qui on rendit les honneurs divins. *Voyez* JANUS.

BATTUS, fameux berger qui fut témoin du vol des troupeaux que Mercure prit à Apollon. Mercure donna à Battus la plus belle vache de celles qu'il avoit prises, & tira parole de lui, qu'il ne le décéleroit pas : mais ne se fiant pas trop à lui, il feignit de se retirer, & vint peu après sous une autre forme & avec une autre voix, lui offrir un bœuf & une vache, s'il vouloit dire où étoit le bétail qu'on cherchoit. Le bon homme se laissa tenter, & découvrit tout : alors mercure le Métamorphosa en pierre de touche, dont on se sert pour éprouver l'or, & dont on croit qu'étoient ordinairement faits les simulacres Egyptiens.

Il y eut un autre Battus, fondateur de la ville de Cyrene, où il fut depuis adoré comme un dieu.

BAUBO ou BECUBO, femme qui donna l'hospitalité à Cérès, lorsque cette déesse cherchoit sa fille. *Voyez* STELLÉ.

BAUCIS étoit une vieille femme pauvre qui vivoit avec son mari Philémon, presqu'aussi vieux qu'elle, dans une petite cabane. Jupiter, sous la figure humaine, accompagné de Mercure, ayant voulu visiter la Phrygie, fut rebuté de tous les habitans du bourg auprès duquel demeuroient Philémon & Baucis, qui furent les seuls qui les reçurent. Pour les récompenser, il leur ordonna de le suivre au haut d'une montagne; & lorsqu'ils regarderent derriere eux, ils virent tout le bourg & les environs submergés, excepté la petite cabane qui fut changée en un temple. Jupiter leur promit de leur accorder ce qu'ils demanderoient. Les bonnes gens souhaiterent seulement d'être les ministres de ce temple, & de ne point mourir l'un sans l'autre. Leurs souhaits furent accomplis. Parvenus à une extrême vieillesse, ils furent tous deux dans le même moment métamorphosés en arbres, Philémon en chêne, & Baucis en tilleul.

BAUDRIER. *Voyez* AJAX, MÉNALIPPE.

BEBRICIENS, peuples qui sortirent de la Thrace pour aller s'établir dans la Bithynie. Sous prétexte de donner des jeux & des divertissemens publics, ils attiroient le monde dans une forêt, & en faisoient un massacre horrible. Amycus leur roi fut tué par Pollux & les Argonautes, auxquels il avoit dressé les mêmes embûches. *Strabon, Lucain.*

BECUBO. *Voyez* BAUBO.

BEELPHEGOR. *Voyez* BAAL-PEOR.

BEELZEBUB. *Voyez* MYIAGRE.

BEERGIOS, un des fils de Neptune, qui fut tué par Hercule.

BEL ou BELUS, fils de Neptune & de Lybie, & roi des Assyriens. On rendoit les honneurs divins à sa statue; ensuite les Chaldéens & d'autres peuples l'adorerent sous le nom de Baal : on adora aussi Jupiter sous le nom de Bel. *Joseph. Hist. Jud.*

BELATUCADRUS, nom sous lequel on adoroit le Soleil dans les isles Britanniques.

BELENUS, un des dieux des Gaulois. On croit que c'est le même qu'Apollon.

BELETTE. *Voyez* GALANTHIS.

BELIDES, filles de Danaüs, autrement dites Danaïdes. On les appelloit Bélides de Belus, dont elles étoient petites filles. *Bélides* est aussi un surnom de Palaméde, arriere-petit-fils de Belus.

BELIER ou tête de Belier. *V.* AMMON, PHRYXUS.

BELISAMA ou BELIZANA, nom sous lequel les Gaulois adoroient Minerve. On donnoit aussi ce surnom à Junon, à Vénus & à la Lune. Ce mot signifie *Reine du Ciel.*

BELLÉROPHON, fils de Glaucus, roi d'Epire. Ayant tué par malheur à la chasse son frere Pirrène, il alla se refugier chez Proclus, roi d'Argos, dont la femme appellée Sthénobée ou Antée, lui fit des propositions auxquelles il fut insensible. Sthénobée piquée de cette indifférence, accusa Belléophon auprès de son mari d'avoir voulu attenter à son honneur. Proclus ne voulant point violer le droit des gens, l'envoya en Lycie, avec des lettres adressées à Iobatès, pere de Sthénobée, pour le faire mourir. Belléophon averti de ce qu'on tramoit contre lui, monta le cheval Pégase, & défit la Chimere, monstre qu'Iobatès lui ordonna de combattre. On lui suscita une infinité d'ennemis dont il triompha, & sortit par sa valeur & son adresse, de tous les dangers auxquels on l'exposa. Il dompta les Solymes, les Amazones & les Lyciens; ensuite il épousa Philonoé, fille d'Iobatès, pour prix de ses belles actions, & après avoir prouvé son innocence.

BELLERUS ou PIRRENE, frere de Belléophon.

BELLINUS, c'est le même que Bélénus.

BELLIPOTENS, surnom de Mars & de Pallas.

BELLONAIRES, prêtres de Bellone. Ils célébroient les fêtes de cette déesse, en se piquant le corps en son honneur avec des épées, & en lui offrant le sang qui sortoit de leurs blessures. On les considéroit autant que les rois mêmes.

BELLONE, déesse de la guerre, & sœur de Mars. C'étoit elle qui lui préparoit son char & ses chevaux, lorsqu'il alloit à la guerre. On la représente tenant un fléau ou une verge teinte de sang, les cheveux épars, & le feu dans les yeux. *Virg.*

BELPHEGOR, *Voyez.* BAAL-PEOR.

D v

BELTIS. *Voyez* BAALTIS.

BELUS. *Voyez* BEL.

BEMILUCIUS, surnom de Jupiter.

BENDIDIES, fêtes en l'honneur de Diane, surnommée *Bendis*.

BENDIS, divinité des Thraces. C'est la même que Diane.

BÉOTIE, province de la *Gréce*. *Voyez* CADMUS.

BERCEAU. *Voyez* DACTYLES.

BERECYNTHE ou BERECYNTHIE, nom qui fut donné à Cybèle, parce qu'elle avoit un temple sur la montagne de Berecynthe en Phrygie.

BERECYNTHIUS *héros*. C'est Midas, roi de Phrygie, où est le mont Berecynthe.

BÉRÉNICE, femme de Ptolémée-Evergéte, se coupa les cheveux, & les offrit aux dieux, selon le vœu qu'elle en avoit fait, pour la prospérité des armes de son mari. Ptolémée fut très-sensible à cette marque de tendresse de sa femme; de sorte que quelques jours après, n'ayant pas vu dans le temple les cheveux consacrés, il entra dans une grande colere contre les Prêtres qui ne les avoient pas gardés avec plus de soin : mais un astronome appellé Conon, prit occasion de cette aventure pour faire la cour à Ptolémée & à Bérénice, en soutenant que ces cheveux avoient été transportés au ciel. On le crut ; & le nom de *la chevelure de Bérénice* qu'il donna à sept étoiles près de la queue du lion, reste encore aujourd'hui à cette constellation.

BERGER *Voyez* AMYNTAS, BATTUS, ENDYMION, EGON, ENIPÉE, CITHÉRON, PARIS, ADONIS.

BERCION *Voyez* ALBION.

BEROÉ, vieille femme d'Epidaure, dont Junon prit la figure pour tromper Sémélé. *V.* SÉMÉLÉ.

Il y en eut une autre, fille d'Océan & sœur de Clio.

BESA, divinité Egyptienne, adorée dans une ville du même nom dans la haute Egypte.

BETARMONES, surnom des Corybantes.

BÊTE *à plusieurs têtes*. *V.* ENVIE, HERCULE, HYDRE.

BÉTYLE. *Voyez* ABADIR.

BIANOR, surnommé Ocnus, fils de Tiberis & de Manto, fonda la ville de Mantoue.

Il y avoit un prince Troyen de ce nom, qui fut tué par Agamemnon.

BIBESIE, déesse des Buveurs.

BIBLIS, fille de Milet & de la nymphe Cyanée. N'ayant pu toucher le cœur de son frere Caune qu'elle aimoit, elle pleura tant, qu'elle fut changée en fontaine.

BICHE. Agamemnon étant à la chasse, en tua une qui appartenoit à Diane. Cette déesse, pour se venger, frappa le camp d'Agamemnon d'une peste horrible, & obtint d'Eole la suspension des vents pour empêcher les Grecs d'aller à Troie. Ces malheurs durerent jusqu'à ce qu'Agmemnon sacrifiât sa fille Iphigénie, qu'on prétend cependant que Diane sauva.

Les Troyens en tuerent une autre consacrée aussi à Diane, en arrivant en Italie ; ce qui causa la guerre entr'eux & les Rutules. *V.* DIANE, IPHIGÉNIE TÉLÉPHE.

BICORNIGER ou *BICORNIS*, *qui a deux cornes*, surnom de Bacchus, pris de la hardiesse qu'il inspire. La Lune est aussi surnommée *BICORNIS*.

BIDENDAL ou *BIDENTAL*. On appelloit ainsi un endroit où le tonnerre étoit tombé : on y sacrifioit une brebis, & il devenoit un lieu sacré, où il n'étoit pas permis de marcher. On l'entouroit d'une palissade.

BIENNIUS. Jupiter fut ainsi surnommé du nom de Biennus, un des Curétes.

BIFORMIS, *DIMORPHOS*, *DIPHUÉS*, c'est-à-dire, *qui a deux formes* ou *deux natures*. Bacchus étoit ainsi surnommé, parce que le vin rend les hommes, ou gais, ou furieux.

BIJOUX. *Voyez* ACHILLE.

BIMATER, surnom de Bacchus ; parce que Jupiter,

après Sémélé, lui servit de mere. *Voyez* BACCHUS.

BIODORE. *Voyez* ZIDORE.

BIPENNIFER, surnom de Lycurgue, roi de Thrace, pris de la hache dont il se servit pour se couper les jambes. *Voyez* LYCURGUE.

BISALPIS, une des femmes de Neptune.

BISALTIS, Theophane, fille de Bisaltus, la même que Bisalpis.

BISTON, fils de Mars & de Callirhoé, qui bâtit dans la Thrace une ville à laquelle il donna son nom.

BISTONIDES, femmes Thraces, qui dans Horace sont les mêmes que les Bacchantes.

BISTONIUS *tyrannus*, Diomède, roi de Thrace.

BISULTOR, *qui venge deux fois*, surnom de Mars.

BITIAS, Troyen, frere de Pandare, de la suite d'Enée.

BITON. *Voyez* CLÉOBIS.

BOEDROMIES, fêtes que les Athéniens célébroient en mémoire d'une victoire qu'ils avoient remportée.

BOEDROMIUS, surnom d'Apollon, à Athènes.

BOEOTIA NUMINA, les Muses. *Voyez* AON.

BŒUFS. *V.* CADMUS, CLITUMNUS, HERCULE, CACUS, APIS, EUROPE, BATTUS.

BOIS SACRÉS. Les payens avoient en général beaucoup de vénération pour les forêts. Il n'y avoit presque point de temple qui ne fût accompagné d'un bois consacré à la divinité qu'on y adoroit.

BOISSEAU *sur la tête d'un homme*. *Voyez* SÉRAPIS.

BOÎTE. *Voyez* PANDORE.

POLATHEN, surnom de Saturne.

BOLINA, nymphe qui se jetta dans la mer pour éviter les poursuites d'Apollon : celui-ci, touché de compassion, lui rendit la vie, & voulut qu'elle fût immortelle.

BONNE DÉESSE. Les uns prétendent que c'étoit Cybèle, les autres Cérès ou Proserpine. On l'appelloit encore *Fauna*, *Fatua* & *Senta*.

BONUS DEUS, c'est-à-dire, *le Dieu bienfaisant*. C'est, selon Pausanias, le même que Jupiter.

BONUS-EVENTUS, c'est-à-dire, *l'heureux évé-*

nement. Les payens en avoient fait une divinité.

BOOPIS, c'est-à-dire, *qui a des yeux de bœufs*. Junon étoit ainsi surnommée, parce qu'on lui supposoit de grand yeux.

BOOTES ou BOUVIER. C'est une constellation qui est auprès de la grande ourse, & qui paroît suivre le charriot, comme un bouvier ou un charretier suit sa voiture. On croit que c'est Icarius. *Voyez* ICARIUS. D'autres néanmoins pensent que c'est le même qu'Arctophylax ou Arcas, qui fut métamorphosé en ours, & mis au nombre des constellations. *Voyez* ARCAS.

BORÉE, vent du septentrion, & l'un des quatre principaux. Il étoit fils d'Astréus & d'Héribée. La premiere chose qu'il fit étant grand, fut d'enlever Orythie, fille d'Ericthée; il en eut deux fils, Calaïs & Zétès. Les habitans de Mégalopolis lui rendoient de grands honneurs. Il se transforma en cheval; & par le moyen de cette métamorphose, il procura à Dardanus douze poulains d'une telle vitesse, qu'ils couroient sur les épics sans les rompre, & sur la surface de la mer sans enfoncer. Les poëtes disent qu'il a des brodequins aux pieds & des aîles aux épaules pour exprimer sa légéreté; qu'il se couvre quelquefois d'un manteau, & qu'il a la figure d'un jeune garçon.

BOUC. *Voyez* BACCHUS, VENUS.

BOULE. *Voyez* ACONCE, PARIS.

BOUVIER. *Voyez* BOOTES.

BRANCHE *chargée de fruits*. *Voyez* TANTALE, MINERVE.

BRANCHIDE. On appelloit ainsi Apollon, à cause d'un certain Branchus, jeune homme que ce dieu avoit beaucoup aimé, & qu'il avoit élevé un temple dont les prêtres s'appelloient Branchides.

BRAURONIE, surnom de Diane, pris du culte qu'on lui rendoit à Braurone, ville de l'Attique.

BREBIS. *Troupeau de brebis autour d'un Géant*. *Voyez* POLYPHÉME.

BRIARÉE. *Voyez* EGÉON.

BRIMO, divinité infernale, la même qu'Hécate.

BRISÉIS, nom patronymique d'Hippodamie, fille de Brisès, prêtre de Jupiter. Achille ayant assiégé Lyrnesse, épousa Briséis après s'être rendu maître de la ville. Agamemnon la lui ayant enlevée, Achille ne voulut plus combattre; mais la mort de Patrocle lui fit reprendre les armes contre les Troyens, toujours victorieux depuis qu'il s'étoit retiré dans sa tente.

BRISÈS, grand prêtre de Jupiter. *Voyez* BRISÉIS.

BRISEUS, & mieux BRISÆUS, surnom de Bacchus, pris de l'invention qu'on lui attribue, de fouler le raisin pour en tirer le vin.

BRITOMARTE, fille de Jupiter. Elle se jetta dans la mer pour éviter les poursuites de Minos, & fut mise au nombre des immortelles, à la priere de Diane.

BRIZO, déesse infernale qui présidoit aux songes.

BRODEQUINS. *Voyez* BORÉE, THALIE.

BROMIUS, surnom de Bacchus.

BROMUS, un des Centaures, tué par Cenée.

BRONTÆUS, *le Tonnant*, surnom de Jupiter.

BRONTÈS ou BROTÈS, fameux Cyclope, fils du Ciel & de la Terre. C'étoit lui qui forgeoit les foudres de Jupiter, avec Stérope & Pyracmon, autres Cyclopes.

BROTHÉE, fils de Vulcain & de Minerve. Se voyant la risée de tout le monde, à cause de sa laideur, il se jetta dans le feu du mont Etna.

BRUMALES, fêtes en l'honneur de Bacchus.

BUBASTIS. On appelloit ainsi Diane en Egypte, du nom d'une ville où elle étoit particuliérement adorée.

BUBONA, déesse qu'on invoquoit pour la conservation des bœufs & des vaches.

BUCHER. *Voyez* DIDON, EVADNÉ, HERCULE.

BUCOLION, fils de Laomédon. *V.* ABARBARÉE.

BUDEA, surnom de Minerve.

BUGENES, surnom de Bacchus, pris des cornes qu'on lui donne, comme à un bœuf.

BUISSON. *Voyez* CÉPHALE.

BULÆUS, surnom de Jupiter. *Bulæa*, Pallas.

BULIS. *Voyez* EGYPIUS.

BUNUS, fils de Mercure & d'Alcidamie, bâtit un temple à Junon, qui pour cela fut surnommée *Bunæa*.

BUPALE, peintre célèbre, qui ayant représenté le poëte Hipponax sous une figure ridicule, fut lui-même si fort tourné en ridicule dans des vers que le poëte fit contre lui, qu'il se pendit de désespoir.

BUPHAGUS, c'est-à-dire, *mangeur de bœufs*, surnom d'Hercule. *Voyez* ADDÉPHAGUS.

BUPHONIES, fêtes dans lesquelles on immoloit un grand nombre de bœufs. Elles se célébroient à Athènes.

BURAICUS, surnom d'Hercule.

BUSIRIS, fils de Neptune & de Lybie. Ce fut un tyran cruel d'Egypte qui immoloit à Jupiter tous les étrangers qui abordoient dans ses Etats. Il fut tué avec son fils & avec tous ses prêtres par Hercule à qui il préparoit le même sort. On croit que Busiris est le même qu'Osiris à qui les Egyptiens immoloient des victimes humaines, & que c'est la barbare superstition de ce peuple qui a donné lieu à cette fable.

BUTE, ville d'Egypte, célèbre par un oracle de Latone, *Strab. l.* 17.

BUTÉS, fils de Borée. Il fut obligé de quitter les Etats d'Amycus, roi des Bébriciens, son pere putatif, qui ne voulut pas le reconnoître. Il se retira en Sicile avec quelques amis; & pendant sa fuite il enleva Iphimédie, Pancratis & Coronis sur les côtes de la Thessalie, lorsqu'on célébroit les Bacchanales. Butès garda pour lui Coronis : mais Bacchus, dont elle avoit été nourrice, inspira à Butès une telle fureur, qu'il se jetta dans un puits. D'autres disent qu'il épousa Lycaste, surnommée Vénus à cause de sa beauté, & qu'il en eut Eryx.

On trouve dans la Fable plusieurs autres personnages de ce nom, un Prêtre, un Argonaute, un Troyen tué par Camille, & un fils de Pandion, roi des Athéniens, à qui on offroit des sacrifices comme à un dieu.

BUTHROTE, ville d'Epire, où Enée rencontra Andromaque qu'Hélénus y avoit épousée.

BYBLIS. *Voyez* BIBLIS.

BYBLOS ou BYBLUS, ville de Phénicie où il y avoit un temple de Vénus qui en fut surnommée *Byblia*.

BYZENUS, fils de Neptune, qui se rendit célèbre par l'extrême liberté avec laquelle il disoit tout ce qu'il pensoit.

C A B.

CAANTHE, fils de l'Océan. Ayant eu ordre de son pere, de poursuivre Apollon qui avoit enlevé sa sœur Melia ; & ne pouvant le contraindre à la rendre, il mit de colere le feu à un bois consacré à ce dieu, qui, pour le punir, le tua à coups de fléches.

CABALLINE, fontaine qui prend sa source au pied du mont Hélicon. Elle est consacrée aux Muses, c'est la même que celle d'Hippocréne ; car c'est comme si l'on disoit, *fontaine du cheval Pégase*. *Perse*, *Properce*, *l. 3*.

CABARNIS. On appella ainsi l'Isle de Paros, à cause de Cabarnus, berger de cette contrée, qui découvrit à Cérès l'enlévement de sa fille.

CABERIA, surnom de Cérès.

CABIRA, fille de Prothée, femme de Vulcain, & mere des Cabirides.

CABIRES, dieux qu'on honoroit avec beaucoup de mysteres dans l'isle de Samothrace. Entre plusieurs noms qu'on leur donnoit, on les appelloit Osiris, Isis, Thot, Ascalaphe. Quelques-uns n'en reconnoissent & n'en nomment que trois, Pluton, Proserpine & Cérès.

Il y avoit aussi des dieux Cabires ou Caberes en Phénicie ; ou plutôt, le mot *Cabires*, en phénicien signifiant *puissants*, pourroit n'avoir été employé que pour désigner les dieux.

CABIRIDES, nymphes, filles de Cabira.

CABRUS, CAPRUS ou CALABRUS, dieu à qui l'on sacrifioit de petits poissons salés. Son culte étoit célèbre à Phaselis en Pamphylie.

CACA, sœur de Cacus. On prétend qu'elle découvrit à Hercule le vol de son frere, & que pour cela elle mérita les honneurs divins qu'on lui rendoit à Rome. *Servius.*

CACAUS ou CACUS, fameux brigand, fils de Vulcain. Il habitoit les environs du mont Aventin. Il déroba des bœufs à Hercule, & les fit entrer dans sa caverne à reculons, afin qu'Hercule ne pût les retrouver : mais un d'eux s'étant mis à mugir, lorsque le reste du troupeau passa, Hercule enfonça la porte de la caverne, & assomma le brigand. *Virg. Eneïd. l. 8. Ovid. Fast. l. 1.*

CADAVRE, *attaché par les pieds à un char.* Voyez ACHILLE, HECTOR.

CADMEUS ou CADMEIUS, Thébain, *Cadmea*, *Cadmeia* ou *Cadmeis*, Thébaine ; tous noms patronymiques pris de Cadmus, fondateur de Thébes.

CADMUS, roi de Thébes, fils d'Agénor & de Téléphassa. Jupiter ayant enlevé Europe, Cadmus eut ordre d'Agénor d'aller la chercher, & de ne point revenir sans elle. Il consulta l'oracle de Delphes, qui au lieu de le satisfaire sur sa demande, lui ordonna de bâtir une ville à l'endroit où un bœuf le conduiroit. Il partit dans la résolution de parcourir le monde ; & lorsqu'il arriva en Béotie, il fit un sacrifice aux dieux, & envoya ses compagnons à la fontaine de Dircé pour y puiser de l'eau ; mais ils furent dévorés par un dragon. Minerve, pour le consoler, lui ordonna d'aller attaquer ce monstre & de le tuer. Ce qu'ayant fait, il sema les dents de ce dragon, desquelles naquirent des hommes tout armés, qui s'entretuerent sur le champ, à la réserve de cinq, qui l'aiderent à bâtir la ville de Thébes dans l'endroit où le bœuf, dont l'oracle lui avoit parlé, le conduisit. Il épousa Hermione, fille de Vénus & de Mars, dont il eut Sémélé, Ino, Autonoé & Agavé. Ayant encore consulté l'oracle, il apprit que sa postérité étoit réservée aux plus grands malheurs. Il se bannit lui-même de son pays pour ne les pas voir, & fut métamorphosé dans la suite avec sa femme en serpens. *Métam. l. 4.*

CADRAN. *Voyez* HEURES.

CADUCÉE. C'étoit une verge que Mercure reçut d'Apollon, lorsqu'il lui fit présent de sa lyre. Un jour Mercure rencontra sur le mont Cythéron deux serpens qui se battoient, & jetta entr'eux cette verge pour les séparer. Les deux serpens s'entortillerent à l'entour, de maniere que la partie la plus élevée de leur corps formoit un arc. Mercure voulut depuis la porter de même, comme un symbole de paix, & y ajouta des aîlerons, parce qu'il est le dieu de l'éloquence, dont la rapidité est marquée par les ailes. *Voyez* MERCURE.

CADUCIFER. C'est Mercure. *Voyez* CADUCÉE.

CÆA ou CÆOS, isle de la mer Egée, appellée ainsi du nom de Cæus, fils de Titan. Elle étoit fertile en vers à soie & en troupeaux de bœufs.

CÆCIAS, l'un des vents qui souffle avant le tems de l'équinoxe.

CÆCULUS, fils de Vulcain. On dit que sa mere étant assise auprés de la forge de ce dieu, une étincelle de feu la frappa, & lui fit mettre au monde un enfant au bout de neuf mois, à qui elle donna le nom de Cæculus, parce qu'il avoit des yeux fort petits. Lorsqu'il fut avancé en âge, il ne vivoit que de vols & de brigandages, & alla bâtir la ville de Préneste. Ayant donné des jeux Publics, il exhorta les citoyens à aller fonder une autre ville. Mais comme il ne pouvoit pas les y engager, parce qu'ils ne le croyoient pas fils de Vulcain, on dit qu'il invoqua ce dieu, & que l'assemblée fut aussi-tôt environnée de flammes ; ce qui la saisit d'une telle frayeur, qu'elle lui promit de faire tout ce qu'il voudroit. D'autres disent que des bergers trouverent cet enfant dans les flammes, fans être brûlé, ce qui leur avoit donné lieu de le croire fils de Vulcain.

CÆNEUS, furnom de Jupiter, à caufe du promontoire de Céné, où on lui rendoit de grands honneurs. *Ovid. Métam. l. 9.*

Il y eut un Theffalien de ce nom, qui ayant été fille fous le nom *Cænis*, avoit obtenu de Neptune d'être changée en homme invulnérable. S'étant trouvé à la querelle des Lapithes & des Centaures, ceux-ci voyant qu'il étoit en effet invulnérable, l'accablerent d'une forêt d'arbres, & il fut métamorphofé en oifeau. *Métam. l. 12.*

CÆNIS. Voyez CÆNEUS.

CÆNOTROPES. *Voyez* ŒNOTROPES.

CÆOS. *Voyez* CÆA.

CÆRULUS FRATER; Neptune, frere de Jupiter, ainfi appellé de la couleur des eaux de la mer. *Cærulei Dei*, les dieux de la mer.

CÆUS, un des Titans qui firent la guerre à Jupiter.

CAHOS. *Voyez* CHAOS.

CAIETE, nourrice d'Enée, qui donna fon nom à un promontoire d'Italie où elle mourut, auffi bien qu'au port & à la ville qu'on y bâtit. *Virg.*

CALABRUS. *Voyez* CABRUS.

CALAÏS & ZETÉS, freres, enfans de Borée & d'Orithye. Ils firent le voyage de la Colchide avec les Argonautes, & chafferent les Harpies de la Thrace. On dit qu'ils avoient les épaules couvertes d'écailles dorées, des ailes aux pieds, & une longue chevelure.

CALAŒDIES, jeux qu'on prétend avoir été célébrés en l'honneur de Diane, dans la Laconie.

CALCAS ou CALCHAS, fameux devin. Il fuivit l'armée des Grecs à Troie, & prédit en Aulide que le fiége dureroit dix ans, & que les vents ne feroient favorables qu'après avoir facrifié Iphigénie, fille d'Agamemnon. Lorfque Troie fut prife, il alla à Colophon, où il mourut de chagrin, pour n'avoir pu deviner ce que Mopfus, autre devin, avoit deviné. Sa deftinée étoit de ceffer de vivre, quand il trouveroit un devin plus habile que lui.

CALCIOPE. *Voyez* CHALCIOPE.

CALENDARIS, surnom de Junon, pris du jour des Calendes, qui lui étoit consacré.

CALICÉ ou CALYCÉ, fille d'Eole.

CALISTO ou HELICÉ, fille de Lycaon, & nymphe de Diane. Jupiter ayant pris la figure de Diane, la surprit : & Diane s'étant apperçue des difficultés que cette nymphe fit de se deshabiller pour prendre le bain, la chassa de sa compagnie. Calisto alla dans les bois accoucher d'Arcas. Junon, toujours attentive aux démarches de Jupiter, & ennemie implacable de toutes celles qui pouvoient partager le cœur de son mari, métamorphosa cette nymphe & Arcas son fils en ours : mais Jupiter les plaça dans le ciel. On dit que Calisto est la grande ourse, & qu'Arcas est la petite, ou Bootès.

CALLIANASSE & CALLIANIRE, nymphes qui présidoient à la bonne conduite & à la décence des mœurs.

CALLICHORE, lieu de la Phocide où les Bacchantes dansoient en l'honneur de Bacchus.

CALLICON. *Voyez* ACHÉUS.

CALLIGENIE, nourrice de Cérès ; ou, selon quelques-uns, une de ses nymphes. D'autres croient que c'est un surnom de cette déesse, qu'on donnoit aussi à Tellus.

CALLIOPE, l'une des neuf Muses. Elle présidoit à l'éloquence & à la poësie héroïque. Les poëtes la représentent comme une jeune fille couronnée de laurier, ornée de guirlandes, avec un air majestueux, tenant en sa main droite une trompette, dans sa gauche un livre ; & trois autres auprès d'elle, qui sont l'Iliade, l'Odyssée & l'Enéide.

CALLIPATIRA, femme Grecque, qui s'étant déguisée en maître d'exercice, pour accompagner son fils aux Jeux Olympiques, où il n'étoit pas permis aux femmes de se trouver, elle s'y fit reconnoître par les transports de joie qu'elle eut de voir son fils vainqueur. Les juges lui firent grace ; mais ils ordonnerent par une loi, que les maîtres d'exercice feroient eux-mêmes obligés d'être nuds, comme l'étoient les athletes qu'ils avoient instruits & qu'ils conduisoient à ces Jeux.

CALLIPYGOS, surnom de Vénus.

CALLIRHOÉ, jeune fille de Calydon, que Corésus, grand-prêtre de Bacchus aima éperduement. Voyant qu'elle ne vouloit pas l'épouser, il s'adressa à Bacchus pour se venger de cette insensibilité; & ce dieu frappa les Calydoniens d'une ivresse qui les rendit furieux. Ce peuple alla consulter l'oracle, qui répondit que ce mal ne finiroit qu'en immolant Callirhoé, ou quelqu'autre qui s'offriroit à la mort pour elle. Personne ne s'étant offert, on la conduisit à l'autel; & Corésus le grand sacrificateur la voyant ornée de fleurs & suivie de tout l'appareil d'un sacrifice, au lieu de tourner son couteau contr'elle, se perça lui-même. Callirhoé alors touchée de compassion, s'immola pour appaiser les manes de Corésus. *Thucid. l. 2.*

Il y eut une autre Callirhoé, fille du fleuve Scamandre. Elle épousa Tros, dont elle eut Ilus, Ganiméde & Assaraque.

Il y en eut encore une troisiéme qui fut femme d'Alcméon, meurtrier de sa mére Eriphyle. *Voyez* ALCMÉON.

CALLISTÉES, fêtes en l'honneur de Junon & de Cérès. Il y avoit un prix pour la plus belle des femmes qui s'y trouvoient. Les Eléens célébroient ces fêtes en l'honneur de Minerve; mais le prix étoit pour le plus bel homme.

CALLISTO. *Voyez* CALISTO.

CALOMNIE. Les Athéniens en avoient fait une divinité.

CALPÉ. *Voyez* ABYLA.

CALUS ou ACALUS, est le même qu'Acale.

CALYBÉ, prêtresse de Junon, sous la figure de laquelle Alecton se présenta à Turnus.

CALYDON, ville & forêt d'Etolie, où Méléagre tua un sanglier monstrueux.

CALYDONIS, Déjanire, parce qu'elle étoit de Calydon.

CALYDONIUS, surnom de Bacchus, pris du culte qu'on lui rendoit à Calydon. *Calydonius héros*; c'est Méléagre.

CALYPSO, nymphe, fille du Jour, selon quelques-uns ; ou déesse, fille de l'Ocèan & de Thétys, selon d'autres. Elle habitoit l'isle d'Ogygie, où elle reçut favorablement Ulysse, qu'une tempête y avoit jetté. Elle l'aima, & vécut sept ans avec lui : mais Ulysse préféra sa patrie & Pénélope à cette déesse, qui lui avoit cependant promis l'immortalité, s'il eût voulu demeurer avec elle.

CAMARINE ou CAMERINE, fameux marais dans la Sicile, dont les eaux exhaloient une puanteur horrible. Les Siciliens ayant consulté l'oracle d'Apollon, pour savoir s'ils feroient bien de le dessécher, l'oracle leur répondit qu'il falloit bien s'en garder : mais n'ayant point eu égard à cette réponse, ils le dessécherent, & faciliterent par-là l'entrée de leur isle aux ennemis qui la saccagerent.

CAMELÆ ou GAMELÆ DEÆ, c'est-à-dire, *les déesses du mariage* ; divinités que les filles invoquoient, quand elles étoient sur le point de se marier.

CAMENÆ. Voyez CAMŒNÆ.

CAMESÉS, prince d'Italie qui y partagea la souveraine autorité avec Janus.

CAMILLE, reine des Volsques, soutint long-tems en personne l'armée de Turnus contre Enée. Personne ne la surpassoit à la course, ni au maniement des armes. Elle fut tuée d'un coup de javelot. *Eneïd. l. 11 & 12.*

On appelloit Camilles de jeunes garçons & de jeunes filles qui servoient dans les sacrifices. Camille, Cadmile & Casimile étoient aussi des surnoms de Mercure.

CAMIRE, fils d'Hercule & d'Iole. Il bâtit dans l'isle de Rhodes une ville à laquelle il donna son nom.

CAMŒNÆ, & mieux CAMENÆ. On appelloit ainsi les Muses, à cause de la douceur de leur chant.

CAMPAGNE des larmes : c'étoit l'endroit des enfers où on croyoit qu'étoient ceux que la violence de leur passion avoit fait mourir.

CAMPÉ, geoliere du Tartare. Jupiter la tua.

CAMULUS, une des divinités des Sabins.

CANACÉ, fille d'Eole. Ayant épousé secrétement son frere, elle mit au monde un fils qui fut exposé par sa nourrice, & découvrit sa naissance par ses cris à son ayeul. Eole indigné de cet inceste, le fit manger par les chiens, & envoya un poignard à sa fille pour se punir elle-même. Macabre son frere & son mari se sauva à Delphe, où il se fit prêtre d'Apollon.

CANACHE, c'est-à-dire, *bruit*, un des chiens d'Actéon.

CANATE, montagne d'Espagne. On croyoit que les mauvais Génies faisoient leur palais d'une caverne de cette montagne.

CANATHOS, fontaine proche de Nauplie, où Junon venoit se baigner tous les ans pour se purifier. On dit que les femmes Grecques y alloient pour la même raison.

CANCER ou L'ECREVISSE, fut l'animal que Junon envoya contre Hercule, lorsqu'il combattit l'hydre du marais de Lerne, & dont il fut mordu au pied; mais il la tua, & Junon la mit au nombre des douze signes du Zodiaque.

CANDAULE ou MYRSILE, fils de Myrsus, & le dernier des Héraclides. Il aimoit passionnément sa femme, & voulut un jour qu'elle parût avec indécence à la vue d'un de ses favoris nommé Gigès. La reine en fut si piquée, qu'elle commanda à Gigès de tuer Candaule, & épousa ce favori. *Herod. Clio.*

CANDRENA, surnom de Vénus.

CANENTE & mieux CANENS, femme de Picus. Elle fut tellement consumée de chagrin d'avoir perdu son mari, qu'il ne resta rien d'elle.

CANICULE. *Voyez* ICARIUS.

CANOPE, divinité Egyptienne, dont les prêtres passoient pour de grands magiciens. On l'adoroit sous la figure d'un grand vase surmonté d'une tête humaine ou de celle d'un épervier, & couvert de caracteres hiéroglyphiques. Les Caldéens qui adoroient le feu, défioient les dieux de toutes les autres nations, comme n'étant que d'or, d'argent, de pierre ou de bois, de pouvoir résister au leur. Un prêtre du dieu Canope accepta le défi, & l'on mit les deux dieux aux prises ensemble. On alluma un grand feu au milieu duquel on plaça le Canope, dont au grand étonnement des Caldéens, il sortit bientôt une grande quantité d'eau qui éteignit entiérement le feu. Le dieu Canope demeura ainsi vainqueur, & fut regardé comme le plus puissant des dieux; mais il ne dut cet avantage qu'à l'artifice du prêtre, qui ayant percé le vase de plusieurs petits trous, & les ayant ensuite exactement fermés avec de la cire, l'avoit empli d'eau que la chaleur du feu avoit bientôt fait sortir, après avoir fondu la cire.

Il y avoit aussi une ville d'Egypte, ainsi appellée de Canobus, pilote du vaisseau que montoit Ménélas. Ce prince ayant été jetté par une tempête sur les côtes d'Egypte, Canobus y mourut de la morsure d'un serpent. Ménélas, pour honorer la mémoire de ce pilote qu'il estimoit, bâtit dans ce lieu-là une ville à laquelle il donna le nom de Canobus ou Canopus.

CANOPIUS HERCULES; c'est Hercule l'Egyptien, ainsi surnommé de Canope, ville d'Egypte.

CANTHUS, fils d'Abas, fut un des Argonautes.

CANULEIA, une des quatre Vestales choisies par Numa.

CAPANÉE, fils d'Hipponoüs & d'Astinome, fut un de ceux qui donnèrent du secours à Polynice au siège de Thèbes, où il commandoit les Argiens. Il y fut tué d'un coup de foudre par Jupiter irrité du mépris qu'il affectoit d'avoir pour les dieux.

CAPANEIA CONJUX, *la femme de Capanée;* c'est Evadné.

CAPHARÉE

CAPHARÉE, promontoire fameux de l'isle d'Eubée. Ce fut-là que Nauplius vengea la mort de son fils. *Voyez* NAUPLIUS.

CAPIS, fils d'Assaraque, & pere d'Anchise, prince Troyen.

CAPITOLINUS, surnom de Jupiter, pris du temple qu'il avoit sur le Capitole.

CAPNOMANTIE, art de tirer des augures par l'inspection de la fumée.

CAPRICORNE. C'étoit le dieu Pan, qui craignant le géant Typhon, se transforma en bouc ; & Jupiter, pour cela, le mit au nombre des douze signes du Zodiaque. On dit aussi que c'étoit la chévre Amalthée qui alaita Jupiter. Celui-ci, pour la récompenser, la plaça de même dans le Zodiaque.

CAPROTINE, surnom de Junon, d'où les Nones de Juillet qui lui étoient consacrées, furent appellées Caprotines.

CAPRUS *Voyez* CABRUS.

CAPYS, Troyen qui vint avec Enée en Italie, où il bâtit Capoue. Il ne faut pas le confondre avec Capis.

CARANUS. *Voyez* RECARANUS.

CARÆUS, c'est-à-dire, *grand*, *élevé*, surnom de Jupiter.

CARDA, CARDEA ou CARDINEA, déesse des gonds des portes ; c'est la même que Carna.

CARIE, province de l'Asie mineure, entre la Lycie & l'Ionie, célébre par les métamorphoses qui s'y firent, & appellée ainsi de Carius, fils de Jupiter.

CARIUS, fils de Jupiter, à qui l'on attribue l'invention de la musique. C'étoit aussi un surnom de Jupiter, pris du culte qu'on lui rendoit dans la Carie.

CARMELUS, mont célébre en Judée, qui a été révéré comme un dieu.

CARMENTA ou CARMENTIS, ou NICOSTRATE, devineresse, mere d'Evandre. Elle fut honorée comme une déesse en l'honneur de laquelle il y avoit des fêtes nommées Carmentales. *Voyez* NICOSTRATE.

CARNA, CARDEA ou CARDINEA, déesse qui présidoit au cœur, au foie & aux entrailles du corps humain. Ovide lui donne la fonction d'ouvrir & de fermer.

CARNÉ, mere de Britomarte.

CARNÉES. *Voyez* CARNUS.

CARNÉUS, surnom d'Apollon.

CARNUS, fils de Jupiter & d'Europe, fut un poëte célébre & un grand musicien. Ce fut de son nom que des combats poëtiques en l'honneur d'Apollon furent appellés Carnées.

CARON, & mieux CHARON, fils de l'Erebe & de la nuit. On croyoit qu'il passoit les Ombres dans une barque pour une piéce de monnoie qu'elles étoient obligées de lui donner sur le bord du Styx ou de l'Achéron, & des autres fleuves. Il refusoit de recevoir dans sa barque les ames de ceux qui n'avoient pas été inhumés. Il les laissoit errer cent ans sur le rivage, sans être touché des instances qu'elles faisoient pour passer.

CARQUOIS. *Voyez* DIANE, CUPIDON, CALISTO, ACTÉON, ARCAS, ORION, HIPPOLYTE, HERCULE, CHIRON, MÉLÉAGRE, AMAZONES, ATALANTE.

CARTHAGE, fille d'Hercule, révérée par les Tyriens, qui donnerent son nom à une ville d'Afrique.

CARYATIS, surnom de Diane. *V.* CARYENNES.

CARYBDE, fameux gouffre dans le détroit de Sicile. On dit que Carybde étoit une femme qui ayant volé des bœufs à Hercule, fut foudroyée par Jupiter & changée en ce gouffre qui n'étoit pas loin d'un autre appellé Scylla, où l'on entendoit des hurlemens & des aboyemens affreux. Ces gouffres étoient si près l'un de l'autre, qu'il falloit voguer directement au milieu, sinon l'on couroit risque de tomber dans l'un, quand on s'éloignoit trop de l'autre. *Voyez* SCYLLA.

CARYENNES, fêtes qui se célébroient à *Caryum*, ville de la Laconie, en l'honneur de Diane surnommée elle-même *Caryatis*, du nom de cette ville.

CASIUS, surnom de Jupiter, pris du culte qu'on lui rendoit sur deux montagnes de ce nom, l'une proche de l'Euphrate, & l'autre dans la baſſe Egypte.

CASSANDRE, fille de Priam & d'Hécube. Cette princeſſe avoit promis à Apollon de l'épouſer, s'il vouloit lui donner la connoiſſance de l'avenir; mais lorſqu'Apollon lui eut accordé ce qu'elle ſouhaitoit, elle ne voulut plus tenir ſa parole; & ce dieu, pour s'en venger, lui déclara qu'on n'ajouteroit pas foi à ſes prédictions. On ſe moquoit d'elle auſſi-tôt qu'elle ſe mêloit d'en faire. Elle n'étoit pas d'avis qu'on fit entrer le cheval de bois dans Troie: mais on ne l'écouta pas. Ajax, fils d'Oilée, l'inſulta aux pieds d'un autel: enſuite il la traîna hors du temple, regardant comme des outrages, les malheurs qu'elle lui avoit prédits. Après le ſiege de Troie, elle échut en partage à Agamemnon, à qui elle prédit que ſa femme le feroit aſſaſſiner; mais il ne la crut pas. Elle fut elle-même aſſaſſinée avec lui par Egyſthe, en arrivant à Lacédémone. *Hom. Virg.*

CASSIOPE, femme de Céphée, roi d'Ethiopie, & mere d'Andromède. Cette reine eut la vanité de ſe croire avec ſa fille, plus belle que Junon, & que les Néréides qui prierent Neptune de les venger. Ce dieu envoya un monſtre qui fit des ravages épouvantables: & Céphée ayant conſulté l'oracle, on apprit que les malheurs ne finiroient qu'en expoſant Andromède attachée avec des chaînes ſur un rocher, pour être dévorée par le monſtre. Mais Perſée avec la tête de Méduſe, & monté ſur le cheval Pégaſe, métamorphoſa ce monſtre en rocher, délivra Andromède, & obtint de Jupiter que Caſſiope ſeroit placée parmi les Aſtres. *Voyez* CENCHRIS, CHIONÉ, PRÉTIDES, ANTIGONE. *Ovid. Métam. liv.* 4.

CASTALIDES. On appelloit ainſi les Muſes, du nom de Caſtalie, fontaine qui leur fut conſacrée.

CASTALIE, nymphe qu'Apollon métamorphoſa en fontaine. Il donna à ſes eaux la vertu d'inſpirer le génie de la poëſie à ceux qui en boiroient, & la conſacra aux Muſes.

CASTALIUS, roi des environs du Parnaſſe, qui donna ſon nom à la fontaine de Caſtalie. Il eut une fille appellée Castalie, qu'Apollon aima ; ce qui a donné lieu à la métamorphose de Castalie.

CASTIANIRA, une des femmes de Priam.

CASTOR & POLLUX, freres d'Hélene & de Clytemnestre, enfans de Jupiter & de Léda. Ils suivirent Jason dans la Colchide, pour la conquête de la Toison d'or ; & s'aimoient si tendrement, qu'ils ne se quittoient point. Jupiter donna l'immortalité à Pollux, qui la partagea avec Castor ; ensorte qu'ils vivoient & mouroient alternativement. On leur dédia plusieurs temples, mais plus souvent sous le nom de Castor. Ils furent métamorphosés en Astres, & placés dans le Zodiaque sous le nom de Gemeaux, l'un des douze signes. *Voyez* LÉDA.

CATAMITUS, surnom de Ganyméde.

CATACTRIENS. On appelloit ainsi les sacrificateurs dans plusieurs villes de la Gréce, & les prêtresses Catactriennes.

CATÆBATES, surnom de Jupiter, pris des prodiges par lesquels on croyoit qu'il faisoit connoître sa volonté : c'est par la même raison qu'Apollon étoit appellé *Catabasius* ou *Prodigialis*.

CATHARMES ou CATHARMATES, sacrifices dans lesquels on immoloit des hommes pour être délivré de la peste ou d'autres calamités publiques.

CATILUS, fils d'Alcméon, bâtit la ville de Tibur en Italie.

CATINENSIS, Cérès, ainsi surnommée, de la ville de Catane en Sicile, où elle avoit un temple dans lequel il n'étoit pas permis aux hommes d'entrer.

CATIUS ou CAUTIUS, dieu de la prudence & de la subtilité.

CAUCASE, montagne fameuse dans la Colchide. Ce fut sur son sommet que Prométhée fut enchaîné par l'ordre de Jupiter. *Voyez* PROMÉTHÉE.

CAVERNE. *V.* ÉOLE, SIBYLLE, TROPHONIUS.

CAUMAS ; c'est le nom d'un fameux Centaure. Les autres étoient Gryneus, Rhœtus, Arnée ; Lycidas, Médon & Pysénor, Chiron, Eurytus, Amycus, Pholus & Caumas étoient les plus renommés.

CAUNIUS, surnom de Cupidon.

CAUNUS, fils de Milet & de Cyané. Voyant que sa sœur Biblis brûloit pour lui d'une flamme criminelle, il abandonna sa patrie, & alla bâtir une ville dans la Carie. *Métamorph. l. 8.*

CAURUS, l'un des principaux vents.

CAUTIUS. *Voyez* CATIUS.

CAYSTRIUS, héros à qui on rendoit des honneurs divins dans l'Asie mineure, où il avoit des autels sur les rives du Cayftre, petit fleuve proche d'Ephése.

CEADE, pere d'Euphême, qui conduisit un secours considérable de Thraces aux Troyens assiégés par les Grecs.

CEB, CEBUS, CEPUS, CEPHUS, monstre adoré à Memphis : c'étoit une espéce de Satyre ou de gros Singe.

CÉBRION, un des géans qui firent la guerre aux dieux. Il y fut tué par Vénus.

Il y eut un autre Cébrion, fils naturel de Priam, qui fut tué par Patrocle. *Hom. Il. 11.*

CEBUS. *Voyez* CEB.

CECROPIDES ou CECROPIENS. Les Athéniens ainsi surnommés de Cecrops. Ovide désigne aussi en particulier Théfée par *Cecropides*.

CECROPIENNE, surnom de Minerve.

CECROPIS, Aglaure, fille de Cecrops.

CECROPS, Egyptien fort riche, qui quitta sa patrie, & vint dans l'Attique, où il épousa Aglaure, fille d'Actée, roi des Athéniens, à qui il succéda. Il fut surnommé *Diphues* ou *Biformis*, soit parce qu'il fit des loix pour l'union de l'homme & de la femme par le mariage, soit parce qu'étant Egyptien, il étoit aussi Grec par son établissement dans l'Attique.

CECULUS, fils Vulcain. *Voyez* CÆCULUS.

CÉE ou CEOS, l'une des Cyclades, dans la mer Egée ; célèbre par la naissance de Simonide.

CEINTURE. *Voyez* CESTE, CLAUDIE.

CEIX, fils de Lucifer & de Chioné. Il fut si affligé de la mort de sa mere, qu'il alla à Claros consulter l'oracle, pour savoir les moyens de la faire ressusciter ; mais il se noya en chemin. Sa femme Alcione alla le chercher, & elle obtint d'être métamorphosée avec lui en Alcion. D'autres disent qu'Aurore l'aima & l'épousa. *Voyez* AURORE, ALCIONE. *Ovid. Mét.*

CÉLADON, un de ceux qui furent tués aux noces de Persée & d'Androméde. Ce fut aussi le nom d'un Lapithe.

CELÆNA, lieu de la Campanie consacré à Junon.

Il y avoit aussi dans l'Asie une montagne de ce nom, auprès de laquelle Apollon punit le Satyre Marsyas.

CELÆNEA DEA, Cybèle, ainsi surnommée de Celenes, ville de Phrygie où elle étoit adorée.

CELÆNO, fameuse Harpie.

CELERES DEÆ, *les déesses legeres*. Les Heures.

CELESTE, divinité des Phéniciens & des Carthaginois. Les Grecs l'appelloient Uranie. On croit que c'est la Lune, & la même qu'Astarte. Quelques-uns croient que c'est Vénus. Quand on consideroit cette divinité comme déesse, on la nommoit *Cœlestis* ; & quand on la regardoit comme un dieu, on lui donnoit le nom de *Cœlestus*.

CELEUS, roi d'Eleusine, & pere de Triptolême, chez qui Cérès fut bien reçue, laquelle pour récompense lui enseigna l'agriculture. Jamais prince ne fut logé, ni meublé plus simplement. *Ovid. Fast. l. 4.*

CELME, dame Thessalienne. Elle fut changée en diamant, pour avoir soutenu que Jupiter étoit mortel.

CELMIS, mari de Celme, subit le même sort que sa femme à cause de son incrédulité. On conte qu'il fut pere nourricier de Jupiter. *Métam. l. 4.*

Il y eut un autre Celmis parmi les Curétes, qui fut chassé par ses freres pour avoir manqué de respect à la mere des dieux.

CENCHRIAS ou CENCHRÉE, fille de la nymphe Pirène. Ayant été tuée par accident d'un dard que Diane lançoit à une bête sauvage, sa mere en fut si affligée, & versa tant de larmes, qu'elle fut changée en une fontaine, qui fut appellée Pirène de son nom.

CENCHRIS, femme de Cinyre, & mere de Myrrha. Ayant osé se vanter d'avoir une fille beaucoup plus belle que Vénus, cette déesse, pour se venger, inspira à cette fille une passion criminelle qui la rendit abominable à son propre pere. *Voyez* MYRRHA.

CENCHRIUS, fleuve d'Ionie, dans lequel on dit que Latone fut lavée par sa nourrice aussi-tôt après sa naissance.

CENÆUS ou CENIS. *Voyez* CÆNEUS.

CENTAURES, peuples d'une contrée de la Thessalie, enfans d'Ixion & de la Nue. C'étoient des monstres, tels que des chevaux, dont la partie supérieure du corps, c'est-à-dire, la tête avec le col, avoit la figure humaine, des bras & des mains. Ils étoient toujours armés de massues, & se servoient adroitement de l'arc. Ceux qui furent invités aux nôces de Pirithoüs & d'Hippodamie, se querellerent avec les Lapithes, autre race monstrueuse. Ils faisoient un bruit épouvantable avec leur voix. Elle approchoit du hennissement des chevaux. Hercule défit ces monstres, & les chassa de la Thessalie. *Métam. l. 12. Natalis Comes. Voyez* CAUMAS.

CENTAURUS OU LE CENTAURE proprement dit, comme le plus célèbre des Centaures. Il étoit fils de Saturne & de Philyre. Il se nommoit aussi Chiron. *Voyez* CHIRON.

CENTICEPS BELLUA, *la bête à cent têtes*; Cerbere ainsi surnommé de la multitude de serpens dont ses trois têtes étoient chargées.

CENTIMANUS, *qui a cent mains*; le géant Briarée & d'autres.

CENTUMGEMINUS, *cent fois double*. Quoique ce surnom paroisse plus exprimer que *Centimanus*, cependant c'est du même Briarée qu'il faut l'entendre.

CEPHALE, fils de Mercure & de Hersé, & mari de Procris, fille d'Erectée. Aurore l'enleva, mais

-inutilement. Cette déesse outrée de ses refus, le menaça de s'en venger. Elle le laissa retourner auprès de Procris sa femme, qu'il aimoit si passionément, qu'ayant voulu éprouver sa fidélité, il se déguisa pour la surprendre : elle l'écouta, puis il se découvrit, & lui reprocha amérement son infidélité. Procris alla se cacher de honte dans les bois, où Céphale l'alla chercher, ne pouvant vivre sans elle. A son retour elle lui fit présent d'un javelot, & d'un chien que Minos lui avoit donnés, & aima à son tour tellement son mari, qu'elle devint la plus jalouse de toutes les femmes ; ce qui plaisoit beaucoup à Céphale. Un jour elle se cacha dans un buisson pour l'épier, & Céphale croyant que c'étoit une bête sauvage, la tua avec le dard qu'il avoit reçu d'elle. Il reconnut son erreur, & se perça de désespoir avec le même dard. Jupiter les métamorphosa en Astres. *Voyez* ADRASTE *Hygin. Mét. l. 7.*

CÉPHÉE, roi d'Éthiopie, fils de Phénix, & pere d'Andromède. *Voyez* CASSIOPE.

Il y eut un autre Céphée, prince d'Arcadie, aimé de Minerve. Cette déesse lui attacha sur la tête un cheveu de celle de Méduse, dont la vertu le rendoit invincible.

CEPHISE, fleuve de la Phocide. Il aima une infinité de nymphes, desquelles il fut toujours méprisé. *Ovid. Métam. l. 1.*

CEPHISIUS, Narcisse fils de Cephise.

CEPHUS & CEPUS. *Voyez* CEB.

CERAMYNTE, surnom d'Hercule.

CERASTES, peuples d'Amathonte, fort cruels, que Vénus changea en taureaux, parce qu'ils lui sacrifioient les étrangers.

CERAUNIUS ou FULMINATOR, c'est-à-dire, *qui lance la foudre*, surnom de Jupiter.

CERBERE, chien à trois têtes & à trois gueules, qui gardoit la porte des enfers & du palais de Pluton. Il nâquit du géant Typhon & d'Echidna. On dit qu'il caressoit les ames malheureuses qui descendoient dans les enfers, & dévoroit celles qui vouloient sortir. Orphée allant rechercher Eurydice, l'endormit au son de sa lyre, & lorsqu'Hercule y descendit pour en retirer Alceste, ce héros l'enchaîna, & s'en fit suivre.

CERCAPHUS, fils d'Eole, & bisayeul de Phénix.

CERCEIS, nymphe de la Mer, fille d'Océan & de Téthys.

CERCIUS. *Voyez* RHEGIUS.

CERCOPES, peuples que Jupiter changea en singes, parce qu'ils s'abandonnoient à toutes sortes de débauches. *Métam. l. 12.*

CERCOPITEQUE, divinité Egyptienne. C'est la même que Ceb. *Voyez* CEB.

CERCYON, fameux voleur. Il attachoit un homme à deux gros arbres courbés & rapprochés par la cime, lesquels en se redressant, le mettoient en pièces. Thésée défit ce brigand, & lui fit souffrir le supplice qu'il faisoit souffrir aux voyageurs. Sa fille Alope s'étant abandonnée à Neptune, Cercyon en fut si irrité, qu'il la fit exposer avec son enfant dans les bois pour être dévorée.

CERDEMPORUS, c'est-à-dire, *intéressé, avide de gain*, surnom de Mercure, dieu du trafic.

CERDOS, c'est-à-dire, *gain*: le même que *Cerdoüs*.

CERDOUS. On donnoit ce surnom à Mercure par la même raison que les précédens; & à Appollon, à cause de la vénalité de ses oracles.

CÉRÉALES, fêtes en l'honneur de Cérès.

CÉRES, fille de Saturne & de Cybèle, & déesse de l'agriculture. Elle voyagea long-tems avec Bacchus, en enseignant l'agriculture aux hommes. Pluton lui ayant enlevé sa fille Proserpine, elle alluma deux flambeaux sur le mont Etna pour la chercher de nuit comme de jour. Lorsqu'elle arriva à la cour de Triptolême, elle enseigna particuliérement à ce prince l'art de labourer la terre, & se chargea du soin d'élever sécretement son fils appellé Déiphon, qu'elle nourrissoit de son lait pour le rendre immortel, & qu'elle laissa brûler par l'indiscrétion de Méganire. (*Voyez* DÉIPHON) Elle continua son voyage & rencontra Aréthuse à qui elle demanda des nouvelles de sa fille Proserpine. Cette nymphe lui dit que Pluton l'avoit enlevée. Elle descendit aussitôt aux enfers, où elle trouva sa fille, qui n'en voulut pas sortir. Voyant qu'elle ne pouvoit la persuader, elle eut recours à Jupiter, qui s'engagea de la lui faire rendre, pourvû qu'elle n'eût rien mangé depuis qu'elle étoit entrée dans les champs Elysées. Ascalaphe soutint qu'elle avoit cueilli une grenade dans les jardins de Pluton, & qu'elle en avoit mangé sept grains. Pour se venger, elle métamorphosa cet Ascalaphe en hibou. Jupiter, pour la consoler, ordonna que Proserpine passeroit six mois de l'année avec elle, & les six autres avec son mari. Cette déesse avoit plusieurs temples très fameux. Les prémices de tous les fruits lui étoient ordinairement offertes, & il en coûtoit la vie à ceux qui troubloient ses mysteres. On la représentoit tenant une faucille d'une main, une poignée d'épics & de pavots de l'autre, avec une couronne de même, & toute couverte de mammelles pleines. On lui immoloit un porc, & on lui donnoit des surnoms pris des lieux où elle avoit des temples. Voilà l'idée la plus générale qu'on peut donner de cette divinité suivant la Fable; car, ni les Mythologistes, ni les Poëtes ne s'accordent point entr'eux. Il y en a beaucoup qui la confondent avec Cybèle.

CERF. *Voyez* DIANE, ACTÉON, CYPARRISSE.

CERUS, dieu du tems favorable. On l'appelloit ainsi, parce qu'il vient toujours tard. C'est vraisemblablement le même que Cerusmanus, qu'on révéroit comme le dieu bon & créateur. *Voyez* OCCASION.

CERYCES, c'est-à-dire, *héraults*. Ils étoient ainsi nommés de Céryx, fils de Mercure. On avoit pour eux une extrême vénération. *Céryx* étoit aussi le nom d'un des prêtres préposés aux mysteres de Cérès.

CERYX. *Voyez* CERYCES.

CESTE, ceinture de Vénus où étoient renfermées

les graces, les defirs & les attraits : c'est ce que Junon emprunta de Vénus pour se faire aimer de Jupiter, & pour le gagner contre les Troyens. Vénus fut obligée d'ôter cette ceinture en préfence de Pâris, au fujet de la pomme de la Difcorde. *Voyez* DISCORDE.

CESTRINUS, fils d'Hélénus & d'Andromaque. Après la mort de fon pere, il s'établit fur le fleuve Thyamis, dans une contrée qu'on appella Ceftrine, de fon nom.

CETO, femme de Phorcus, & mere des Grées. *Voyez* GRÉES.

CEUS, le même que Cœus.

CEYX *Voyez* CEIX.

CHAISNES. *Voyez* EOLE, FUREUR, CASSIOPE, PROTHÉE.

CHALCÉES, fêtes en l'honneur de Vulcain.

CHALCIŒCIES, fêtes en l'honneur de Minerve, furnommée *Chalciæcos*.

CHALCIOPE, fille d'Eétès, roi de la Colchide, fœur de Médée, & femme de Phryxus. *Ovid*.

CHALCOMEDUSE, femme d'Arcéfius, mere de Laërte, & ayeule d'Ulyffe. *Euft*.

CHAMOS, dieu des Ammonites & des Moabites, qu'on croit être le même que Bacchus.

CHAMPS ELYSÈES. *Voyez* ELYSÉES.

CHAON, fils de Priam, que fon frere Hélénus tua par mégarde à la chaffe. Hélénus le pleura beaucoup; & pour honorer fa mémoire, il donna fon nom à une contrée de l'Epire qu'il appella Chaonie.

CHAONIE, partie de l'Epire, pleine de montagnes & de forêts, & célèbre par les glands dont fe nourriffoient les hommes avant l'invention du pain, & par fes pigeons qui prédifoient l'avenir. *Voyez* CHAON.

CHAONIS *ales*, l'oifeau de Chaon : c'eft le pigeon. *Ovid. Voyez* CHAONIE.

CHAOS, maffe informe & groffiere, ou plutôt les élémens confondus les uns dans les autres tels qu'ils étoient au commencement.

CHAR. *V.* BOOTÈS, ACHILLE, HIPPODAMIE, DÉIPHON. *Traîné en l'air par des dragons ailés,* voyez MÉDÉE. *Renversé,* voyez MYRTILE, PHAETON. *Traîné par des chevaux noirs,* voyez PLUTON. *Par des biches,* voyez DIANE. *Par des lions,* voyez CYBÈLE. *Par un sanglier & un lion,* voyez ADMÉTE. *Par des pigeons,* voyez VÉNUS. *Sur les eaux, & en forme de coquille,* voyez NEPTUNE, AMPHITRITE, THÉTIS. *Brisé,* voyez HIPPOLYTE, PÉLOPS.

CHARICLÉE & THÉAGENE, sont dans Héliodore des personnages de pure invention.

CHARICLO, fille d'Apollon, & femme de Chiron le Centaure.

CHARILÉES, fêtes en l'honneur d'une jeune fille de Delphes, qui s'étoit pendue de honte d'un mauvais traitement qu'elle avoit reçu du roi. La ville se trouvant bientôt après affligée de plusieurs calamités, l'oracle prononça qu'ils ne finiroient qu'après qu'on auroit appaisé les manes de la jeune Charilé ; ce qui donna lieu à l'institution de ces fêtes.

CHARIS, femme de Vulcain.

CHARISIES fêtes en l'honneur des Graces.

CHARISTIES, fêtes dans lesquelles tous les parens d'une même famille s'assembloient pour rendre des honneurs divins à tous les morts de la même famille.

CHARITES ou GRACES. *Voyez* GRACES.

CHARON. *Voyez* CARON.

CHAROPOS ou CHAROPS, c'est-à-dire, *farouche, furieux,* surnom d'Hercule.

CHARYBDE. *Voyez* CARYBDE.

CHASSE ou CHASSEURS. *Voyez* DIANE, ACTÉON, ADONIS, ORION, MÉLÉAGRE, ADRASTÉ, ARCAS, HIPPOLYTE, ACASTE, CALISTO, ATALANTE.

CHAT. *Voyez* LIBERTÉ.

CHAUDIERES. *Voyez* PÉLIAS, MÉDÉE.

CHAUVE-SOURIS. *Voyez* ALCITHOÉ.

CHELONÉ, nymphe qui fut changée en tortue.

CHEMISE. *Voyez* NESSUS ou DÉJANIRE.

CHERA, c'est-à-dire, *veuve*. Junon étoit ainsi surnommée, parce que Jupiter l'abandonnoit souvent.

CHERON *ou mieux* CHÆRON, fils d'Apollon, donna son nom à la ville de Chéronnée qui, avant lui, se nommoit Arné.

CHEVAL *de bois*, V. TROIE. *Ailé*, voyez PÉGASE, BELLÉROPHON, PERSÉE. *Moitié homme*, voyez CHIRON, CENTAURES, LAPITHES. Le Soleil en avoit quatre ; savoir, Ethon, Piroïs, Eoüs, & Phlégon, *voyez* APOLLON, PHAETON. Ceux de Pluton étoient noirs, & il en avoit trois : savoir, Abaster, Méthée & Nonius, *voyez* PROSERPINE, PLUTON.

CHEVELURE. V. BÉRÉNICE. *Jeune homme avec une longue chevelure*. V. APOLLON, ACERSÉCOMES.

CHEVILLE. *Voyez* NÉCESSITÉ.

CHEVRE. *Voyez* CAPRICORNE, AMALTHÉE.

CHIEN. *Voyez* DIANE, ACTÉON, CÉPHALE, ADONIS, ERIGONE, AUTOMNE. *A plusieurs têtes*, voyez CERBERE. *Homme avec une tête de chien*, voyez TEUTATÉS, ANUBIS.

CHIENNES de Junon. *Voyez* HARPYES.

CHILIOMBE, sacrifice de mille victimes.

CHILON, fameux Athlète que les Grecs eurent en grande vénération après sa mort.

CHIMERE, monstre composé de la tête d'un lion, du corps d'une chévre, & de la queue d'un dragon, vomissant feu & flamme. Elle désola long-tems la Lycie, jusqu'à ce que Bellérophon l'eût exterminée. Ce prétendu monstre étoit une montagne dans la Lycie qu'Ovide nomme *Chimerifera*. Au sommet de cette montagne étoit un volcan, autour duquel on voyoit des lions. Il y avoit au milieu des pâturages où paissoient des chévres, & au pied, beaucoup de serpens.

CHIONÉ, fille de Dédalion. Elle fut fort aimée d'Apollon & de Mercure : elle les épousa l'un & l'autre en même-tems ; & eut du premier Philammon, grand joueur de luth ; & du second, Autolique, célèbre filou, aussi-bien que son pere. Chioné fut si orgueilleuse de sa beauté, qu'elle osa se préférer à

Diane, qui pour la punir, lui perça la langue avec une fléche. *Voyez* CASSIOPE, CENCHRIS.

CHIROMANTIE, art de prédire ce qui doit arriver par l'infpection des lignes dans les mains.

CHIRON, Centaure, fils de Saturne & de Philyre. Saturne craignant d'être furpris par Rhée fa femme, fe transforma en cheval pour aller voir Philiyre, de laquelle il eut Chiron, moitié homme & moitié cheval, qu'Ovide caractérife par les épithetes *Géminus*, *Biformis*, *Semifer*. Ce monftre vivoit dans les montagnes, toujours armé d'un arc, & devint, par la connoiffance des fimples, le plus grand médecin de fon tems. Il enfeigna cet art à Efculape, l'aftronomie à Hercule, & fut gouverneur d'Achille. Comme il fouffroit beaucoup d'une bleffure que lui fit en tombant fur le pied, une fléche d'Hercule trempée dans le fang de l'hydre, il defiroit fort de mourir; mais il étoit immortel. Enfin il demanda la mort avec tant d'inftance, que les dieux le placerent dans le ciel parmi les douze fignes du Zodiaque. C'eft le Sagittaire. *Ovid. Hygin.*

CHITONÉ ou CHITONIA, furnom de Diane en l'honneur de qui il y avoit des fêtes appellées Chitonies.

CHLOÉ, furnom de Cérès, d'où les fêtes Chloiennes.

CHLOREUS, fameux devin, prêtre de Cybèle.

CHLORIS. *Voyez* CLORIS.

CHOCHÆUS, furnom d'Apollon.

CHOÉS, fêtes qu'on célébroit à Athènes en l'honneur de Bacchus.

CHON, nom que les Egyptiens donnoient à Hercule.

CHORŒBUS. *Voyez* CORŒBUS.

CHOUETTE. *Voyez* MINERVE.

CHRETEIS. *Voyez* ACASTE.

CHROMIS, fils d'Hercule, lequel nourriffoit fes chevaux de chair humaine: Jupiter le foudroya.

Chromis étoit auffi le nom d'un Satyre.

CHROMIUS, l'un des fils de Priam. Il fut tué par Dioméde au siége de Troie.

Ce fut aussi le nom d'un des fils de Nélée & de Chloris, qui fut tué par Hercule.

CHRONOS. *Voyez* CRONIES.

CHRYSAOR, fils de Neptune & de Méduse. Il épousa Callirhoé, de laquelle il eut Géryon.

CHYRSAOREUS, surnom de Jupiter, pris du culte qu'on lui rendoit à Chrysaoris, ville de Carie.

CHRYSE, ville de la Troade, célèbre par un temple d'Apollon-Smintheus.

CHRYSÉIS. Astynomé, fille de Chrysès, prêtre d'Apollon, étoit ainsi surnommée du nom de son pere. Elle échut en partage à Agamemnon après le siége de Thébes en Cilicie. Il la préféroit, dit-on, à Clytemnestre, à cause de sa beauté & de son adresse à travailler à la toile, & l'emmena avec lui au siége de Troie. Chrysès vint revêtu des ornemens sacerdotaux redemander sa fille, qui lui fut refusée : mais il obtint d'Apollon que l'armée des Grecs fut frappée de la peste : ce qui dura jusqu'à ce qu'on lui eût rendu sa fille par l'ordre de Calchas. Agamemnon contraint de la rendre, enleva Briséis à Achille ; ce qui causa une si grande querelle entre ces deux capitaines, que celui-ci ne voulut plus combattre pour les Grecs jusqu'à la mort de Patrocle. Cette colere d'Achille est le sujet de l'Iliade.

CHRYSÉS, pere d'Astynomé. *Voyez* CHRYSÉIS.

Il y eut un autre Chrysès, petit-fils du précédent, & né de Chryséis & d'Apollon, selon les uns, & d'Agamemnon, selon les autres. Lorsqu'Oreste & Iphigénie se sauverent de la Chersonnèse Taurique avec la statue de Diane dans la ville de Sminthe, Chrysès avoit succédé en cet endroit à son ayeul dans la charge du grand prêtre d'Apollon ; ils se reconnurent & retournerent à Mycènes se mettre en possession de l'héritage de leur pere.

CHRYSIPPE, fils naturel de Pelops qui l'aimoit beaucoup ; mais Hippodamie sa femme craignant qu'un jour cet enfant ne regnât au préjudice des fiens propres, le traita fort mal, & confeilla à Atrée & à Thyeste fes fils de le tuer ; ce que ceux-ci ayant refufé de faire, Hippodamie prit la réfolution de l'égorger elle-même ; & s'étant faifie de l'épée de Pélops, elle en perça Chryfippe, & la lui laiffa dans le corps. Il vécut encore affez long-tems pour empêcher qu'on ne foupçonnât les jeunes princes de ce crime ; ce qui détermina Hippodamie à fe tuer elle-même.

CHRYSIS, prêtreffe de Junon à Argos. S'étant endormie, elle laiffa prendre le feu aux ornemens facrés, puis au temple, & fut enfin brûlée elle-même.

CHRYSOMALLON, nom que les Grecs donnoient au fameux bélier de la Toifon d'or.

CHRYSOR, une des divinités des anciens peuples Orientaux ; on croit que c'eft le même que Vulcain.

CHRYSOTHEMIS, fille d'Agamemnon & de Clytemneftre.

CHTONIA. *Voyez* CHTONIES.

CHTONIES, fêtes en l'honneur de Cérès furnommée *Chtonia*.

CHYTRES, fêtes en l'honneur de Bacchus & de Mercure.

CICLADES. C'étoient des nymphes qui furent métamorphofées en Ifles dans la mer Egée, pour n'avoir pas facrifié à Neptune.

CICINNIA, déeffe de l'infamie.

CICNUS. *Voyez* CYCNUS.

CICONES, peuples de la Thrace. Ulyffe ayant été jetté fur leurs côtes par une tempête, en revenant de Troie, leur fit la guerre, les vainquit, & pilla Ifmare leur ville capitale. C'eft des femmes des Cicones qu'il eft dit qu'elles mirent en piéces Orphée, parce qu'il les avoit méprifées.

CIEL ou CŒLUS, fils de l'Air & de la Terre. Il eft regardé comme le plus ancien des dieux. Saturne fon fils le détrôna, & regna en fa place. *V.* SATURNE.

CIGALE, cet infecte qui étoit confacré à Apollon, étoit le symbole des mauvais poëtes, comme le cigne l'étoit des bons.

CIGNE. *V.* CYGNUS, LÉDA, VÉNUS, EUROTAS.

CILENO, l'une des Pléiades.

CILIX, un des fils de Phénix, qui se fixa dans cette partie de l'Asie mineure, depuis nommée Cilicie, de son nom.

Il y en eut un autre, fils d'Agénor.

CILLÆUS, surnom d'Apollon, pris de Cilla, ville de Béotie, où il avoit un temple célèbre.

CILLUS, cocher de Pélops, à qui il étoit si cher, qu'après sa mort il bâtit une ville qu'il appella Cilla, du nom de ce cocher. *Voyez* CILLÆUS.

CIMMERIENS, peuples d'Italie aux environs de Baies. C'est chez eux que les poëtes plaçoient le palais du Sommeil, & l'antre par lequel on pouvoit descendre aux enfers.

CIMMERIS, surnom de Cybèle.

CINARADAS, grand sacrificateur de la Vénus de Paphos.

CINARE ou CINYRAS, le même que Cinyre.

CINCIA ou CINXIA, surnom de Junon.

CINYRE, fils de Cilix, roi de Chypre. Il fut fort aimé de sa fille Myrrha, avec laquelle il eut commerce sans la connoître, & en eut Adonis. *V.* MYRRHA. Cinyre avoit été prêtre de Vénus, & il eut cinquante filles, que Jupiter changea en Alcyons.

CINYREIUS *juvenis*, Adonis, fils de Cinyre.

CIRCÉ, fille du Jour & de la Nuit; ou, selon d'autres, du Soleil & de la nymphe Persa, & fameuse magicienne. Elle fut chassée de son pays pour avoir empoisonné son mari, le roi des Sarmates, & alla faire sa demeure dans l'Isle d'Æea; quelquesuns disent sur un promontoire de la Campanie, appellé depuis de son nom *Circœum*, où elle changea Scylla en monstre marin, parce que Glaucus lui avoit préféré cette nymphe. Elle reçut Ulysse dans son isle; & pour le retenir, elle changea ses compagnons en loups, en ours & en autres bêtes sauvages, avec une certaine liqueur qu'elle leur fit boire, &

dont Ulysse ne voulut point. On dit cependant qu'il en but, mais que Minerve lui enseigna une racine qui lui servit de contrepoison.

CIRCIUS, l'un des principaux vents.

CIRIS, c'est-à-dire, *allouette*, surnom de Scylla, fille de Nisus. *Voyez* NISUS.

CIRRHA, ville de la Phocide, auprès de laquelle il y avoit une caverne, d'où sortoient des vents qui inspiroient une fureur divine, & faisoient rendre des oracles : de-là *Cirrhæus*, surnom d'Apollon.

CISEAUX. *Voyez* PARQUES, SCYLLA.

CISSEIS, Hécube, femme de Priam, fille de Cisseus, roi de Thrace.

CISSEUS. *Voyez* CISSEIS.

CISSOTOMIES, fêtes Grecques, où de jeunes gens dansoient couronnés de lierre. Ces fêtes se célébroient en l'honneur d'Hébé.

CISSUS, jeune homme qui étant mort d'une chûte qu'il fit en dansant devant Bacchus, fut changé en lierre.

CITHÉRON. *Voyez* CYTHÉRON.

CLADÉE, fleuve de l'Elide, dont les Grecs avoient fait une divinité.

CLADEUTERIES, fêtes qui se célébroient quand on tailloit la vigne.

CLARA DEA, *la déesse brillante*; c'est Iris.

CLARIUS, surnom d'Apollon, pris de la ville de *Clarium* dans l'Ionie ; ou de celle de Claros, où il étoit particuliérement révéré.

CLAROS, isle de la mer Egée. Il y avoit aussi dans l'Ionie, une ville de ce nom, célèbre par les oracles d'Apollon.

CLAUDIE, Vestale. Elle fut soupçonnée de libertinage ; mais Vesta fit, dit-on, un miracle en sa faveur, pour manifester sa sagesse. Elle tira seule avec sa ceinture, le vaisseau sur lequel étoit la mere des dieux, qu'on venoit de chercher en Phrygie, & qui étant entré dans le Tibre, s'y trouvoit tellement arrêté, que plusieurs milliers d'hommes avoient inutilement essayé de le faire avancer. *Ovid.*

CLAVIGER, c'est-à-dire, *Porte-clef* & *Porte-massue*, surnom de Janus & d'Hercule. *Clavigera proles Vulcani*; c'est Cercyon ou Périphete.

CLAUSUS, roi des Sabins, qui donna du secours à Turnus contre Enée.

CLEDONISMANTIE, ou plutôt CLEDONISME, sorte de divination qu'on tiroit de certaines paroles qui, entendues ou prononcées en quelques rencontres, étoient regardées comme un bon ou un mauvais augure.

CLEF. *Voyez* JANUS, CYBÈLE, PLUTON.

CLÉMENCE. Les anciens en avoient fait une divinité.

CLÉOBIS & BITON. C'étoient deux freres qui se rendirent célèbres par leur piété envers leur mere, prêtresse de Junon. Comme il falloit pour un sacrifice qu'elle devoit faire, qu'elle fût menée au temple sur un char, ils suppléerent au défaut des bœufs qui devoient la tirer, & qu'on ne put avoir dans le moment; de sorte que s'étant eux-mêmes liés au char, ils la trainerent au temple. Leur mere touchée de cette marque de leur tendresse pour elle, pria Junon de leur accorder le plus grand bien que les hommes pussent recevoir des dieux. Ces jeunes gens, après avoir soupé avec leur mere, allerent se coucher, & le lendemain ils furent trouvés morts dans leurs lits. *Cic.*

CLEODÉE, fille de Priam & d'Hercule.

CLEODICE, fille de Priam & d'Hécube.

CLEODORE, nymphe, mere de Parnassus.

CLEODOXE, une des filles de Niobé.

CLEOMEDE, fameux Athléte. Il étoit si fort, que, pour avoir été privé du prix de la victoire qu'il avoit gagnée à la lutte sur un habitant d'Epidaure, il rompit une colomne d'une maison publique, où il y eut bien du monde écrasé. Il se sauva dans un sépulcre, où l'on fut bien surpris de ne le plus trouver. L'oracle consulté sur cet événement, répondit qu'il étoit le dernier des demi-dieux & des Indigétes.

CLEONE, bourg proche de la forêt de Némée,

célèbre par le lion tué par Hercule, d'où ce lion a été désigné dans les poëtes, par le mot de *Cleonæus*.

CLEOPATRE, une des Danaïdes. Il y en a eu une autre, fille de Borée & femme de Phinée.

CLEROMANTIE, divination qui se faisoit en consultant le sort avec des dez.

CLETA, l'une des Graces, selon les Lacédémoniens. *Voyez* PHÆNNA.

CLIDOMANTIE, sorte de divination qui se faisoit avec des clefs.

CLIMENE, l'une des Minéides.

CLIO, l'une des neuf Muses, & fille de Jupiter & de Mnémosyne. Elle présidoit à l'histoire, & est toujours représentée sous la figure d'une jeune fille couronnée de laurier, tenant en sa main droite une trompette, & un livre de sa gauche.

CLITE, fille de Mérope. Elle s'étrangla pour ne pas survivre à son mari.

CLOACINE, déesse des Egoûts : c'étoit aussi un surnom de Vénus.

CLODONES, noms que les Macédoniens donnoient aux Bacchantes.

CLONIUS, un des capitaines Béotiens qui allerent au siège de Troie.

CLORIS, *& mieux* CHLORIS, fille d'Amphion & de Niobé. Elle épousa Nélée, & fut mere de Nestor. Apollon & Diane la tuerent, parce qu'elle avoit osé se vanter de mieux chanter que le premier, & d'être plus belle que l'autre. *Voyez* CASSIOPE, CENCHRIS, CHIONÉ.

Chloris fut aussi le nom d'une nymphe que Zéphyre épousa, & lui donna pour dot le souverain empire sur les fleurs ; ce qui la fit révérer comme déesse, sous le nom de Flore. *Ovid. Fast. l. 5.*

CLOSTER, fils d'Arachné, à qui on attribue l'invention des fuseaux.

CLOTHON, fille de Jupiter & de Thémis ; c'est l'une des trois Parques. *Voyez* PARQUES. On la représente vêtue d'une longue robe de diverses couleurs, avec une couronne chargée de sept étoiles sur la tête.

CLUACINA, la même que Cloacine.

CLUSIUS ou CLUSIVIUS, furnom de Janus.

CLYMENE, nymphe, fille de l'Océan & de Téthys. Apollon l'aima & l'épousa. Elle eut de lui Phaéton, avec ses sœurs Lampétie, Phaétuse & Lampethuse.

Il y eut une autre Clymene, amie & confidente de la fameuse Héléne.

CLYMENEIA PROLES, c'est-à-dire, *fils de Clymene* : Phaéton.

CLYMENEÏDES, les filles de Clymene, sœurs de Phaéton.

CLYMENUS, surnom de Pluton. Le pere d'Harpalice se nommoit aussi Clymenus. *Voyez* HARPALICE.

CLYTEMNESTRE, fille de Tyndare & de Léda, sœur de Castor, & femme d'Agamemnon. *Voyez* LÉDA. Pendant qu'Agamemnon étoit au siége de Troie, elle aima Egisthe, qui pour l'épouser, assassina de concert avec elle, ce prince à son retour de Troie, & s'empara de ses états. Oreste étant devenu grand, vengea son pere en poignardant sa mere Clytemnestre & Egisthe, à la sollicitation de sa sœur Electre. *Voyez* ORESTE. *Hom. Iliad. Soph. in Electr. Eurip. in Agamemn.*

CLYTIE, fille de l'Océan & de Téthys. Elle fut aimée d'Apollon, & conçut une telle jalousie de se voir abandonnée pour Leucothoé, qu'elle se laissa mourir de faim ; mais Apollon la métamorphosa en une fleur appellée Héliotrope. *Voyez* LEUCOTHOÉ.

Il y eut deux autres Clyties ; l'une femme de Tantale, & l'autre d'Amyntor.

CLYTIUS, fils de Laomédon, & frere de Priam.

CLYTUS, un des Centaures.

CNEPH, une des divinités des Egyptiens.

CNÉPHAGÉNÉTE. *Voyez* CRÉPHAGÉNÉTE & CNEPH.

CNIDE ou GNIDE, promontoire de la Carie, où Vénus avoit un temple fameux.

CNUPHIS, le même que Cneph.
COBALES, mauvais Génies de la suite de Bacchus.
COCALIDES, les filles de Cocalus.
COCALUS, roi de Sicile. *Voyez* DÉDALE.
COCCOCA, un des surnoms de Diane.
COCYTE, fleuve d'Enfer. Il entoure le Tartare, & ne grossit que des larmes des méchans. Un disciple de Chiron se nommoit aussi Cocyte.
COCYTIA virgo; *la fille infernale*. C'est Alecton, l'une des Furies.
CŒLUS. *Voyez* CIEL.
CŒUS, l'un des Titans.
COINS, instrumens. *Voyez* NÉCESSITÉ.
COLAXÉS, fils de Jupiter & d'Ora.
COLCHIDE, royaume d'Asie, renommé par la Toison d'or; Cyta en étoit la capitale. Quelques-un croyent que c'étoit la ville d'Æa. Les habitans de cette contrée qu'on appelloit *Colchi*, ont donné lieu à la fausse supposition d'une prétendue ville de Colchos, qui n'a jamais existé. Voyez *Jugemens sur quelques ouvrages nouveaux*. T. x. 259.
COLCHIS, Médée, qui étoit de la Colchide.
COLCHOS. *Voyez* COLCHIDE.
COLIAS, surnom de Vénus.
COLLIER. *Voyez* ACARNAS, ALCMÉON.
COLLINA, déesse des collines.
COLOMBES. *Voyez* VÉNUS.
COLONNES d'Hercule. *Voyez* ABYLA.
COLONOS. C'étoit dans le voisinage d'Athènes une montagne consacrée à Neptune, sur laquelle Œdipe se retira, après avoir reconnu sa mere dans sa femme: c'est du nom de cette montagne que Sophocle a donné à son Œdipe le surnom de *Colonéen*.
COLOPHON, ville de l'Ionie, célèbre par l'oracle d'Apollon, qu'on y venoit consulter.
COLOSSE, statue d'airain d'une hauteur extraordinaire. Il y en avoit un de Jupiter, & de plusieurs autres. Le plus fameux étoit celui de Rhodes.
COMÆUS, surnom d'Apollon.

COMANES, ministres subalternes des sacrifices qu'on faisoit à Bellone dans la ville de Comana en Cappadoce, où elle avoit un temple célèbre de même nom.

COMBÉ, surnommée *Ophias*, du nom de son pere Ophius. On lui attribue l'invention des armures d'airain.

COMETÉS, pere d'Astérion, un des Argonautes.

COMETHO. *Voyez* AMPHITRYON.

COMPAS. *Voyez* ACALE, MINERVE, APOLLON.

COMPITALES, fêtes en l'honneur des dieux Lares ou Pénates. On les célébroit dans les carrefours.

COMUS, divinité dont la fonction étoit de présider aux réjouissances nocturnes, aux toilettes des femmes & des jeunes gens qui aimoient la parure. On le représente avec un bonnet de fleurs, tenant un flambeau à la main droite, & s'appuyant de la gauche sur un pieu.

CONFUSION. *Voyez* TYRBÉ.

CONCORDE, autrement appellée la Paix, divinité que les Romains adoroient, & en l'honneur de laquelle ils avoient élevé un temple superbe Elle étoit fille de Jupiter & de Thémis : on la représente de même que la Paix. *Voyez* PAIX.

CONISSALUS, le même que Priape.

CONNIDAS, gouverneur de Thésée, à qui les Athéniens décernerent des honneurs divins. *Plut.*

CONQUE. *Voyez* TRITON.

CONSENTES, nom qu'on donnoit aux dieux & aux déesses du premier ordre. Ils étoient douze ; savoir, Jupiter, Neptune, Mars, Apollon, Mercure, Vulcain, Junon, Vesta, Minerve, Cérès, Diane & Vénus. On appelloit leurs fêtes Consenties. *Voyez* SELECTI.

CONSÈVIUS ou plutôt CONSUVIUS, surnom de Janus.

CONSIVA, surnom d'Ops.

CONSUALES, fêtes en l'honneur de Consus.

CONSUS, dieu des conseils. On croit que c'est le même que Neptune-Hippius. Il y avoit en son honneur des fêtes qu'on nommoit Consuales, *Consualia*, & qui se célébroient particuliérement par les spectacles du cirque.

CONTUBERNALES. On donnoit ce nom aux divinités qu'on adoroit dans un même temple.

COON, fils d'Anténor, qui fut tué par Agamemnon, à qui il avoit percé la main de sa lance, lorsqu'il vouloit venger sur lui la mort de son frere Iphidamas.

COQ. *Voyez* MORT, ALECTRYON. Il est consacré à Mars.

COQUILLE. V. TRITON. Char en coquille. V. NEPTUNE, THÉTIS, AMPHITRITE.

CORA ou CORÉ, la même que Proserpine, fille de Cérès, en l'honneur de laquelle il y avoit des fêtes qu'on appelloit Corées.

CORBEAU. *Voyez* CORONIS, APOLLON.

CORBEILLE de fruits. V. AUTOMNE, POMONE. De fleurs. *Voyez* FLORE.

CORCYRE, isle ainsi appellée du nom d'une nymphe, qui avoit été une des femmes de Neptune. Cette isle est célèbre par le naufrage d'Ulysse & par les jardins d'Alcinoüs.

CORÉSIE, surnom de Minerve à qui Cicéron attribue l'invention des chars à quatre chevaux.

CORÉSUS, prêtre de Bacchus. V. CALLIRHOÉ.

CORINTHE, ville fameuse de la Gréce, ainsi appellée de Corinthus, fils de Jupiter.

CORITUS ou CORYTHUS, roi des Aborigenes, dont le nom passa avec son trône aux rois ses successeurs.

CORNE. *Voyez* BACCHUS, SOMMEIL, PAN, SATYRES, HARPOCRATE. *D'Abondance*. V. AMALTHÉE, ACHELOUS, RICHESSE.

CORNEILLE. *Voyez* CORONIS.

CORNIGER. *Voyez* NUMICIUS.

COROEBUS, fils de Mygdon, à qui Priam avoit promis sa fille Cassandre. Etant venu au secours des Troyens contre les Grecs, Cassandre voulut en vain lui persuader de se retirer, pour éviter la mort qu'il devoit

devoit infailliblement y trouver. Il s'obstina à rester, & fut tué par Pénélée, la nuit que les Grecs se rendirent maîtres de Troie. *Virgile.*

CORONIDES, Esculape, fils de Coronis.

CORONIS, nommée aussi Arsinoé, fille de Phlégyas. Apollon l'aima : mais elle le quitta pour un jeune homme appellé Ischis ; ce qui piqua tellement ce dieu, qu'il les tua l'un & l'autre ; & cependant il tira des flancs de Coronis un enfant qu'il fit élever par Chiron, qui le nomma Esculape. Apollon se repentit bientôt de la vengeance qu'il avoit tirée de Coronis ; & pour punir le corbeau qui l'avoit informé de son infidélité, il le changea de blanc en noir. *Hygin. Ovid.*

Il y eut une autre Coronis, que Minerve métamorphosa en corneille, lorsqu'elle fuyoit les importunités de Neptune.

Il y en eut encore une troisiéme parmi les Bacchantes, que Butès enleva. *Voyez* BUTÈS.

Et une Hyade de ce nom.

Coronis étoit aussi le nom d'une déesse adorée à Sicyone.

CORTINA. On a cru que c'étoit la peau du serpent Python, dont la Pythonisse couvroit le trépied sur lequel elle s'asseyoit pour rendre ses oracles, ou que c'étoit le trépied même ; mais il paroît certain que, quand il s'agit d'oracles, *Cortina* étoit une espece de bassin ordinairement d'or ou d'argent, si peu évasé, qu'il ressembloit à une petite table, qu'on mettoit sur le trépied sacré, pour servir de siége à la Pythonisse.

CORYBANTES ou CURETES, prêtres de Cybèle. Ils célébroient leurs fêtes en battant du tambour, sautant, dansant & courant par-tout comme des insensés. On mit Jupiter entre leurs mains pour l'élever.

CORYBAS, fils de Jasius & de Cybèle, de qui les Corybantes ont pris leur nom.

CORYCIDES, nymphes ainsi appellées d'un antre appellé *Corycium. Voyez* CORYCIE.

CORYCIE, nymphe, une des femmes d'Apollon, qui donna son nom à un antre où elle demeuroit, au pied du mont Parnasse.

CORYMBIFER, surnom de Bacchus.

CORYNETE, fils de Vulcain. Ce fut un célèbre brigand, que Thésée tua.

CORYTALIE, surnom de Diane.

CORYTHUS, fils de Pâris & d'Œnone, qui fut tué par son propre pere.

COSCINOMANTIE, divination qui se faisoit par le moyen d'un crible.

COTHURNE. *Voyez* MELPOMÉNE.

COTTUS, un des géans à cent mains.

COTYTIES, fêtes en l'honneur de Cotyto.

COTYTO ou COTTYTO, déesse de l'impudence. Elle avoit un temple à Athènes. Ses prêtres se nommoient Baptes. *Juven.*

COUCOU. *Voyez* CUCULUS.

COVELLA, surnom de Junon.

COULEUVRES. *V.* GORGONES, EUMÉNIDES, ENVIE, DISCORDE.

COUPE. *V.* BACCHUS, ANTÉE, GANYMÉDE, HÉBÉ.

COURONNE *sur la tête*, voyez CLOTHON. *De fleurs*, voyez EUTERPE, FLORE. *De laurier*, voyez APOLLON, CALLIOPE, CLIO, DAPHNÉ. *De roses & de myrte*, voyez ERATO, HYMEN. *De perles*, voyez POLYMNIE. *A la main*, voyez MELPOMÉNE.

CRABUS, un des dieux des Egyptiens.

CRAINTE ou PEUR. *Voyez* PEUR.

CRAMPONS. *Voyez* NÉCESSITÉ.

CRANÉ, nymphe qui fut une des femmes de Janus : c'est la même que Carna. *Voyez* CARNA.

CRATÉE ou CRETÉE, fils de Minos & de Pasiphaé. Ayant consulté l'oracle sur sa destinée, il apprit qu'il seroit tué par son fils Althémène. Ce jeune prince s'étant effrayé du malheur qui menaçoit son pere, tua une de ses sœurs que Mercure avoit outragée, maria les autres à des princes étrangers, & se bannit de sa patrie. Cratée, après cela, sembloit être en sûreté : mais ne pouvant vivre fans fon fils, il équipa une flote & l'alla chercher. Il aborda en l'ifle de Rhodes, où Althemène étoit. Les habitans prirent les armes pour s'oppofer à Cratée, croyant que c'étoit un ennemi qui venoit les furprendre. Althemène, dans le combat, décocha une fléche à Cratée. De la bleffure qu'il reçut, ce malheureux prince mourut avec le chagrin de voir l'accompliffement de l'oracle ; car fon fils s'approchant pour le dépouiller, ils fe reconnurent. Althemène obtint des dieux que la terre s'entrouvrît pour être englouti fur le champ. *Voyez* PERSÉE, TÉLÉGONE. *Apollod. liv. 3.*

CRATÉIS, nymphe qui fut mere de la fameufe Scylla. *Voyez* SCYLLA.

CRENÆUS, un des Lapithes.

CRENEAUX de murailles fur la tête d'une femme. *Voyez* IO, CYBÈLE.

CRÉNÉES ou PEGÉES, nymphes, filles de Jupiter: ce font les mêmes que les Naïades.

CRÉON, frere de Jocafte. Il s'empara du royaume de Thébes après le défaftre de la famille de Laïus, & fit mourir Antigone, parce qu'elle avoit donné la fépulture à fes freres. On prétend que ce fut lui qui jetta & entretint la divifion entre Etéocle & Polynice, jufqu'à ce que ces deux princes fe tuerent dans un combat fingulier. *Stace dans fa Thébaïde.*

Il y eut un autre Créon, roi de Corinthe, que Médée fit périr miférablement.

CRÉONTIADÈS, fils d'Hercule & de Mégare, que fon pere en fureur tua à fon retour des enfers.

CRÉPHAGÉNÉTE ou CNÉPHAGÉNÉTE, dieu adoré à Thébes en Egypte. C'eft le même que Cneph. *Voyez* CNEPH.

CREPITUS VENTRIS. Les payens avoient pouffé l'extravagance jufqu'à en faire une divinité.

CRESPHONTE, un des defcendans d'Hercule, a été célèbre parmi les héros de la Gréce.

CRÉSUS, roi de Lydie, célèbre par fes richeffes & par fes malheurs.

CRÉTE, fameuse isle dont les habitans sacrifioient des hommes à Jupiter & à Saturne. La plupart des dieux & des déesses y prirent naissance.

CRÉTÉE. *Voyez* CRATÉE.

CRÉTHÉE, fils d'Eole & roi d'Iolchos. Sa femme Démodice accusa faussement Phryxus d'avoir voulu attenter à son honneur. Créthée la crut, & voulut le faire mourir : mais ce jeune prince se sauva avec sa sœur Hellé. *Voyez* BELLÉROPHON, HIPPOLYTE.

CRETHEIA *Virgo*, Hellé, petite-fille de Créthée.

CRÉTHÉIS. *Voyez* ACASTE.

CRÉTHON, fils de Dioclés. Il alla au siége de Troie avec son frere Orsiloque, & ils furent tués d'un seul coup par Enée. Ménélas eut bien de la peine de retirer leurs corps d'entre les mains des ennemis. *Iliad*.

CRÉTIDES, nymphes de l'isle de Créte.

CRÉUSE, fille de Priam, & femme d'Enée. Elle disparut pendant l'embrasement de Troie, ayant été enlevée par Cybèle, pour n'être point exposée aux insultes du vainqueur.

Il y eut une autre Créuse, fille de Créon, roi de Corinthe : elle épousa Jason après qu'il eut répudié Médée, qui, pour se venger de cet affront, envoya en présent à Créuse une petite boîte, d'où sortit un feu qui embrasa le palais, & la fit périr avec son pere. Euripide dit que le présent que Médée envoya à Créuse, consistoit en ornemens qui s'enflammerent aussi-tôt que celle-ci s'en fut parée, & produisirent le même effet que le feu de la boîte. Hygin & quelques autres donnent à la fille de Créon le nom de Glaucé.

CRINIS, prêtre d'Apollon. Ce dieu le punit en remplissant ses champs de rats & de souris, parce qu'il avoit négligé son devoir dans les sacrifices. Crinis fit mieux dans la suite ; & Apollon, pour lui marquer sa satisfaction, tua tous ces animaux lui-même à coups de fléches. Cette glorieuse expédition valut à Apollon le surnom de *Smintheus*, c'est-à-dire, *destructeur des rats*.

CRINISE, prince Troyen, qui vivoit du tems de Laomédon. Ce roi, que Neptune & Apollon avoient aidé à relever les murs de Troie, leur refusa le salaire qu'il leur avoit promis. Neptune, pour se venger, suscita un monstre qui désoloit la Phrygie. On fut obligé de donner à ce monstre une jeune fille, qui lui servoit de pâture, lorsqu'il paroissoit. Chaque fois qu'il se présentoit, on assembloit toutes les jeunes personnes du canton, & on les faisoit tirer au sort. La fille de Crinise étant en âge de tirer pour être la proie de ce monstre, Crinise aima mieux la mettre furtivement dans une barque sur la mer, & l'abandonner à la fortune, que de l'exposer avec ses compagnes. Lorsque le tems du passage du monstre fut expiré, Crinise alla chercher sa fille, & aborda en Sicile. N'ayant pu la retrouver, il pleura tant qu'il fut métamorphosé en fleuve; & les dieux, pour récompenser sa tendresse, lui donnerent le pouvoir de se transformer de toutes sortes de façons. Il usa souvent de cet avantage pour surprendre des nymphes, & combattit contre Acheloüs pour la nymphe Egeste qu'il épousa, & dont il eut Aceste. *Voyez* PÉRICLYMÈNE, PROTHÉE. *Servius. Met. Eneid. L. 5. Hygin.*

CRIOBOLIUM, sorte de sacrifice qu'on offroit à la mere des dieux.

CRIOPHAGUS, c'est-à-dire, *qui dévore les béliers*; idole ainsi appellée du grand nombre de béliers qu'on lui immoloit.

CRIOPHORE, surnom de Mercure.

CROCALE, fille du fleuve Ismenus.

CROCODILE, amphibie monstrueux, autrefois adoré en Egypte.

CROCUS, & *mieux* CROTUS, fils de Pan & d'Euphème, fut métamorphosé en la constellation qu'on nomme le Sagittaire. *Voyez* CHIRON.

Il y eut un autre Crocus, mari de Smilax. Ils s'aimoient si tendrement & avec tant d'innocence, que les dieux charmés de cette amitié, les changerent, Crocus en safran, Smilax en if. *Voyez* SMILAX.

CRODUS ou KRODO, divinité des anciens Saxons. On croit que c'est Saturne.

CROISSANT. *Voyez* DIANE, IO.

CROMMYON, contrée voisine de Corinthe : célèbre par les ravages qu'y fit une laye qui fut mere du fanglier de Calydon. Théfée combattit cette laye & la tua.

CRONIES, fêtes en l'honneur de Saturne, que les Grecs appelloient *Cronos*, c'est-à-dire, *le Tems*.

CRONIUS, un des Centaures.

CROTOPIADES, Linus, petit-fils de Crotopus.

CROTOPUS, roi d'Argos, & pere de Pfamathé.

CTÉATUS, pere d'Amphimaque, un des capitaines des Epéens au fiége de Troie.

CTHONIUS ou CHTHONIUS, furnom de Mercure.

CUBA, divinité tutélaire des dormeurs.

CUCULUS, c'est-à-dire, *Coucou*. Jupiter fut ainfi furnommé, parce que pour plaire à Junon fa femme, il s'étoit transformé en cet oifeau.

CUMES, ville d'Italie, où il y avoit une fameufe Sybille, furnommée *Cumæa* ou *Cumana*, du nom de cette ville. *Voyez* SIBYLLES.

CUNIA ou CUNINA, divinité tutélaire des enfans au berceau.

CUPAVO, fils de Cycnus changé en cigne. *V.* CYCNUS. *Virg. l. 10.*

CUPIDON ou L'AMOUR, étoit fils de Mars & de Vénus. Il préfidoit à la volupté. On le repréfente fous la figure d'un enfant toujours nud, quelquefois avec un bandeau fur les yeux, un arc & un carquois rempli de flèches ardentes. Il fut fort aimé de Pfyché, & eut Antéros pour compagnon dans fon enfance. Les Grecs le nommoient *Eros*. Les Ris, les Jeux, les Plaifirs & les Attraits étoient repréfentés de même que lui, fous la figure de petits-enfans ailés.

CURA, c'est-à-dire, *inquiétude*, divinité à laquelle la Fable attribue la formation du corps de l'homme, & un empire abfolu fur lui pendant fa vie.

CUREOTIS, troisiéme jour de la fête des Apaturies.

CURETES. *Voyez* CORYBANTES.

CURIS, surnom de Junon.

CUSTOS, surnom de Jupiter.

CUVE. *Voyez* CANAIDES.

CYANÉ, nymphe de Sicile, que Pluton changea en fontaine, parce qu'elle vouloit l'empêcher d'enlever Proserpine. *Ovid. Mét.*

Il y eut une autre Cyané. *Voyez.* CYANIPPE.

CYANÉE, fille du fleuve Méandre; & mere de Caune & de Biblis. Elle fut métamorphosée en rocher, pour n'avoir pas voulu écouter un jeune homme qui l'aimoit passionnément, & qui se tua en sa présence, sans lui avoir causé la moindre émotion.

CYANIPPE, prince de Syracuse. Ayant méprisé les fêtes de Bacchus, il fut frappé d'une telle ivresse, qu'il fit violence à Cyané sa fille. Aussi-tôt l'isle de Sicile fut désolée par une peste horrible. L'oracle qu'on consulta là-dessus, répondit que cette peste ne finiroit que par le sacrifice de l'incestueux. Cyané traîna elle-même son pere à l'autel, & se tua après l'avoir égorgé. *Plutarch. in parallelis.*

CYBEBE, divinité ainsi appellée du pouvoir qu'on lui attribuoit, d'inspirer la fureur. On l'appelle la Grande-Mere & la Mere des dieux, aussi bien que Cybèle, avec laquelle on prétend qu'il ne faut pas la confondre.

CYBÈLE, fille du Ciel & de la Terre, & femme de Saturne. On l'appelle autrement Ops, Rhée, Vesta, la bonne Déesse, la Mere des dieux, &c. Elle avoit été exposée après sa naissance aux bêtes sauvages qui en eurent soin & la nourrirent. On croit que c'est la même que la Terre; c'est pourquoi on la représente tenant un disque, portant une tour sur sa tête, une clef à la main, avec un vêtement parsemé de fleurs, toujours entourée de bêtes, quelquefois sur un char traîné par quatre lions. Le pin lui est consacré. Ses Prêtres appellés Galles, Corybantes, Dactyles, l'honoroient en dansant autour de sa statue avec une certaine cadance, & en faisant des contorsions épouvantables. *Hyg. Ov. Voyez* Io.

CYBERNESIES, fêtes instituées par Thésée en l'honneur de son pilote Nausithoüs.

CYCHRÉE, fils de Neptune, que la férocité de ses mœurs fit surnommer *le serpent*. Il fut prêtre de Cérès.

CYCLADES. *Voyez* CICLADES.

CYCLOPES, forgerons de Vulcain. Ils travailloient aux foudres de Jupiter dans le mont Etna, dans les forges de Lemnos & ailleurs. Une partie étoient enfans du Ciel & de la Terre, & l'autre de Neptune & d'Amphitrite. Ils n'avoient qu'un œil au milieu du front. Apollon les tua tous pour avoir forgé la foudre avec laquelle Jupiter foudroya Esculape. *Hom. Ovid.*

CYCNEIA Tempe. *Voyez* TEMPÉ.

CYCNUS, CIGNE, ou CYGNUS, roi des Liguriens. Il pleura tant le malheur de Phaëthon son ami, qu'il fut métamorphosé en cigne. *Ovid. Métam. l. 2.*

Les poëtes parlent encore de deux autres Cycnus qui furent changés en cignes : l'un fils de Neptune, qu'Achille trouva invulnérable, & qu'il étrangla : l'autre fils de la nymphe Hirie, qui se précipita dans la mer, de désespoir de n'avoir pas obtenu un taureau qu'il avoit demandé à un de ses amis.

Un autre Cycnus, fils de Mars, fut tué par Hercule. Mars prit les armes pour venger la mort de son fils ; mais lorsqu'il alloit en venir aux mains avec Hercule, Jupiter les sépara d'un coup de foudre.

CYDIPPE. *Voyez* ACONCE.

Il y a eu plusieurs nymphes nommées Cydippes.

CYLLABARE, fils de Sthénélus, qui pendant le siége de Troie, s'empara des états & de la femme de Dioméde.

CYLLARUS, un des Centaures. C'étoit aussi le nom d'un cheval de Pollux.

CYLLEBORUS ou CYLABARUS. C'est le même que Cyllabare.

CYLLÉNE, montagne d'Arcadie. Elle fut ainsi

nommée de Cyllène, fille de Ménéphron; &, selon d'autres, d'une princesse du même nom, fille d'Elatus, & petite fille d'Afanus, roi d'Arcadie. Mercure étant né sur cette montagne, c'est de-là qu'il est souvent appellé *Cyllénius*, & qu'Ovide parlant d'une espéce d'épée qui venoit de Mercure, la nomme *Cyllenis harpe*.

CYLLENIUS, surnom de Mercure. *V.* CYLLÈNE.

CYMODOCE ou CYMODOCÉE, nymphe de la mer.

CYMOTHOÉ, nymphe, fille de Nérée & de Doris.

CYNETHEUS, surnom de Jupiter chez les Arcadiens.

CYNIRAS ou CYNIRE. *Voyez* CINYRE.

CYNISCA, fille d'Archidamus, remporta la premiere, le prix de la course des chars, aux jeux olympiques: ce qui lui fit décerner de grands honneurs.

CYNOCÉPHALE, divinité Egyptienne. C'est la même qu'Anubis. *Plut.* Il y avoit, dit-on, sur les montagnes de l'Inde des peuples ainsi nommés, parce qu'ils avoient des chiens. *Pline Aule-Gelle.*

CYNOPHONTIS, fête qu'on célébroit à Argos, & pendant laquelle on tuoit tous les chiens qu'on rencontroit.

CYNOSARGES, surnom d'Hercule.

CYNOSURA, une des nymphes du mont Ida, qui prirent soin de l'enfance de Jupiter. Elle fut métamorphosée en astre.

CYNTHIA, surnom de Diane, pris du mont *Cynthus*, sur lequel Apollon & Diane nâquirent dans l'isle de Délos.

CYNTHIUS, surnom d'Apollon. *V.* CYNTHIA.

CYPARISSE, fils de Téléphe, qu'Apollon aima. Il nourrissoit un cerf qu'il tua par mégarde, & en eut tant de regret, qu'il voulut se donner la mort. Apollon touché de pitié, le métamorphosa en cyprès.

CYPRÈS. *Voyez* CYPARISSE, FAUNE.

CYPRIS. On appelle ainsi Vénus, à cause de l'isle de Cypre, qui lui fut consacrée.

CYPSELIDES, nom patronymique, formé de celui de Cypselus, tyran de Corinthe.

CYPSELUS. *Voyez* LABDA.

CYRÉNE, nymphe, fille du fleuve Pénée, qu'Apollon enleva, & qu'il emmena en Afrique, où elle devint mere d'Aristée.

CYRNUS, fils d'Hercule, donna son nom à l'Isle de Corse.

CYRRHA, ville de la Phocide, au pied du mont Parnasse, où Apollon étoit particuliérement révéré.

CYTA, ville capitale de la Colchide, patrie de Médée, qui pour cela fut surnommée *Cytæis* & *Cytæa Virgo*.

CYTÆIS. *Voyez* CYTA.

CYTHERE, isle de la Méditerrané, entre celle de Crète & le Péloponèse. Ce fut auprès de cette isle que Vénus fut formée de l'écume de la mer. Les habitans de Cythère adoroient cette déesse, & lui avoient consacré un temple superbe sous le nom de Vénus-Uranie.

CYTHEREIS ou CYTHÉRÉE, surnom de Vénus.

CYTHEREIUS HÉROS, Enée, *Cythereius mensis*, le mois d'Avril, parce qu'il étoit consacré à Vènus, mere d'Enée.

CYTHERIADES. On appelloit ainsi les muses par flatterie, en les comparant à la déesse de Cythère.

CYTHÉRON, berger de Béotie, qui conseilla à Jupiter de feindre un nouveau mariage pour ramener Junon avec laquelle il étoit en divorce. L'expédient réussit; & Jupiter, pour récompenser ce berger, le métamorphosa en une montagne qui fut depuis consacrée à Bacchus. Elle est auprès de la ville de Thèbes. Cette aventure fit prendre à Junon le surnom de *Cytheronia*, & à Jupiter celui de *Cytheronius*.

CYTHORE, ville & montagne de la Galatie, ainsi appellées de Cythorus, fils de Phryxus. Cette contrée étoit couverte de buis.

CYZIQUE, roi des Dolions, peuples de la Mysie. Ayant été tué par mégarde par Jason, lorsqu'à la tête des Argonautes, il alloit à la conquête de la Toison d'or, son nom fut donné à la ville des Dolions, qui depuis fut appellée Cyzique, & qui devint une des plus puissantes de la Gréce. *Ovid.*

D A M.

DACTYLES, Idéens ou Corybantes, ou Curétes. Les uns étoient enfans du Soleil & de Minerve, les autres de Saturne & d'Alciope. On mit Jupiter entre leurs mains pour être élevé, & ils empêcherent par leurs danses, que les cris de cet enfant ne parvinssent jusqu'aux oreilles de Saturne, qui l'avoit dévoré.

DACTYLOMANTIE, sorte de divination ou d'emchantement qui se faisoit par le moyen d'une bague. Telle étoit la bague de Gygès.

DADÉS ou DADÉSIES, fêtes qu'on célébroit à Athenes en l'honneur de la naissance de quelques dieux en particulier, & de tous en général. Une des principales cérémonies étoit d'allumer beaucoup de torches.

DADUCUS : c'étoit le nom que les Athéniens donnoient au grand prêtre d'Hercule. On appelloit aussi Daduques les prêtres qui dans les fêtes de Cérès portoient des torches allumées.

DÆMOGORGON, divinité sous le nom de laquelle les anciens adoroient la nature.

DÆMON. Dans les auteurs profanes, ce mot signifie un Génie bon ou mauvais. Il ne faut pas le confondre avec *Dæmonium*, qu'on n'y voit qu'en bonne part, & signifiant un *être divin, sage & bienfaisant ;* & c'est le nom que Socrate donnoit à celui dont il prétendoit ne suivre que les impressions. *Cic. de Divin liv.* 1.

DAGON : c'étoit le nom de l'idole des Philistins. On croit que c'est le même qu'Oannès. *V.* OANNÉS.

DAMÆUS, surnom de Neptune, dans le même sens que celui de *Hippius.*

DAMASICTHON, un des fils de Niobé, qui fut tué par Apollon.

DAMASTE : c'est le même que Procruste.

DAMATER. *Voyez* DÉMÉTER.

DAMATRIS, Prêtresse de Cybèle-Damia.

DAMIA, surnom de Cybèle. C'étoit aussi une divinité particuliere d'Epidaure.

DAN. *Voyez* ZEUS.

DANACÉ, petite piéce de monnoie que Caron exigeoit de ceux qu'il recevoit dans sa barque.

DANAÉ, fille d'Acrise, roi d'Argos, & d'Eurydice. Acryse ayant appris qu'il mourroit de la main de son petit-fils, on enferma par son ordre Danaé sa fille unique dans une tour d'airain, pour la soustraire à la connoissance des hommes : mais Jupiter descendit dans cette tour, transformé en pluie d'or. Acrise se voyant trompé, fit exposer Danaé sur la mer. Elle aborda dans l'une des Cyclades, où Polydecte l'épousa, & éleva Persée, dont Danaé étoit devenue enceinte. L'oracle fut accompli dans la suite. *Voyez* PERSÉE, ACRISE. *Ovid, Métam. Hor.*

DANAEIUS héros. Persée, fils de Jupiter & de Danaé.

DANAÏDES. C'étoient cinquante sœurs, filles de Danaüs, qui épouserent leurs cinquante cousins-germains, enfans d'Egyptus. Danaüs averti par l'oracle que ses gendres le détrôneroient, ordonna à ses filles d'égorger leurs maris la premiere nuit de leurs nôces. Hypermnestre sauva le sien appellé Lyncée. Ses sœurs, en punition de leur cruauté, furent condamnées dans les enfers à jetter éternellement de l'eau dans un tonneau percé. On les appelloit aussi *Bélides*, du nom de Bel ou Belus leur ayeul.

DANAUS, fils de Bel, frere d'Egyptus, roi d'Argos, & pere des Danaïdes. C'est de son nom que les Grecs qui étoient appellés *Pelasges*, furent aussi nommés *Danai*. *Voyez* DANAÏDES.

DANSES. *Voyez* DACTYLES ou CORYBANTES, BACCHANTES, BAPTES.

DANUBIS, DANUBIUS ou DANUSIS, Le Danube, le plus grand fleuve de l'Europe, a été révéré comme une divinité par les Gétes, les Daces, les Thraces, &c.

DAPALIS. Jupiter fut ainsi surnommé à l'occasion des grands festins qu'on faisoit en son honneur.

DAPHNÆUS, surnom d'Appollon. Diane étoit aussi surnommée *Daphnæa* ou *Daphnia*. V. DAPHNÉ.

DAPHNÉ, fille du fleuve Pénée. Comme elle fuyoit les poursuites d'Apollon, elle fut métamorphosée en laurier. Ce dieu voulut que cet arbrisseau lui fût consacré, & il s'en fit une couronne qu'il porta toujours depuis.

Il y eut une autre Daphné, nommée aussi Artémis, fille de Tyrésias, qui rendoit à Delphes des oracles en vers si excellens, qu'on prétend qu'Homère en a inséré plusieurs dans ses poëmes.

DAPHNÉPHAGES, c'est-à-dire, *mangeur de laurier*. On donnoit ce nom à des devins qui, avant que de rendre leurs réponses, mangeoient des feuilles de laurier, parce que cet arbrisseau étant consacré à Apollon, ils croyoient par-là faire croire qu'ils étoient inspirés.

DAPHNÉPHORIES, fêtes que les Béotiens célébroient de neuf ans en neuf ans en l'honneur d'Apollon.

DAPHNIS, jeune berger de Sicile, & fils de Mercure. Il aima une nymphe, avec laquelle il obtint du ciel, que celui des deux qui violeroit le premier la foi conjugale, deviendroit aveugle. Daphnis ayant oublié son serment, & s'étant attaché à une autre nymphe, fut privé de la vue sur le champ.

DARD. *Voyez* DIANE, CUPIDON, CÉPHALE, ADRASTE, PHILOCTÉTE, ACHILLE, ACTÉON, ORION.

DARDANIDES, nom patronymique des Troyens, pris de Dardanus, fondateur de leur ville.

DARDANIE. Troie fut d'abord appellée ainsi de Dardanus son fondateur, & le premier roi de cette contrée, qui fut aussi nommée Dardanie.

DARDANUS, fils de Jupiter & d'Electre fille

d'Atlas. Ayant tué son frere Jasius, il fut obligé de fuir de l'Isle de Crète ; d'autres disent d'Italie, & vint en asie, où il bâtit une ville qu'il appella de son nom, Dardanie, & qui depuis fut nommée Troie.

DAULIAS, surnom de Philomele, parce que ce fut, selon la fable, à Daulie, ville de la Phocide, qu'elle fut changée en oiseau.

DAULIS, fête que les Argiens célébroient en mémoire du combat singulier de Prœtus contre Acrise. *Voyez* PRŒTUS.

Daulis fut aussi le nom d'une nymphe qui donna son nom à la ville de Daulie dans la Phocide.

D'AUNIA dea. C'est Juturne, sœur de Turnus, & fille de Daunus.

DAUNIUS héros, Turnus, fils de Daunus.

DAUNUS, fils de Pilumnus & de Danaé. Il eut un fils de même nom que lui, qui épousa Venilie, de laquelle il eut Turnus.

DAUPHIN : c'est le nom d'une constellation en laquelle fut changé celui qui sauva Arion. *Voyez* ARION, AMPHITRITE, THÉTIS.

DÉDALE, Athénien, ouvrier si ingénieux & si adroit, qu'il faisoit des statues mouvantes. Il fit mourir un de ses neveux aussi habile que lui, de crainte qu'il ne le surpassât ensuite ; & il se refugia en Crète, où il bâtit un fameux labyrinthe qu'on appella Dédale de son nom, & dans lequel Minos le fit enfermer avec Icare son fils, parce qu'ils favorisoient Pasiphaé dans ses débauches. Etant dans ce labyrinthe, ils s'attacherent des aîles avec de la cire pour se sauver, & Dédale recommanda bien à son fils de ne voler ni trop haut, ni trop bas : mais, dès qu'ils furent dans l'air, ce jeune homme ne se souvint plus des leçons de son pere, & vola si haut que le soleil fondit la cire de ses aîles. Il tomba dans cet endroit de la mer, qu'on appella depuis mer Icarienne. Dédale se sauva en Sicile, où Cocalus le fit suffoquer dans une étuve, parce que Minos le menaça de lui déclarer la guerre, s'il ne lui rendoit ce fugitif mort ou vif. *Ovid.* Les poëtes on fait du nom de Dédale, l'adjectif *dædalus, a, um,* pour signifier la même chose qu'*ingeniosus.*

DÉDALIES, fêtes Grecques qui se célébroient en mémoire de la réconciliation de Jupiter avec Junon. *Voyez* CYTHÉRON. Ceux de Platée célébroient ces mêmes fêtes d'une maniere plus particuliere en mémoire de leur retour d'exil, & de leur réconciliation avec les autres Grecs.

DÉDALION, frere de Ceix. Il fut si touché de la mort de Chioné sa fille, qu'il se précipita du sommet du mont Parnasse en bas : mais Apollon le changea en faucon.

DÉESSES, divinités féminines. *Voyez* DIEUX.

DÉESSES MERES. *Voyez* MATERES.

DÉJANIRE, fille d'Œnée, & femme d'Hercule, qui pour l'obtenir, combattit contre le fleuve Achéloüs. Ce héros emmena sa nouvelle épouse; & lorsqu'il fallut passer le fleuve Evéne, le centaure Nessus s'offrit de la porter sur son dos de l'autre côté. Hercule le voulut bien, & le centaure alloit s'enfuir avec Déjanire, lorsqu'Hercule s'apperçut de son dessein, & lui décocha une fléche qui l'arrêta sur le champ. Nessus se sentant mourir, donna sa chemise teinte de son sang à Déjanire, l'assurant qu'elle rappelleroit son mari dès qu'il voudroit s'éloigner d'elle pour s'attacher à d'autres. Cette femme crédule ayant appris qu'Hercule recherchoit Iole, lui envoya la chemise du centaure. Mais il ne l'eut pas plutôt mise, qu'il se sentit entouré d'un feu dévorant, & se jetta dans celui d'un sacrifice, malgré Lycas & Philoctéte ses compagnons, qui ne purent l'en empêcher. Déjanire se tua de désespoir. *Ovid. Métam. l. 9. Hygin.*

DÉIDAMIE, fille de Lycoméde, roi de Scyros, de laquelle Achille eut Pyrrhus lorsqu'il étoit caché dans la cour de ce prince.

Il y eut une autre Déidamie, fille de Pyrrhus.

DEICOON, un des fils d'Hercule.

DÉIFICATION. *Voyez* APOTHÉOSE.

DÉILÉON, compagnon d'Hercule.

DEILOCHUS, fils d'Hercule & de Mégare.

DEIONE, une des femmes d'Apollon, qui eut d'elle Miletus.

DEIONÉE. *Voyez* IXION.

DEIOPÉE, l'une des plus belles nymphes de la suite de Junon, qui la promit à Eole, à condition qu'il feroit périr la flote d'Enée.

DEIPHILE. *Voyez* DEIPHYLE.

DEIPHOBE, fils de Priam. Il épousa Héléne après la mort de Pàris ; mais après la prise de Troie, Hélène le livra à Ménélas, pour rentrer en grace avec lui.

DEIPHOBÉ : c'est le nom d'une Sibylle. Elle étoit fille de Glaucus & prêtresse de Diane. Ce fut cette Sibylle qui guida Enée dans sa descente aux enfers.

DEIPHON, fils de Triptolème & de Méganire ; ou, selon d'autres, fils d'Hippothoon. Cérès l'aima tellement, que pour le rendre immortel, & afin de le purifier de toute mortalité, elle le faisoit passer dans des flammes. Mais Méganire, mere de ce prince, alarmée d'un tel spectacle, troubla par ses cris les mysteres de cette déesse, qui monta aussi-tôt sur son char trainé par des dragons, & laissa brûler Deiphon. Ovide conte autrement cette fable. *Voyez* TRIPTOLÉME.

DEIPHYLE, fille d'Adraste, femme de Tydée & mere de Dioméde.

DEIPHYLUS, fils de Sthénélus, & ami de Capanée qu'il suivit au siége de Thèbes.

DEIPYRUS, un des capitaines Grecs au siége de Troie.

DELIAS & DELIASTES. *Voyez* DÉLIES.

DELIE, surnom de Diane, pris de l'Isle de Delos, où elle nâquit.

DÉLIES, fêtes en l'honneur d'Apollon, surnommé *Délus* ou *Délius*, de l'isle de Délos où il nâquit. Pendant ces fêtes, les Athéniens envoyoient une députation à Délos, pour y offrir des sacrifices à Apollon. On équipoit pour cela un vaisseau auquel on donnoit le nom de *Delias* ou de *Theoris* ; celui de

Deliaſtes ou de *Theores*, à ceux qui le montoient, & celui d'*Architheore* au chef de la députation.

DELIUS. *Voyez* DÉLIES.

DELLI, petits marais auprès desquels Thalie accoucha des freres Paliques. *Voyez* PALIQUES.

DÉLOS, iſle de la mer Egée, l'une des Cyclades. Cette iſle erroit au gré des flots, avant que Latone y mit au monde Apollon & Diane. Ce dieu y rendoit ſes oracles. Les habitans prétendoient qu'il paſſoit ſix mois de l'année à Patare ; & lorſqu'ils croyoient qu'il revenoit, ils célébroient des fêtes magnifiques en ſon honneur.

DELPHES, ville de la Phocide ſous le mont Parnaſſe, renommée par l'oracle d'Apollon. Cette ville paſſoit chez les anciens pour le milieu de la terre. Jupiter, pour le marquer, fit voler en même tems de l'Orient & de l'Occident deux aigles qui ſe rencontrerent à Delphes. *Voyez* DELPHUS.

DELPHICOLA, ſurnom d'Apollon, pris de ſon temple de Delphes.

DELPHINIES, fêtes en l'honneur d'Apollon.

DELPHINIUS, ſurnom d'Apollon. Diane étoit auſſi ſurnommée *Delphinia*.

DELPHIS, une pythoniſſe ; une prêtreſſe du temple de Delphes.

DELPHUS, fils d'Apollon & de Thya. Il habitoit les environs du mont Parnaſſe, & bâtit la ville de Delphes, à laquelle il donna ſon nom.

DELUENTINUS, dieu qu'on invoquoit dans les tems de guerre, pour être préſervé des ravages de la part des ennemis.

DÉLUGE, *Voyez* DEUCALION, OGIGÉS.

DÉLUS. *Voyez* DÉLIES.

DEMÉNETE ou DEMARQUE, habitant de *Parrhaſia*, ville d'Arcadie, fut changé en loup, pour avoir mangé d'une victime humaine immolée à Jupiter-*Lycæus*. Les Grecs diſoient que dix ans après, il recouvra ſa premiere forme, & qu'il fut vainqueur aux jeux Olympiques. Il y en a qui racontent cette fable de Lycaon.

DEMETER, DAMATER ou DEMETRA, noms que les Grecs donnoient à Cérès.

DEMI-DÉESSES ou EMITHÉES, femmes illustres auxquelles on rendit après leur mort des honneurs divins.

DEMI-DIEUX. Voyez DIEUX.

DEMOCOON, un des fils de Priam, qui fut tué par Ulysse.

Il y en eut un autre qui fut tué par Hercule, avec sa mere Mégare & ses freres.

DEMODICE, femme de Créthée. V. CRÉTHÉE, PHRYXUS.

DEMODOCUS, célèbre musicien de la cour d'Alcinoüs. *Hom. Odyss. 3.*

DEMOGORGON. Voyez DÆMOGORGON.

DÉMONS ou GÉNIES. Les payens en reconnoissoient de bons & de mauvais. Voyez DÆMON.

DEMOPHILE ou HIEROPHILE. On croit que c'est un des noms de la Sibylle de Cumes.

DÉMOPHOON, fils de Thésée & de Phédre. Après l'expédition de Troie où il s'étoit trouvé, ayant été jetté par la tempête sur les côtes de la Thrace, il y épousa Phyllis, fille de Lycurgue, roi de cette contrée. Voyez PHYLLIS. *Ovid. Her.*

DEN. Voyez ZEUS.

DENDRITIS. Voyez HÉLÉNE.

DENDROLIBANUS, c'est-à-dire, *arbre du Liban*. On en faisoit des couronnes pour les dieux, & on croyoit qu'il n'y avoit point de sacrifice qui pût leur être plus agréable que ce présent. V. LIBANUS.

DENDROPHORE, c'est-à-dire, *qui porte un arbre*, surnom donné à Sylvain, parce qu'on croyoit qu'il portoit toujours un jeune arbre, & sur-tout un cyprès. On appelloit aussi Dendrophores, ceux qui dans les fêtes de quelque dieu, comme de Bacchus ou de Cybèle, portoient en leur honneur des arbres sur leurs épaules : c'est ce qu'on appelloit Dendrophorie.

DENT. Voyez SOMMEIL, CADMUS.

DEO ou DIO ; nom que les Grecs & sur-tout les poëtes donnent à Cérès.

DEOÏS, c'est-à-dire, *fille de Cérès*, surnom de Proserpine. *Voyez* DEO.

DERADIOTES ou DIRADIOTES, surnom d'Apollon.

DERCÉ, fille de Vénus, qu'on croit être la même que Dercete.

DERCETE, DERCETIS ou DERCETO, divinité des Syriens, la même qu'Atergatis. On la représentoit moitié femme & moitié poisson. Elle avoit un temple magnifique auprès d'Ascalon.

DERRHIATIS, surnom de Diane.

DÉS à jouer. *Voyez* PALAMÈDE.

DESPŒNA, surnom de Proserpine.

DESTIN, DESTINÉE. Divinité allégorique qu'on fait naître du Chaos. On le représente tenant sous ses pieds le globe de la terre, & dans ses mains l'urne dans laquelle est le sort des hommes. On croyoit ses arrêts irrévocables, & son pouvoir si grand, que tous les autres dieux lui étoient subordonnés.

DEUCALION, roi de Thessalie, fils de Prométhée, & mari de Pyrrha. Les dieux firent périr tous les hommes de son tems par un déluge universel, parce qu'ils étoient tous méchans. Deucalion & Pyrrha en furent préservés, à cause de leur équité. Après le déluge, ils consultèrent l'oracle de Thémis, qui leur conseilla de jetter les os de leur mere, c'est-à-dire, des pierres derriere eux par-dessus leur tête; & ces pierres, en sortant de leurs mains, se métamorphosoient, celles de Deucalion en hommes, & celles de Pyrrha en femmes. *Ovid. liv.* I. *des Métam.*

Il y eut plusieurs autres Deucalions; un, fils de Minos; un autre, fils d'Abas, &c.

DEVERRA ou DEVERRONA, déesse du balayage, du verbe *deverro*, balayer. On l'honoroit surtout quand on se servoit de balais pour amasser en tas le blé séparé de la paille, & quand, après la naissance d'un enfant, on balayoit la maison pour empêcher, à ce qu'on croyoit, par-là, le dieu Sylvain d'y entrer, de crainte qu'il ne tourmentât la mere de l'enfant qui venoit de naître.

DEVINS. Il y en avoit de bien des sortes. *Voyez* ARUSPICES, AUGURE, &c.

DEVOUEMENT : c'étoit un Acte de religion par lequel quelqu'un se dévouoit à la mort pour le salut d'une ville, d'une armée, &c.

DIA, déesse qu'on croit être la même qu'Hébé.

DIACTORUS, surnom de Mercure.

DIALIS FLAMEN, c'est-à-dire, *prêtre de Jupiter*. Ses prérogatives étoient très-grandes. Il avoit la chaise curule, & il étoit ordinairement précédé d'un licteur. C'étoit toujours de sa maison qu'on apportoit le feu pour les sacrifices. Il ne devoit jamais faire aucun serment. Il ne montoit jamais à cheval, & toute sa maniere de vivre devoit représenter la simplicité des premiers tems. Il avoit droit en certaines occasions d'ôter les chaînes à ceux qui en étoient liés, & d'empêcher qu'on ne battit de verges ceux qu'on conduisoit à ce supplice, lorsqu'il se trouvoit sur leur passage, &c. *A. Gell. liv.* 10. *c.* 15.

DIAMANT. *Voyez* RICHESSE, PHAETON.

DIAMASTIGOSE, fête qu'on célébroit à Lacédémone en l'honneur de Diane. La principale cérémonie de cette fête étoit de mettre de jeunes enfans sur l'autel de la déesse, & de les battre si rudement de verges, que souvent ils y laissoient la vie.

DIANE, déesse de la chasse, fille de Jupiter & de Latone, & sœur d'Apollon. On l'appelloit Hecate dans les enfers, la Lune ou Phœbé au ciel, & Diane sur la terre. Elle avoit encore d'autres noms, suivant les lieux où on l'honoroit particuliérement. On la regardoit comme la déesse de la chasteté. Elle avoit tant de pudeur, qu'elle métamorphosa Actéon en cerf, pour l'avoir regardée dans un bain. Elle avoit à sa suite une troupe de nymphes, & n'en souffroit point qui ne fussent aussi chastes qu'elle ; car elle chassa de sa compagnie Calisto qui s'étoit laissé gagner par Jupiter. On dit cependant qu'elle aima le berger Endymion, & qu'elle quittoit souvent le ciel pendant la nuit pour le visiter. Quoi qu'il en soit, si elle n'étoit pas plus sage que les autres déesses, elle faisoit du moins semblant de l'être. Elle étoit presque toujours à la chasse, & n'habitoit que les bois, suivie d'une meute de chiens. Les Satyres, les Dryades, &c. célébroient des fêtes en son honneur. On la représentoit quelquefois sur un char traîné par des biches, armée d'un arc & d'un carquois rempli de fléches, & ayant sur sa tête un croissant. Cette déesse avoit à Ephèse le temple le plus superbe qui fût dans le monde. La biche lui étoit consacrée. *Hyg. Nat. Comes. Ovid.*

DIANIA *turba*; *la troupe de Diane*; c'est-à-dire, les chiens, comme étant sous la protection de Diane, déesse de la chasse.

DIASIES, fêtes en l'honneur de Jupiter-*Melichius*, c'est-à-dire, *Propice*. Elles étoient accompagnées d'une grande foire, où l'on trouvoit toutes sortes de marchandises. Les Athéniens s'y distinguoient par le grand nombre de sacrifices qu'ils faisoient, & plus encore par la joie & la délicatesse des festins qu'ils s'y donnoient les uns aux autres.

DICÉ, fille de Jupiter; déesse qu'on croyoit présider aux jugemens.

DICTÆA *corona*; la constellation d'Ariadne que Thésée avoit emmenée de l'isle de Crète, où est le mont *Dicté*.

DICTÆÆ *nymphæ*, nymphes de l'isle de Créte, ainsi nommées de Dicté, montagne de cette isle.

DICTÆUS, surnom de Jupiter, pris de Dicté, montagne de Crète, sur laquelle on prétendoit qu'il avoit été élevé.

DICTYNNE, nymphe de l'isle de Grète, à laquelle on attribue l'invention des filets de chasseurs. On croit que c'est la même que Britomarte. *Dictynna* est aussi un surnom de Diane.

DICTYS, un des Centaures, qui fut tué par Pyrithous.

DIDON ou ELISE, fille de Bélus, roi de Tyr. Pour éviter la fureur de Pygmalion son frere qui avoit tué Sichée, elle se sauva en Afrique avec sa sœur Anne, où elle bâtit la ville de Carthage.

Iarbas, roi des Gétules, ayant voulu l'épouser malgré elle, cette princesse aima mieux se donner la mort que de manquer à la tendresse qu'elle croyoit encore devoir à son premier mari. Elle fut depuis révérée à Carthage comme une déesse. L'Episode de Didon, dans l'Enéide, est un morceau de pure invention. Enée vivoit plus de trois cens ans avant la fondation de Carthage, de sorte que Virgile n'a feint la passion de Didon pour le prince Troyen, que pour y faire entrer les fameux intérêts qui ont si long-tems divisé Rome & Carthage. *Jos. App. Just. Macrob. &c.*

DIDYMA, surnom de Diane.

DIDYMÆUS, surnom d'Apollon, sous lequel on l'adoroit comme l'auteur de la lumiere du jour & de celle de la lune.

DIDYMÉON, quartier de la ville de Milet, où Apollon avoit un temple & un oracle: c'étoit aussi le nom du temple.

DIESPITER ou DIJOVIS, c'est-à-dire, *Pere du jour*, surnom de Jupiter. On le donne aussi à Pluton.

DIEUX, DÉESSES, GÉNIES, &c. objets du culte religieux des payens. L'impression de la divinité est si naturelle aux hommes, & si profondément gravée dans leurs cœurs, qu'ils n'ont perdu la connoissance du seul & vrai dieu qu'il faut adorer, qu'en lui en substituant d'autres, tels qu'ils se les forgerent, ou d'après ce qui leur étoit resté d'idée de la vérité dont on retrouve des traces précieuses, jusques dans le chaos de leurs superstitions, ou d'après leurs passions dont ils se firent autant de divinités. Comme chacun pouvoit impunément en imaginer à son gré, leur nombre étoit prodigieux. On en a compté jusqu'à trente mille. Jupiter étoit regardé comme le plus puissant de tous; de maniere cependant que son pouvoir étoit subordonné à celui du Destin. Les autres dieux, las de sa domination, s'étant révoltés, il les défit, & les contraignit de se sauver en Egypte, où, pour éviter sa colere, ils prirent diverses formes, comme de chats, de rats, d'éléphans, &c. animaux que les Egyptiens adorerent depuis. Jupiter, fous la forme d'un bélier, les pourfuivit, jufqu'à ce qu'ils fe rendirent. Les payens reconnoiffoient plufieurs fortes de dieux ; favoir, des céleftes, des terreftres, des aquatiques & des infernaux. Il y en avoit douze principaux qu'ils appelloient les grands dieux, comme Saturne, Cybèle, Cérès, Jupiter, Junon, Apollon, Diane, Bacchus, Mercure, Vénus, Neptune & Pluton. Les autres étoient appellés petits dieux, comme Momus, Mars, Pallas, Thémis, Eole, &c. & d'autres enfin qu'on appelloit demi-dieux. Ceux-ci étoient des héros nés d'un dieu & d'une mortelle ; ou c'étoient des mortels, qui par leurs belles actions avoient mérité après leur mort, d'être admis parmi les dieux : tels étoient Hercule, Théfée, Minos & tant d'autres, jufqu'à des Empereurs Romains. Il eft bon d'obferver que, quoique les anciens auteurs employent quelquefois indifféremment les mots *Dii* & *Divi* pour toutes fortes de dieux ; cependant *Dii* dans fon fens propre, ne convient qu'aux dieux du premier ordre, aux grands dieux ; & *Divi* qu'aux autres dieux, fur-tout à ceux qui n'étoient reconnus pour dieux que par l'apothéofe.

Parmi les plus anciens objets du culte idolâtre, on peut compter le Soleil, la Lune & les autres corps céleftes ; enfuite la Terre, l'Air, le Feu & l'Eau. On y ajouta bientôt les Vents, le Tonnere, les Comètes, &c. On ne s'en tint pas là, on adora les poiffons, les ferpens, les oifeaux, & parmi les quadrupédes, le bœuf, le chien, le chat, le finge, le bouc, &c. enfin l'extravagance alla jufqu'à adorer les arbres, les plantes, les métaux & les pierres.

DIJOVIS. Voyez DIESPITER.

DIIPOLIES, très-anciennes fêtes qu'on célébroit à Athènes, en l'honneur de Jupiter-*Policus*, c'eft-à-dire, *Protecteur de la ville*.

DIMORPHOS. Voyez BIFORMIS.

DINDYME. C'eft le nom de plufieurs montagnes

dans la Troade, dans la Phrygie & dans la Thessalie. C'est de celle de Phrygie que Cybèle est surnommée Dindyméne & Dindyme.

DINDYMÉNE. *Voyez* DINDYME.

DIO ou plutôt DEO. *Voyez* DEO.

DIOCLÉS, héros révéré chez les Mégariens, qui célébroient en son honneur des jeux nommés de son nom Dioclées.

DIOMEDA, fille de Phorbas, qu'Achille substitua à la place de Briséis, lorsqu'Agamemnon lui eut enlevé celle-ci. *Hom.*

DIOMÉDE, roi d'Etolie, fils de Tydée, & le plus vaillant des Grecs après Achille & après Ajax. Il se distingua beaucoup au siége de Troie, où il blessa Mars & Vénus, & fut un de ceux qui enleverent le Palladium. Après la ruine de Troie, il eut tant d'horreur des excès de sa femme Egialé, que pour n'en être pas témoin, il abandonna l'Etolie dont il étoit roi, & vint s'établir en Italie. On dit qu'il y fut tué par Enée; & que ses compagnons en eurent tant de chagrin, qu'ils furent changés en hérons. *Hom. Ovid.*

Il y eut un autre Dioméde qui nourrissoit ses chevaux de chair humaine. Hercule le tua & assomma ses chevaux.

DIONÉ, nymphe, fille de l'Océan & de Téthys. Elle fut au nombre des concubines de Jupiter. Il eut d'elle Vénus qui fut surnommée Dionée du nom de sa mere. Jule-César fut ainsi surnommé *Dionæus*, comme descendant de Vénus.

DIONÉE. *Voyez* DIONÉ.

DIONYSIES ou BACCHANALES, fêtes célèbres en l'honneur de Bacchus.

DIONYSIUS, & mieux DIONYSUS, nom de Bacchus, appellé ainsi de la ville de Nysa, où il avoit un temple superbe, & où il avoit été élevé.

DIOPETES. On donnoit ce nom à des statues de Jupiter, de Diane & d'autres divinités qu'on croyoit être descendues du ciel.

DIOSCURES. Les anciens entendoient ordinairement Castor & Pollux sous ce nom.

Il y avoit plusieurs autres divinités qu'ils adoroient sous le nom de Dioscures, & qui étoient particuliérement révérées par les navigateurs.

DIOSPOLIS, c'est le nom de plusieurs villes en Egypte, en Phénicie & dans la Lydie. Il signifie *ville de Jupiter*, parce qu'il y étoit particuliérement révéré.

DIPHTHERA. On donnoit ce nom à la peau de la chévre Amalthée, sur laquelle on croyoit que Jupiter avoit écrit toutes les destinées humaines.

DIPHUES. Voyez *BIFORMIS*, CÉCROPS.

DIRCÉ, reine de Thèbes. Lycus, pour l'épouser, avoit répudié Antiope, dont les enfans attacherent Dircé à la queue d'un taureau furieux, afin de venger leur mere de cet affront.

Il y eut une autre Dircé, qui ayant osé comparer sa beauté à celle de Pallas, fut changée en poison. *V.* CASSIOPE.

DIRCÆUS, surnom d'Amphion, pris de Dircé, fontaine de la Béothie. De-là aussi Pindare est appellé *Dircœus cycnus*.

DIRÉES, filles de l'Achéron & de la Nuit, en latin *Diræ*. Elles étoient au nombre de trois. Postées auprès du trône de Jupiter, elles recevoient ses ordres pour aller troubler le repos des méchans, & exciter des remords dans leurs ames. On les nommoit Dirées dans le ciel; Furies ou Eumenides sur la terre; Chiennes du Styx dans les enfers. *Virg. Eneïd. l.* 12. *Serv. Voyez* EUMENIDES, FURIES.

DIRPHYA, surnom de Junon, pris du culte qu'on lui rendoit sur le mont Dirphys dans l'isle d'Eubée.

DIS, dieu des enfers. C'est le même que Pluton. Quelquefois aussi c'étoit Jupiter. *Voyez* ZEUS.

DISCORDE ou ERIS, déesse que Jupiter chassa du ciel, parce qu'elle brouilloit continuellement les dieux ensemble. Elle fut si piquée de n'avoir pas été invitée aux nôces de Thétis & de Pélée avec les autres dieux, qu'elle résolut de s'en venger, en jettant sur la table une pomme d'or, sur laquelle elle avoit écrit ces mots : *A la plus belle*. Junon, Pallas & Vénus disputerent cette pomme, jusqu'à ce

G

que Pâris par l'ordre de Jupiter, termina la querelle en faveur de Vénus; ce qui causa une infinité de malheurs. On représente la Discorde coëffée de serpens, tenant une torche ardente d'une main, une couleuvre & un poignard de l'autre, ayant le teint livide, les yeux égarés, la bouche écumante, & les mains ensanglantées.

DISQUE. C'étoit une espéce de gros palet de figure ronde. *Voyez* HYACINTHE, ACRISE. Le Disque représente aussi la terre par sa rondeur. *Voyez* CYBÈLE ou VESTA.

DITHYRAMBUS, surnom de Bacchus. On appelloit aussi Dithyrambe une sorte d'hymne composée en son honneur.

DIVALES, fêtes en l'honneur d'Angerone.

DIVIANA *pour* DIANA; Diane.

DIVINATION, l'art de prédire l'avenir. Il faisoit partie de la religion des payens. *Voyez* AUGURE, ARUSPICES, &c.

DIVIPOTES, Dieux que les Samothraces nommoient *Théédynates*, c'est-à-dire, *divinités puissantes*. Il y en avoit deux; le Ciel & la Terre, ou l'ame & le corps, ou l'humide & le froid: peut-être aussi ces *Divipotes* étoient-ils les mêmes que les dieux Cabires. *Voyez* CABIRES.

DIUS FIDIUS ou MEDI-EDI, ancien dieu des Sabins, dont le culte passa à Rome. Ce *Dius* ou *Deus Fidius*, & quelquefois simplement *Fidius*, étoit regardé comme le dieu de la bonne foi, d'où étoit venu chez les anciens l'usage si fréquent de jurer par cette divinité. Cette formule de serment étoit *Medius Fidius*, qu'on doit entendre dans le même sens que *Mehercules*. On le croyoit fils de Jupiter, & quelques-uns l'ont confondu avec Hercule. *Voyez* MEHERCULES.

DODONE, ville d'Epire, auprès de laquelle il y avoit une forêt consacrée à Jupiter, & dont les chênes rendoient des oracles. Il y avoit au milieu de cette forêt un temple bâti en l'honneur de Jupiter Dodonéen.

DODONIDES, nymphes, & nourrices de Bacchus : ce font les mêmes que les Atlantides.

DOLICHÆUS, furnom de Jupiter, pris du culte qu'on lui rendoit à Dolichène, ville de la Comagène.

DOLON, Troyen extrêmement léger à la courfe, qui, dans l'efpérance d'avoir les chevaux d'Achille pour récompenfe, étant allé comme efpion au camp des Grecs, fut pris & tué par Diomède & par Ulyffe.

DOLOPES, peuples de Theffalie, commandés au fiége de Troie par Pyrrhus.

DOMIDUCA & DOMIDUCUS; divinités qu'on invoquoit quand on conduifoit la nouvelle mariée dans la maifon de fon mari. C'eft pour la même raifon que Junon eft furnommée *Domiduca*.

DOMITIUS, dieu que les payens invoquoient dans les mariages, pour que la nouvelle mariée prit foin de la maifon.

DORIDE, contrée de la Gréce, ainfi appellée de Dorus, fils de Neptune & d'Alope. Les Doriens étoient grands parleurs, peu finceres & peu modeftes, d'où font venus bien des proverbes faits à leur fujet. Les poëtes défignent quelquefois tous les Grecs, par ceux de la Doride, comme quand Virgile dit *Dorica caftra*.

DORIS, fille de l'Océan & de Téthys. Elle époufa fon frere Nérée, dont elle eut cinquante nymphes appellées les Néréides. Le nom de Doris, comme une des divinités de la mer, eft quelquefois mis par les poëtes pour la mer même. Virgile a dit *Doris amara. Ecl.* 10.

DORUS, fils de Neptune. *Voyez* DORIDE.

DORYCLUS, fils naturel de Priam, tué par Ajax au fiége de Troie.

Il y en a eu un autre, fils de Phinée, roi de Thrace.

DORYLAS, un de ceux qui oferent attaquer Perfée dans la cour de Céphée. Il fut tué avec les autres, de la main de Perfée.

Un des Centaures fe nommoit Dorylas.

Doto, nymphe de la mer, fille de Nérée & de Doris.

Douleur. Les anciens en avoient fait une divinité. Hygin la fait naître de l'Air & de la Terre.

Draconigena urbs; *la ville née des dents d'un dragon*: c'est Thèbes. *Voyez* Cadmus.

Dragon. *V.* Cadmus, Androméde, Cérès, Médée, Déiphon, Hespérides.

Drancès, un des grands de la cour du roi Latinus, hardi discoureur, mais très-lâche quand il falloit payer de sa personne. Il étoit ennemi particulier de Turnus. *Virg.*

Drimaque, brigand, qui, à la tête d'une troupe d'esclaves fugitifs, ravageoit l'Isle de Chio. Les habitans de cette Isle ayant mis sa tête à prix, il persuada à un jeune homme de sa suite de le tuer, & d'aller recevoir la somme promise. Ceux de Chio firent de ce Drimaque une divinité qu'ils avoient en grande vénération.

Druides, ministres du culte idolâtre chez les Gaulois. Leur nom est pris d'un mot grec qui signifie *chêne*, parce qu'ils demeuroient & faisoient leurs sacrifices dans les forêts.

Dryades, nymphes qui présidoient aux bois & aux forêts, où elles se tenoient nuit & jour. *Voyez* Querquétulanes.

Dryantiades, Lycurgue, roi de Thrace, fils de Dryas.

Dryas, fille de Faune, qu'on révéroit comme la déesse de la pudeur & de la modestie. Il n'étoit pas permis aux hommes de se trouver aux sacrifices qu'on lui offroit.

Dryas étoit aussi le nom d'un des Princes qui donnerent du secours à Etéocle. Il fut tué par Diane.

Drymo, nymphe, fille de Nérée & de Doris.

Dryope, nymphe d'Arcadie, aimée de Mercure. Tenant un jour son fils entre ses bras, elle arracha une tige de Lotos pour l'amuser. Bacchus, à qui cette plante étoit consacrée, en fut si irrité, qu'il la métamorphosa en arbre : elle n'eut que le tems d'appeller sa sœur pour prendre l'enfant, qui auroit été enfermé avec elle dans l'écorce.

Les Dryopes étoient un peuple au voisinage du mont Parnasse.

DULICHIUM, isle dépendante d'Ithaque, d'où Ulysse est surnommé *Dulichius*.

DUSIENS, Génies craints & révérés par les Gaulois.

DYASAR, *Voyez* DYSARÉS.

DYMAS, pere d'Hécube, & roi de Thrace.

DYMANTIS, Hécube, fille de Dymas, selon Homere, & femme de Priam.

DYMON, l'un des quatre dieux Lares. *Voyez* ANACHIS.

DYNDIMENE. *Voyez* DINDYME.

DYSARÉS ou DYASAR, dieu des Arabes. On croit que c'est le même que Bacchus ou que le Soleil.

E A Q

EA, nymphe qui implora le secours des dieux pour éviter les poursuites du fleuve Phasis. Ils la changerent en isle.

EA, & mieux ÆA, étoit aussi le nom de la capitale de la Colchide, & celui de l'isle de Circé, vers le détroit de Sicile. Cette isle se trouve aussi sous le nom d'Æa ou Ææe, d'où Circé est surnommée elle-même *Ææa*. *Voyez* CYTA.

EACÉES, Jeux solemnels en l'honneur d'Eaque.

EACUS. *Voyez* EAQUE.

EANUS *pour* JANUS. Les anciens mettoient souvent l'E pour l'I.

EAQUE, fils de Jupiter & d'Egine. Il étoit roi de l'isle d'Œnopie, appellée aussi Œnone, qu'il nomma Egine, du nom de sa mere. La peste ayant dépeuplé ses états, il obtint de son pere, que les fourmis fussent changées en hommes, & les appella Myrmidons. Il regna avec tant de justice, que Pluton l'associa à Minos & à Rhadamanthe pour juger les ames dans les enfers. *Voyez.* MYRMEX.

EAU. Les anciens avoient fait une divinité de cet élément. Les Perses lui offroient des sacrifices avec de grandes cérémonies.

EAU LUSTRALE. C'est ainsi que les payens appelloient l'eau dans laquelle ils avoient éteint un tison ardent, tiré du bûcher d'un sacrifice. Ils lui attribuoient de grandes vertus.

ECASTOR & MECASTOR, formules de serment, par lesquels on juroit par Castor, dans le même sens qu'on disoit *Mehercules*, quand on juroit par Hercule. C'est aussi dans ce sens, selon les plus savans Grammairiens ; qu'il faut entendre *Edepol*, qu'il faut écrire ainsi, & non par un Æ., quand on juroit par *Pollux* ; car ils prétendent qu'E est pour *me*, que *de* n'a été ajouté que pour adoucir la prononciation ; & que c'est mal entendre *Edepol*, de dire que c'étoit un serment *par le temple de Pollux. Vossius, Meursius,* &c. *Voyez* MEHERCULES.

ECDUSIES, fêtes qu'on célébroit à Pheste, ville de Crète, en l'honneur de Latone, parce qu'elle avoit changé une jeune fille en garçon. *Ant. Liberalis.*

ECHECS. *Voyez* PALAMÉDE.

ECHÉMON, fils de Priam, qui fut tué par Diomède.

ECHIDNA, monstre, moitié femme & moitié serpent, qui fut mere du chien Cerbère, de l'hydre de Lerne, de la Chimere, du lion de Némée, &c. *Echidna* est un mot grec qui signifie *vipere, hydre.*

ECHIDNÉ, reine des Scythes, qu'Hercule épousa & de qui il eut plusieurs enfans.

ECHINADES. C'étoient des nymphes qui furent métamorphosées en isles pour n'avoir pas appellé Achéloüs à un sacrifice de dix taureaux, auquel elles avoient prié tous les dieux des bois & des fleuves.

ECHION, roi de Thèbes. Ses deux filles se laisserent immoler pour appaiser les dieux qui affligeoient la contrée d'une sécheresse horrible. Il sortit de leurs cendres deux jeunes hommes couronnés, qui célébrerent la mort généreuse de ces princesses.

Il y a eu un autre Échion, pere de Penthée, qui fut un de ceux qui nâquirent des dents du dragon, & qui aiderent Cadmus à bâtir Thèbes : & c'est de son nom que les Thébains ont été appellés Echionides.

Il y en a eu encore un autre qui étoit le hérault des Argonautes.

ECHIONIDES ou ECHIONIUS, Penthée, fils d'Echion. C'est aussi pour la ville de Thèbes & pour les Thébains. *Voyez* ECHION.

ECHMAGORAS, fils d'Hercule, fut exposé aux bêtes sauvages avec sa mere Phillone, par l'ordre d'Alcimédon son ayeul, irrité du mariage clandestin de sa fille avec Hercule. Celui-ci les délivra l'un & l'autre.

ECHO, fille de l'Air & de la Terre. Cette nymphe habitoit les bords du fleuve Céphisse. Junon la condamna à ne répéter que la derniere parole de ceux qui l'interrogeoient, parce qu'elle avoit parlé d'elle imprudemment, & qu'elle l'avoit amusée par des discours agréables, pendant que Jupiter étoit avec ses nymphes, afin qu'elle n'allât point le troubler. Ayant voulu se faire aimer de Narcisse, & s'en voyant méprisée, elle se retira dans les grottes, dans les montagnes & dans les forêts, où elle sécha de douleur, & fut métamorphosée en rocher.

ECLIPSES. Les payens les regardoient comme des présages funestes.

ECREVISSE, *Voyez* CANCER.

EDEPOL. *Voyez* ECASTOR.

EDIPE. *Voyez* ŒDIPE.

EDONÉ. C'est la même qu'Aédon. *V.* AÉDON.

EDONIDES, Les Bacchantes étoient ainsi surnommées d'Edon, montagne de la Thrace, où elles célébroient les Orgies. *Edonis*, au singulier *Bacchante*.

EDONIUS, surnom de Bacchus. *V.* EDONIDES.

EDUCA, EDULIA, EDULICA ou EDUSA, divinité qui présidoit à ce qu'on donnoit à manger aux enfans, comme *Potina* ou *Potica* à ce qu'on leur donnoit à boire. *Donat. Apoll.*

EETA ou EETÈS, fils du Soleil & de Perſa : Il étoit roi de la Colchide, & pere de Médée. *Voyez* MÉDÉE.

EETIAS, & mieux ÆETIAS ou ÆETIS, Médée, fille d'Eétès.

EÉTION, pere d'Andromaque, & roi de Thèbes, ville de Cilicie.

EGA, & mieux, ÆGA, nymphe, nourrice de Jupiter, la même qu'*Aix*.

EGÉE, roi de l'Attique, & mari d'Ethra, dont il eut Théſée, qui fut envoyé en Crète pour être la proie du Minotaure. Il avoit ordonné aux matelots, que, quand ils reviendroient, ils déployaſſent des voiles blanches, ſi Théſée ſortoit du labyrinthe. Mais comme ils étoient tranſportés de joie à la vue de leur patrie, ils oublierent d'exécuter les ordres d'Egée, qui, pénétré de douleur, & croyant ſon fils mort, ſe précipita dans la mer, qu'on appella depuis Egée. *Voyez* AIX.

EGÉON ou BRIARÉE, dieu marin, fils de Titan & de la Terre. Ce fut un géant d'une force extraordinaire, qui avoit cent bras & cinquante têtes. Junon, Pallas & Neptune ayant réſolu d'enchaîner Jupiter dans la guerre des dieux, Thétis gagna Egéon en faveur de Jupiter, qui, pour ce ſervice, lui rendit ſon amitié, & lui pardonna ce qu'il avoit fait auparavant avec les géans.

EGERIE, nymphe d'une beauté ſinguliere que Diane changea en fontaine. Les Romains l'adoroient comme une divinité, & les femmes ſur-tout lui faiſoient des ſacrifices pour obtenir des accouchemens heureux. Numa feignit d'avoir des entretiens ſecrets avec cette nymphe, afin de donner plus d'autorité à ſes loix.

EGESTE, fille d'Hipporès, prince Troyen : elle fut expoſée ſur un vaiſſeau par ſon pere, de peur que le ſort ne tombat ſur elle pour être dévorée par le monstre marin, auquel les Troyens étoient obligés de donner tous les ans une fille pour expier le crime de Laomédon. Egeste aborda en Sicile, où le fleuve Crinise, sous la figure d'un taureau, puis sous celle d'un ours, combattit pour l'épouser, & en eut Eole & Aceste.

EGIALÉ, sœur de Phaéthon, laquelle, à force de verser des larmes à cause du malheur de son frere, fut métamorphosée en peuplier avec ses sœurs. On croit que c'est la même que Lampétie.

Il y eut une autre Egialé, fille d'Adraste, roi d'Argos, & femme de Diomède. Vénus fut si irritée de la blessure que lui fit Diomède au siége de Troie, que, pour s'en venger, elle inspira à Egialé l'infame desir de se livrer à tout le monde. Quand Diomède revint, elle attenta à sa vie, parce qu'il ne satisfaisoit pas à sa détestable passion ; mais il se sauva dans le temple d'Apollon, & abandonna cette malheureuse femme. *Servius. in Eneïd.*

Egialé est encore, selon quelques-uns, le nom d'une des Graces.

EGIDE ou EGIS, monstre né de la Terre, qui vomissoit feu & flamme, avec une fumée noire & épaisse. Il désola la Phrygie, mettant le feu dans les forêts & dans les campagnes, de sorte que les habitans furent contraints de quitter le pays. Pallas combattit ce monstre, & le tua. *Nat. Com.*

C'est aussi le bouclier ou la cuirasse de Jupiter, car les poëtes en donnent l'une & l'autre idée. La chévre Amalthée qui avoit nourri Jupiter, étant morte, Jupiter prit sa peau dont il couvrit son bouclier, qu'il nomma Egide, d'un mot grec qui signifie *chévre*. Il rendit ensuite la vie à cette chévre, & la plaça parmi les constellations. Jupiter donna depuis ce bouclier à Pallas qui y attacha la tête de Méduse, ce qui le rendit encore plus redoutable, en lui donnant la vertu de pétrifier ceux qui le regardoient. Les boucliers des dieux & de quelques héros furent aussi appellés Egides.

EGINE, fille d'Asope : elle fut si tendrement

aimée de Jupiter, que ce dieu se changea plusieurs fois en flamme de feu pour la voir. Il eut d'elle Eaque & Rhadamanthe.

EGINETES, habitans de l'Isle d'Egine dans le golphe Saronique, dont Eaque fut roi. Ils furent depuis appellés Myrmidons *Voyez* EAQUE.

EGIPAN. Pan étoit ainsi surnommé, parce qu'il avoit des pieds de chévres. Quelques-uns font d'Egipan une divinité particuliere, & le disent fils de Jupiter, d'autres de Pan & d'Ega sa femme. On donne aussi le nom d'Egipans aux Satyres.

EGIOCHUS ou EGIUCHUS, nom qu'Homere & quelques autres donnent à Jupiter, soit parce qu'il avoit été nourri par une chévre, soit à cause de son bouclier qu'il avoit couvert de la peau de cette chévre. *Voyez* EGIDE.

EGIRE, une des Hamadryades.

EGIS. *Voyez* EGIDE.

EGISTHE, fils de Thyeste & de Pélopée. Thyeste, à qui l'oracle avoit prédit que le fils qu'il auroit de sa propre fille Pélopée, vengeroit les crimes d'Atrée, fit cette fille prêtresse de Minerve dès sa tendre jeunesse, avec ordre de la transporter dans des lieux qu'il ne connoîtroit pas, & avec défense de l'instruire touchant sa naissance. Il crut par cette précaution éviter l'inceste dont il étoit menacé : mais quelques années après, l'ayant rencontrée dans un voyage, il l'épousa sans la connoître ; & pour gage de sa foi, il lui laissa son épée. Quelque tems après que Thyeste eut quitté Pélopée, à qui elle ne s'étoit pas fait connoître, elle eut un fils qu'elle fit élever par des bergers qui le nommerent Egisthe. Lorsqu'il fut en état de porter les armes, elle lui fit présent de l'épée de Thyeste. Ce jeune prince s'avança dans la cour d'Atrée, qui le choisit pour aller assassiner Thyeste dont il vouloit envahir les états. Thyeste reconnut son épée, ce qui lui donna lieu de faire plusieurs questions à Egisthe, qui répondit qu'il la tenoit de sa mere. On obtint de lui de la faire revenir ; & après quelques recherches, Thyeste se souvint de l'oracle qu'il trouva accompli quant à l'inceste. Egisthe indigné d'avoir obéi à Atrée, pour venir massacrer son pere, retourna aussi-tôt à Mycène, ou il tua Atrée. Ayant voulu épouser Clytemnestre, il assassina Agamemnon, & s'empara du trône ; mais Oreste le massacra dans la suite à son tour. La plupart des auteurs racontent cette fable différemment : les uns font cet Egisthe fils de Plistene, & les autres le font fils de Thyeste.

EGLÉ, une des trois Hespérides.

Il y eut une nymphe de ce nom, fille du Soleil & de Néérée, qui se plaisoit à faire des tours de malice aux bergers. Ayant un jour trouvé le vieux Siléne ivre, elle se joignit aux deux satyres Chromis & Mnasille pour lui lier les mains avec des fleurs, pendant qu'elle lui barbouilloit le visage avec des mûres.

EGNATIA, nymphe révérée comme une déesse dans la Pouille. On croyoit que le feu prenoit de lui-même au bois sur lequel on mettoit les victimes qu'on lui immoloit.

EGOBOLE, surnom de Bacchus, pris de ce qu'il vouloit qu'on lui immolât des chévres.

EGOCEROS ou CAPRICORNE. *V.* CAPRICORNE.

EGOLIUS, jeune homme qui étant entré dans une caverne consacrée aux abeilles de Jupiter, pour en enlever le miel, fut changé en oiseau.

EGON, fameux athlète, qui traîna par les pieds au haut d'une montagne un taureau furieux, pour en faire présent à Amarillis.

Il y avoit plusieurs bergers de ce nom.

EGOPHAGE ou *CAPRIVORA*, c'est-à-dire, *qui dévore les chévres* : surnom de Junon, à qui les Lacédémoniens immoloient de ces animaux.

EGYPIUS, jeune homme de Thessalie, & fils de Bulis. Il obtint, à force d'argent, Tymandre, la plus belle femme qui fût alors. Néophron, fils de Tymandre, piqué d'une convention aussi odieuse, trouva moyen de gagner Bulis : ensuite bien informé de l'heure à laquelle Egypius devoit venir trouver Tymandre, il la fit sortir, & mit adroitement Bulis en sa place : après quoi il la laissa, avec promesse de revenir aussi-tôt. Egypius vint au rendez-vous, où, au lieu de Tymandre qu'il s'attendoit d'y voir, il ne trouva que sa mere Bulis. Ils en eurent tant d'horreur, qu'ils voulurent se tuer : mais Jupiter changea Egypius & Néophron en vautours, Bulis en plongeon, & Tymandre en épervier. *Ant. Lib.*

EGYPTUS, fils de Neptune & de Libie, & frere de Danaüs. Il avoit cinquante fils qui épouserent les cinquante filles de son frere, appellées Danaïdes : elles egorgerent leurs maris la premiere nuit de leurs nôces, excepté Hypermnestre, qui fit grace à Lyncée. *Voyez* HYPERMNESTRE.

EIDOTHÉE. *Voyez* IDOTHÉE.

EIONE, une des Neréides.

EIONÉE, un des princes Grecs qui assiégerent la ville de Troie. Il fut tué par Hector. Le pere de Rhésus se nommoit Eionée.

EIRENE ou IRENE, nom de la Paix chez les Grecs. *Voyez* PAIX.

EISITERIES ou EISETERIES, fêtes qu'on célébroit à Athènes, quand les magistrats entroient en charge.

ELÆUS, surnom de Jupiter, pris d'un temple magnifique qu'il avoit dans l'Elide.

ELAGABALE. *Voyez* HELIOGABALE.

ELAÏS, une des filles d'Anius. *Voyez* ANIUS.

ELAPHÉBOLIES, fêtes que les Athéniens célébroient en l'honneur de Diane : elles étoient ainsi appellées du mot grec *Elaphos*, c'est-à-dire, *un cerf*, parce qu'on lui offroit des gâteaux faits en forme de cerfs : c'est de-là qu'elle étoit surnommée elle-même *Elaphibolos*, *Elaphibolia* & *Elaphiæa*.

ELATEIUS, Cœnée, fils d'Elatus.

ELEA, surnom de Diane.

ELECTRE, fille d'Agamemnon & de Clytemnestre : elle persuada à son frere Oreste de venger la mort d'Agamemnon, qu'Egisthe avoit assassiné de concert avec Clytemnestre, à son retour de Troie. Euripide l'appelle *vieille fille*, parce qu'elle vécut long-tems sans être mariée.

Il y eut une autre Electre, fille d'Œdipe, & une autre, fille de l'Océan & de Téthys. Cette derniere étoit ayeule de Dardanus.

ELECTRIDES, petites isles dans l'une desquelles on dit que tomba Phaéton foudroyé par Jupiter.

ELECTRYON, fils d'Alcée, & frere d'Amphitryon. *Héfiod.*

ELÉEN, surnom de Jupiter, pris d'un temple très-riche, qu'il avoit à Elis, ville du Péloponèse.

ELEIDES & ELELEIDES, surnoms des Bacchantes, comme *Eleleus* en étoit un de Bacchus.

ELENOPHORIES, fête pendant laquelle les Grecs portoient mystérieusement de petites corbeilles d'osier.

ELEUSINE. On surnommoit ainsi Cérès, du nom d'Eleusis, ville d'Attique, où elle avoit un superbe temple, & où ses mysteres se célébroient plus exactement qu'en aucun lieu du monde. On gardoit dans ces sortes de fêtes un silence rigoureux. C'étoit un crime que de divulguer le moindre de ses mysteres : il y alloit de la vie.

ELEUSINIES, fêtes qu'on célébroit à Eleusis en l'honneur de Cérès. *Voyez* ELEUSINE.

ELEUSIS, ville de l'Attique, où Cérès étoit particuliérement révérée.

ELEUSIUS, Grec, à qui Cérès enseigna l'agriculture. Il donna son nom à la ville d'Eleusis.

ELEUTHERIES, fêtes en l'honneur de Jupiter. *Eleutherius*, c'est-à-dire, *Libérateur*.

ELEUTHERIUS. *Voyez* ELEUTHERIES. C'étoit aussi un surnom de Bacchus.

ELEUTHO ou ILYTHIE, déesse que les femmes invoquoient pour être heureusement délivrées. On croit que c'est la même que Lucine.

ELICIUS. Les Romains adoroient Jupiter sous ce nom, quand ils croyoient pouvoir par le moyen de certains vers le faire descendre du ciel.

ELIDE, province du Péloponèse, dont *Elis* étoit la capitale, célèbre par les fameux spectacles, connus sous le nom de *Jeux Olympiques*, qu'on y donnoit en l'honneur de Jupiter Olympien. *V.* Jeux Olympiques.

Elise ou Eliza. *Voyez* Didon.

Elisei Patres; les Carthaginois, ainsi appellés du nom d'Elise. *Voyez* Didon.

Elpenor, l'un des compagnons d'Ulysse, que Circé changea en porc. La forme humaine lui ayant été rendue, il courut avec tant de précipitation pour se joindre aux autres qui s'en alloient avec Ulysse, qu'il tomba d'un lieu élevé, & se tua. *Ovid. Trist. l. 3.*

Elpis, Samien qui bâtit un temple à Bacchus.

Elvina, surnom de Cérès.

Elysées, ou Champs Elisiens, partie des enfers, où les poëtes feignent qu'il regne un printems perpétuel, & où les ombres de ceux qui ont bien vécu, jouissent d'un bonheur parfait.

Emathie. Les poëtes donnent quelquefois ce nom à la Thessalie & à toute la Macédoine. *Voyez* Emathion.

Emathion, fils de Tithon, fameux brigand, qui égorgeoit tous ceux qui tomboient dans ses mains. Hercule le tua: & les campagnes que ce brigand parcouroit, furent appellées Emathiennes ou Emathie.

Eméné, la même qu'Aimené.

Emithées. *Voyez* Demi-Déesses.

Emolus. *Voyez* Eumolus.

Emon, homme qui ayant conçu une passion criminelle pour sa fille, fut changé en montagne.

Empanda, déesse, protectrice des bourgs & des villages.

Emplocies, jeux solemnels où les Athéniens paroissoient avec des cheveux tressés.

Empolæus, Mercure étoit révéré sous ce nom, comme dieu protecteur des marchands & des cabaretiers.

Empusa, spectre qu'Hécate, disoit-on, envoyoit aux hommes pour les effrayer. C'étoit un fantôme féminin qui n'avoit qu'un pied, & qui prenoit toutes sortes de formes hideuses. *Aristoph. Hésychius.*

Emus. *Voyez* Hémus.

EMYLUS, fils d'Afcagne, dont la famille Patricienne des Emiles prétendoit defcendre.

ENCELADE, le plus puiffant des géans qui voulurent efcalader le ciel. Il étoit fils du Tartare & de la Terre. Jupiter renverfa fur lui le mont Etna, où il fut à moitié brûlé. Les poëtes ont feint que les éruptions de ce volcan venoient des efforts que faifoit ce géant pour fe retourner ; & que, pour peu qu'il remuât, ce volcan vomiffoit des torrens de flammes.

Il y eut de ce nom un des cinquante fils d'Egyptus, qu'Amymone, l'une des Danaïdes, tua la première nuit de fes nôces.

ENCÉNIES, fêtes que les Grecs célébroient à la dédicace d'un temple.

ENCLUME. *Voyez* VULCAIN, CYCLOPES.

ENDEIS, fille de Chiron, femme d'Eaque, & mere de Télamon & de Pélée.

ENDENDROS, *arboreus*, furnom de Jupiter.

ENDOVELLICUS, une des divinités des anciens peuples d'Efpagne.

ENDYMION, berger de la Carie, & petit-fils de Jupiter. Ayant été furpris avec Junon, il fut condamné à dormir pendant trente ans. Diane l'aima après; & n'ofant le voir pendant le jour, elle quittoit le ciel toutes les nuits pour le vifiter, & en eut plufieurs enfans. *Voyez* EPIMÉNIDE.

ENÉE, prince Troyen, fils d'Anchife & de Vénus. Lorfque les Grecs prirent Troie, il foutint vaillamment quelques combats dans les rues de la ville ; mais fe voyant trop foible contre le nombre, il prit fon pere Anchife, le chargea fur fon dos avec fes dieux Pénates, tenant fon fils Afcagne par la main, & fe retira fur le mont Ida, avec le plus de Troyens qu'il put réunir : il perdit dans ce moment Créufe fa femme, fans avoir jamais pû favoir ce qu'elle étoit devenue. Il monta enfuite fur des vaiffeaux, paffa en Epire ; & après avoir effuyé plufieurs tempêtes, il aborda à Carthage, où la reine Didon l'aima paffionnément. Il alla de-là en Sicile, où il rendit des honneurs funébres à Anchife qui y étoit mort l'année précédente : enfin, après avoir encore été le jouet des vents, fa flotte arriva en Italie. La premiere chofe qu'il fit, ce fut d'aller interroger la Sibylle, qui lui enfeigna le chemin des enfers, où il defcendit, après avoir trouvé le rameau d'or qu'elle lui avoit indiqué, pour en faire préfent à Proferpine. Il vit dans les champs Elyfées tous les Troyens, & fon pere, de qui il apprit fa deftinée & celle de fa poftérité. Il fortit après cela des enfers, & campa fur les rives du Tybre, où Cybèle changea fes vaiffeaux en nymphes. Il eut la guerre avec Turnus, au fujet de Lavinie qu'il époufa après un combat fingulier dans lequel il tua ce prince de fa propre main. Il fonda là un petit état que les Romains regardoient comme le berceau de leur empire. On dit que Vénus l'enleva, & le porta au ciel malgré Junon, qui avoit été caufe de tous fes malheurs, & qui s'étoit déclarée contre lui, parce qu'il étoit Troyen. Il fut honoré des Romains, fous le nom de Jupiter-Indigéte. *Virg. Hom. Ovid. Hygin.* Voyez DIDON.

ENENTHIUS, ENANTHIUS ou EVENTHIUS, un des dieux des Phéniciens.

ENFANT *nud avec des ailes*, voyez CUPIDON : *qu'on tient par la main* voyez ASCAGNE, ENÉE : *fur les genoux d'une femme, ou à qui elle préfente la mammelle*, voyez IO.

ENFERS, Lieux fouterreins où alloient les ames pour y être jugées par Minos, Eaque & Rhadamanthe. Pluton en étoit le dieu & le roi. L'efpace des enfers contenoit le Tartare, les champs Elyfées, & cinq fleuves ; favoir, le Styx, le Cocyte, l'Achéron, le Léthé & le Phlégeton. Le Tartare étoit le féjour des malheureux : les champs Elyfées étoient la demeure de ceux qui avoient bien vécu. Cerbere, chien à trois têtes & à trois gueules, étoit toujours à la porte des enfers, pour empêcher les vivans d'y entrer, & les ames d'en fortir. Avant que d'arriver à la cour de Pluton, & au tribunal de Minos, il falloit paffer l'Achéron dans une barque conduite par Charon, à qui les ombres donnoient une piéce de monnoie pour leur paſſage. *Virg. Hygin Ovid. V.* ACHERUSIE.

ENGASTRIMYTHES ou ENGASTRITES, ſorte de devins. *Voyez* EURYCLES.

ENIOCHÉ, nourrice de Médée.

ENIOPÉE, cocher d'Hector qui fut tué par Diomède. *Ili. 8.*

ENIPÉE, fleuve de la Theſſalie qui fut beaucoup aimé de la nymphe Tyro. Neptune qui en étoit jaloux, prit la forme d'Enipée pour tromper cette nymphe, & eut d'elle Pélias & Nélée.

ENLEVEMENT. *Voyez* PROSERPINE, ORITHIE, CÉPHALE, GANYMÉDE, HÉLÉNE, ARIANE, SABINES.

ENNEA, Cérès étoit ainſi ſurnommée, de la ville d'Enna en Sicile, où elle avoit un temple magnifique.

ENNOSIGÆUS, ſurnom de Neptune.

ENODIUS, c'eſt-à-dire, *qui eſt ſur le chemin*, ſurnom de Mercure, pris de l'uſage où l'on étoit de dreſſer des pierres quarrées, ſurmontées d'une tête de Mercure, & ſur leſquelles on trouvoit l'indication des chemins & des rues.

ENSIFER ORION, c'eſt-à-dire, *Orion qui porte une épée*, à cauſe de trois étoiles qui dans cette conſtellation figurent comme une épée dans la main d'Orion.

ENTHEA, ſurnom de Cybèle. *Entheus & Entheatus*, c'eſt-à-dire, *plein de la divinité, inſpiré*, ſe diſoit de tout lieu où ſe rendoient les oracles, & de tout homme qui prédiſoit l'avenir.

ENVIE, divinité allégorique, extrêmement hideuſe, qu'on repréſente avec des yeux, égarés & enfoncés, un teint livide, & le viſage plein de rides, coëffée de couleuvres, portant trois ſerpens d'une main, une hydre à ſept têtes de l'autre, & un ſerpent qui lui ronge le ſein. *Métam. liv. 2.*

ENUS ou EMUS. *Voyez* HÉMUS.

ENYALIUS, fils de Bellone. C'eſt auſſi un ſurnom de Mars.

ENYO, nom que les Grecs donnoient à Bellone.

EOLE, dieu des vents, & fils de Jupiter. Il reçut très-bien Ulysse qui passoit par ses états; & pour marque de sa bienveillance, il lui fit présent de plusieurs peaux, où les vents étoient enfermés. Les compagnons d'Ulysse ne pouvant commander à leur curiosité, ouvrirent ces peaux, d'où les vents s'échapperent, firent un désordre épouvantable, & causerent une tempête si furieuse, qu'Ulysse perdit tous ses vaisseaux, & se sauva seul sur une planche. Eole avoit un si grand empire sur les vents, que sa seule volonté les retenoit.

EOLIE, royaume des vents, composé de sept petites isles, *Æoliæ insulæ*, entre la Sicile & l'Italie.

EORES ou EORIES, fêtes en l'honneur d'Erigone. Ce sont les mêmes que les Alétides.

EOS, géant, fils de Typhon. On donne aussi ce nom à l'Aurore.

EOUS, l'un des quatre chevaux du Soleil. Les poëtes donnent aussi ce nom à Lucifer.

EPALIUS, roi d'une contrée de la Gréce, qu ayant été détrôné, fut rétabli par Hercule.

EPAPHUS, fils de Jupiter & d'Io. Il eut dans son enfance une querelle avec Phaéthon, qui causa la perte de ce dernier. On croit qu'il bâtit la ville de Memphis.

EPÉE. *Voyez* JUSTICE, PYRAME.

EPERVIER. *Voyez* NISUS, CÉRÉE. *Une figure humaine avec une tête d'épervier*, voyez OSIRIS. Cet oiseau est consacré à Apollon.

EPEUS, fils d'Endymion, habile ouvrier pour les machines de guerre. Il inventa le bélier & le bouclier, & fit le cheval de Troie.

EPHESE, ville d'Ionie, renommée par le fameux temple de Diane.

EPHESTIENS (les dieux.) Les mêmes que les Latins nommoient Lares & Pénates.

EPHESTIES, ou plutôt HEPHESTIENNES. *Voyez* HEPHÆSTOS.

EPHESTRIES, fêtes qu'on célébroit à Thèbes en l'honneur de Tirésias.

EPHIALTE & OETUS, enfans de Neptune & d'Iphimédie. C'étoient des géans qui chaque année croissoient de plusieurs coudées & grossissoient à proportion. Ils n'avoient encore que quinze ans, lorsqu'ils voulurent escalader le ciel. Ces deux freres se tuerent l'un l'autre par l'adresse de Diane, qui les brouilla ensemble.

On nommoit aussi Ephialtes des esprits malfaisans. *Voyez* INCUBES.

EPHYDRIADES ou EPHYDRIDES, nymphes des eaux.

EPHYRA, nymphe dont les poëtes donnent souvent le nom à la ville de Corinthe ou elle avoit demeuré. Il y en a qui rapportent ce surnom de Corinthe à Ephyrus, fils d'Epimethée & de Myrmex.

EPHYRÆUS & EPHYREIUS, *Corinthien* ; EPHYREIAS, *Corinthienne. Voyez* EPHYRA.

EPHYRUS. *Voyez* EPHYRA.

EPIBATERIUS, surnom d'Apollon.

EPISCASTE, mere de Trophonius. *Voyez* TROPHONIUS.

C'est aussi le nom que quelques-uns donnent à la femme de Laïus. *Voyez* JOCASTE.

EPICLIDIES & EPICRENES, fêtes en l'honneur de Cérès.

EPICS. *Voyez* CÉRÈS, PAIX.

EPICURIUS, surnom d'Apollon.

EPIDAURE, ville du Péloponèse, renommée par le temple d'Esculape, & par les cruautés du géant Périphete.

EPIDELIUS, surnom d'Apollon, pris d'un temple qu'il avoit à Epidelie, ville de la Laconie.

EPIDEMIES, fêtes particulieres qu'on célébroit lorsqu'un parent ou un ami revenoit d'un long voyage. C'étoit aussi une fête publique en l'honneur d'Apollon, à Délos & à Milet, & de Diane à Argos.

EPIDOTAS & EPIDOTÈS, génie révéré par les Lacédémoniens. Il y avoit aussi les dieux *Epidotes*, dont on ne fait que le nom. Les Arcadiens furnommoient Jupiter *Epidote*.

Epiès, divinité Egyptienne. On croit que c'est le même qu'Ofiris.

Epigies, nymphes de la Terre.

Epigones; c'est le nom que les Grecs donnent aux capitaines qui firent le second fiége de Thèbes. Ils étoient fils des capitaines de la premiere guerre. *Voyez* Adraste.

Epimélides. *Voyez* Meliades.

Epiménide, philofophe de Crète. On dit qu'étant entré dans une caverne, il y dormit vingt-fept ans, (Plutarque en met 50, & Diogene Laërce 57,) & qu'au fortir de-là il ne connoiffoit plus perfonne. Quelques poëtes le confondent avec Endymion, & en difent des chofes merveilleufes. *Plut. Val. Max.*

Epimethée fils de Japet, & frere de Prométhée. Celui-ci avoit formé des hommes prudens & ingénieux, & Epimethée les imprudens & les ftupides. Il époufa Pandore, ftatue que Minerve anima, & à qui tous les dieux donnerent quelque belle qualité pour la rendre parfaite : il eut de ce mariage Pyrrha, qui époufa Deucalion, fils de Prométhée.

Epimethis, Pyrrha, fille d'Epimethée.

Epione, femme d'Efculape. C'eft auffi un furnom de Diane.

Epire, royaume fur les confins de la Gréce, proche le golphe Adriatique. On l'appelloit autrefois Moloffie, enfuite Chaonie, nom pris de celui de Chaon, frere d'Hélénus.

Epirnutius, furnom que les Crétois donnoient à Jupiter.

Episcaphies, fêtes qu'on célébroit à Rhodes : on ne fait en l'honneur de quelle divinité.

Episcene, fête chez les Lacédémoniens.

Epistrophus, roi de la Phocide. Il fut un de ceux qui allerent au fiége de Troie.

Epone. *Voyez* Hippone.

Epolons ou Epulons, prêtres qui chez les Romains étoient chargés du foin des tables qu'on faisoit servir en l'honneur des dieux. Ces prêtres étoient au nombre de sept, que pour cette raison on appelloit Septemvirs.

EQUERRE, instrument de géométrie. *V.* MINERVE, URANIE, APOLLON.

EQUIRINE, jurement par Quirinus, dans le même sens qu'*Ecastor*. *Voyez* ECASTOR.

EQUITÉ, divinité allégorique. C'est la même que la Justice.

ERAPHIOTES, c'est-à-dire, *Querelleur*, surnom de Bacchus.

ERATÉ, nymphe, fille de l'Océan & de Téthys.

ERATO, l'une des neuf Muses : elle présidoit aux poësies lyriques. On la représente sous la figure d'une jeune fille enjouée, couronnée de myrte & de roses, tenant d'une main une lyre, un archet de l'autre, & à côté d'elle un petit Cupidon aîlé, avec son arc & son carquois.

ERCIUS, surnom de Jupiter. On l'invoquoit sous ce nom ou sous celui de *Penetralis* dans l'intérieur des maisons, afin qu'il en écartât les voleurs.

EREBE, fils du Chaos & de la Nuit. Il fut métamorphosé en fleuve, & précipité dans le fond des enfers, pour avoir secouru les Titans. Erebe se prend souvent pour les enfers mêmes, ou pour un endroit particulier des enfers.

EREBINTINUS, c'est-à-dire, *de pois*, surnom de Bacchus, parce qu'on le croyoit l'inventeur de la culture, non-seulement de la vigne, mais encore des pois & des autres légumes.

ERECHTHÉE, roi d'Athènes, & pere de Cécrops, de Pandorus, de Metion & de Butès. Il fut mis au nombre des dieux avec ses quatre filles Procris, Créuse, Chthonie & Orithye, parce qu'elles se dévouerent étant vierges, pour le salut de la patrie.

Il y eut un autre Érechthée, pere d'un autre Orithye, qui fut enlevée par Borée.

ERECHTHEON, temple de Neptune dans l'Achaïe.

ERECHTHIDES, les Athéniens, ainsi appellés du nom d'Erechthée, un de leurs rois.

ERECHTHIS, Procris, fille d'Erechthée.

ERESICHTHON ou ERISICHTHON, l'un des principaux habitans de la Thessalie, fils de Triopius. Cérès, pour le punir d'avoir abattu une forêt qui lui étoit consacrée, lui envoya une faim si horrible, qu'il consuma tout son bien, sans pouvoir la satisfaire. Réduit à la derniere misere, il vendit sa propre fille nommée Métra. Mais Neptune qui avoit aimé cette fille, lui ayant accordé le pouvoir de se changer en ce qu'elle voudroit, elle échappa à son maître sous la forme d'un pêcheur. Rendue à sa figure naturelle, son pere la vendit successivement à plusieurs maîtres. L'argent reçu, elle n'étoit pas plutôt livrée à ceux qui l'avoient achetée, qu'elle se déroboit à eux, en se changeant à chaque vente en genisse, en biche, en oiseau ou autrement. Malgré cette ressource pour avoir de l'argent, elle ne put jamais rassasier son pere, qui mourut enfin misérablement en dévorant ses propres membres.

ERGANÉ ou ERGATIES, fêtes qu'on célébroit à Sparte en l'honneur d'Hercule & en mémoire de ses travaux.

ERGATIS. Sous ce nom on honoroit Minerve, comme ayant inventé les arts.

ERGINUS, roi d'Orchomène. Il fut en guerre avec Hercule, qui le vainquit, le tua & pilla ses états. Pausanias dit qu'il lui laissa la vie, & même qu'il fit alliance avec lui. Selon le même auteur, il fut pere du célèbre Trophonius.

Un autre Erginus, fils d'Hercule, fut un des Argonautes. Quelques-uns croyent que c'est le même que le roi d'Orchomène.

ERIBÉE, surnom de Junon. *Iliad.* 5.

ERICHTHON, fameuse magicienne de Thessalie.

ERICTHÉE. C'étoit un chasseur que Minerve prit soin d'élever, & le fit proclamer roi des Athéniens. On dit qu'il savoit tirer de l'arc avec tant d'adresse, qu'Alcon son fils étant entouré d'un dragon, il perça le monstre d'un coup de fléche sans blesser son fils.

ERICTHONIUS, fils de Vulcain. Il fut roi d'Athènes. On conte de lui qu'il avoit les jambes si malfaites, qu'il n'ofoit paroître en public que dans un char de fon invention, dans lequel la moitié de fon corps étoit cachée. *Voyez* AGLAURE.

Il y eut un autre Ericthonius, fils de Dardanus, roi de Troie, auquel il fuccéda.

ERIDAN, fils du Soleil. *Voyez* PHAÉTHON. C'eſt auſſi le nom d'une conſtellation.

ERIGONE, fille d'Icarius : elle fe pendit à un arbre, lorſqu'elle fut la mort de fon pere, que Méra, chienne d'Icarius, lui apprit, allant aboyer continuellement fur le tombeau de fon maître. Elle fut aimée de Bacchus, qui pour la féduire, fe transforma en grappe de raifin. Les poëtes ont feint qu'elle fut changée en cette conſtellation, qu'on appelle la Vierge.

Il y eut une autre Erigone, fille d'Egiſthe & de Clytemneſtre.

ERIGONEIUS canis, c'eſt-à-dire, *le chien d'Erigone*, la Canicule. *Voyez* ERIGONE.

ERIMANTHE, montagne & forêt célèbre d'Arcadie, où Hercule terraſſa & porta fur fes épaules un fanglier qui ravageoit la campagne.

ERINNYIS, furnom de Cérès, pris de la fureur où elle entra, de fe voir outragée par Neptune.

ERINNYS, Furie ; ERINNYIES, les Furies, divinités infernales. *Voyez* EUMÉNIDES.

ERIPHYLE, femme d'Amphiaraüs. *V.* AMPHIARAS.

ERIS, déeſſe de la Diſcorde. *Voyez* DISCORDE.

ERISICHTHON. *Voyez* ERESICHTHON.

ERIUNIUS, c'eſt-à-dire, *lucratif*, furnom de Mercure.

EROMANTIE, forte de divination, par le moyen de l'air.

EROPE, femme d'Atrée. Ayant fuccombé aux follicitations de Thyeſte, elle eut deux enfans qu'Atrée fit manger dans un feſtin à Thyeſte même. *V.* ATRÉE.

EROS. Les Grecs appelloient ainſi Cupidon. *V.* CUPIDON.

Erostrate, célèbre fanatique, qui pour se faire un grand nom s'avisa de mettre le feu au temple de Diane d'Ephèse.

Erotidies ou Eroties, fêtes en l'honneur de Cupidon.

Erycine, surnom de Vénus, pris du temple bâti en son honneur sur le mont Eryx en Sicile.

Erymanthe *Voyez* Erimanthe.

Erymanthidos ursæ custos, c'est-à-dire, *le gardien de l'ourse Erymanthide*. C'est Arctophylax. *Voyez* Bootès, Erymanthis.

Erymanthis. Les poëtes donnent quelquefois à l'Arcadie, ce nom pris de la montagne d'Erymanthe. C'est aussi un surnom de Callisto.

Erysichthon, fils de Cécrops, qu'il ne faut pas confondre avec Erisichthon le Thessalien.

Erytheis præda, c'est-à-dire, *le butin d'Erythie*; les troupeaux de Géryon. *Voyez* Erythie.

Erythie, isle ou région célèbre dans les poëtes, qui en font le royaume de Géryon, qu'Hercule tua, & dont il emmena les troupeaux, appellés par Ovide *Erytheidas boves*; car c'est ainsi qu'il faut lire, & non *Erythreidas*. On ne peut déterminer quel étoit ce pays. La plus commune opinion est qu'il faisoit partie de l'Espagne.

Erythras ou Erythrus, fils de Persée & d'Andromède, qui donna son nom à la mer Erythréenne, sur les côtes de laquelle il regna.

Erythrée, ville d'Ionie, où nâquit la fameuse Sibylle de ce nom, autrement dite Bagoé. *Voyez* Sibylle.

C'étoit aussi le nom d'un des chevaux du Soleil.

Erythreides boves. *Voyez* Erythie.

Eryx, fils de Butès & de Vénus. Fier de sa force prodigieuse, il luttoit contre tous les passans, & les tuoit: mais il fut tué par Hercule & enterré dans le temple qu'il avoit dédié à Vénus sa mere, sur une montagne de Sicile, appellée Eryx de son nom.

Esaque, fils de Priam & d'Alixothoé. Ce prince aima tellement la nymphe Hespérie, qu'il quitta

Troie pour la suivre. Hespérie ayant été mordue d'un serpent, mourut de sa blessure. Esaque se précipita dans la mer de désespoir : mais Thétis le métamorphosa en plongeon. *Voyez* ARISTÉE ou EURYDICE.

ESCARBOT, Il fut une des divinités Egyptiennes.

ESCULANUS, dieu des piéces de monnoie de cuivre.

ESCULAPE, dieu de la Médecine, fils d'Apollon & de Coronis. Apollon, après avoir tué Coronis & Ischys qu'elle aimoit, tira Esculape des flancs de cette nymphe, & le donna à élever au centaure Chiron, qui lui enseigna la médecine & lui donna une connoissance parfaite des simples. Jupiter le foudroya, pour avoir rendu la vie à Hippolyte, fils de Thésée. Esculape étoit adoré à Epidaure, sous la forme d'un serpent. *Voyez* APOLLON.

ESEPE, fils de Bucolion, & petit-fils de Laomédon. *Hom.*

ESMUNUS, un des dieux Cabires.

ESON, pere de Jason, fils de Créthée, & frere de Pélias : étant parvenu à une extrême vieillesse, il fut rajeuni par Médée, à la priere de son mari. *Voyez* PÉLIAS.

ESPÉRANCE. Les payens en avoient fait une divinité : elle avoit deux temples à Rome.

ESUS. *Voyez* HESUS.

ESYMNÉTE ou ÆSYMNETÈS, divinité particuliere, adorée à Patras en Achaïe. C'est la statue de Bacchus, qui se trouva dans la caisse d'Eurypile. *Voyez* EURYPILE.

ÉTÉ, divinité allégorique : c'est la même que Cérès.

ETEOCLE ou ETHÉOCLE, roi de Thèbes, frere de Polynice, nâquit de l'inceste d'Œdipe & de Jocaste. Il partagea le royaume de Thèbes avec son frere Polynice après la mort d'Œdipe, qui ordonna qu'ils regneroient tour-à-tour. Etéocle étant sur le trône n'en voulut pas descendre : & Polynice lui fit cette guerre, qu'on appella l'entreprise des sept Preux, ou des sept braves devant Thèbes. Ces deux

H

freres se haïssoient si fort, qu'ils se battoient dans le ventre de leur mere. Ils se tuerent l'un l'autre en même-tems dans un combat singulier. *Euripid. Stace. Apoll.*

Il y eut un autre Etéocle, roi de Béotie, qui le premier établit un culte public en l'honneur des Graces. C'étoit aussi le nom d'un des chefs des Argiens au siége de Thébes.

ETERNITÉ; divinité que les anciens adoroient & qu'ils se représentoient sous l'image du Tems. *Platon.*

ETHALIDÈS, fils de Mercure. On dit qu'il obtint de son pere la liberté de demander tout ce qu'il voudroit, excepté l'immortalité. Il demanda le pouvoir de se souvenir de tout ce qu'il auroit fait, lorsque son ame passeroit dans d'autres corps. Diogène Laërce, liv. 4, rapporte que Pythagore, pour prouver la métempsycose, disoit que lui même avoit été cet Ethalidès.

ETHALION, matelot Thyrrenien, qui fut changé en dauphin.

ETHÉOCLE. *Voyez* ETÉOCLE.

ETHERIE. *Voyez* ETHRA, fille de l'Océan.

ETHIONOME, une des filles de Priam.

ETHLIUS. *Voyez* PROTOGÉNIE.

ETHODÉE, fille d'Amphion & de Niobé : elle fut une de celles que Diane tua à coups de fléches. *Voyez* NIOBÉ.

ETHON, c'est-à-dire, *ardent*, surnom donné à Erisichthon, à cause de son insatiable avidité pour le manger. *Voyez* ERISICHTHON.

C'étoit aussi un nom qu'on donnoit aux chevaux. Le Soleil, Pluton, Pallas & Hector en avoient chacun un, que les poëtes nomment ainsi.

ETHRA, fille de Pithée. Ayant épousé Egée, roi d'Athènes, qui étoit logé chez son pere, elle devint grosse de Thésée; & Egée, dans la nécessité de s'en retourner sans elle, lui laissa une épée & des souliers, que l'enfant qu'elle mettroit au monde, devoit lui apporter lorsqu'il seroit grand, afin de le reconnoître. Thésée dans la suite alla voir son pere, qui le reçut & le nomma son héritier. Castor & Pollux faisant une irruption dans l'Attique, y firent prisonniere Ethra qu'ils emmenerent à Lacédemone, d'où Paris, lorsqu'il enleva Héléne, la fit passer à Troie. Ethra ne recouvra sa liberté qu'à la prise de cette ville, où elle fut fort à propos reconnue par ses deux petits-fils Acamas & Démophoon, lorsque les Grecs vouloient l'arrêter comme une princesse de la famille de Priam. *Voyez* ACAMAS.

Il y eût une autre Ethra, nommée aussi Etherie, fille de l'Océan & de Téthys, femme d'Atlas, mere d'Hyas, & de sept filles. Hyas ayant été dévoré par un lion, ses sœurs en moururent de douleur; mais Jupiter les métamorphosa en étoiles, qu'on nomme pluvieuses : ce sont les Hyades chez les Grecs, & les Sucules chez les Latins.

ETNA, montagne dans la Sicile, fameuse par son volcan, & par les Cyclopes qui l'habitoient. Les poëtes ont feint que les forges de Vulcain étoient dans cette montagne, & que les Cyclopes y travailloient continuellement aux foudres de Jupiter.

Etna étoit aussi le nom d'une fille de Cœlus & de la Terre : elle fut une des femmes de Jupiter & mere des dieux Paliques.

ETOILES. *Voyez* PLÉIADES, ETHRA.

ETOLE, fils de Diane & d'Endymion. Il s'empara de cette partie de la Grèce, qu'on appella depuis Etolie.

ETOLIE, province de la Grèce : elle reçut son nom d'Etole, fils d'Endymion. Dioméde y regna, d'où il est appellé par Ovide *Ætolius héros*.

ETUVE. *Voyez* DÉDALE.

EVADNÉ, fille de Mars, selon quelques-uns, d'Iphis & de Thébé : elle fut insensible aux poursuites d'Apollon, & elle épousa Capanée. Celui-ci ayant été tué d'un coup de tonnerre au siége de Thèbes, Evadné se jetta sur le bucher de son mari.

EVAGORE, un des fils de Priam. C'étoit aussi le nom d'une nymphe.

EVAN, veut dire *bon fils*, on appelloit ainsi

Bacchus, d'où les Bacchantes étoient aussi nommées Evantes. *Voyez* EVOHÉ.

EVANDRE, petit-fils de Pallas, roi d'Arcadie. Il quitta son pays avec sa mere Nicostrate, & vint en Italie, où il se fit un petit état dans l'endroit où Rome fut bâtie. Il fit alliance avec Enée.

EVARNÉ, une des Néréides.

EUBÉE, fille d'Astérion & nourrice de Junon. Eubée est aussi une isle séparée de la Béotie par le détroit d'Euripe. Ce n'est pas de cette isle qu'il faut entendre dans les poëtes, *carmen Euboicum*, l'oracle d'Eubée ; *rupes Euboica*, l'antre d'Eubée ; *Sibylla Euboica*, la Sibylle d'Eubée, &c. mais de Cumes, ville d'Italie, bâtie & habitée par une colonie des habitans de l'isle d'Eubée, aujourd'hui Négrepont.

EUBULÉ, une des filles de Danaüs.

EUBULEUS, un des dieux Dioscures.

EUBULIE, déesse du bon conseil.

EUBULUS, ayeul de Britomarte.

EUCHLIUS, surnom de Bacchus, le même qu'Evius.

EUCRATÉ, une des Néréides.

EUDEMONIE. *Voyez* FÉLICITÉ.

EUDORE, l'une des Hyades. C'étoit aussi le nom d'une nymphe.

EUDORUS, fils de Mercure, qui accompagna Achille au siége de Troie.

EVÉMERION. *Voyez* TELESPHORE.

EVÉMON, pere d'Eurypile. *Voyez* EURYPILE.

EVÈNE, roi d'Etolie, fils de Mars & de Stérope. Il fut si piqué d'avoir été vaincu à la course par Idas, qui lui avoit promis Marpese sa fille, s'il remportoit la victoire, qu'il se précipita dans un fleuve, qu'on appella depuis Evène.

EVENTHIUS. *Voyez* ENENTHIUS.

EUGERIE, déesse à qui les dames Romaines sacrifioient pour être préservées d'accidens pendant leur grossesse.

EUHYAS ou EVIAS, Bacchante. *Voyez* EVIUS.

EVITERNE. Les anciens adoroient sous ce nom un dieu ou un génie de la puissance duquel ils se formoient une très-grande idée, & qu'ils paroissoient mettre au-dessus de celle de Jupiter. Ils le distinguoient bien certainement des autres dieux, qu'ils appelloient néanmoins quelquefois *Eviterni* & *Ævintegri*, pour marquer leur immortalité.

Evius ou *Euhius*, surnom de Bacchus.

EUMEDE, pere de Dolon. *Voyez* DOLON.

EUMÉE, intendant des troupeaux d'Ulysse qu'il reçut, sans le reconnoître, à son retour dans l'Isle d'Ithaque, & à qui il facilita les moyens de se venger des poursuivans de Pénélope.

EUMELUS, fils d'Adméte, roi de Thessalie, & d'Alceste. C'étoit aussi le nom d'un Troyen de la suite d'Enée.

EUMÉNIDES, autrement appellées Furies ou Erinnyes, filles d'Enfer; selon d'autres, de l'Achéron & de la Nuit: elles étoient trois; savoir, Alecton, Mégere & Tisiphone: elles châtioient dans le Tartare & flagelloient avec des serpens & des flambeaux ardens ceux qui avoient mal vécu. On les représente coëffées de couleuvres, tenant des serpens & des flambeaux dans leurs mains. *Voyez* DIRÉES.

EUMENIDIES, fêtes en l'honneur des Euménides.

EUMOLPE, fils de Neptune & de Chioné. Il fut prêtre de Cérès: & c'est de son nom que ceux qui présidoient à ses mysteres, se nommoient Eumolpides.

EUMOLPIDES. *Voyez* EUMOLPE.

EUMOLUS, ou plutôt Emolus, un des dieux Dioscures.

EUNÉE, fils de Jason & d'Hypsipyle. *Voyez* HYPSIPYLE.

EUNICE, une des nymphes qui enleverent Hylas.

EUNOMIE, une des Heures, fille de Jupiter & de Thémis.

EUNOSTUS, divinité particuliérement révérée à Tanagra dans la Béotie. L'entrée de son temple étoit févèrement interdite aux femmes.

EVOCATION, l'art de faire apparoître les dieux ou les morts.

EVOHÉ, EVOE ou EVAN. C'étoit le cri que les Bacchantes faisoient pour chanter les louanges de Bacchus. *Voyez* EVAN.

EUPHEMÉ, nourrice des Muses.

EUPHEMUS, fils de Neptune, qui après la mort de Tiphys, fut le pilote des Argonautes.

EUPHORBE, Troyen, fils de Panthoüs, tué par Ménélas au siége de Troie. Pythagore, pour prouver la métempsycose, assuroit avoir été cet Euphorbe.

EUPHARADES, génie qui présidoit à la joie & aux plaisirs des festins.

EUPHRONÉ, nom que les Grecs donnent à la Nuit. C'est la même qu'Eubulie.

EUPHROSYNE, l'une des Trois Graces.

EUPHYRUS, un des fils de Niobé.

EURICLÉE, & mieux EURYCLÉE, fille de l'isle d'Ithaque, que Laërte acheta pour vingt bœufs, & pour laquelle il n'eut pas moins d'attention que pour sa femme. Ce fut elle qui nourrit Ulysse, & que celui-ci reconnut bientôt, lorsqu'il revint de Troie.

EUROPÆUS dux, Minos, fils de Jupiter & d'Europe.

EUROPE, fille d'Agénor, roi de Phénicie, & sœur de Cadmus. Cette princesse étoit si belle, qu'on disoit qu'une des compagnes de Junon avoit dérobé un petit pot de fard sur la toilette de cette déesse pour le donner à Europe. Elle fut fort aimée de Jupiter, qui prit la figure d'un taureau pour l'enlever, passa la mer la tenant sur son dos, & l'emporta dans cette partie du monde, à laquelle elle donna son nom.

EUROPUS, un des descendans d'Hercule, fut l'ayeul de Lycurgue.

EUROTAS, fleuve de la Laconie, sur le bord duquel Jupiter, sous la figure d'un cigne, trompa Léda, & où Apollon regretta la perte de Daphné.

EURUOPES, surnom de Jupiter-Tonant.

EURUS, vent d'Orient. C'est l'un des quatre principaux.

EURYALE, un des princes Grecs qui allerent au siége de Troie. Il y eut un Troyen de ce nom, qui suivit Enée après la ruine de Troie, & fut célèbre par sa tendre amitié pour Nisus. *Virg. liv. 9.*

EURYALÉ, fille de Minos & mere d'Orion : elle fut aimée de Neptune. Il y eut une autre Euryalé, reine des Amazones ; une autre, fille de Proetus, & une autre, qui étoit une des Gorgones.

EURYBATE, hérault à qui Agamemnon donna la commission d'aller enlever Briséis à Achille.

EURYBIE, nymphe, mere de Lucifer & des Etoiles.

EURYCLÉE. *Voyez* EURICLÉE.

EURYCLÉIDES. *Voyez* EURYCLÈS.

EURYCLÈS, célèbre devin d'Athènes. On croyoit qu'il portoit dans son ventre le génie qui l'inspiroit, ce qui le fit surnommer Engastrimythe : il eut des disciples qui furent appellés de son nom Euricléides & Engastrimythes ou Engastrites.

EURYDAMAS, surnom d'Hector. C'étoit aussi le nom d'un autre Troyen.

EURYDICE, femme d'Orphée : en fuyant les poursuites d'Aristée, elle fut piquée d'un serpent, de la morsure duquel elle mourut le jour même de ses nôces. Orphée inconsolable de cette mort, l'alla rechercher jusques dans les enfers, & toucha par les charmes de sa voix & de sa lyre les divinités infernales. Pluton & Proserpine la lui rendirent, à condition qu'il ne regarderoit point derriere lui, jusqu'à ce qu'il fût sorti des enfers. Eurydice le suivoit ; mais Orphée ne pouvant s'empêcher de regarder si elle venoit, elle disparut aussi-tôt, & lui fut ravie pour toujours.

Il y eut une autre Eurydice, mere de Danaé. La femme de Nestor se nommoit aussi Eurydice.

EURYGANÉE, femme de Laïus, selon quelques-uns.

EURYLOQUE, compagnon d'Ulysse. Il fut le seul qui ne but point de la liqueur que Circé fit prendre aux autres, pour les changer en bêtes.

EURYMEDON, pere de Péribée.

Un des fils de Minos se nommoit aussi Eurymédon. C'étoit encore le nom d'un fils de Faunus.

EURYMIDES. Téléme, fils d'Eurymus.

EURYNOME, fille de l'Océan & de Tethys, mere des Graces.

Il y eut une fille d'Apollon qui se nommoit ainsi, & qui fut mere d'Adraste & d'Eryphile. La mere de Leucothoé se nommoit aussi Eurynome.

C'étoit encore une divinité infernale qui mangeoit les morts jusqu'aux os, & qu'on représentoit noire & assise sur une peau de vautour, montrant toujours les dents.

EURYPHILE, fameuse Sybille de l'isle de Samos.

EURYPILE, fils d'Evémon. Dans le partage du butin qu'on fit à Troie, il avoit eu une caisse qui renfermoit une statue de Bacchus fabriquée par Vulcain, & donnée par Jupiter aux Troyens. Eurypile n'eut pas plutôt regardé dedans, qu'il en perdit l'esprit. comme la raison lui revenoit de tems en tems, il saisit un de ces bons momens pour consulter l'oracle de Delphes touchant sa maladie. Il lui fut répondu que lorsqu'il trouveroit un pays où les hommes sacrifieroient avec des cérémonies étrangeres, il y dédiât sa statue, & s'y arrêtât. Il arriva peu de tems après au port d'Aroé, & s'y trouva dans le moment qu'on alloit sacrifier un jeune garçon & une fille à Diane-Triclaria. S'étant arrêté dans ce lieu, & les habitans se souvenant que l'oracle leur avoit prédit autrefois qu'ils seroient délivrés de la nécessité d'un si barbare sacrifice, lorsqu'ils verroient arriver un roi inconnu avec une caisse où seroit la statue d'un dieu, ils dédierent cette statue, qu'on appella Esymnéte. Eurypile fut guéri de sa maladie, & le peuple fut délivré d'une si cruelle cérémonie, qui lui avoit été imposée par le même oracle, pour expier le crime de Ménalippe & de Cometho, qui avoient profané le temple de Diane par leurs amours criminels.

Il y eut un autre Eurypile, fils de Téléphe, qui aima beaucoup Cassandre, fille de Priam; & un autre, fils d'Hercule, qui étoit très-habile dans l'art des augures.

Eurypile fut encore le nom d'un Triton.

EURYSACE, fils d'Ajax, à qui les Athéniens décernerent des honneurs divins.

EURYSTHÉE, roi de Mycénes, & fils d'Amphitryon & d'Alcméne. Junon le fit naître avant Hercule, afin qu'en qualité d'aîné il eût quelqu'autorité sur lui : elle le suscita pour faire entreprendre à Hercule douze travaux, dans lesquels elle espéroit voir périr celui à qui Jupiter avoit promis de hautes destinées. Mais Hercule sortit heureusement de tous ces travaux ; & Eurysthée contraint de se contenter du Royaume d'Argos, cessa de persécuter Hercule.

EURISTHERNE, c'est-à-dire, *qui a une large poitrine*, surnom de Tellus.

EURYTE, roi d'Œchalie, pere d'Iole. Ayant promis sa fille à celui qui remporteroit sur lui la victoire à la lutte, Hercule se présenta, & le vainquit ; mais Euryte ne voulut pas la lui donner : alors Hercule le tua d'un coup de massue, & enleva sa conquête. *Voyez* ATALANTE, HIPPOMÉNE, ACHELOUS, HIPPODAMIE, &c.

Il y eut un Centaure de ce nom, qui voulant enlever Hippodamie, fut tué par Thésée.

Un frere des Titans se nommoit aussi Euryte.

Il y eut encore un autre Euryte, fils de Mercure, qui se signala beaucoup dans l'expédition des Argonautes.

EURYTION, un des Argonautes. Virgile fait mention des deux autres Eurytions, l'un fils de Lycaon, & l'autre habile orfévre. Il y eut encore un berger de ce nom, qu'Hercule tua.

EURYTHIS. C'est Iole, fille d'Euryte.

EUSÉBIE. C'est le nom de la Piété. *Voyez* PIÉTÉ.

EUTERPE, l'une des neuf Muses. Elle inventa la flute, & c'est elle qui présidoit à la musique. On la représente ordinairement sous la figure d'une jeune fille couronnée de fleurs, tenant des papiers de mu-

H. v.

sique, une flute, des hautbois, & d'autres instrumens de musique auprès d'elle.

EUTHYME, fameux athlète. *Voyez* LYBAS.

EVYUS. Voyez EVIUS.

EXECESTUS, tyran des Phocéens. Il prétendoit connoître l'avenir par le son que rendoient en heurtant l'un contre l'autre, deux anneaux enchantés qu'il portoit avec lui.

EXITERIES. Les Grecs appelloient ainsi les prieres & les sacrifices qu'on faisoit avant quelqu'entreprise militaire, ou avant un voyage.

EXPIATION, cérémonie religieuse par laquelle on prétendoit purifier les personnes coupables & les lieux profanés.

EXTISPICES. On nommoit ainsi ceux des ministres de la religion payenne, qui dans les sacrifices prétendoient connoître la volonté des dieux par l'inspection des entrailles: les mêmes que les Aruspices.

F. A G.

FABARIES. On appelloit ainsi les Calendes de Juin, à cause d'un sacrifice dans lequel on offroit à la déesse Carna de la bouillie faite avec des féves & du lard.

FABIENS. *Voyez* LUPERCES.

FABIUS, un des fils d'Hercule.

FABLE, divinité allégorique, fille du Sommeil & de la Nuit. On dit qu'elle épousa le Mensonge, & qu'elle s'occupoit continuellement à contrefaire l'histoire. On la représente avec un masque sur le visage, & magnifiquement habillée.

FABULINUS, dieu qu'on invoquoit quand les enfans commençoient à parler.

FACELINA, FACELIS, FASCELLINA ou FASCELIS, surnom de Diane.

FAGUTALIS, surnom de Jupiter, pris du culte

qu'on lui rendoit à Rome dans un lieu nommé *Fagutal*. C'étoit un petit bois sacré planté de hêtres.

FAIM. Les payens en avoient fait une divinité. Elle avoit une statue dans un temple de Minerve à Lacédémone.

FALACER, dieu des arbres fruitiers. Il avoit à Rome un prêtre particulier, nommé aussi *Falacer*.

FALCIFER & FALCIGER, c'est-à-dire, *qui porte une faux*; Saturne.

FANÆ ou FATUÆ, déesses de la classe des nymphes, dont on prétend que le nom a donné lieu à celui de *fanum*, qui signifie, non proprement un *temple*, mais un *endroit consacré* à quelque divinité qu'on consultoit sur l'avenir; car c'étoit principalement sur cela qu'étoit fondé le culte des *Fanes*. Voyez FAUNUS, FÉES.

FANATIQUES. On surnommoit ainsi les Galles, prêtres de Cybèle. Chez les Romains, ce mot ne se prenoit pas en mauvaise part, non plus que chez les Grecs, le mot *entheos*, qui signifie la même chose que *fanaticus*. Voyez ENTHEA, FANÆ.

FANUM. Voyez FANÆ.

FAS, divinité qu'on regardoit comme la plus ancienne de toutes. *Prima Deûm Fas*: c'est la même que Thémis ou la Justice.

FASCELIS. Voyez FACELINA.

FASCINUS, divinité tutélaire de l'enfance. On lui attribuoit le pouvoir de garantir des maléfices. Dans les triomphes on suspendoit sa statue au-dessus du char, comme ayant la vertu de préserver le triomphateur des prestiges de l'orgueil. Son culte étoit confié aux Vestales.

Fascinus étoit aussi un surnom de Priape.

FATALITÉ. Voyez DESTIN.

FATIDICUS Deus. Apollon.

FATUA. Voyez FAUNA.

FATUELLUS. Voyez FAUNUS.

FAUCILLE. Voyez CÉRÈS, PRIAPE, IO.

FAVEUR, divinité allégorique, fille de l'Esprit & de la Fortune. Les poëtes la représentent avec des aîles, toujours prête à s'envoler, aveugle, ou un bandeau sur les yeux, au milieu des richesses, des honneurs & des plaisirs, ayant un pied sur une roue, & l'autre en l'air. Ils disent que l'Envie la suit d'assez près.

FAVIENS, & mieux FABIENS. Voyez LUPERCES.

FAULA, une des femmes d'Hercule, dont les Romains firent une divinité.

FAUNA ou EATUA, la même que Marica, fille de Picus, sœur & femme de Faunus. Elle fut mise au nombre des immortelles, parce qu'elle avoit été si fidèle à son mari, que dès qu'il fut mort, elle se tint enfermée le reste de sa vie sans parler à aucun homme. Les dames Romaines instituerent une fête en son honneur, & l'imitoient en faisant une retraite austere pendant ses solemnités. On la nommoit la bonne déesse & Senta.

FAUNALIES, fêtes en l'honneur de Faunus.

FAUNES, divinités champêtres qui tiroient leur nom de Faunus, & qui, comme les Sylvains, habitoient les forêts. Les Faunes étoient chez les Romains, ce qu'étoient les Satyres chez les Grecs.

FAUNIGENA, Latinus, fils de Faunus.

FAUNIGENÆ, les Romains, comme descendans de Faunus.

FAUNUS, fils de Picus, un des plus anciens rois du *Latium*. Il établit un culte public pour Saturne son ayeul, & mit au nombre des dieux Picus son pere & Fauna sa femme qui étoit aussi sa sœur. Les Romains l'honorerent lui-même comme un dieu, qu'ils nommoient aussi *Fatuellus*, comme ils donnoient à sa femme le nom de *Fatua*, qu'ils croyoient la premiere des déesses Fanes. Voyez FANÆ.

FAVONIUS, l'un des principaux vents, celui que les Grecs nommoient Zéphyre.

FAUSTITAS, divinité Romaine qui présidoit à la fécondité des troupeaux.

FAUSTULUS, mari d'Acca Laurentia, pere nourricier de Rémus & de Romulus.

FAUX. Voyez SATURNE.

FEBRUA., déesse des Purifications. On croit que c'est la même que Junon, qui est aussi surnommée *Februalis*, *Februata* & *Februla*, d'où les fêtes Februales.

FEBRUALES ou FEBRUENNES, fêtes qu'on célébroit au mois de Février, en l'honneur de Junon & de Pluton, & pour appaiser les mânes des morts. C'étoient aussi des fêtes d'expiation pour le peuple.

FEBRUUS, surnom de Pluton, c'est-à-dire, *qui nétoie*. On l'honoroit sous ce nom, comme le dieu des expiations. Quelques-uns font de *Februus* un dieu particulier, différent de Pluton, & pere de Pluton.

FÉES, êtres fabuleux qu'on a substitués aux nymphes, à celles sur-tout qu'on nommoit Eanes. *Voyez* FANÆ.

FÉLICITÉ ou EUDÉMONIE, divinité allégorique à laquelle on fit bâtir un temple à Rome. On la représentoit comme une reine assise sur un trône, tenant un caducée d'une main & une corne d'abondance de l'autre. On la représente encore debout, tenant une pique au lieu d'une corne.

FELLENIUS, divinité particuliérement adorée dans la ville d'Aquilée.

FEMME *attachée à un rocher*, voyez ANDROMÈDE. *Sur un dauphin*, voyez MÉLANTHO. *Armée de pied en cap*, voyez MINERVE, BELLONE. *Sur un taureau*, voyez EUROPE, JUPITER. *Ailée*, voyez VICTOIRE, RENOMMÉE. *Serrée d'une grande enveloppe, depuis les épaules jusqu'aux pieds*, voyez IO.

FERALES, fêtes pendant lesquelles on servoit à manger aux morts sur leurs tombeaux. On nommoit aussi *Ferales* les dieux des enfers.

FERENTINA, déesse adorée à *Ferentum*, ville du Latium.

FERETRIUS, surnom de Jupiter. Il fut appellé ainsi, parce que Romulus ayant porté les dépouilles de ses ennemis au Capitole, les suspendit à un chêne, où on les conserva long-tems, & où l'on bâtit un temple superbe en l'honneur de Jupiter, à qui Romulus avoit consacré ces dépouilles.

FERIES. C'est ainsi que les Romains nommoient ordinairement leurs jours de fêtes.

FÉRONIE, déesse des bois & des vergers. Le feu ayant un jour pris dans un bois qui lui étoit consacré, on voulut emporter sa statue pour la sauver de l'incendie ; mais ceux qui se disposoient à le faire, la laisserent, parce que le feu s'étant éteint tout d'un coup, ils s'apperçurent que le bois reprenoit déja sa verdure. Ses prêtres marchoient, dit-on, sur des charbons ardens sans se brûler. Cette déesse étoit particuliérement honorée par les Affranchis, parce que c'étoit dans son temple qu'ils recevoient le bonnet, qu'il n'étoit permis qu'aux hommes libres de porter.

Feronie étoit aussi un surnom de Junon.

FERULE, plante consacrée à Bacchus. Hésiode dit que ce fut dans une tige de cette plante que Prométhée cacha le feu qu'il avoit dérobé à Jupiter.

FESSONIE, déesse des voyageurs fatigués.

FESTIN. *Voyez* ARCAS, DISCORDE, HIPPODAMIE, JASON, ITHYS, PÉLOPS, THYESTE, TERÉE.

Les festins étoient souvent des actes de religion chez les payens. Ils en faisoient servir aux dieux & aux morts. *Voyez* FERALES, LECTISTERNES.

FÊTES. Les Grecs & les Romains en avoient un très-grand nombre. Ils auroient cru les profaner, s'ils en eussent troublé la joie, en faisant subir à quelque criminel le supplice qu'il avoit mérité. On se couronnoit de fleurs. On s'abstenoit des paroles qu'on regardoit comme de mauvais-augures. Quelquefois on ouvroit les prisons publiques, &c. Mais aussi on s'y livroit souvent aux excès de débauches les plus honteux.

FÉTICHES. *Voyez* FÉTICHISME.

FÉTICHISME, culte religieux, ainsi nommé des *Dieux Fétiches* auxquels on le rendoit. Ces prétendues divinités étoient des dieux tutélaires que chacun se faisoit à sa fantaisie, comme une mouche, un oiseau, un lion, une montagne, un arbre, une pierre, un poisson, la mer même. Il y a des peuples barbares chez lesquels on trouve encore le *Féti-chisme* avec toutes ses extravagances.

Feu. Cet élément fut révéré comme un dieu chez les Chaldéens, les Perses, les Indiens, les Grecs, &c. On lui consacra des temples, on lui dressa des autels, on lui immola des victimes. *Voyez* Canope, Hiver, Vesta.

Feve, légume célèbre par les cérémonies superstitieuses dans lesquelles on s'en servoit, & plus encore par l'exactitude avec laquelle les disciples de Pythagore s'abstenoient d'en manger.

Feuillages *sur la tête d'une figure.* V. Osiris, Io, Bacchus, Faunes, Satyres.

Février. Ce mois étoit sous la protection de Neptune. On célébroit les Lupercales, les Februales, les Terminales, &c.

Fidélité ou Foi. *Voyez* Foi.

Fidius, fils de Jupiter, divinité qui présidoit aux alliances. On nommoit aussi ce dieu, Sémon. *Voyez* Dius-Fidius, Semones.

Fièvre, divinité malfaisante à laquelle on sacrifioit, pour n'en être point attaqué.

Fil. *Voyez* Ariane, Parques. *Fils* ou *petites chaînes qui sortent de la bouche d'un homme.* Voyez Hermés.

Flambeau. *V.* Euménides, Hymen, Envie. *Sur une tour ou sur une montagne*, voyez Cérès, Héro.

Flamines, prêtres de Jupiter, de Mars, de Romulus, & de plusieurs autres dieux. On les appelloit Flamines par abbréviation, au lieu de Filamines, de *Filum*; parce qu'ils se nouoient les cheveux avec un fil de laine, ou qu'ils se couvroient la tête avec un bonnet fait de fils de laine: ils portoient pour surnom le nom des dieux auxquels ils appartenoient. Le prêtre de Jupiter, *Flamen Dialis*; celui de Mars, *Martialis*, ainsi des autres.

Flaminiques, prêtresses, femmes des Flamines. Elles étoient distinguées par des ornemens particuliers, par de grandes prérogatives & par bien des singularités. La Flaminique *Dialis* avoit des honneurs proportionnés à ceux qu'on rendoit à son mari. *Voyez* DIALIS *flamen*.

FLAMMIGER ales, c'est-à-dire, *l'oiseau qui porte du feu*. C'est l'aigle de Jupiter.

FLAMMIPOTENS, surnom de Vulcain.

FLAVA dea, la blonde déesse : c'est Cérès.

FLÉAU. *Voyez* BELLONE.

FLECHES. *V.* DIANE, CUPIDON, ADRASTE, PHILOCTÉTE, CÉPHALE, ACHILLE, ACTÉON, ORION, ABARIS.

FLEUVES D'ENFER. Les poëtes en nomment cinq principaux, l'Achéron, le Styx, le Léthé, le Cocyte & le Phlégéton ; quelques-uns ajoutent aussi l'Erebe.

FLORALES ou JEUX FLORAUX. *Voyez* FLORE.

FLORE, déesse des fleurs & du printems, & femme de Zéphyre. Lorsque les femmes célébroient les jeux Floreaux, c'est-à-dire, les fêtes de cette déesse, elles couroient nuit & jour, dansant au son des trompettes ; & celles qui remportoient le prix à la course, étoient couronnées de fleurs. On représentoit cette déesse ornée de guirlandes, & auprès d'elle des corbeilles pleines de fleurs. *Voyez* CLORIS.

FLUONIE, surnom sous lequel les femmes invoquoient Junon dans leurs maladies.

FLUTE. *Voyez* PAN, EUTERPE, MERCURE, ARGUS.

FOI, BONNE FOI, FOI PUBLIQUE, en Latin *FIDES*. On en avoit fait une déesse, dont le culte étoit établi dans le *Latium*, même avant Romulus. Elle avoit des temples, des prêtres & des sacrifices qui lui étoient propres. On la représentoit comme une femme vêtue de blanc, les mains jointes. Dans les sacrifices qu'on lui faisoit, & qui étoient toujours sans effusion de sang, ses prêtres devoient être voilés d'une étoffe blanche, & en avoir la main enveloppée. Deux mains jointes ensemble étoient le symbole de la bonne foi, & non le simulacre de la Foi, considérée comme déesse. *Voyez* DIUS-FIDIUS.

FONTIGENÆ, surnom des Muses & des Nymphes.

FONTINALES, fêtes en l'honneur des nymphes des fontaines.

FORCE, divinité allégorique. *Voyez* VERTU.

FORCULUS, dieu qui présidoit aux portes.

FORDACALES ou FORDICIDIES, fêtes en l'honneur de Tellus, à laquelle on immoloit des vaches pleines, ainsi que l'avoit prescrit Numa.

FORGERONS & FORGES. *Voyez* CYCLOPES, VULCAIN.

FORICULUS. Le même que Forculus.

FORINA, déesse des Egouts.

FORMIDO. *Voyez* TERREUR.

FORNACALES ou FORNACALIES, fêtes en l'honneur de la déesse Fornax.

FORNAX ou *FORNACALIS*, déesse qui présidoit dans les endroits où l'on faisoit cuire le pain.

FORTUNE, déesse qui présidoit au bien & au mal. On la représente aveugle & chauve, toujours debout, avec des aîles aux deux pieds, l'un sur une roue qui tourne avec vîtesse, & l'autre en l'air. On la représente aussi comme l'Occasion. *V.* OCCASION.

FOUDRE. *V.* JUPITER, PHAÉTHON, CAPANÉE. La foudre a été adorée comme une divinité.

FOUET *à la main d'un homme*. *Voyez* OSIRIS.

FOURMI. *Voyez* EAQUE, MYRMIDONS.

FRANCION ou FRANCUS, héros romanesque qu'on a supposé fils ou petit-fils d'Hector.

FRAUDE, divinité fabuleuse qu'on représentoit avec une tête humaine d'une physionomie agréable, & le reste du corps en forme de serpent, avec la queue d'un scorpion.

FREA, déesse que les anciens Germains adoroient comme la divinité tutélaire du mariage.

FREIN. *Voyez* TEMPÉRANCE.

FRUCTESA ou FRUCTESCA, divinité que les Romains invoquoient pour la conservation des fruits.

FRUGI, c'est-à-dire, *honnête* ou *frugale*, surnom de Vénus, à qui on donne encore celui de *Fruta*. Elle avoit un temple appellé par la même raison *Fruginal* ou *Frutinal*.

FRUGIFER, divinité que les Perses adoroient & qu'ils représentoient avec une tête de lion ornée de la tiare. On croit que c'est le même que Mithra.

FRUGIFERA dea, *la déesse qui fait croître les moissons.* C'est Cérès.

FRUGINAL, FRUTA, FRUTINAL. *V.* FRUGI.

FUGALIES. *Voyez* REGIFUGION.

FUGIA, déesse de la joie. Son nom vient de la fuite qu'on a fait prendre aux ennemis.

FULGORA ou FULGURA, déesse qu'on invoquoit contre les éclairs. On croit que c'est Junon.

FULGUR ou FULGOR FULGURATOR & FULGERATOR, surnoms de Jupiter. On croyoit que Jupiter-*Fulgur* présidoit aux éclairs du jour, & Summamus aux éclairs de nuit.

FULMINATOR ou FULMINANS. *Voyez* CERAUNIUS.

FUNÉRAILLES, derniers devoirs qu'on rend aux morts. Les anciens élevoient un bucher sur lequel ils plaçoient le corps & y mettoient le feu, dont ils gardoient précieusement la cendre dans une urne. Cette cérémonie se faisoit avec plus ou moins de pompe, selon la qualité & les richesses des personnes.

FUREUR, divinité allégorique qu'on représentoit sous la figure d'un homme chargé de chaînes, assis sur un monceau d'armes, comme un furieux qui veut briser ses fers, & qui s'arrache les cheveux.

FURIES. *Voyez* EUMENIDES.

FURINA ou FURA, déesse en l'honneur de qui il y avoit chez les Romains des fêtes très-anciennes, & dont cependant Varron lui-même dit que de son tems on ne connoissoit guère que le nom. Cicéron paroît la mettre au nombre des déesses infernales. Quelques-uns, sur une étymologie fort incertaine, en ont fait une déesse de voleurs. On ne sait sur quoi fondés, d'autres ont dit que c'étoit la déesse du sort ou du hasard.

FURINALES, fêtes en l'honneur de la déesse Furine, qui avoit un prêtre particulier nommé *Flamen Furinalis*.

FUSEAU. *Voyez* PARQUES, ARACHNÉ.

G A L.

GABALUS. C'est le même qu'Héliogabale. *V.* HÉLIOGABALE.

GABINA. Junon étoit ainsi surnommée, à cause du culte particulier qu'on lui rendoit à Gabies, ville des Volsques.

GADITANUS, surnom d'Hercule, pris d'un temple qu'il avoit à Gadès, aujourd'hui Cadix. Il étoit défendu aux femmes d'entrer dans ce temple, où l'on ne voyoit aucune statue, pas même celle d'Hercule.

GAIETÉ ou JOIE. C'étoit un des attributs distinctifs de Vénus. Les Romains en avoient fait une divinité particulière.

GALACTOPHAGES. *Voyez* ABIENS.

GALANTHIS, servante d'Alcmène. Lorsqu'Alcmène, grosse d'Hercule, étoit en travail, Junon déguisée sous la figure d'une vieille femme, se tint assise à la porte, & embrassoit ses genoux pour empêcher la délivrance d'Alcmène qu'elle haïssoit mortellement, à cause qu'elle avoit écouté Jupiter. Galanthis s'étant apperçue que cette déesse tenant ainsi ses genoux embrassés, sa maîtresse n'accouchoit pas, alla lui dire qu'Alcmène venoit enfin d'accoucher d'un beau garçon. Junon se leva tout en colere, & Alcmène fut délivrée dans le même instant. Junon ayant su la fourberie de Galanthis, en fut fort irritée, & la métamorphosa en bélette. *Ovid.*

GALATHÉE, nymphe de la mer, fille de Nérée & de Doris. Elle fut fort aimée de Polyphème qu'elle méprisa, &, à qui elle préféra Acis, que le géant écrasa sous un rocher qu'il lui jetta.

GALAXAURE, nymphe, fille de l'Océan & de Téthys.

GALAXIES, fêtes en l'honneur d'Apollon, surnommé *Galaxius*.

GALEANCON ou GALIANCON, surnom de Mercure.

GALENÉ, nymphe, fille de Nérée & de Doris.

GALEOTIS, fils d'Apollon & de Thémistho. C'est de son nom que les prêtres de Sicile, qui prédisoient l'avenir, étoient appellés *Galeotes*. *Cicer.*

GALINTHIDIES, fêtes en l'honneur de Galinthie, fille de Prœtus.

GALLES, prêtres de Cybèle, ainsi appellés de *Gallus*, fleuve de Phrygie, dont, avant leurs cérémonies, ils bûvoient de l'eau qui les rendoit furieux. Il étoient eunuques, & c'étoit avec une espece de frénésie qu'ils célébroient leurs fêtes en mémoire d'Atys que cette déesse avoit aimé.

GALLUS. C'est le même qu'Alectryon. *V.* ALECTRYON.

GAMELIA, nom qu'on donnoit à Junon, comme celui de *Gamelius* à Jupiter, parce qu'on croyoit de ces deux divinités, qu'elles présidoient aux nôces.

GAMELIES, fêtes en l'honneur de Jupiter & de Junon. *Voyez* GAMELIA.

GANGE, fleuve des Indes, dont l'eau étoit regardée comme quelque chose de sacré.

GANYMÉDE, fils de Tros. Il étoit si beau & si bien fait, que Jupiter, après le malheur qui arriva à Hébé, le fit enlever par un aigle, & lui donna l'emploi qu'avoit cette déesse, de lui verser le nectar.

GARAMANTIS, nymmphe. *Voyez* GARAMAS.

GARAMAS, fils d'Apollon, roi de Lybie, & de Garamantis que Jupiter aima, & dont il eut Iarbas.

GARGARE, sommet du mont Ida, célèbre par le culte qu'on y rendoit à Cybèle. C'étoit aussi dans la Phrygie le nom d'un bourg fameux par l'abondance des moissons, & celui d'un lac, d'où sortoient les fleuves Scamandre & Simoïs.

GARGARIS, roi des Curétes, à qui on attribue l'invention de préparer le miel. Sa fille ayant eu un fils d'un mariage clandeſtin, Gargaris voulut le faire périr; mais le jeune prince s'étant tiré heureuſement de tous les dangers où il avoit été expoſé, ſon ayeul plein d'admiration pour ſa ſageſſe & ſon courage, le déſigna pour ſon ſucceſſeur, & le nomma Habis.

GASTROMANTIE, ſorte de divination qu'employoient les Engaſtrites. *Voyez* EURYCLÉS.

GÉ. C'eſt la même que Tellus ou la Terre.

GEADA ou GEDA, divinité des anciens Bretons.

GÉANS, hommes d'une taille prodigieuſe, enfans de Titan. Ils oſerent eſcalader le ciel, pour remettre leur pere ſur le trône dont Jupiter s'étoit emparé; mais il les foudroya tous, & les fit périr ſous les montagnes qu'ils avoient entaſſées les unes ſur les autres. *Ovid. Métam. Hygin. Voyez* TITAN.

GELANIE, nymphe, qui fut une des femmes d'Hercule.

GELANOR, un des deſcendans d'Inachus, fut détrôné par Danaüs.

GELASINUS ou RISUS, dieu des ris & de la joie.

GELON, fils d'Hercule & de Gelanie.

GEMEAUX. *Voyez* CASTOR.

GEMELLIPARA *diva*; Latone, mere d'Apollon & de Diane.

GEMINUS, ſurnom de Janus.

GENETÆUS, ſurnom de Jupiter, pris du culte qu'on lui rendoit au promontoire de Génétée dans la Scythie.

GENETHLIUS, ſurnom de Jupiter.

GENETYLLIDES ou GENNAIDES, déeſſes qui préſidoient à la naiſſance des enfans.

L'ancien Scholiaſte d'Ariſtophane dit que Vénus en étoit une, & Héſychius qu'Hécate en étoit une autre. Suidas croyoit que les Genetyllides étoient des Génies, l'un de la ſuite de Vénus, & l'autre de Diane.

GENETYLLIS, ſurnom de Vénus. *Voyez* GENETYLLIDES.

GENIALES, divinités qui préſidoient aux plaiſirs.

GÉNIE ou GENIUS, dieu de la Nature, qu'on adoroit comme la divinité qui donnoit l'être & le mouvement à tout. Il étoit ſur-tout regardé comme l'auteur des ſenſations agréables & voluptueuſes, d'où eſt venue cette eſpéce de proverbe ſi commun dans les anciens autèurs, *Genio indulgere*. On croyoit que chaque lieu avoit un Génie tutélaire, & que chaque homme avoit auſſi le ſien. Pluſieurs même prétendoient que les hommes en avoient chacun deux, un bon qui portoit au bien, & un mauvais qui inſpiroit le mal.

GENITALES, divinités qui préſidoient au moment de la naiſſance des hommes. Il ne faut pas les confondre avec les Géniales.

GENITA-MANA, divinité qui préſidoit à tout ce qui prenoit naiſſance.

GENIUS. *Voyez* GÉNIE.

GENNAÏDES. *Voyez* GENETYLLIDES.

GEOMANTIE, ſorte de divination qui ſe faiſoit par le moyen des figures qui réſultoient de pluſieurs points faits au haſard ſur la terre, en y portant la main à pluſieurs repriſes.

GERANIE, montagne proche de Mégare, du haut de laquelle ſe précipita Ino lorſqu'elle fuyoit Athamas.

GÉRÉES ou GERARES. On nommoit ainſi quatorze Athéniennes qui préſidoient aux myſteres ſecrets de Bacchus.

GERESTIES, fêtes qu'on célébroit en l'honneur de Neptune à Gereſte, bourg de l'iſle d'Eubée où il avoit un temple.

GERONTRÉES, fêtes en l'honneur de Mars.

GÉRYON, roi d'Eryſhie, fils de Chryſare. Il avoit trois corps, & fut tué par Hercule, parce qu'il nourriſſoit des bœufs avec de la chair humaine. Un chien à trois têtes, & un dragon à ſept, gardoient ces bœufs. Hercule tua auſſi ces monſtres, & emmena les bœufs. *Voyez* ERYTHIE.

GIGANTOPHONTIS, c'est-à-dire, *Meurtriere des géans*, surnom de Minerve.

GLAUCÉ ou **GLAUCA**, fille de Créon, roi de Corinthe, pour laquelle Jason quitta Médée : elle est plus connue sous le nom de Créuse. *Voyez* **CRÉUSE**.

Ce fut aussi le nom d'une Néréide.

GLAUCIPPE, une des filles de Danaüs.

GLAUCOPIS, c'est-à-dire, *qui a les yeux bleus*, surnom de Minerve.

GLAUCUS, fils d'Hippolochus & pere de Bellérophon. Il changea au siége de Troie ses armes d'or contre celles de cuivre de Dioméde. *Hom. Iliad. 6.*

Il y eut un autre Glaucus, fils de Sisyphe & de Mérope, qui fut roi de Potnia en Magnésie. Il avoit des cavales qu'il nourrissoit de chair humaine. Vénus, pour se venger du mépris qu'il faisoit de son culte, inspira tant de fureur à ces cavales qu'il en fut lui-même dévoré.

Il y en eut un autre, fils de Minos. Celui-là fut étouffé dans une tonne de miel; mais Esculape le ressuscita.

Il y eut un autre Glaucus qui étoit pêcheur de profession. Celui-ci ayant un jour remarqué que les poissons qu'il posoit sur une certaine herbe, reprenoient de la force, & se rejettoient dans l'eau, s'avisa de manger de cette herbe, & sauta aussi-tôt dans la mer : mais il fut métamorphosé en Triton, & fut regardé comme un dieu marin. Circé l'aima inutilement; car il s'attacha à Scylla, que la magicienne par jalousie changea en monstre marin, après avoir empoisonné la fontaine ou Glaucus & Scylla alloient se cacher. Ce Glaucus étoit une des divinités qu'on nommoit Littorales, nom qui vient de ce que les anciens avoient coutume d'accomplir aussi-tôt qu'ils étoient au port, les vœux qu'ils avoient faits sur mer.

On trouve encore plusieurs autres Glaucus : un fils d'Hippolyte ; un fils d'Anténor ; un ministre de Vulcain, &c.

GLOBE. *Voyez* ATLAS, DESTINS, URANIE, MINERVE, OSIRIS, PROVIDENCE. *Sur la tête d'une femme. Voyez* IO.

GNIDE. *Voyez* CNIDE.

GNOSIS, Ariane est ainsi appellée de Gnosse, ville de l'isle de Crète, dont Minos son pere étoit roi ; *Gnosia stella*, la couronne d'Ariane, constellation.

GODAN. *Voyez* WODAN.

GOETIE, l'art de faire des maléfices, des sortiléges, des enchantemens.

GOLGIA, surnom de Vénus, pris du culte qu'on lui rendoit à *Golgon*, ville de Chypre.

GOLGUS, fils de Vénus & d'Adonis.

GORDIEN, nœud gordien. *Voyez* GORDIUS.

GORDIUS, roi de Phrygie, & fils d'un laboureur. Il avoit eu pour tout bien deux attelages de bœufs, l'un pour sa charrue, & l'autre pour son charriot. Un jour, en labourant, un aigle vint se percher sur le joug, & y demeura jusqu'au soir. Gordius étonné de ce prodige, alla consulter des devins ; & une fille lui conseilla de sacrifier en qualité de roi à Jupiter ; ce qu'il fit, & il épousa cette fille. Les Phrygiens ayant alors appris de l'oracle qu'il falloit choisir pour leur roi celui qui entreroit le premier dans le temple, Gordius y vint le premier, & fut élu. Midas son fils, par reconnoissance, offrit le charriot de son pere à Jupiter. On dit que le nœud qui attachoit le joug au timon, étoit fait si adroitement, qu'on n'en pouvoit découvrir les deux bouts. L'empire de l'Asie fut promis à celui qui le dénoueroit. Alexandre le Grand n'ayant pu non plus que les autres en venir à bout, prit le parti de le couper avec son épée. C'est ce qu'on appelle le nœud Gordien, parce que ce charriot étoit dans *Gordium*, ville de Phrygie, & que c'étoit Gordius qui l'avoit fait. *Quint-Curce*, *l.* 3. *Xenophon*.

GORGASUS, fils de Machaon, qui fut révéré comme un dieu.

GORGONES, filles de Phorcus, dieu marin, & de Ceto.

Ceto. Elles étoient trois; savoir, Méduse, Euriale & Sthenyp. On leur attribuoit le pouvoir de transformer en pierres ceux qui les regardoient : & l'on croyoit qu'elles n'avoient qu'un seul œil, dont elles se servoient tour-à-tour; qu'elles étoient coëffées de couleuvres; qu'elles avoient de grandes aîles : pour dents, des défenses de sanglier, & des griffes de lion aux pieds & aux mains. Comme elles désoloient la campagne, & qu'elles exerçoient leur cruauté sur tous les passans, Persée les tua, & coupa la tête à Méduse, qui fut attachée à l'Egide de Jupiter, pour la rendre plus terrible. *V.* EGIDE, GRÉES. *Ovid.*

GORGONIE, surnom de Pallas. On la nommoit encore Gorgophore.

GORGOPHONE, fille de Persée. On lui rendit de grands honneurs après sa mort.

GORGOPHORE. *Voyez* GORGONIE.

GOROGYTHION, fils de Priam, fut tué au siége de Troie.

GORTYNIUS, surnom d'Esculape, pris du culte qu'on lui rendoit à Gortynie, ville de l'isle de Crète. *Stabula Gortynia*, les étables de Crète. *Virg.*

GRACES, autrement CHARITES, filles de Jupiter & de Vénus, d'autres disent d'Eurynome. Elles étoient trois; savoir, Euphrosyne, Thalie & Aglaïa : Vénus les avoit toujours à sa suite. On les représente ordinairement avec un air riant, leurs mains entrelassées les unes dans les autres. On les fait aussi compagnes des Muses & de Mercure.

GRADIVUS, surnom de Mars dans un tems de guerre, *cùm sævit*, dit Servius, qui ajoute qu'on le nommoit *Quirinus* dans la paix, *quum tranquillus.* Festus donne plusieurs raisons de cette dénomination, dont la plus vraisemblable qui revient à celle de Servius, se tire du mot *gradi*, *marcher*, pour marquer l'action des troupes qui se mettent en campagne, ou qui en viennent aux mains.

GRANDE-MERE. On appelloit ainsi Cybèle.

GRANÉ, une des Hamadryades.

GRAPPE. *Voyez* BACCHUS, POMONE.

GRÉES ou LES VIEILLES, nymphes, filles de Phorcus. Elles étoient trois ; savoir, Péphrédo, Enyo & Dinon. On dit qu'aussi-tôt après leur naissance, elles devinrent vieilles ; qu'elles n'avoient à elles-trois qu'une seule dent & qu'un seul œil dont elles se servoient chacune à son tour. *Voyez* GORGONES.

GRENADE. *Voyez* ASCALAPHE.

GRENOUILLES. *Voyez* PAYSANS.

GRILLES. *Voyez* MARS.

GRUES. *Voyez* PYGMÉES.

GRYNÆUS, surnom d'Apollon, pris du culte qu'on lui rendoit à Grynée, ville d'Eolie sur les frontieres de l'Ionie.

GRYPHES ou GRYPHONS, monstres fabuleux. *Voyez* GORGONES, HARPYES.

GUI. Les Gaulois avoient une singuliere vénération pour le gui, celui de chêne sur-tout, que leurs Druides ne coupoient qu'après bien des préparations & avec de grandes cérémonies.

GUIRLANDES. *Voyez* CALLIOPE, FLORE.

GYARE, isle de la mer Egée. Les poëtes ont feint qu'Apollon avoit attaché l'isle de Délos à celles de Gyare & de Mycone, pour la rendre immobile. *Voyez* DÉLOS.

GYAS, fils de la Terre, un des Géans qui avoient cent mains. C'étoit aussi le nom d'un Troyen de la suite d'Enée.

GYGES, Lydien, célèbre par son anneau enchanté, par le moyen duquel il devint roi de Lydie. Il étoit postérieur à un autre Gygès, aussi roi de Lydie, qu'Apollon jugea moins heureux qu'un pauvre Arcadien. *Voyez* AGLAUS.

Ce fut aussi le nom d'un géant, frere de Briarée.

GYMNASIARQUES. C'étoit le nom des maîtres qui présidoient aux exercices par lesquels on formoit les Athlètes dans les *Gymnases*, édifices destinés à cela.

GYMNIQUES. On appelloit ainsi tous les jeux qu'on célébroit dans la Grèce, comme la course, le faut, le difque ou palet, la lutte, &c.

GYMNOPEDIE, danfe de jeunes gens. nuds en l'honneur d'Apollon.

GYROMANTIE, divination qui fe faifoit en tournant.

H A L

HÆMON & HÆMUS. *Voyez* HÉMON & HÉMUS.

HABIS. *Voyez* GARGARIS.

HACHE. *Voyez* LABRADEUS, LYCURGUE, MINERVE.

HADÈS. *Voyez* ADÈS.

HALÆUS, furnom d'Apollon. Minerve étoit auffi furnommée *Halæa*, du nom d'un certain Haleüs qui lui avoit bâti à Tégée en Arcadie un temple où l'on gardoit les défenfes du fanglier de Calydon.

HALALCOMENIS, Minerve eft ainfi furnommée du culte qu'on lui rendoit à Halalcomene, ville de Béotie : peut-être auffi ce furnom eft-il le même qu'*Alalcomenis*. *Voyez* ALALCOMENE.

HALCYONE & HALCYONÉE. *Voyez* ALCIONE & ALCIONÉE.

HALCYONIDES, fils du géant Alcyonée.

HALCYONII ou HALCYONEI *dies*, c'eft-à-dire, les jours pendant lefquels les Alcyons font leurs nids. C'eft vers le folftice d'hiver. *Voyez* ALCIONE.

HALESE, fils d'Agamemnon, & de Brifeïs. On dit que redoutant la colere de Clytemneftre qui avoit fait affafliner Agamemnon, il prit la fuite ; & qu'après bien des aventures, il aborda en Italie où il fonda l'empire des Falifques. *Ovid*.

HALESIUS ou HALESUS, fleuve de Sicile, qui coule au pied d'une montagne de même nom. C'étoit-là que Proferpine cueilloit des fleurs, lorfque Pluton l'enleva.

HALIA, nymphe marine, fille de Nérée & de Doris.

HALIES, jeux solemnels qu'on célébroit à Rhodes en l'honneur d'Apollon.

HALLIRHOÉ, une des femmes de Neptune.

HALLIROTHIUS. *Voyez* ALLYROTHIUS.

HAMADRYADES, nymphes des bois, que Catulle nomme déesses, & dont la destinée dépendoit des arbres, sur-tout des chênes, avec lesquels elles naissoient & mouroient. Elles avoient de la reconnoissance pour ceux qui les garantissoient de la mort. On croyoit que ceux qui la leur donnoient en coupant ces arbres, malgré leurs prieres, étoient sûrement punis. On les confond quelquefois avec les Naïades & avec les Napéos.

HAMMON. *Voyez* AMMON.

HARMONIDE, fameux ouvrier de Troie, qui apprit les arts de Minerve même. Ce fut lui qui construisit les vaisseaux de Pâris, sur lesquels ce prince enleva Héléne.

HARMONIE, fille de Mars & de Vénus. Elle fut changée en serpent avec Cadmus son mari. Quelques-uns la nomment Hermione.

HARPALICE, la plus belle fille d'Argos. Elle fut fort aimée de Clymenus son pere, qui la maria avec beaucoup de peine; & aussi-tôt qu'elle fut mariée, il fit mourir son gendre pour la reprendre : mais elle lui fit manger son propre fils, à l'exemple de Progné, &c. *V.* ARCAS, TÉRÉE, PÉLOPS, ATRÉE.

Il y eut une autre Harpalice ou Harpalyce, qui mourut de douleur de se voir méprisée par Iphiclus qu'elle aimoit. Elle fut tant pleurée, que son nom resta à une sorte d'air lugubre qu'on chantoit dans les funérailles.

Ce fut aussi le nom d'une princesse, fille d'Harpalicus, roi d'une contrée de la Thrace. Elle avoit tant de courage, & savoit si bien manier les armes, que son pere étant vivement pressé dans un combat, & même déja blessé de la main de Néoptoleme, elle vola à son secours, tira son pere de danger, & mit en fuite les troupes de Néoptoleme. Elle excelloit à la course des chevaux. *Virg.*

HARPALICUS, roi de Thrace. *V.* HARPALICE.

HARPALOS, c'est-à-dire, *ravisseur*, un des chiens d'Actéon.

HARPALYCE. *Voyez* HARPALICE.

HARPE. *Voyez* TERPSICORE.

HARPÉ, sorte d'arme dont se servirent Mercure pour tuer Argus, & Persée pour couper la tête à Méduse.

HARPEDOPHORE, surnom de Mercure, pris du nom de l'arme dont il se servit pour tuer Argus. *Voyez* HARPÉ.

HARPIES, monstres, filles de Neptune & de la Terre. Elles avoient un visage de femme, le corps de vautour avec des aîles, des griffes aux pieds & aux mains, & des oreilles d'ours. Les principales étoient Aëllo, Ocypéte & Célæno. Junon envoya ces monstres pour infecter de leurs ordures, & enlever les viandes de dessus la table de Phinée. Zéthès & Calaïs les chasserent : mais Iris, par l'ordre de Junon, les fit revenir dans la Thrace, ne voulant pas qu'on maltraitât les chiennes de Jupiter & de Junon, appellées ainsi par Apollonius. Les Troyens de la suite d'Enée ayant tué des troupeaux qui appartenoient aux Harpies, ils eurent une espéce de guerre à soutenir contr'elles ; & Célæno dans sa fureur, fit à Enée les plus terribles prédictions.

HARPOCRATE, dieu du silence. On le représentoit sous la figure d'un jeune homme demi-nud, tenant d'une main une corne, & un doigt sur sa bouche. *Voyez* SILENCE, MUTA.

HARPYES. *Voyez* HARPIES.

HARUSPICES. *Voyez* ARUSPICES.

HAUTBOIS. *Voyez* EUTERPE.

HEBÉ, fille de Junon, & déesse de la jeunesse. Jupiter lui donna le soin de lui verser à boire. Un jour étant malheureusement tombée en présence des dieux, elle en eut tant de honte, qu'elle n'osa plus paroître depuis, & Jupiter mit Ganymède en sa place. Hercule l'épousa, & en sa considération elle rajeunit Iolas. On l'appelloit aussi *Juventa. Ov. &c.*

HEBON, dieu adoré dans la Campanie. On croit que c'est le même que Bacchus, ou plutôt le Soleil.

HECAERGE, nymphe, qui aimoit beaucoup la chasse. C'étoit aussi un surnom d'Hécate.

HECALE, vieille femme fort pauvre & très-vertueuse, chez qui Thésée logea en allant à la guerre contre les Sarmates. Elle avoit promis de s'immoler pour lui à Jupiter s'il revenoit victorieux; mais elle mourut avant son retour.

HÉCATE, fille de Jupiter & de Latone. C'est ainsi qu'on nommoit Diane dans les enfers. D'autres en font un surnom de Proserpine, d'un mot grec qui signifie *cent*, parce qu'on prétendoit qu'elle tenoit au-dela du Styx, pendant cent ans, les ombres de ceux qui avoient été privés de la sépulture. Il y en a qui veulent que ce soit la même que Junon: de sorte qu'Hécate seroit également pour Junon, Diane & Proserpine. Quelques-uns regardent Hécate comme une divinité particuliere, fille d'Asterie & du Titan Perseus, à qui Jupiter donna une grande puissance dans le ciel, dans les enfers & sur les élémens, d'où son invocation entroit dans toutes les opérations magnifiques. On la dit aussi fille de la Nuit, ou de Jupiter & de Cérès, &c. Enfin d'autres content qu'Eétès & Persès, tous deux fils du Soleil, furent deux rois très-cruels, le premier de la Colchide, & l'autre de la Chersonese Taurique; que celui-ci fut pere d'Hécate, plus cruelle encore & plus méchante que lui, & que cette Hécate, grande magicienne & habile empoisonneuse, ayant tué son pere par le poison, elle épousa son oncle Eétès, de qui elle eut Circé, Ménée & Ægialius.

On représentoit Hécate sous une figure de femme avec trois têtes, une de cheval à droite, une de chien à gauche, & entre les deux celle d'un gros paysan. Quelques-uns veulent que cette troisiéme fût celle d'un sanglier.

HECATESIES, fêtes en l'honneur d'Hécate.

HECATOMBÆUS, surnom de Jupiter. On le donnoit aussi à Apollon.

HECATOMBE, sacrifice de cent victimes.

HECATONPHONIES, fêtes chez les Mesléniens, pour ceux qui avoient tué cent ennemis.

HECATONCHIRE, c'est-à-dire, *qui a cent mains*, surnom qu'on donnoit au géant Briarée & à ses freres.

HECATONPEDON, nom d'un temple de Minerve qui étoit dans la citadelle d'Athènes.

HECTOR, fils de Priam & d'Hécube, & mari d'Andromaque, dont il eut Astyanax. Ce prince commandoit l'armée des Troyens contre les Grecs. Pendant le siége de Troie, il fit des prodiges de valeur, & devint la terreur de ses ennemis. Achille, après sa querelle avec Agamemnon, se retira dans sa tente où il resta long-tems sans vouloir combattre ; mais son ami Patrocle ayant été tué dans un combat par Hector, le desir de le venger lui fit reprendre les armes, & le fit retourner aux combats avec tant de fureur, qu'il battit les Troyens, tua Hector, & traîna son corps trois fois autour des murailles de Troie après l'avoir attaché par les pieds à son char. Thétis ordonna à Achille de rendre le corps d'Hector à Priam, qui alla le lui demander fondant en larmes à ses genoux.

HÉCUBE, fille de Dymas, il y en a qui disent de Cisseus, roi de Thrace, & femme de Priam. Après la prise de Troie, elle échut en partage à Ulysse. Elle eut tant de douleur de voir immoler sa fille Polyxéne sur le tombeau d'Achille, & de trouver son fils Polydore tué par la trahison de Polymnestor, à qui elle l'avoit confié, qu'elle se creva les yeux ; ensuite vomissant mille imprécations contre les Grecs, elle fut métamorphosée en chienne.

HEGEMONE, nom que les Athéniens donnerent à l'une des Graces. C'étoit aussi un surnom de Diane. *Voyez* AUXO.

HELAGABALE. *Voyez* HÉLIOGABALE.

HÉLÉNE, beauté célèbre, qui fut cause d'une infinité de malheurs. Elle étoit fille de Tyndare & de Léda, & sœur de Clytemnestre. *Voyez* LÉDA. Elle épousa Ménélas, roi de Sparte, & fut enlevée par Théſée, qui la rendit peu après. Enſuite Pâris la vint enlever, & la conduiſit à Troie ; ce qui cauſa un ſoulèvement général dans toute la Grèce contre cette ville, que les Grecs après dix ans de ſiége ſaccagerent & renverſerent de fond en comble. Après la mort de Pâris, Héléne épouſa Déiphobe, qu'elle livra à Ménélas, pour rentrer en grace avec lui. Ménélas enfin la reconduiſit en triomphe à Sparte ; & dès que ſon mari fut mort, elle ſe retira dans l'iſle de Rhodes, auprès de Polyxo ſa parente, qui la fit pendre à un arbre, parce qu'elle avoit été cauſe de la perte d'une infinité de héros. On en fit depuis une divinité qu'on ſurnomma *Dendritis*, c'eſt-à-dire, *pendue à un arbre*.

HELENUS, fameux devin, fils de Priam & d'Hécube. On prétend qu'il découvrit aux Grecs un moyen ſûr pour ſurprendre la ville. Pyrrhus, à qui il avoit rendu ſervice, l'emmena avec lui, & lui donna la ſouveraineté d'une contrée de l'Epire. *Voyez* CHAON.

HELIADES, filles du Soleil & de Clymène, & ſœurs de Phaéton, de la mort duquel elles furent ſi ſenſiblement touchées, que les dieux les métamorphoſerent en peupliers, & leurs larmes en ambre. Leur nom étoit Lampéthuſe, Lampétie & Phaéthuſe.

D'autres enfans du Soleil étoient auſſi ſurnommés Héliades. *Voyez* HÉLIOS.

HELIADUM cruſtæ, *croûtes des Héliades*, c'eſt-à-dire, taſſes faites ou garnies d'ambre. *Voyez* HÉLIADES.

HELIADUM NEMUS, *bois des Héliades*, c'eſt-à-dire, *des peupliers*. *Voyez* HÉLIADES.

HÉLIAQUES, fêtes en l'honneur du Soleil.

HÉLICÉ ou CALISTO. *Voyez* CALISTO. Il y eut une autre Hélicé, fille de Danaüs.

HÉLICON, fameuſe montagne dans la Béotie. Elle étoit conſacrée aux Muſes auſſi-bien qu'à Apollon.

HELICONIADES. On appelle ainſi les Muſes, du

nom d'Hélicon, montagne qui leur étoit consacrée.

HELICONIUS, surnom de Neptune, pris d'un temple qu'il avoit à Hélice, ville du Péloponèse. Il y avoit aussi un Jupiter-*Heliconius*.

HÉLIOGABALE, ELAGABALE, GABALUS ou LUNUS, divinité singuliere à laquelle l'empereur M. Aurelius Antonin, surnommé Héliogabale, fit bâtir un temple superbe sur le mont Palatin. La figure sous laquelle on l'adoroit dans ce temple, ne ressembloit à rien d'animé. C'étoit une grosse pierre noire qu'on prétendoit être tombée du Soleil. On croit que c'étoit le Soleil lui-même qu'on adoroit sous cette figure : il y en a qui pensent que c'étoit la Lune. *Voyez* AGLIBOLUS. *Lampr. Herodien. l. 5.*

HELIOPOLIS, c'est-à-dire, *ville du Soleil*, grande ville d'Egypte, célèbre par le culte qu'on y rendoit au Soleil. On croit que c'est la même que Thèbes.

HELIOS ou HELIUS, nom du Soleil chez les Grecs.

HELIOTROPE *Voyez* CLYTIE.

HELLADE. *Voyez* HELLEN.

HELLÉ *Voyez* PHRYXUS.

HELLEN, fils de Deucalion, du nom de qui la Grèce fut appellée Hellade, & les Grecs, Héllenes.

HELLENIUS, surnom de Jupiter.

HELLESPONT, détroit entre la Propontide & la mer Egée, ainsi appellée du nom d'Hellé qui s'y noya. *Voyez* PHRYXUS.

HELLOTIES. Les Grecs avoient deux différentes fêtes ainsi nommées ; l'une en l'honneur d'Europe surnommée Hellotie, & l'autre en l'honneur de Minerve-*Hellotis*.

HELLOTIS, surnom de Minerve. *V.* HELLOTIES.

HEMITHÉENS. Les Grecs nommoient ainsi les demi-dieux.

HÉMON, prince Thébain. Il aima tellement Antigone, fille d'Œdipe & de Jocaste, qu'il se tua lui-même sur le tombeau de cette princesse. La Fable parle encore d'un autre Hémon changé en montagne, pour avoir épousé sa sœur ; mais c'est le même qu'Hémus.

HÉMUS, Emus ou Enus, fils de Borée & d'Orithyie, & mari de Rhodope. Il fut métamorphosé en montagne avec sa femme, pour avoir voulu se faire honorer, lui comme Jupiter, & sa femme comme Junon, prenant le nom de ces divinités.

HENIOCHA, surnom de Junon.

HEPATOSCOPIE, c'est-à-dire, *inspection du foie*. On appelloit ainsi l'art d'en tirer des augures.

HEPHÆSTOS ou HÆPHESTUS, nom que les Grecs donnoient à Vulcain : de-là les fêtes *Héphestiennes* ou *Hephestées*.

HERA, c'est-à-dire, *souveraine*, nom que les Grecs donnoient à Junon.

HERACLÉES, fêtes en l'honneur d'Hercule.

HERACLÈS, nom grec d'Hercule.

HERACLIDES. On appelle ainsi tous les descendans d'Hercule.

HERCÆUS, surnom que les anciens donnoient à Jupiter sur les autels qu'ils lui consacroient, dans l'intérieur de leurs maisons. Les dieux Hercéens, *Dii Hercæi*, étoient les mêmes que les Pénates.

HERCÉENS. *Voyez* HERCÆUS.

HERCULE, fils de Jupiter & d'Alcméne. Jupiter, pour tromper Alcméne, avoit pris la ressemblance d'Amphitryon, son mari, pendant qu'il faisoit la guerre aux Thélébéens : Junon, qui, pour se venger de son mari, vouloit empêcher l'accomplissement des hautes destinées qu'il avoit promises à l'enfant qui devoit naître d'Alcméne, fit naître Eurysthée avant Hercule, afin que le premier, comme aîné, eût de l'autorité sur le second. On conte cependant qu'elle s'adoucit dans la suite à la priere de Pallas ; que même elle donna de son lait à Hercule, qui en ayant laissé tomber une goutte, fit cette tache blanche au ciel, qu'on nomme la voie Lactée. Mais Junon dans la suite ne put se résoudre à le laisser jouir de sa destinée. Elle suscita contre lui son frere, qui lui prescrivit douze travaux, où elle prétendoit le faire périr, & dont Hercule sortit couvert de gloire; mais il en fit bien plus de douze, entre lesquels voici les principaux. Etant encore au berceau, il étouffa deux serpens que Junon avoit envoyés contre lui. Il tua dans le marais de Lerne, l'Hydre, serpent monstrueux, qui avoit plusieurs têtes, lesquelles renaissoient à mesure qu'on les coupoit. Il prit & tua à la course une biche qui avoit des cornes d'or & des pieds d'airain. Il étrangla dans la forêt de Némée un lion extraordinaire, dont il porta depuis la peau pour se couvrir. Il punit Dioméde, qui nourrissoit ses chevaux de chair humaine. Il prit sur la montagne d'Erimanthe en Arcadie un sanglier qui désoloit toute la contrée, & qu'il mena à Eurysthée. Il tua à coups de fléches tous les horribles oiseaux du lac de Stymphale. Il dompta un taureau furieux qui désoloit la Crète. Il vainquit le fleuve Acheloüs, à qui il arracha une corne, qu'il lui rendit néanmoins en recevant celle de la chévre Amalthée. Il étouffa dans ses bras le géant Antée. Il déroba les pommes d'or du jardin des Hespérides, après avoir tué le dragon qui les gardoit. Il soulagea Atlas, en soutenant fort long-tems le ciel sur son dos. Il massacra plusieurs monstres, comme Géryon, Cacus, Albion, Bergion, & d'autres. Il dompta les Centaures, & nétoya les étables d'Augias. Il tua un monstre marin, auquel Hésione, fille de Laomédon étoit exposée; & pour punir Laomédon, qui lui refusa les chevaux qu'il lui avoit promis, il renversa les murailles de Troie, & donna Hésione à Télamon. Il défit les Amazones, & donna leur reine Hippolyte à Thésée. Il descendit aux enfers, enchaîna le chien Cerbère, & en tira Alceste qu'il rendit à son mari Adméte. Il tua l'aigle qui mangeoit le foie de Prométhée attaché au sommet du mont Caucase. Il sépara les deux montagnes Calpé & Abyla, & fit ainsi communiquer l'Océan avec la Méditerranée. Croyant que c'étoit là le bout du monde, il y éleva deux colonnes, qu'on appella depuis colonnes d'Hercule, & sur lesquelles on suppose qu'étoit, en grec sans doute, la prétendue inscription; *Non ultrà*. Après tant de travaux, il aima tellement Omphale qu'il s'habilloit en femme pour lui plaire, & filoit avec elle : ensuite il s'attacha à Iole, fille d'Euryte ; ce qui détermina Déjanire à lui donner la robe du Centaure Nessus, qu'il n'eut pas plutôt mise, qu'il entra dans une fureur épouvantable, & se jetta dans les flammes d'un bucher ardent, où malgré le secours de Philoctéte, il fut consumé. Après sa mort on le mit au nombre des dieux, qui lui donnerent pour femme Hébé, déesse de la jeunesse. Il y a eu plusieurs Hercules. Cicéron en nomme six différens, & Varron en compte jusqu'à quarante-trois ; mais il paroît qu'on a réuni leurs actions, & qu'on les a mises sur le compte du fils d'Alcméne, comme le plus célébre de tous. On représente ordinairement Hercule sous la figure d'un homme vigoureux, couvert d'une peau de lion, & armé d'une grosse massue. *Ovid. Virg. Gyrald. Nat. Com. Hist. du Ciel.*

HERCYNE, nymphe de la suite de Proserpine. On la représentoit sous la figure d'une jeune fille tenant une oye dans ses mains. Elle a donné son nom à un fleuve. *Tit. Liv.*

HÉRÉ. *Voyez* HÉRÉS.

HÉRÉENS, jeux qu'on célébroit à Argos en l'honneur de Junon, dont le nom grec est *Hera*.

HÉRÈS ou HÉRÉ, divinité à laquelle sacrifioient ceux qui avoient hérité. On la surnommoit *Martea*.

HERESIDES, nymphes qui servoient Junon lorsqu'elle prenoit le bain.

HERILUS, fils de la déesse Féronie qui lui avoit donné trois ames.

HERMA ou HERMAS, le même qu'Hermès.

HERMANUBIS. *Voyez* HERMAPOLLON.

HERMAPHRODITE, fils d'Hermès & d'Aphrodite, c'est-à-dire, de Mercure & de Vénus. La nymphe Salmacis l'aima long-tems, & obtint des dieux que leur union fut toujours inséparable. On les appella depuis Androgyne, c'est-à-dire, homme & femme. *Ovid.*

HERMAPOLLON. On mettoit quelquefois les attributs de deux diverses divinités, dont Mercure étoit toujours une des deux, sur une même figure, comme celle-ci; Mercure & Apollon; *Hermathéne*, Mercure & Minerve; *Hermithra*, Mercure & Mithras; *Herméracle*, Mercure & Hercule; *Herméros*, Mercure & l'Amour; *Hermarpocrate*, Mercure & Harpocrate; *Hermosiris*, Mercure & Osiris; *Hermanubis*, Mercure & Anubis.

HERMARPOCRATE, HERMATHENE, HERMÉRACLE, HERMEROS. *Voyez* HERMAPOLLON.

HERMÈS. C'est ainsi que les Grecs appelloient Mercure, d'un mot de leur langue, qui signifie *interprétation*; parce qu'il étoit messager & l'interprete des dieux. On le révéroit sous ce nom, comme dieu de l'éloquence; & sous ce rapport, on le représentoit sous la figure d'un homme de la bouche duquel sortoient comme de petites chaînes qui se rendoient dans les oreilles, d'autres figures humaines qui marquoient les auditeurs qu'il enchaînoit par la force du discours.

HERMION. *Voyez* IRMIN.

HERMIONE, fille de Ménélas & d'Héléne. Elle fut accordée avec Pyrrhus, quoiqu'elle eut été promise à Oreste, qui, irrité de l'injure qu'on lui avoit faite, attaqua Pyrrhus dans le temple même d'Apollon, & l'y tua. *Virg. liv.* 3.

Il y eut une autre Hermione, fille de Mars & de Vénus, laquelle épousa Cadmus, & fut changée en serpent. *Voyez* HARMONIE.

HERMITHRA, HERMOSIRIS. *Voyez* HERMAPOLLON.

HERMOTIME, fameux magicien, à qui les habitans de Clazoméne rendirent des honneurs divins.

HÉRO, prêtresse de Vénus. Léandre l'aima tellement qu'il passoit à la nage l'Hellespont, pour l'aller voir pendant la nuit. Elle allumoit au haut d'une tour un flambeau pour l'éclairer; mais Léandre à la fin se noya, & Héro se jetta de désespoir dans la mer.

HEROPHILE. *Voyez* BAGOÉ.

HÉROS. On nommoit ainsi ceux qui se distinguoient par leurs belles actions, & qu'on mettoit le plus souvent parmi les dieux après leur mort. C'étoit aussi le nom d'un des dieux Lares. *V.* ANACHIS.

HEROSTRATE. *Voyez* EROSTRATE.

HERSÉ. *Voyez* AGLAURE.

HERSILIE, une des Sabines enlevées par les Romains, que Romulus épousa. Après sa mort on la mit, comme son mari, au nombre des dieux, & fut révérée sous le nom de *Horta, Hora* ou *Ora*.

HERTUS, une des divinités des Germains, la même que Tellus.

HESIONE, fille de Laomédon. *V.* LAOMÉDON.

HESPER ou HESPERUS, fils de Japet, & frere d'Atlas. Il fut changé en étoile, & eut trois filles qu'on nommoit les Hespérides.

HESPÉRIDES, filles d'Hesper. Elles étoient trois sœurs, & se nommoient Eglé, Aréthuse & Hespéréthuse. Elles possédoient un beau Jardin rempli de pommes d'or, & gardé par un dragon, qu'Hercule tua pour en aller cueillir. *Ovid. Métam.*

HESPÉRIE. On appella ainsi l'Italie & l'Espagne, la premiere, à cause d'Hesperus, qui ayant été chassé par son frere Atlas, s'étoit retiré dans ce pays-là; & l'Espagne, parce que ce pays est le plus occidental de l'Europe, du nom de *Hesper* ou *Vesper*, planéte, la même que Vénus, qui paroît le soir à l'occident.

HESPERUS. *Voyez* HESPER.

HESTIA, nom que les Grecs donnoient à Vesta.

HESUS ou ESUS, divinité des Gaulois. On croit que c'est Mars.

HESYCHIA, c'est-à-dire, *la silentieuse*. On appelloit ainsi à Clazoméne la prêtresse du temple de Pallas, parce qu'elle faisoit ses fonctions sans parler.

HEURES, déesses, filles de Jupiter & de Thémis, qui présidoient aux Saisons. Elles étoient trois, & on les représente ordinairement auprès de Thémis leur mere avec des cadrans, ou des horloges qu'elles foutiennent. Leurs noms étoient Eunomie, Dicé & Iréne. Paufanias les nomme autrement. Hygin en compte dix avec des noms encore tout différens. Les Heures étoient portieres du ciel, & elles avoient foin du char & des chevaux du Soleil.

HIACINTHE *Voyez* HYACINTHE.

HIARBAS. *Voyez* IARBAS.

HIBOU. *Voyez* ASCALAPHE, MINERVE.

HIERA, femme de Téléphe, roi des Myfiens. Elle furpaffoit Héléne même en beauté. Selon Hygin, elle étoit fille de Priam, & fe nommoit Laodice. Virgile parle d'une autre Hiéra, nourrice de Pandarus. On croit que cette derniere Hiéra eft la même que Cybèle. Turnebe qui n'eft pas de ce fentiment, veut qu'on life *Hyæna*.

HIERACOBOSQUES, prêtres Egyptiens, qui étoient chargés du foin de nourrir les éperviers facrés.

HIERAX, homme jufte & illuftre que Neptune changea en épervier, pour le punir d'avoir envoyé du bled aux Troyens contre qui il étoit irrité.

HIEROCORACES, c'eft-à-dire, *les Corbeaux facrés*. Quelques-uns de ceux qui fervoient au culte de Mithra fe nommoient ainfi, à caufe de la couleur de leurs habits, femblable à celle des corbeaux qui étoient confacrés à cette divinité.

HIÉROGLYPHES, figures fymboliques qui tenoient lieu d'écriture avant l'invention des lettres alphabétiques. Dans la fuite, l'intelligence de ces figures étant devenue très-difficile, elles ne furent plus employées que par les prêtres Egyptiens pour cacher les fecrets de leur religion & de leur politique.

HIÉROGRAMMATES, c'eft-à-dire, *Secrétaires & Interprétes facrés*. C'étoit chez les Egyptiens un ordre de prêtres chargés du foin de tracer des figures hiéroglyphiques, & de les expliquer. *Voyez* HIÉROGLYPHES.

HIÉROPHANTE, le premier des prêtres, & Hiérophantrie, la premiere des prêtreffes d'Hécate. On appelloit auffi Hiérophante celui qui préfidoit aux cérémonies qu'on obfervoit quand quelqu'un fe faifoit initier dans les myfteres de la religion payenne. *Voyez* MYSTERES.

HIEROPHILE. *Voyez* DÉMOPHILE.

HIEROSCOPIE. C'eft l'art des Arufpices.

HILAIRE & PHŒBÉ. *Voyez* ILAIRE.

HILARIES, fêtes en l'honneur de Cybèle, qui fe célébroient à Athènes & à Rome, avec de grandes démonftrations de joie, le jour de l'équinoxe du printems.

HIPOCRENE. *Voyez* HIPPOCRENE.

HIPPÉ, fille du centaure Chiron, métamorphofée en jument, & mife au nombre des Aftres.

HIPPIA, c'eft-à-dire, *la Cavaliere*, furnom de Minerve.

HIPPION, nom de celui qui enfeigna la médecine à Efculape.

HIPPIUS, c'eft-à-dire, *Cavalier*. Neptune fut ainfi furnommé, pour avoir inventé l'art de dompter les chevaux & de s'en fervir.

HIPPO, nymphe, fille de l'Océan & de Téthis.

HIPPOCAMPES étoient les chevaux marins de Neptune & des autres divinités de la mer.

HIPPOCENTAURES, monftres qu'on croyoit enfans des Centaures, auxquels ils reffembloient.

HIPPOCOON, tyran d'Argos, qui fut tué par Hercule. C'étoit auffi le nom des héros qui s'affemblerent pour la chaffe du fanglier de Calydon.

HIPPOCRATIES, fêtes que les Arcadiens célébroient en l'honneur de Neptune.

HIPPOCRENE, fontaine à peu de diftance du mont Hélicon. On conte qu'auffi-tôt que Perfée eut coupé la tête de Médufe, du fang qui en coula, nâquit le cheval Pégafe, & que ce cheval, d'un coup de pied fit jaillir cette fontaine; ce qui l'a fait nommer Hippocréne, c'eft-à-dire, *Fontaine du cheval*. Elle étoit confacrée à Apollon & aux Mufes.

HIPPOCTONUS, c'eft-à-dire, *tueur de chevaux*, furnom d'Hercule. *Voyez* DIOMÈDE.

HIPPODAMAS, un des fils de Priam.

HIPPODAMIE ou HIPPODAME, fille d'Œnomaüs. Son pere la chérissoit à un tel point, qu'il ne la voulut donner qu'à celui qui la vaincroit à la course, parce qu'il étoit assuré que personne ne la surpasseroit dans cet exercice. Il massacroit tous ceux qui en sortoient vaincus, & tua jusqu'à treize princes. Pour les vaincre plus facilement, il faisoit placer Hippodamie sur son char, de façon qu'ils pussent la voir, afin que sa beauté les empêchât en courant d'être attentifs à leurs chevaux. Mais Pélops, quelques-uns disent Pirithoüs, entra dans la lice, la vainquit & l'épousa. Œnomaüs se tua de désespoir. *Voyez* HIPPOMÉNE. *Métam. liv.* 12.

Une autre Hippodamie, surnommée *Briséis*, du nom de son pere Brisés, & captive d'Achille, fut la cause de la fameuse querelle de ce prince avec Agamemnon.

Il y en eut encore une autre, qui est peut-être la même que la premiere, puisqu'on lui donne pour mari Pirithoüs, aux nôces duquel les Centaures & les Lapithes qu'il y avoit invités, se querellerent pour l'enlever; mais Hercule les défit. *Métam. l.* 12.

HIPPODETE ou HIPPODOTE, c'est-à-dire, *qui lie des chevaux*. Hercule fut ainsi surnommé, pour avoir attaché les uns aux autres les chevaux des Orchoméniens, dont il rendit la cavalerie inutile dans une bataille que les Béotiens aidés de cette ruse, gagnerent sur eux.

HIPPOLÆTIS, surnom de Minerve, pris du culte qu'on lui rendoit à Hippola, ville de la Laconie.

HIPPOLOQUE, fils de Bellérophon, & pere de Glaucus. C'étoit aussi le nom d'un Troyen tué par Agamemnon.

HIPPOLYTE, fils de Thésée & d'Antiope, autrement aussi appellée Hippolyte, reine des Amazones, qu'Hercule donna à Thésée, après avoir vaincu ces femmes guerrieres. Hippolyte aimoit si passionnément la chasse, qu'il n'étoit sensible à aucun autre plaisir. Phédre sa belle-mere, pour se venger de ce qu'il avoit refusé de répondre à la passion criminelle qu'elle avoit pour lui, l'accufa auprès de Théfée, d'avoir voulu attenter à fon honneur; & pour donner à fon accufation un air de vérité, elle lui montra l'épée qu'elle avoit prife à ce jeune prince, pour s'en percer elle-même de défefpoir, fi fa nourrice ne l'en eût empêchée. Théfée abandonna fon fils à la fureur de Neptune: & lorfqu'Hippolyte, monté fur un char, approcha de la mer, un monftre marin parut tout-à-coup fur le rivage, & effraya tellement les chevaux, qu'ils prirent la fuite. Le char fe fracaffa, & ce prince fut traîné à travers les ronces & les rochers, où il périt. Efculape, à la priere de Diane, lui rendit la vie, & cette déeffe le nomma Virbius. *Voyez* ACASTE & BELLÉROPHON.

Il y eut un autre Hippolyte, l'un des géans qui firent la guerre à Jupiter.

La femme d'Acafte fe nommoit Hippolyte. *Voyez* ACASTE.

HIPPOLYTION. C'étoit un temple que Diomède avoit fait bâtir en l'honneur d'Hippolyte, fils de Théfée. Il y avoit auprès de ce temple un lieu facré dédié à Vénus-Spéculatrice, dans l'endroit où Phédre prenoit plaifir à voir Hippolyte partir pour la chaffe.

HIPPOMEDON, un des fept princes qui firent le fameux fiége de Thèbes. *Hygin*.

HIPPOMENE, prince Grec, fils de Macarée & de Mérope, fi chafte, qu'il fe retira dans les bois & dans les montagnes pour ne point voir de femmes. Mais ayant un jour rencontré Atalante à la chaffe, il la fuivit, & fe mit au nombre de ceux qui recherchoient cette princeffe en mariage. Il l'époufa après l'avoir vaincue à la courfe. *V*. ATALANTE, fille de Schénée. *Voyez auffi* HIPPODAMIE.

La mere d'Amphitryon fe nommoit auffi Hippomène. Elle étoit fille de Menætius. Quelques uns la nomment Hipponome.

HIPPOMOLGUES, c'eft-à-dire, *qui boivent du lait de jument*; Scythes Nomades dont parle Homere, & qu'il ne faut pas confondre avec les Abiens.

HIPPONE ou EPONE, déesse regardée par les anciens comme une divinité qui avoit un soin particulier des chevaux. *Juven. Sat.* 8.

HIPPONOME. C'est la même qu'Hippomène, mere d'Amphitryon.

HIPPONOUS, fils d'Adraste, se brûla pour obéir à un oracle.

HIPPOPOTAME, c'est-à-dire, *cheval de fleuve*. C'est un amphibie monstrueux dont les Egyptiens avoient fait une divinité.

HIPPOTADES, Eole, petit-fils d'Hippotès.

HIPPOTÈS, pere d'Egeste, & ayeul d'Eole. *V.* EGESTE. Ce fut aussi le nom d'un prince Grec qui s'attira la colere d'Apollon pour avoir tué un de ses prêtres.

HIPPOTHOÉ, fille de Mestor & de Lysidice, fut une des femmes de Neptune qui en eut Taphius.

Hippothoé fut encore le nom d'une Néréide, d'une Amazone, & d'une fille de Danaüs.

HIPPOTHOON, HIPPOTHON ou HIPPOTHOUS, fils de Neptune & d'Alope. Sa mere & son ayeul Cercyon l'ayant successivement fait exposer, il fut toujours nourri par une jument, & trouvé par des bergers qui l'éleverent. Thésée ayant tué Cercyon, donna son trône à Hippothoon son petit-fils.

HIRIE ou HYRIÉ, nymphe d'Arcadie. Elle pleura tant la perte de son fils qui se précipita du haut d'un rocher, pour n'avoir pu obtenir un jeune taureau d'un de ses amis, qu'elle fondit en larmes, & fut changée en un lac qui porta son nom.

HIRONDELLE. *Voyez* PROGNÉ.

HIRPIES, familles qui demeuroient à quelque distance de Rome, & qui étoient chargées d'offrir chaque année un sacrifice à Apollon. On dit que ceux dont ces familles étoient composées, marchoient sur le brâsier ardent du sacrifice, sans se brûler.

HISTOIRE, divinité allégorique, fille de Saturne & d'Astrée. Elle présidoit à tous les événemens quels qu'ils fussent. On la peint avec un air majestueux,

& magnifiquement habillée, tenant une plume ou un poinçon d'une main, c'est-à-dire, le stilet dont les anciens se servoient pour écrire, & un livre de l'autre.

HOLOCAUSTE. *Voyez* VICTIMES.

HOMERE, poëte célèbre à qui les Grecs rendirent des honneurs divins.

HOMME *ayant les mains prises dans un arbre ouvert, & qu'un loup dévore.* Voyez MILON.

HONNEUR. Les Romains en avoient fait une divinité. Ils avoient placé son temple après celui de la Vertu; ensorte qu'on ne pouvoit entrer dans le temple de l'Honneur, qu'après avoir passé par le temple de la Vertu. *Gyraldi.*

HORA. *Voyez* HERSILIE.

HORCHIA, déesse adorée dans l'Etrurie.

HORCUS ou *ORCUS.* Voyez ORCUS.

HORDICALES ou HORDICIDIES, sacrifices de vaches pleines qu'on immoloit à la Terre.

HORION ou HORIUS, surnom d'Apollon.

HORLOGE. *Voyez* HEURES.

HORTA. Voyez HERSILIE.

HORUS, le même qu'Orus.

HOSPITALIS, c'est-à-dire, *Hospitalier.* Jupiter étoit adoré sous ce nom comme le dieu tutélaire des hôtes & des voyageurs. Il y avoit aussi Minerve l'Hospitaliere.

HOSTIE. *Voyez* VICTIMES.

HOSTILINA, déesse qu'on invoquoit pour les moissons, quand les épis étant tout-à-fait sortis, formoient une surface égale. Elle étoit ainsi appellée du vieux mot *hostire,* mettre de niveau.

HOULETTE. *Voyez* PARIS, ENDYMION.

HURE de sanglier. *Voyez* MÉLÉAGRE.

HUTSAB, idole des Ninivites.

HYACINTHE, fils de Piérus & de Clio. Apollon l'aima beaucoup; Zéphyre qui l'aimoit aussi, fut un jour si piqué de le voir jouer au palet avec Apollon, qu'il poussa le palet à la tête d'Hyacinthe, & le tua. Apollon le métamorphosa en fleur, qu'on nomma depuis Hyacinthe. *Ovid. V.* AJAX, fils de Télamon.

HYACINTHIDES. Les filles d'Erecthée, roi d'Athènes, s'étant généreufement dévouées pour le falut de leur patrie, furent ainfi furnommées, à caufe du lieu où elles furent immolées, cet endroit étant appellé Hyacinthe. Elles font auffi nommées *les Vierges. Demoft. Ciceron.*

HYACINTHIES, fêtes en l'honneur d'Apollon.

HYADES, filles d'Atlas & d'Etherie, furent ainfi appellées du nom d'Hyas leur frere, qu'elles aimoient fi tendrement, qu'elles furent inconfolables de fa mort. Elles le pleurerent tant, que les dieux touchés de leur douleur, les changerent en aftres. D'autres content que les Hyades étoient des nymphes que Jupiter tranfporta au ciel, où il les changea en aftres, pour les fouftraire à la colere de Junon; qui vouloit les punir du foin qu'elles avoient pris d'élever Bacchus. Ces filles d'Atlas, ou nymphes, étoient au nombre de fept, & fe nommoient Ambrofie, Eudoxe, Pafithoé, Coronis, Polixo ou Plexaure, Phileto ou Pytho, & Tyché. Les Hyades font appellées par les poëtes *pluviæ*, *triftes*, parce que la conftellation qu'elles forment, annonce la pluie & le mauvais tems. Cette conftellation eft auffi défignée quelquefois par *Hyas*, fingulier de *Hyades*, comme *nimbofa Hyas; inferena Hyas*, &c.

HYAGNIS, Phrygien, pere de Marfyas. Quelques-uns difent que c'étoit fon fils.

HYALE, nymphe, l'une des compagnes de Diane.

HYANTIDES, les Mufes font ainfi furnommées, parce qu'on croyoit qu'elles habitoient la Béotie. *Voyez* HYANTIUS.

HYANTIUS, Actéon, petit-fils de Cadmus fondateur de la ville de Thèbes, capitale de la Béotie. Actéon eft ainfi furnommé par Ovide, parce que les Béotiens étoient auffi furnommés *Hyantes* ou *Hyantii* du nom de Hyas un de leurs anciens rois.

HYAS. *V.* HYADES, ETHRA, fille de l'Océan.

HYBLA. *Voyez* HYBLÉENS.

Hyblæa, déesse adorée en Sicile.

Hybléens, peuples de Sicile, qui paſſoient pour très-habiles dans ce qui concernoit le culte des dieux, & pour l'interprétation des ſonges. Ils habitoient le mont Hybla célèbre par l'excellent miel qu'on y recueilloit, & par une ville de même nom, qui depuis eut celui de Mégare.

Hybristiques. C'étoit un fête à Argos, pendant laquelle les femmes en habits d'hommes, ſe montroient fieres & inſolentes envers leurs maris, en mémoire de ce que les Argiennes avoient autrefois mis en fuite une armée de Lacédémoniens. *Hybris* mot grec, qui ſignifie *injure*, *inſolence*.

Hydre ou *ſerpent* du marais de Lerne. Il avoit ſept têtes qui renaiſſoient à meſure qu'on les coupoit. Cependant Hercule le tua; auſſi fut-ce le plus difficile & le plus glorieux de ſes travaux.

Hydria ou Cruche, divinité Egyptienne. *V.* Canope.

Hydromantie, ſorte de divination par le moyen de l'eau.

Hydrophories, fêtes Athéniennes en mémoire de ceux qui avoient péri dans le déluge de Deucalion.

Hyene, animal ſauvage & cruel, dont on a écrit bien des choſes merveilleuſes. Les Egyptiens en avoient fait une divinité.

Hyetius. Voyez Pluvius.

Hygiæa, ſurnom de Minerve, ainſi appellée de l'art de guérir, auquel elle préſidoit.

Hygie ou Hygée, fille d'Eſculape, fut adorée comme la déeſſe de la ſanté.

Hylactor, c'eſt-à-dire, *qui aboye*, un des chiens d'Actéon.

Hylæus ou Hylé, celui des Centaures qui fut cauſe du combat qui ſe fit entr'eux & les Lapithes aux nôces de Pirithoüs.

C'étoit auſſi le nom d'un des chiens d'Actéon. Il ſignifie *ſauvage*.

Hylas, fils de Théodamas, jeune homme d'une

beauté singuliere, qu'Hercule aima beaucoup. Lorsqu'ils alloient ensemble à la conquête de la toison d'or avec les Argonautes, des nymphes enleverent Hylas auprès d'une fontaine, où il étoit allé chercher de l'eau. Hercule inconsolable de sa perte, ne voulut plus suivre les Argonautes, qui en cherchant Hylas, avoient inutilement fait retentir le rivage de son nom. *Virg. Georg.*

HYLLUS, fils d'Hercule & de Déjanire. Après la mort de son pere il épousa Iole ; mais Eurysthée le chassa aussi-bien que le reste des Héraclides. Il se sauva à Athènes, où il fit bâtir un temple à la Miséricorde, dans lequel les Athéniens voulurent que les criminels trouvassent un refuge assuré.

HYLONOME, femme Centaure, qui se tua de désespoir, lorsqu'elle apprit la mort de son mari Cyllarus.

HYMEN ou HYMENÉE, divinité qui présidoit au mariage. Il étoit fils de Bacchus & de Vénus. On le représente sous la figure d'un jeune homme blond, tenant un flambeau à la main, & couronné de roses. On appelloit aussi Hymenée les vers qu'on chantoit pour les nôces.

HYMETTE, montagne de l'Attique, célèbre par l'abondance & l'excellence du miel qu'on y recueilloit, & par le culte qu'on y rendoit à Jupiter qui y étoit surnommé *Hymettius*.

HYPENOR, prince Troyen, tué par Diomède au siége de Troie.

HYPERBIUS, fils de Mars. On dit qu'il fut le premier qui tua des animaux.

HYPERBORÉENS ou HYPERBORÉES, peuples de la Scythie septentrionale. Ils honoroient plus que tous les autres dieux, Apollon appellé pour cette raison Hyperboréen.

HYPERETÈS, fils de Neptune & d'Alcyone.

HYPERION, Titan, fils de Cœlus. Il fut, dit-on, chargé de conduire le char du Soleil ; ce qui l'a fait regarder par quelques-uns comme pere du Soleil, & par d'autres, comme le Soleil lui-même. *Apoll.*

HYPERIPPE, fille d'Arcas, fut une des femmes d'Endymion.

HYPERMNESTRE, l'une des cinquante filles de Danaüs, par l'ordre duquel elles égorgerent leurs maris la premiere nuit de leurs nôces. Celle-ci épargna le sien appellé Lyncée, qui ensuite tua Danaüs lui-même.

HYPETHRES ou SUBDIALES. On appelloit ainsi des lieux découverts & en plein air, qui étoient consacrés aux dieux. On s'y assembloit, comme dans des temples, pour offrir des sacrifices, & pour tout ce qui concernoit le culte des dieux. On choisissoit ordinairement des montagnes.

HYPOPHETES, & non *Hypoprophetes*, c'est-à-dire, *Interpretes* ou *Messagers*. C'étoit le second ordre des ministres qui présidoient aux oracles de Jupiter. Leur principale fonction consistoit à recevoir les oracles des ministres du premier ordre, & à les annoncer au peuple.

HYPOTHOON. *Voyez* HIPPOTHOON.

HYPSENOR, prêtre du fleuve Scamandre, qui fut en une extrême vénération à ceux de son tems.

HYPSIPYLE, reine de l'isle de Lemnos. Les femmes de cette isle ayant massacré leurs maris, & tous les autres hommes, Hypsipyle, pour sauver son pere Thoas, feignit de l'avoir tué, & le tint caché. Jason allant à la conquête de la toison d'or, aborda dans l'isle de Lemnos, où il épousa Hypsipyle, à qui les Lemniennes avoient déféré la souveraine autorité. Ce prince s'étant remis en mer, oublia bientôt Hypsipyle, qui entra en fureur lorsqu'elle apprit qu'il avoit épousé Médée. Cependant les Lemniennes ayant appris qu'elle avoit sauvé son pere, la chasserent de leur isle. Elle tomba entre les mains des pyrates, qui la vendirent à Lycurgue, roi de Néméé. Ce prince la traita fort humainement, & lui donna le soin de nourrir & d'élever son fils Archemore. *Voyez* ARCHEMORE.

HYPSISTUS, c'est-à-dire, *très-élevé*. Surnom de Jupiter. C'étoit une divinité particuliere chez les Phéniciens

Phéniciens qui le croyoient pere de Saturne & le premier des dieux.

HYPSUS, fils de Lycaon, bâtit une ville en Arcadie.

HYPURANIUS, divinité Phénicienne.

HYRÉE ou HYREUS. *Voyez* ORION.

HYRIÉ *Voyez* HIRIE.

HYRNETHO, femme de Déiphon, fut honorée chez les Grecs comme une divinité.

HYRTACIDES. C'est Nisus, fils d'Hyrtacus.

HYRTACUS, Troyen du mont Ida, pere de Nisus.

HYSTERIES, fêtes en l'honneur de Vénus à qui on immoloit des porcs.

HYVER, divinité allégorique qui présidoit aux glaces & aux frimats. On le représentoit sous la figure d'un homme tout couvert de glaçons, ayant la chevelure & la barbe blanches, & dormant dans une grotte : quelquefois sous la figure d'une femme assise auprès d'un grand feu, avec des habits doublés de peaux de moutons, & souvent aussi sous la figure d'un vieillard qui se chauffe.

I A M

IA, une des filles d'Atlas. *Arnobe.*

IACCHUS. *Voyez* BACCHUS. C'est un des noms de ce dieu.

IÆRA, nymphe, fille de Nérée & de Doris.

IALYSE, fils de Cercaphus, bâtit dans l'isle de Rhodes une ville à laquelle il donna son nom, d'où les dieux Telchines particuliérement révérés dans cette isle, sont surnommés *Ialysiens*.

IAMBÉ, fille de Pan & d'Echo, & servante de Métanire, femme de Céléüs, roi d'Eleusine. Personne ne pouvant consoler Cérès affligée de la perte de sa fille, Iambé sut la faire rire par ses bons mots, & adoucir sa douleur par des contes plaisans dont elle l'entretenoit. On lui attribue l'invention des vers Iambiques.

K

IANA. *Voyez* JANA.
IANTHÉ. *Voyez* IPHIS.
IAPIS. *Voyez* JAPIS.

IARBAS ou HIARBAS, roi des Gétules. Didon aima mieux se donner la mort, que d'épouser ce prince, qui vouloit l'y contraindre les armes à la main. *Voyez* DIDON.

IBIS, oiseau qui dévore les serpens. Les Egyptiens en avoient fait une divinité.

ICADES, fêtes & jeux solemnels en l'honneur d'Epicure.

ICARE, fils de Dédale. *Voyez* DÉDALE.

ICARIA, surnom de Diane.

ICARIOTIS, } Pénélope, fille d'Icarius.
ICARIS ;

ICARIUS, fils d'Œbalus & pere d'Erigone. Ayant fait boire du vin à des paysans qui ne connoissoient pas cette liqueur, ils en furent enivrés jusqu'à perdre la raison; de sorte que d'autres les croyant empoisonnés, se jetterent sur Icarius & le tuerent. Aussi-tôt les femmes de ces paysans furent transportées d'une fureur qui dura jusqu'à ce que l'oracle eût ordonné des fêtes en l'honneur d'Icarius : de-là vinrent les jeux Icariens. Ces jeux consistoient à se balancer sur une corde attachée à deux arbres, ce que nous appellons l'escarpolette : à quoi les jeunes gens sur-touts'exerçoient beaucoup. Mera, chienne d'Icarius, découvrit le lieu de son tombeau à Erigone, qui se pendit de désespoir, dès qu'elle sut la mort de son pere : mais Jupiter métamorphosa Icarius en astre, qu'on croit être Bootès ou le Bouvier, Erigone en une constellation appellée la Vierge, & la chienne Mera en celle qu'on nomme la Canicule, dans laquelle, lorsque le Soleil est entré, il fait extrêmement chaud pendant quarante jours. *Hygin.*

Le pere de Pénélope se nommoit aussi Icarius, Lacédémonien noble & puissant. Ne pouvant se résoudre à se séparer de sa fille, il conjura Ulysse de fixer sa demeure à Sparte, mais inutilement. Ulysse étant parti avec sa femme, Icarius monta sur son char, & fit si grande diligence qu'il revit sa fille, & redoubla ses instances auprès d'Ulysse, pour l'engager à retourner à Sparte. Ulysse ayant alors laissé à sa femme le choix, ou de retourner avec son pere, ou de le suivre à Ithaque : Pénélope ne répondit rien; mais baissant les yeux, elle se couvrit de son voile. Icarius n'insista plus, la laissa partir, & fit dresser en cet endroit un autel à la Pudeur. *Pausan. iin Lac.*

ICELE, un des fils du sommeil. C'est le même que Phobétor.

ICHNEUMON, espéce de rat qui tue les crocodiles. Les Egyptiens en avoient fait un dieu.

ICHNOBATES, c'est-à-dire, *qui suit les traces*, un des chiens d'Actéon.

ICHNÆA, c'est-à-dire, *qui poursuit*, surnom de Thémis & de Némésis.

IDA, montagne fameuse par le jugement de Pâris. Cette montagne qui est en Phrygie, auprès de l'endroit où étoit la ville de Troie, étoit consacrée à Cybèle.

Il y a une autre montagne de ce nom dans l'isle de Candie ou de Crète, sur laquelle Jupiter fut élevé par les Dactyles.

C'étoit aussi le nom d'une fille de Dardanus, roi des Scythes.

IDÆA mater. C'est Cybèle. *Voyez* IDA.

IDALIE. *Voyez* IDALUS.

IDALION, ville de l'isle de Chypre. L'oracle ayant ordonné à Chalcenor de bâtir une ville dans l'endroit d'où il verroit le Soleil se lever, un de ceux qui l'accompagnoient, l'ayant apperçu du pied d'une haute montagne, on y bâtit une ville qui fut nommée Idalion, de deux mots grecs qui signifient, *j'ai vu le Soleil*, d'où la montagne fut aussi appellée Idalie, Idalus, & même Idalion comme la ville.

IDALUS ou IDALIE, montagne dans l'isle de Chypre, particuliérement consacrée à Vénus. C'est de là que Vénus est quelquefois appellée Idalie. *V.* IDALION.

IDAS, fils de Neptune. *Voyez* EVÉNE.

Il y eut un autre Idas, prince impie, qui fut un des Argonautes.

IDEA, une des filles de Danaüs.

IDÉEN, surnom de Jupiter, parce qu'il avoit été nourri & élevé sur le mont Ida. Les Dactyles ou Corybantes étoient aussi surnommés Idéens.

IDÉENNE, surnom de Cybèle. *Voyez* IDA.

IDEUS, fils de Thestius, fut tué par son neveu Méléagre.

IDMON, fameux devin parmi les Argonautes. Il étoit fils d'Apollon & d'Astérie.

IDOMENÉE, petit-fils de Minos, & roi de Crète, étoit au siége de Troie, après lequel s'étant mis en mer, pour s'en retourner dans son royaume, il fit vœu, pendant une tempête, de sacrifier la premiere chose qui se présenteroit à lui, s'il en échappoit. Ce prince se repentit bientôt d'avoir fait un tel vœu; car il rencontra son fils dès qu'il arriva à terre, & le sacrifia : ce qui fut cause d'une peste si cruelle, que ses sujets indignés le chasserent. Il alla fonder un nouvel empire dans la Calabre, & rendit son peuple heureux.

IDOTÉE, une des filles de Prœtus, roi d'Argos.

IDOTHÉE ou EIDOTHÉE, fille de Protée. Elle enseigna à Ménélas le moyen d'obliger son pere de lui découvrir ce qui devoit lui arriver.

Ce fut aussi le nom d'une des nymphes qui prirent soin de l'enfance de Jupiter.

IDYIA, fille de l'Océan & de Téthys, femme d'Eétès, roi de la Colchide, & mere de Médée.

IGNIGENA, c'est-à-dire, *né du feu*, surnom de Bacchus, pris d'une circonstance de sa naissance. *Voyez* BACCHUS.

IGNIPOTENS, *maître du feu*, surnom de Vulcain.

ILAÏRE ou LAÏRE & PHŒBÉ, filles de Leucipe, & prêtresses, la premiere, de Diane, & l'autre de Minerve. Castor & Pollux les enleverent.

ILAPINASTES, c'est-à-dire, *qui préside aux festins*. Surnom de Jupiter.

ILIADES, c'est-à-dire, *les femmes d'Ilion*; les Troyennes. *Iliades*, au singulier, c'est Romulus, fils d'Ilia.

ILIA SYLVIA, mere de Romulus. *V.* SYLVIA.

ILION. On appella ainsi la ville de Troie, du nom d'Ilus, fils de Tros, & roi de cette contrée.

ILIONE, fille de Priam, & femme de Polymnestor.

ILIONÉE, Troyen, fils de Phorbas, suivit Enée, qui le chargea de plusieurs ambassades, parce qu'il étoit éloquent. *Virg.*

ILISSIDÉS. Les Muses étoient ainsi surnommées, à cause du fleuve Ilissus dans l'Attique, qui leur étoit consacré.

ILITHYIE, déesse qui présidoit aux accouchemens. C'est la même que Lucine.

ILUS, roi de Troie, fils de Tros & de Callirhoé, fille de Scamandre : il donna le nom d'Ilion à la ville de Troie.

IMARMENE ou HIMARMENE, divinité qu'on croit être la même que le Destin.

IMBRASIDES, Asius, fils d'Imbrasus.

IMBRASIE, surnom de Junon.

IMPERATOR, surnom de Jupiter.

IMPORCITOR, un des dieux champêtres que les Romains invoquoient lorsqu'ils ensemençoient les terres.

IMPUDENCE. Les Athéniens en avoient fait une divinité.

INACHIA. *Voyez* INACHUS.

INACHIDÆ, les Argiens, ainsi surnommés du nom d'Inachus leur premier roi.

INACHIDES, Epaphus, petit-fils d'Inachus.

INACHIS, Io, fille d'Inachus.

INACHUS, le plus ancien roi d'Argos, & pere d'Io que Jupiter aima. Il donna son nom au fleuve Inachus & à tout le Péloponèse, qui est souvent appellé *Inachia*. *Voyez* Io.

INARIMÉ, isle sur les côtes de la Campanie, sous laquelle on feint que Jupiter écrasa le géant Typhon.

INCONNU. Il y avoit à Athènes le dieu Inconnu.

INCUBES ou EPHIALTES, démons fabuleux extrêmement redoutés dans les tems d'ignorance. On s'imaginoit que c'étoient des esprits malfaisans qui se jettoient sur les hommes, & sur-tout sur les femmes pendant leur sommeil, & qu'ils s'efforçoient de les étouffer. Ces suffoquemens qu'on leur attribuoit, n'étoient autre chose que l'effet d'un accident assez ordinaire qu'on appelle cochemar. Il y en a qui confondent les Incubes avec les Faunes & les Satyres.

INDEX, c'est-à-dire, *qui découvre*. Surnom d'Hercule.

INDIGETES, nom qu'on donnoit aux hommes illustres, qu'on honoroit comme des dieux après leur mort.

INO, fille de Cadmus & d'Hermione, fut la troisiéme femme d'Athamas, qui s'étant imaginée qu'elle étoit lionne, tua Léarque & Mélicerte ses deux enfans, qu'elle croyoit être des lionceaux. Ino se précipita de desespoir dans la mer ; mais Neptune la métamorphosa en nymphe. On croit que Mélicerte en échappa. On conte cette Fable encore autrement. *Voyez* LEUCOTHÉE.

INSTRUMENS de musique. *Voyez* MUSES, APOLLON, ORPHÉE, AMPHION. Pour les Arts, *Voyez* MINERVE.

INTERCIDON, dieu qui présidoit à la coupe des bois.

INTERCIDONA, divinité champêtre : elle étoit sur-tout révérée par les bucherons & par les charpentiers. C'est la même qu'Intercidon.

INTERDUCA, ITERDUCA ou DOMIDUCA. On invoquoit Junon sous ce nom, lorsqu'on menoit la nouvelle mariée dans la maison de son mari.

INVENTEUR. Surnom de Jupiter.

INVERECUNDUS Deus, le Dieu effronté ; c'est Bacchus.

INVINCIBLE. Surnom de Jupiter.

INUUS ou *IYUS*, le même que Pan.

Io, fille d'Inachus & d'Ismène. Jupiter la métamorphosa en vache, pour la souftraire à la vigilance de Junon: mais cette déeffe la lui demanda, & la donna à garder à Argus. Mercure endormit cet Argus au son de fa flute, & le tua par ordre de Jupiter. Junon envoya un taon qui piquoit continuellement Io, & qui la fit errer par-tout. On dit qu'en paffant auprès de son pere, elle écrivit son nom fur le fable avec son pied, & qu'elle se fit reconnoître; mais dans le moment qu'Inachus alloit se faifir d'elle, le taon la piqua fi vivement, qu'elle se jetta dans la mer: elle paffa à la nâge toute la Méditerranée, & arriva en Egypte, où Jupiter lui rendit fa premiere forme, & eut d'elle Epaphus. Les Egyptiens lui dresserent des autels, & lui faifoient des facrifices fous le nom d'Ifis. Jupiter lui donna l'immortalité, & lui fit époufer Ofiris.

On repréfente Io ou Ifis, portant fur fa tête, ou de grands feuillages bizarrement affenblés, ou une cruche, ou des tours, ou des creneaux de murailles, ou un globe, ou un croiffant, ou une coëffure très-baffe. Affez fouvent on la trouve dans les anciens monumens avec un enfant qu'elle tient fur ses genoux, ou à qui elle préfente la mammelle. Dans d'autres figures, elle est toute ouverte de mammelles. Dans d'autres, elle est ferrée d'une grande emveloppe, qui s'étend depuis les épaules jufqu'aux pieds, & qui est pleine de figures hiéroglyphiques. On la voit auffi portant à la main droite, ou la lettre T fufpendue à un anneau, ou un fiftre, inftrument de mufique qui a la forme d'un cerveau ovale, ou enfin une faucille qu'il plaît à quelques auteurs de prendre pour une clef. On la confond avec Cybèle. *Hift. du Ciel. Voyez* Jov.

Iou. *Voyez* Jov.

Iobacchus, furnom de Bacchus.

Iobatès, roi de Lycie. *Voyez* Bellérophon.

Iodame ou Iodamie, prêtreffe de Minerve. Etant entrée pendant la nuit dans le fanctu temple, la déesse la pétrifia en lui montrant la tête de Méduse.

Il y eut une autre Iodame, mere de Deucalion.

Io Pæan. C'étoit un cri de joie, & une priere que le peuple répétoit souvent dans les sacrifices, dans les jeux solemnels, dans un combat quand on avoit l'avantage, &c. *Voyez* Pæan, Jou.

Iolas, fils d'Iphiclus. On dit qu'il brûloit les têtes de l'hydre à mesure qu'Hercule les coupoit. Hébé, pour récompense de ce service, le rajeunit, lorsqu'il devint caduc; ce qu'elle fit à la priere d'Hercule qu'elle avoit épousé dans le ciel.

Iolchos ou Iolcos, ville de la Thessalie, fameuse par la naissance de Jason, & où s'assemblerent les princes Grecs pour la conquête de la toison d'or.

Iole, fille d'Euryte. Hercule voulut l'épouser, ce qui détermina Déjanire à envoyer à ce héros la fatale chemise du centaure Nessus. *Voyez* Euryte.

Ion, fils de Xuthus & de Créuse, fille d'Erecthée. Il épousa Hellice dont il eut plusieurs enfans, & regna dans l'Attique, qui fut assez longtems appellée Ionie, de son nom.

Ione, fille d'Autolique. Elle fut changée en nymphe.

Ionides, nymphes. Elles avoient un temple dans l'Elide auprès du fleuve Cythéron qui leur étoit consacré.

Ionie. *Voyez* Ion.

Iopas, prince d'Afrique, qui joua sur son luth pendant le festin que Didon donna à Enée.

Iosus ou Ioxus, fut le pere des Iosides, qui observoient des pratiques singulieres dans leurs sacrifices, comme de n'y point brûler d'asperges, de roseaux, de chaume, &c.

Iovis ou Jovis se trouve quelquefois au premier cas pour Jupiter.

Iphates, un des fils de Priam.

Iphianasse, fille de Proetus. Elle fut métamorphosée en vache avec ses sœurs, pour avoir préféré le palais de son père au temple de Junon.

Les poëtes donnent aussi le nom d'Iphianasse à Iphigénie, fille d'Agamemnon. *Voyez* IPHIGÉNIE.

IPHIAS, Evadné, fille d'Iphis.

IPHICLUS, fils de Phyladus & Periclimène, étoit oncle de Jason. Il fut célèbre par sa grande agilité. Il y eut un autre Iphiclus, ou mieux Iphiclès, fils d'Amphitryon, & frere utérin d'Hercule. Un des princes Grecs qui allerent au siége de Troie, avoit aussi ce nom. Ce dernier fut pere de Protésilas.

IPHIDAMAS, fils d'Anténor, qui fut tué par Agamemnon.

IPHIGÉNIE ou IPHIANASSE, fille d'Agamemnon & de Clytemnestre. Elle fut nommée par Calchas pour être la victime qu'il falloit sacrifier en Aulide, afin d'obtenir un vent favorable, que les Grecs attendoient pour aller au siége de Troie. Agamemnon la livra au grand prêtre : & dans le moment qu'on alloit l'égorger, Diane enleva cette princesse, & fit paroître une biche en sa place. Iphigénie fut transportée dans la Taurique, où Thoas, roi de cette contrée la fit prêtresse de Diane, à qui ce prince cruel faisoit immoler tous les étrangers qui abordoient dans ses états. Oreste, après le meurtre de sa mere, contraint par les Furies qui l'agitoient, à errer de provinces en provinces, fut arrêté dans ce pays, condamné à être sacrifié ; mais Iphigénie sa sœur le reconnut dans l'instant qu'elle alloit l'immoler, & le délivra aussi-bien que Pylade, qui vouloit mourir pour Oreste. Ils s'enfuirent tous trois, après avoir tué Thoas, & emporterent la statue de Diane. *Métam. liv.* 12.

IPHIMEDIE, femme d'Aloüs. Elle quitta son mari, & se jetta dans la mer pour épouser Neptune, dont elle eut deux fils nommés Othus & Ephialthe.

IPHINOÉ, fille de Prœtus, & sœur d'Iphianasse.

IPHIS, fille de Lygde & de Thélétuse. Lygde ayant été obligé de faire un voyage, laissa Thélétuse grosse d'Iphis, avec ordre d'exposer l'enfant, si c'étoit une fille. Aussi-tôt que Thélétuse fut accouchée, elle habilla Iphis en garçon. Lygde, de retour, fit élever son prétendu fils, & lorsqu'il voulut le marier avec une fille nommée Ianthé, Thélétuse fort embarrassée, pria la déesse Isis de la secourir, & Isis métamorphosa Iphis en garçon. *Val. Flac. Ovid. Métam. l. 1.*

Il y eut un prince de Chypre, appellé aussi Iphis, qui se pendit de désespoir, pour n'avoir pu toucher le cœur d'Anaxarette, & un autre qui fut du nombre des Argonautes.

IPHITUS, fils d'Euryte, roi d'Œchalie. Hercule le fit précipiter du haut d'une tour, après avoir vaincu & tué Euryte.

C'étoit aussi le nom d'un roi d'Elide, qui fut un des Argonautes; & celui d'un Troyen qui suivit Enée.

IRENE, fille de Jupiter & de Thémis. C'étoit une des Heures.

IRIS, fille de Thaumas, & messagere de Junon, qui la métamorphosa en arc, & la plaça au ciel en récompense de ses bons services; c'est ce qu'on appelle l'Arc-en-ciel. Junon l'aimoit beaucoup, parce qu'elle ne lui annonçoit jamais de mauvaises nouvelles. *Hygin. Noël le Comte.*

Il y eut une des filles de Minée, de ce nom. *Voyez* MINÉIDES.

IRMIN, IRMINSUL & HERMION, noms que les Germains & les anciens Saxons donnoient à Mercure.

IRUS OU ARNÉE, gueux du pays d'Ithaque, qui se mit au nombre de ceux qui vouloient épouser Pénélope. Ulysse le tua d'un coup de poing.

ISCHOMAQUE. C'est la même qu'Hippodamie, femme de Pirithoüs. *Voyez* HIPPODAMIE.

ISIAQUES, prêtres d'Isis. Ils ne mangeoient point de chair de porc, ni de brebis, & n'usoient point de sel. Ils se rasoient la tête, & se distinguoient par bien des singularités dans leurs habits & dans leur maniere de vivre.

ISION, temple & simulacre d'Isis. On appelloit ses fêtes, Isies ou Isiennes, & Isitiennes.

ISIS, est la même qu'Io. *Voyez* IO.

ISITIENNES ou ISITIES. *Voyez* ISION.

ISMARE, montagne fameuse dans la Thrace, dont Ulysse dans Homere vante le bon vin. C'est du nom de cette montagne, que Térée, roi de Thrace, est surnommé *Ismarius*.

ISMENE, fille d'Œdipe.

ISMÉNIDES, nymphes de l'Isménus, fleuve de Béotie. Les Thébaines sont aussi appellées *Isménides*, du nom de ce fleuve.

ISMENIUS, surnom d'Apollon, pris du culte qu'on lui rendoit en Béotie, où coule le fleuve Isménus.

ISMÉNUS, fils de Pelasgus, donna son nom à un fleuve de Béotie.

ISSÉ, une des femmes d'Apollon, qui se déguisa en berger pour l'épouser.

ISSEDONS, peuples voisins des Scythes. Quand parmi eux un pere de famille mouroit, toute la famille s'assembloit, égorgeoit des victimes, & coupant le défunt en morceaux, ils mêloient sa chair avec celle des victimes, dont ils faisoient un festin. Ils conservoient seulement la tête du mort qu'ils faisoient dorer, & qu'ils révéroient comme une divinité.

ISSORIA, surnom de Diane.

ISTHMIENS ou ISTHMIQUES. *Voyez* JEUX.

ITALUS, fils de Télégone, donna son nom à l'Italie.

ITEA, fille de Danaüs, tua son mari la premiere nuit de ses nôces.

ITEMALE, vieillard qui exposa Œdipe, par l'ordre de Laïus. *Voyez* ŒDIPE.

ITERDUCA, la même qu'Interduca.

ITHACUS, Ulysse, roi d'Ithaque.

ITHAQUE, isle peu étendue, & toute hérissée de montagnes & de rochers dans la Méditerranée, vis-à-vis de l'Epire. Elle est célèbre dans la Fable, comme patrie d'Ulysse qui en étoit roi.

ITHOMETES ou ITHOMÆUS, surnom de Jupiter, pris du culte qu'on lui rendoit à Ithome, ville de Thessalie, où l'on célébroit en son honneur des fêtes appellées Ithoméennes.

ITHYPHALLES. On appelloit ainsi ceux qui célébroient les Orgies en faisant toutes sortes de folies.

ITHYPHALLUS, surnom de Priape.

ITHYS, fils de Terée. Progné sa mere le servit par morceaux dans un festin. *Voyez* PHILOMÉLE.

ITONUS ou ITHON, fils de Deucalion, inventa l'art de façonner les métaux.

ITYLUS, fils de Zéthus. *Voyez* AÉDON. C'est aussi le même qu'Ithys.

ITYS. *Voyez* ITHYS.

IULE. C'est le même qu'Ascagne. *V.* ASCAGNE. On appelloit Iules des hymnes qu'on chantoit en l'honneur de Cérès & de Libera.

IXION, roi des Lapithes. Il refusa à Deionée les présens qu'il lui avoit promis pour épouser sa fille ; ce qui porta ce dernier à lui enlever ses chevaux. Ixion dissimulant son ressentiment, attira chez lui Déionée, & le fit tomber par une trappe dans un fourneau ardent. Il eut de si grands remords de cette trahison, que Jupiter le fit mettre à sa table pour le consoler. Alors il eut l'audace d'aimer Junon, & tâcha de la corrompre : mais cette déesse en avertit son mari, qui pour éprouver Ixion, forma une nue qui ressembloit à Junon, & la fit paroître dans un lieu secret, où Ixion la trouva. Il ne manqua pas alors de suivre les mouvemens de sa passion. Alors Jupiter convaincu, foudroya Ixion, & le précipita dans les enfers, où les Euménides l'attacherent avec des serpens à une roue qui tournoit sans cesse.

IXIONIDES, Pirithoüs, fils d'Ixion.

J A N.

JALEMUS, fils d'Apollon. Il éprouva tant de malheurs, que son nom passa en proverbe pour dire un malheureux. Ce fut aussi de son nom qu'on appella Jalémies, les chants funébres avec lesquels on célébroit les funérailles.

JALMENUS, fils de Mars, fut un des chefs des Grecs au siége de Troie.

JAMIDES, descendans de Jamus, fameux devin. Ils excelloient comme leur pere, dans l'art des augures.

JAMUS, fameux devin, fils d'Apollon.

JANA ou IANA. Varron appelle ainsi la Lune, qui est la même que Diane.

JANASSA, nymphe qui présidoit à la modération dans le gouvernement.

JANICULE, colline & quartier de Rome, où Janus étoit particulièrement révéré.

JANIRE, fille de l'Océan & de Téthys.

JANISCUS, fils d'Esculape & de Lampétie.

JANTHÉ ou IANTHÉ. *Voyez* IPHIS.

JANUAL, fête de Janus à qui on offroit une espéce de gâteau qu'on nommoit aussi *Janual*.

JANVIER, mois de l'année, ainsi appellé du nom de Janus à qui il étoit consacré. Ce mois étoit sous la protection de Junon.

JANUS, roi d'Italie, fils d'Apollon, & d'une nymphe appellée Créuse. Il reçut Saturne dans ses états, auxquels celui-ci donna le nom de *Latium*, parce qu'il s'y étoit caché, lorsque Jupiter le poursuivit. Janus, pour avoir reçu favorablement ce dieu banni, fut gratifié par lui d'une rare prudence, avec la connoissance du passé & de l'avenir ; c'est pourquoi on feint qu'il avoit deux visages, & même quatre ; qu'il tenoit en ses mains une clef, & une baguette ou un bâton ; une clef, parce qu'on croyoit qu'il avoit inventé les serrures ; un bâton parce qu'il recevoit bien les voyageurs, & qu'il présidoit aux chemins. Il apprit de Saturne l'agriculture, & la maniere de policer les peuples, qui furent, dit-on, heureux sous son regne. On lui bâtit un temple à Rome, dont les portes étoient fermées pendant la paix & ouvertes pendant la guerre.

JAPET, fils du Ciel & de la Terre. Il étoit Pere d'Epiméthée, de Prométhée, d'Atlas & d'Hesper, tous peres du genre humain, selon la Fable.

JAPETIONIDES, Atlas, fils de Japet.

JAPIS où JAPYS, fils de Jasius, fut cher à Apollon, de qui il obtint la connoissance de l'art des augures, de la musique & de la médecine.

Ce fut aussi le nom d'un Etolien, qui chassé de son pays, vint dans la Vénétie, où il bâtit sur le Timave une ville à laquelle il donna son nom.

JAPIX, fils de Dédale. C'étoit aussi le nom d'un vent.

JARDAN ou JARDANÈS, roi de Lydie, pere d'Omphale.

JARDIN. *Voyez* ALCINOUS, HESPÉRIDES.

JASIDES. Dans Virgile, c'est Palinure; & dans Stace, c'est Adraste: le premier, fils, & l'autre, petit-fils de Jasius. C'est aussi Japis, fils d'un Jasius inconnu, à moins, comme le soupçonne Macrobe, que Japis n'ait été frere de Palinure.

JASION ou JASIUS, fils de Jupiter, quelques-uns disent de Corycus & d'Electre. Il fut fort aimé de Cérès, dont il eut Plutus, dieu des richesses.

JASIS. C'est Atalante, fille de Jasius.

JASIUS, fils d'Abas, & frere de Dardanus. Il y eut un autre Jasius, roi du Latium. *Voyez* JASION.

JASO, fille d'Esculape & de Lampétie. Ce fut aussi le nom d'une fille d'Amphiaraüs.

JASON, fils d'Eson & d'Alcimède. Eson étant mort, ou, selon la plus commune opinion, ayant été détrôné par son frere Pélias, qui s'empara d'Iolcos & de tous ses états, Alcimède fit élever secrétement Jason, qu'elle confia pour cela au centaure Chiron. Ce prince étant devenu grand, revint à Iolcos, où Pélias, par ménagement pour le peuple, le reçut bien; mais bientôt il chercha tous les moyens de le perdre, pour s'assurer du trône. Il persuada à Jason qu'il falloit entreprendre la conquête de la toison d'or, espérant qu'il n'en reviendroit pas. Le bruit de cette expédition s'étant répandu par-tout, les princes Grecs voulurent y avoir part, & partirent sous ses drapeaux pour la Colchide, où cette toison étoit pendue à un arbre & défendue par un dragon monstrueux. On les appella Argonautes, du nom de leur vaisseau nommé Argo. Aussi-tôt que Jason fut arrivé en Colchide, il s'attacha à Médée, grande magicienne, qui lui donna une espèce d'herbe pour endormir le dragon, ce qui réussit: car il tua le dragon, emporta la toison, & enleva Médée. Lorsqu'il fut arrivé chez son oncle Pélias, Médée, pour venger son mari des injustices de Pélias, conseilla aux filles de ce prince de tuer leur pere, & de le faire bouillir dans une cuve d'airain, leur faisant croire que c'étoit un moyen pour le rajeunir. Ensuite Jason & Médée ayant abandonné Iolcos, ou plutôt en ayant été chassés par Acaste, fils de Pélias, ils se retirerent à Corinthe, où ils furent bien reçus par Créon, roi de cette ville. Créuse, fille de ce roi, plut à Jason qui l'épousa. Médée désespérée de se voir abandonnée par Jason, entra dans une si grande fureur, que non contente de faire périr misérablement Créuse & Créon, elle massacra encore de ses propres mains aux yeux de Jason, deux enfans qu'elle avoit eus de lui. *Voyez* CRÉUSE, MÉDÉE.

JAVELOT. *Voyez* DIANE, CUPIDON, CÉPHALE, ADRASTE, PHILOCTÉTE, ACHILLE, ACTÉON, ORION.

JEHOUD ou JEOUD, fils de Saturne & de la nymphe Anobreth. Il fut immolé par son pere.

JEUNESSE, déesse que les Romains invoquoient quand ils faisoient quitter la robe prétexte à leurs enfans. Les Grecs honoroient la même divinité sous le nom d'Hébé. *Voyez* HÉBÉ, JUVENTA.

JEUX FLORAUX, *Floralia*. Ces jeux ou spectacles

qu'on inſtitua à Rome en l'honneur de la déeſſe Flore, étoient pleins de turpitude & d'infamie; & n'avoient rien de commun avec les exercices littéraires de la célèbre Académie connue aujourd'hui ſous ce nom.

JEUX ICARIENS. *Voyez* ICARIUS.

JEUX ISTHMIQUES. On les célébroit dans l'Iſthme de Corinthe, en l'honneur de Neptune.

JEUX NÉMÉENS. *Voyez* ARCHEMORE.

JEUX OLYMPIQUES, ainſi appellés d'Olympie, ville de l'Elide dans le Péloponèſe, auprès de laquelle ils ſe célébroient après quatre ans pleins & révolus, de ſorte qu'un jeu ne ſe célébroit proprement que la cinquième année après le précédent; ce qui a fait dire à quelques auteurs que ces jeux ne ſe célébroient que tous les cinq ans. L'eſpace qu'il y avoit d'un jeu à l'autre, s'appelloit Olympiade, maniere célèbre de compter les années dans l'hiſtoire ancienne. Ces jeux qui ſe faiſoient en l'honneur de Jupiter Olympien, commencerent l'an du monde 3195, ou l'an 776 avant la premiere année de l'ere vulgaire. Ce fut, ſelon la plus commune opinion, Hercule qui les inſtitua. Les courſes de chars faiſoient la partie la plus brillante de ces ſpectacles. On les célébroit avec toute la magnificence poſſible: & celui qui remportoit le prix, jouiſſoit de grandes prérogatives.

JEUX PYTHIENS. Ils furent inſtitués par Apollon en mémoire de ſa victoire ſur le ſerpent Python. Les exercices étoient la courſe, le jet, le palet, & les coups de poings ou le pugilat. D'abord une couronne de chêne fut le prix du vainqueur; mais après, c'en fut une de laurier, & dans la ſuite une d'or.

JOCASTE ou EPICASTE. *Voyez* ŒDIPE.

IOCUS, dieu de la raillerie & des bons mots.

JODAMIE. *Voyez* IODAME.

JOIE. *Voyez* GAIETÉ.

JOU, Iou ou Io. Ces mots ſignifient *Dieu* ou *Seigneur*. Les payens ne s'en ſervoient point ſi particuliérement pour invoquer Jupiter, qu'ils ne l'employassent encore pour leurs autres divinités. Ils disoient *Io Bacche*, *Io Pæan*; &c.

JOVIS. Voyez IOVIS.

JUBA, ancien prince de Lybie, qui y fut mis au nombre des dieux. Il avoit un autel dans l'Attique.

JUGA. Sous ce nom on adoroit Junon, comme la divinité tutélaire des liens du mariage.

JUGALIS, surnom de Junon & de Bacchus.

JUGATINUS, dieu du sommet des montagnes. On l'invoquoit aussi quand les nouveaux mariés se juroient la foi conjugale.

JUGES des enfers. *Voyez* EAQUE, MINOS, RHADAMANTHE.

JULE. *Voyez* ASCAGNE.

JULIUM SIDUS, c'est-à-dire, l'étoile de Jule-César. C'étoit une comete qui parut après sa mort, & qu'on regarda comme son ame admise au nombre des dieux.

JUNON, déesse des royaumes, reine des dieux, femme de Jupiter, & fille de Saturne & de Rhée. Jupiter son frere se métamorphosa en coucou pour la tromper; mais elle le reconnut & ne voulut l'écouter qu'à condition qu'il l'épouseroit. Aussi-tôt qu'ils furent mariés, elle devint si jalouse, qu'elle l'épioit continuellement, ne cessant de persécuter ses concubines, & même les enfans qu'il en avoit eus. Elle suscita une infinité de traverses à Hercule & à plusieurs autres. Mais voyant que Jupiter ne l'écoutoit pas, elle se retira à Samos, où elle demeura long-tems. Jupiter, pour la faire revenir, fit conduire un char, sur lequel il habilla magnifiquement une image de bois, & faisoit crier que c'étoit Platée, fille d'Asope, qu'il alloit épouser. Junon ayant oui ces cris, sortit en fureur & alla briser l'image; mais lorsqu'elle eut connu la ruse de Jupiter, elle en rit, & se raccommoda avec lui. Après la défaite des dieux, auxquels elle s'étoit jointe dans leur révolte, Jupiter la suspendit en l'air, & par le moyen d'une paire de mules d'aimant, que Vulcain inventa pour se venger de ce qu'elle l'avoit mis au monde tout contrefait, il lui attacha sous les pieds deux enclumes, après lui avoir lié les mains derriere le dos avec une chaîne d'or. Les dieux n'ayant pu la délier, furent obligés d'avoir recours à Vulcain qui le fit, à condition qu'on lui donneroit Vénus en mariage. Junon avoit un orgueil insupportable. Elle ne put jamais pardonner à Pâris de ne lui avoir pas donné la pomme d'or sur le mont Ida, lorsqu'elle disputa de la beauté avec Vénus & Pallas; elle se déclara dès-lors l'ennemie irréconciliable des Troyens, & poursuivit sa vengeance jusques sur Enée. Ce prince étant sur ses vaisseaux pour aller s'établir en Italie, elle alla trouver Eole, & lui promit Déiopée la plus belle de ses nymphes, s'il vouloit le faire périr avec sa flotte. Junon, toujours attentive aux démarches de Jupiter, confia la vache Io à Argus, que Mercure endormit & tua: mais elle le métamorphosa en paon, & prit cet oiseau sous sa protection. Ayant appris que Jupiter avoit mis au monde Pallas sans elle, & qu'il l'avoit fait sortir de son cerveau; pour se venger, elle donna toute seule aussi la naissance à Mars. Elle présidoit aux mariages & aux accouchemens. Elle avoit divers noms, selon les raisons pour lesquelles on lui faisoit des sacrifices. Les poëtes la représentent sur un char traîné par des Paons, avec un de ces oiseaux auprès d'elle.

JUNO AVERNA. C'est Proserpine.

JUNONIA avis, l'oiseau de Junon. C'est le paon. *Ovid.*

JUNONIES, fêtes en l'honneur de Junon.

JUNONIGENA, c'est-à-dire, *né de Junon.* Vulcain est ainsi appellé, parce qu'on croit qu'il est le seul que Junon ait eu de Jupiter.

JUNONIUS, surnom de Janus, parce que, comme Junon, il présidoit au commencement de tous les mois.

JUNONS, divinités particulieres des femmes. Chaque femme invoquoit sa Junon, comme chaque homme invoquoit son Génie.

JUNUS, surnom de Pan.

JUPIN: *Voyez* JUPITER,

JUPITER ou JUPIN, fils de Saturne & de Rhée. Aussi-tôt que Rhée accouchoit, Saturne dévoroit tous les enfans mâles qu'elle mettoit au monde. Titan lui avoit cédé son droit d'aînesse sous cette condition, espérant par-là que lui ou ses enfans y rentreroient dans la suite. Jupiter étant né avec Junon, Rhée voulut le soustraire à la cruauté de Saturne : ce qu'elle fit en lui présentant Junon, & au lieu de Jupiter une pierre emmaillotée, qu'il dévora sur le champ.

Elle donna Jupiter à élever aux Curétes ou Corybantes, nommés aussi Idéens & Dactyles, qui par une espéce de danse à certaines mesures empêchoient que les cris de l'enfant ne parvinssent jusqu'aux oreilles de son pere. Ils l'emporterent dans la Crète, où il fut allaité par la chévre Amalthée. Dès qu'il fut grand, on lui apprit sa naissance, & il fit savoir à Saturne qu'il eût à le recevoir comme son héritier. Titan ignorant la tromperie, regarda Saturne comme un fourbe, le chassa du ciel, & le fit prisonnier. Jupiter commença dès-lors à donner des marques de sa puissance ; il attaqua Titan, délivra son pere, & le remit sur le trône. Mais Saturne ayant appris du Destin que Jupiter étoit né pour commander à tout l'univers, il chercha tous les moyens pour perdre son fils, qui prit les armes contre lui, le chassa du ciel, & le contraignit d'aller se cacher dans le *Latium*.

Jupiter s'empara du trône de son pere, & en peu de tems se vit maître du ciel & de la terre. Ce fut alors qu'il épousa Junon sa sœur, & qu'il partagea la succession de son pere avec ses freres. Il se réserva le ciel, & donna l'empire des eaux à Neptune, & celui des enfers à Pluton, lesquels avec Junon, Pallas, & les autres dieux voulurent bientôt après se soustraire à sa domination ; mais il les défit & les contraignit de se sauver en Egypte, où ils prirent diverses formes. Il les poursuivit sous la figure d'un bélier, & fit enfin la paix avec eux. Lorsqu'il se croyoit tranquille, les géans, enfans de Titan, voulant rentrer dans leurs droits, entasserent plusieurs montagnes les unes sur les autres pour escalader le ciel, & pour l'en chasser. Jupiter qui s'étoit rendu maître du tonnerre, les foudroya, & les écrasa sous ces mêmes montagnes. Après cette victoire, il ne songea plus qu'à s'abandonner à ses plaisirs, & eut une infinité de concubines. Il se métamorphosoit de toutes manières pour les tromper, tantôt en Satyre pour surprendre Antiope, tantôt en pluie d'or pour surprendre Danaé enfermée dans une tour d'airain. Ne pouvant sous la figure humaine séduire Europe, fille d'Agénor, il se métamorphosa en taureau : & cette princesse s'étant mise sur son dos, il prit la fuite, passa la mer à la nage, & l'enleva. Il prit la figure d'un cygne pour tromper Léda, femme de Tyndare, qui accoucha de deux œufs, d'où sortirent Castor & Pollux, Héléne & Clytemnestre. Il prit aussi la figure de Diane pour tromper Calysto ; enfin il se métamorphosa en aigle pour enlever Ganymède, fils de Tros, & le porta au ciel, où il se fit verser le nectar par lui à la place d'Hébé.

Voilà les idées que les payens avoient de la divinité principale qu'ils adoroient. Ils regardoient Jupiter comme le maître absolu de tout, & le représentoient toujours la foudre à la main, porté sur un aigle, oiseau qu'il prenoit sous sa protection. Le chêne lui étoit consacré, parce qu'à l'exemple de Saturne, il apprit aux hommes à se nourrir de gland. On lui éleva des temples superbes par tout l'univers ; & on lui donna des surnoms, suivant les lieux où il avoit des autels. Les Egyptiens le nommoient Jupiter-Ammon, & l'adoroient sous la figure d'un bélier : mais son principal surnom étoit Olympien, parce qu'on s'imaginoit qu'il demeuroit avec toute sa cour sur le sommet du mont Olympe. On prétend que Varron avoit compté jusqu'à trois cent Jupiters, dont les auteurs de l'antiquité & sur-tout les poëtes ont réuni tous les traits pour n'en faire qu'un seul. *Hom. Cic. de Nat. Deorum. Hygin. Ovid. Eusebe, Apollod. &c.*

JUPITER *infernus*. C'est Pluton.

JUSTICE, autrement Thémis ; divinité allégorique, fille de Jupiter & d'Astrée. Elle se retira avec sa mere dans le ciel, lorsque l'âge de fer eut succédé aux autres âges. On la représente sous la figure d'une jeune fille, tenant d'une main une balance égale des deux côtés, & de l'autre une épée nue. On feint aussi qu'elle étoit assise sur une pierre quarrée, prête à prescrire des peines pour le vice, & des récompenses pour la vertu.

JUTURNE, fille de Daunus, que Jupiter métamorphosa en fontaine.

JUVENTA, JUVENTAS ou JUVENTUS, déesse de la Jeunesse ; elle présidoit au tems de la vie, depuis l'enfance jusqu'à l'âge viril. *Voyez* HÉBÉ, JEUNESSE.

KRO

KRODO, le même que Crodus. Divinité des anciens Saxons. On croit que c'est Saturne.

LAB

LAAN ou LAPERSE, ville de la Laconie, dont Castor & Pollux s'emparerent : ce qui leur fit donner le surnom de Laperses.

LABDA, fille d'un certain Amphion de la famille des Bacchiades, étant boiteuse, & se voyant pour cela méprisée de ses compagnes, elle les quitta pour épouser Etion, dont elle eut un fils qu'on appella Cypselus. L'oracle ayant un jour prédit qu'un fils de Labda s'empareroit de Corinthe, on envoya dix hommes chez cette femme pour tuer l'enfant : mais dans le moment que l'un d'eux alloit lui enfoncer le poignard dans le cœur, Cypselus lui rendit ses petits bras en souriant : ce qui fit que le meurtrier n'eut pas le courage de le tuer. Celui-ci donna l'enfant à son compagnon, à qui la même chose arriva, & qui n'eut pas plus de force que le premier. Cypselus passa ainsi de main en main jusqu'au dernier, qui le rendit à sa mere. Etant tous sortis, ils se reprocherent leur foiblesse : & comme ils rentroient pour faire l'exécution, Labda qui avoit tout entendu, cacha si bien son fils, qu'ils ne purent le retrouver. *Hérodot.*

LABDACIDES, Laïus ; fils de Labdacus. On donnoit aussi quelquefois le nom de Labdacides aux Thébains.

LABDACUS, fils de Phénix, & pere de Laïus, roi de Thèbes.

LABITH-HORCHIA. Les Tyrrhéniens adoroient Vesta sous ce nom.

LABITI. Les Scythes appelloient ainsi la déesse Vesta.

LABRADEUS, surnom de Jupiter. Quand on le représentoit sous cette dénomination, on lui mettoit à la main une hache, au lieu de la foudre qu'il porte dans les autres figures.

LABROS, c'est-à-dire, *vorace*, un des chiens d'Actéon.

LABYRINTHE. C'étoit un enclos remplis de bois & de bâtimens, disposés de telle façon, que quand on y étoit une fois entré, on n'en pouvoit trouver la sortie. Il y en avoit deux célèbres : celui de Crète, que Dédale bâtit, dans lequel il fut enfermé lui-même, & où Minos fit mettre aussi le Minotaure ; & celui d'Egypte, qu'on croit avoir servi de modèle pour l'autre. Pline fait encore mention de deux autres Labyrinthes, l'un dans l'Isle de Lemnos, & l'autre dans l'Etrurie.

LACÉDÉMON, fils de Jupiter & de Taygéte, bâtit une ville à laquelle il donna le nom de sa femme Sparté, & qui depuis fut célèbre par la singularité de ses loix & des mœurs de ses habitans.

LACHÉSIS, celle des trois Parques qui tient la quenouille.

LACINIA, surnom de Junon, pris d'un temple célèbre qu'elle avoit au promontoire de *Lacinium* dans la Calabre.

LACINIUS, fameux brigand tué par Hercule sur un promontoire d'Italie, qui fut depuis appellé de son nom. *Voyez* LACINIA.

LACIUS, héros Grec qui avoit un bois sacré dans l'Attique.

LACON, c'est-à-dire, *criard*, un des chiens d'Actéon.

LACTANS ou LACTENS. *Voyez* LACTUCINA.

LACTUCINA, déesse qu'on invoquoit pour les grains quand ils commencent à s'enfler dans l'épi où ils sont en lait. D'autres en font un dieu qu'ils appellent *Lacturnus*, *Lactans* & *Lactens*.

LACTURNUS. *Voyez* LACTUCINA.

LADON, fleuve d'Arcadie, célèbre dans les poëtes par la métamorphose de Syrinx. Comme les anciens donnoient, ce qu'on fait même encore quelquefois, les noms des fleuves à des chiens, c'est de celui de ce fleuve d'Arcadie qu'un des chiens d'Actéon étoit appellé Ladon. *Voyez* SYRINX.

LÆLAPS, c'est-à-dire, *vent orageux*, nom d'un chien d'Actéon, & d'un autre de Céphée.

LAERTE, fils d'Arcesius, roi d'Itaque. Il mourut peu après le retour d'Ulysse son fils, qui étoit allé au siége de Troie.

LAERTIADES, LAERTIDES ou LARTIDES, Ulysse, fils de Laërte.

LAERTIUS ou LARTIDIUS *héros*, c'est-à-dire, *le héros, fils de Laërte*: c'est Ulysse.

LAIADES, Œdipe, fils de Laïus.

LAIRE. C'est la même qu'Ilaïre. *Voyez* ILAÏRE.

LAÏS. Il y a eu à Corinthe deux filles de ce nom, toutes deux célèbres par leur beauté. L'une d'elles faisoit payer si cher à ceux qui vouloient la voir, la liberté d'entrer dans sa maison, qu'il n'y avoit que les plus riches qui pussent y prétendre; ce qui donna lieu au proverbe: *Il n'est pas permis à tout le monde d'aller à Corinthe*. On ne sait laquelle des deux étant allée en Thessalie y fut tuée dans un temple de Vénus par les femmes de ce pays, jalouses de sa grande réputation. La peste ayant ensuite ravagé la Thessalie, on crut que Vénus avoit envoyé ce fléau pour venger la mort de Laïs. *Voyez* ANDROPHONOS.

LAÏUS, fils de Labdacus, roi de Thèbes, mari de Jocaste, & pere d'Œdipe. *Voyez* ŒDIPE.

LALLUS, dieu qui présidoit au balbutiement des petits enfans.

LAMIE, fille de Neptune. Jupiter l'aima, & en eut une multitude d'enfans. Junon en conçut tant de jalousie, qu'elle les tua tous: & cette perte inspira à Lamie une telle rage, qu'elle dévoroit tout ce qu'elle rencontroit, & fut métamorphosée en chienne.

Lamie fut aussi le nom d'une nymphe, & celui d'une femme Grecque, à qui les Thébains rendirent des honneurs divins, sous le nom de Vénus-Lamia. Pausanias parle encore d'une divinité adorée à Epidaure sous le nom de Lamie; mais d'autres la nomment Damie. *Hist. Deor. Gyrald.* V. LAPIDATION.

LAMIES, spectres ou démons qui, à ce qu'on croyoit, prenoient la figure de belles femmes pour dévorer les enfans. On donnoit aussi le nom de Lamies aux magiciennes.

LAMPÉTIE, fille d'Apollon & de Neæra. Son pere l'avoit chargée avec sa sœur Phaéthuse du soin des troupeaux qu'il avoit en Sicile. Les compagnons d'Ulysse en ayant tué quelques bœufs, Apollon en porta ses plaintes à Jupiter qui les fit tous périr.

Il y en eut une autre, sœur de Phaéton, qui fut métamorphosée en peuplier. *Ovid. Métam.* 2.

LAMPÉTUSE. C'est la même que Lampétie, sœur de Phaéton. *Voyez* LAMPÉTIE.

LAMPON, devin d'Athènes, qui gagnoit sa vie à apprendre à chanter aux oiseaux. C'étoit aussi le nom d'un des chevaux de Diomède.

LAMPOS, un des chevaux d'Apollon.

LAMPTÉRIES ou FÊTES DES LAMPES. Elles se célébroient en l'honneur de Bacchus.

LAMUS,

LAMUS, fils d'Hercule & d'Omphale. C'est peut-être le même que Lamus, fils de Neptune, qui bâtit la ville de Formie.

LANCE. *V.* MINERVE, PÉLIAS, AMPHIARAS.

LAOCOON, fils de Priam & d'Hécube, & grand-prêtre d'Apollon. Il s'opposa aux Troyens lorsqu'ils voulurent faire entrer le cheval de bois dans la ville: mais ils ne voulurent pas le croire. En même tems deux grands serpens qui sortirent de la mer, vinrent attaquer ses enfans au pied d'un autel; il courut à leur secours, & fut étouffé comme eux dans les plis que ces monstres faisoient de leurs corps autour d'eux.

LAODAMAS, fils d'Alcinoüs.

LAODAMIE, fille de Bellérophon. Elle fut fort aimée de Jupiter. Diane la tua à coups de flèches, à cause de son orgueil.

Il y eut une autre Laodamie, fille d'Acaste. Elle mourut de frayeur en voyant l'ombre de son mari Protésilas, qu'elle desiroit ardemment de revoir.

LAODICÉ, fille de Priam & d'Hécube, & femme d'Acamas, quelques-uns disent de Démophoon. La terre, dit-on, s'entrouvrit sous ses pas & l'engloutit toute vivante, comme elle l'avoit desiré, pour échapper à l'opprobre de se voir réduite à l'esclavage par les Grecs vainqueurs & destructeurs de Troie. *Q. Col. L. 13. Voyez* ACAMAS.

Il y eut trois autres Laodicé. L'une, femme de Phoronée; une autre, fille de Cynire; une autre, fille d'Agamemnon & de Clytemnestre, qu'on offrit en mariage à Achille.

LAODOCUS, fils d'Anténor. C'étoit un jeune Troyen d'une grande valeur, sous la ressemblance duquel Pallas engagea Pandarus à tirer une flèche à Ménélas, pour rompre les conventions faites avec les Grecs.

Il y eut un autre Laodocus, fils d'Apollon.

LAOMÉDÉE, nymphe, fille de Nérée & de Doris.

LAOMÉDON, fils d'Ilus, roi de Phrygie. Il convint avec Neptune & Apollon d'une somme d'argent, s'ils vouloient l'aider à relever les murs de

Toie. L'ouvrage étant fini, il ne voulut pas tenir sa parole. Aussi, pour l'en punir, Apollon affligea le pays d'une peste, & Neptune envoya un monstre après une inondation terrible. Les Troyens consulterent l'oracle, qui répondit que pour être délivrés de leurs maux, il falloit réparer l'injure faite aux dieux en exposant au monstre, Hésione fille de Laomédon. Hercule vint délivrer cette princesse, à condition qu'il l'épouseroit : mais ce prince sans honneur & sans foi, refusa de lui donner sa fille, comme il l'avoit promis. Hercule indigné le tua, & donna Hésione à Télamon, qui l'emmena dans la Thrace. *Hygin. Ovid.*

LAOMEDONTIADES, Priam, fils de Laomédon. Les Troyens étoient aussi quelquefois appellés *Laomedontiades* ou *Laomedontiens*.

LAOMEDONTIUS *héros*, c'est-à-dire, *le héros Troyen*. C'est Enée. *Voyez* LAOMEDONTIADES.

LAOTHOÉ, fille d'Hercule, & femme de Polyphème, un des Argonautes.

LAPERSE & LAPERSES. *Voyez* LAAN.

LAPHRIA, surnom de Diane. Son culte étoit célébre à Calydon, d'où il fut transféré à Patras, avec la statue de la déesse, ainsi appellée du nom du sculpteur qui l'avoit faite. Pausanias parle au long des cérémonies qui s'observoient aux fêtes de Diane-Laphria. *liv.* 7.

LAPHYRA. Pallas étoit ainsi surnommée, à cause des dépouilles qu'on enleve aux ennemis vaincus. C'est ce que signifie ce mot.

LAPHYSTIENNES. *Voyez* LAPHYSTIUS.

LAPHYSTIUS. Jupiter & Bacchus étoient ainsi surnommés. On appelloit aussi les Bacchantes, Laphystiennes.

LAPIDATION. Fêtes qu'on célébroit à Trezéne en l'honneur de deux jeunes filles nommées Lamie ou plutôt Damie & Auxésie, qui avoient été tuées à coups de pierres dans une sédition, & dont on fit depuis deux divinités.

LAPIS. Jupiter étoit ainsi nommé de la pierre

dont on assommoit la victime dans les traités, ou de celle que Rhée donna à dévorer à Saturne.

LAPITHES, peuple de la Thessalie, qui descendoit d'Eole & de Lapithe fille d'Apollon. Ils furent les premiers qui dompterent des chevaux. Ils se querellerent avec les Centaures aux nôces de Pirithoüs & d'Hippodamie. *Hygin. Ovid.*

LARA, naïade du fleuve Almon. Jupiter n'ayant pu séduire Juturne, sœur de Turnus, parce que Lara le traversoit toujours, ordonna à Mercure de la conduire dans les enfers. Celui-ci en fut épris, & elle accoucha de deux jumeaux, qui furent les dieux Lares. C'est la même que Larunde.

LARAIRE, endroit de la maison particuliérement consacré au culte des dieux Lares.

LARENTALES, LARENTINALES ou LAURENTALES, fêtes en l'honneur d'Acca-Laurentia.

LARENTIA. C'est la même qu'Acca-Laurentia.

LARES, appellés aussi Pénates, dieux domestiques, enfans de Jupiter ou de Mercure & de Larunde. C'étoient des petites statues qu'on honoroit dans les maisons, & dont on avoit un soin particulier. Elles étoient ordinairement accompagnées de la figure d'un petit chien, qu'on honoroit lui-même sous le nom de *Lar familiaris*. Outre ces Lares particuliers, il y en avoit encore de publics, dont les uns présidoient aux chemins, *Viales* ; les autres présidoient aux carrefours, *Compitales*. Chaque ville avoit les siens, qu'on nommoit *Urbani*. Enée est célèbre pour avoir sauvé ceux de Troie. Enfin il y en avoit qu'on adoroit sous les noms de *Hostilii* & de *Præstites* ; les premiers, pour obtenir l'éloignement des ennemis, & les autres pour être secouru dans les conjonctures fâcheuses. On leur immoloit des porcs. Les Egyptiens en révéroient quatre qu'ils appelloient Anachis, Dymon, Tychis & Héros.

LARESSIUS, LARISSÆUS ou LARISSENUS, surnoms de Jupiter & d'Apollon, pris du culte qu'on rendoit au premier à Larisse, ville proche du Caïstre, & à Apollon dans un quartier de la ville d'Ephèse, appellé aussi Larisse. *Voyez* LARISSE.

LARISSE, fille de Pelasgus, donna son nom à une ville de Thessalie, d'où Achille est surnommé *Larissæus*. C'est aussi du nom de cette ville que Coronis est surnommée *Larissæa*.

LARTIDIUS. *Voyez* LAERTIUS.

LARVES. C'étoient, dit-on, les ames des méchans, qui erroient par-tout sous la figure de loups garoux, ou de quelques spectres hideux. *Voyez* LEMURES.

LARUNDE ou LARA, divinité tutélaire des maisons. Jupiter en fit une de ses concubines, & en eut les dieux Lares, selon quelques-uns; mais selon d'autres, ce fut Mercure. *Voyez* LARA.

LASIUS, un de ceux qui ayant été vaincus à la course dont Hippodamie devoit être le prix, furent tués par Œnomaüs.

LATERANUS, Génie qui présidoit aux foyers.

LATHRIE, sœur jumelle d'Anaxandre. On leur rendoit des honneurs divins dans la Laconie.

LATIALIS ou LATIUS. Jupiter étoit ainsi appellé du pays de *Latium*, où il étoit particuliérement adoré.

LATIAR, fête en l'honneur de Jupiter *Latialis*.

LATINUS, roi de Laurente dans le *Latium*, fils de Faunus & de la nymphe Marica, & pere de Lavinie. *Voyez* LAVINIE.

LATIUM, ou pays des Latins, contrée d'Italie entre le Tibre & les campagnes de Circée, ville du pays des Volsques. Ce fut là que Saturne alla se cacher, & que Janus le reçut, lorsque Jupiter l'eut chassé du ciel. *Voyez* JANUS.

LATIUS. *Voyez* LATIALIS.

LATMIUS, surnom d'Endymion, pris du mont Latmus dans la Carie où il dormit pendant plusieurs années.

LATOIDES, Apollon, fils de Latone. Ce mot au pluriel s'entend d'Apollon & de Diane.

LATOÏS ou LATONIA, Diane, fille de Latone.

LATONE, fille de Cœus & de Phœbé. Comme Jupiter l'aimoit, Junon par jalousie la fit poursuivre par le serpent Python; & pendant toute sa grossesse, elle fut obligée d'errer de côté & d'autre, jusqu'à ce que Neptune par pitié, eût fait paroître l'isle de Délos au milieu des eaux, où elle alla se refugier, & y accoucha d'Apollon & de Diane. *Voyez* PAYSANS.

LATONIGENÆ ou LATONIA *proles*, les enfans de Latone ; Apollon & Diane.

LATONIUS, LATOIUS ou LATOUS, surnoms d'Apollon, fils de Latone.

LAVERNE, divinité qui présidoit aux larcins, & protégeoit les voleurs. On la représentoit sous la figure d'un corps sans tête.

LAVINIE, fille de Latinus. Elle avoit été promise à Turnus : mais Enée étant venu en Italie, Latinus, sur la foi d'un oracle qui lui avoit dit, qu'il ne devoit donner sa fille qu'à un prince étranger, l'accorda au Troyen. Turnus furieux de l'injure qu'on lui faisoit, déclara la guerre à Enée, & souleva contre lui tous les peuples voisins. Enée ayant tué Turnus dans un combat singulier, épousa Lavinie, dont il donna le nom à une ville qu'il bâtit. *Virg. Dion. &c.*

LAVINIUM, ville du Latium bâtie, selon Servius, par Lavinius, frere de Latinus. Tite-Live lui donne une autre origine. *Voyez* LAVINIE.

LAURENTALES. *Voyez* LARENTALES.

LAURENTIA, la même qu'Acca-Laurentia.

LAURIER. *Voyez* DAPHNÉ, APOLLON.

LAUSUS, fils de Mezence, grand chasseur. Il y en eut un autre, fils de Numitor & frere d'Ilia-Sylvia.

LÉANDRE, jeune homme de la ville d'Abydos. *Voyez* HÉRO.

LÉARQUE, l'un des enfans d'Athamas & d'Ino. *Voyez* INO.

LECANOMANTIE, sorte de divination qui se faisoit par le moyen d'un bassin.

LÉCHÈS, fils de Neptune, donna son nom à un port de Corinthe.

LECTISTERNES, festins sacrés & publics en l'honneur des dieux dont on plaçoit les statues sur des lits & des coussins, devant des tables jonchées de fleurs & couvertes de toutes sortes de mets. C'étoit un acte de religion par lequel on croyoit appaiser la colere des dieux, & se les rendre favorables.

LÉDA, femme de Tyndare. Jupiter, qui l'aimoit beaucoup, voulut la séduire ; mais ne pouvant la surprendre, il se métamorphosa en cigne, & la trompa en jouant avec elle sur les bords du fleuve Eurotas, où elle se baignoit. Elle accoucha de deux œufs, de l'un desquels sortirent Héléne & Clytemnestre, & de l'autre Castor & Pollux. *Ovid. Métam. liv. 6.*

LEDÆA *Hermione*; Hermione, petite-fille de Léda.

LEDÆI *dii* ou *fratres*, c'est-à-dire, *les dieux* ou *les freres, fils de Léda*: Castor & Pollux.

LEITUS, un des capitaines des Béotiens qui allerent au siége de Troie.

LÈLAPS. *Voyez* LÆLAPS.

LELEX, chef d'une troupe d'anciens habitans du Péloponèse, appellés *Léléges* de son nom ; & depuis nommés Lacédémoniens de Lacédémon, fils de Jupiter, qui ayant épousé Sparté fille d'Eurotas & arriere-petite-fille de Lelex, bâtit une ville à laquelle il donna le nom de sa femme.

LEMNIUS, surnom de Vulcain. *Voyez* LEMNOS.

LEMNOS, isle de la mer Egée. Vulcain y avoit des forges fameuses, & l'on y voyoit aussi un célèbre labyrinthe. *Voyez* HYPSIPYLE.

LEMURES ou LARVES, fantômes nocturnes ou spectres. C'est ce qu'on appelle parmi nous *revenans & loups garoux*. Au mois de Mai, on célébroit en leur honneur une fête pendant laquelle on fermoit tous les temples. Les Romains appelloient cette fête *Lemuria*, & pendant tous les jours qu'elle duroit ils évitoient sur-tout de se marier. Elle fut d'abord nommée *Remuria* ou *Remuries*, du nom de Remus ; parce que dans sa premiere institution elle eut pour objet l'expiation du meurtre de ce prince, tué par son frere Romulus ou par son ordre.

LÆNEUS, surnom de Bacchus.

LÉOCORION, monument que les Athéniens érigerent en l'honneur d'un citoyen nommé Leos, qui dans un tems de calamité publique, avoit dévoué ses trois filles pour le salut de la patrie.

LÉONIDAS, héros Grec, célèbre par la journée des Thermopyles. Les Lacédémoniens le mirent au nombre de leurs dieux, & instituerent des fêtes en son honneur.

LEOS, fils d'Orphée. *Voyez* LÉOCORION.

LÉPRÉAS ou LÉPRÉUS. *Voyez* ADDÉPHAGUS.

LERNE, marais dans le territoire d'Argos, où étoit l'Hydre à plusieurs têtes qu'Hercule défit, & où les Danaïdes jetterent les têtes de leurs maris.

LERNÉES, fêtes en l'honneur de Bacchus, de Proserpine & de Cérès.

LESBOS, isle de l'Archipel, fameuse par le culte qu'on y rendoit à Apollon, & par la naissance de Sapho.

LESTRIGONS. Ils étoient, comme les Cyclopes, fils de Neptune, & comme eux, si féroces, qu'ils dévoroient les malheureux qui tomboient entre leurs mains. Ils habitoient une partie de la Campanie. La flotte d'Ulysse ayant été jettée par une tempête sur leurs côtes, il envoya à la découverte trois de ses gens, un desquels fut pris & dévoré par Antiphatès, roi du pays. Les Lestrigons vinrent attaquer les vaisseaux d'Ulysse, qu'ils firent tous couler à fond, excepté le seul qu'il montoit *Hom. Ovid.*

LÉTHÉ, fleuve d'Enfer. Les ombres étoient obligées d'y boire de l'eau : & aussi-tôt qu'elles en avoient bu, elles oublioient entiérement le passé. C'est le même que le fleuve d'Oubli.

LÉTHÉE, femme Phrygienne, qui fiere de sa beauté, osa se préferer aux déesses. Celles-ci voulant en tirer vengeance, Olène, mari de Léthée, s'offrit en sa place, mais ils furent tous deux changés en rochers. *Ovid.*

LEVANA, déesse qu'on invoquoit quand on levoit un enfant de terre. Aussi-tôt après la naissance d'un enfant, on le posoit nud sur la terre, & il n'étoit point regardé comme légitime, s'il n'étoit relevé par son pere, ou par quelqu'un qui le représentoit. C'étoit à cette action que présidoit Levana.

LEUCADE ou LEUCATE. *Voyez* SAUT DE LEUCADE.

LEUCADIUS, surnom d'Apollon, pris du promontoire de Leucade ou Leucate sur les côtes de l'Epire, où il étoit particuliérement révéré. *Voyez* SAUT DE LEUCADE.

LEUCÉ, isle où Achille étoit particuliérement révéré. *Voyez* ACHILLÉE.

LEUCIPPE, fille de Thestor. Etant en peine de son pere & de sa sœur Théonoé, qu'elle avoit perdus, elle consulta l'oracle qui lui conseilla de s'habiller en prêtre, & de les aller chercher. Il l'assura qu'elle les retrouveroit. Elle arriva dans la Carie, où Théonoé avoit été emmenée par des pirates, & vendue à Icare, roi de cette contrée qui l'avoit épousée. Leucippe, sous son habit de prêtre, & passant pour un homme, eut accès à la cour d'Icare, où elle fut vue & aimée de Théonoé; mais celle-ci furieuse de ce que ce prétendu étranger ne vouloit pas répondre à sa passion, elle forma le dessein de le faire assassiner. Elle en donna la commission à un esclave, qui depuis quelque tems étoit tombé au pouvoir du roi, & qui étoit Thestor son pere, mais qu'elle ne reconnut pas. Thestor, en déplorant le malheur qu'il avoit d'être contraint de faire le métier d'assassin, prononça quelquefois le nom de ses filles. Leucippe & Théonoé surprises, l'interrogerent, se reconnurent & se sauverent avec leur pere. *Hygin.*

LEUCIPPIDES, c'est-à-dire, *filles de Leucippus*. Elles étoient deux, Phœbé & Ilaire.

LEUCIPPUS, fils d'Œnomaüs, fut tué par Apollon, à qui il vouloit disputer Daphné. Il y a eu deux autres Leucippus; l'un petit-fils d'Eole; & l'autre, pere de Phœbé & d'Ilaire.

LEUCOPHRYNE, surnom de Diane.

LEUCOSIE, une des Sirénes.

LEUCOTHÉE. C'est la même qu'Ino. Voyant que son mari Athamas, dans un mouvement de furie, avoit jetté son fils Léarque contre un rocher, elle se précipita dans la mer avec son autre fils Mélicerte pour éviter le même malheur, & fut métamorphosée aussi-bien que l'enfant, en divinité de la mer.

LEUCOTHOÉ, fille d'Orchame & d'Eurynome. Apollon l'aima tendrement & en abusa, en prenant la figure & les habits d'Eurynome. Clytie, rivale de Leucothoé, en avertit par jalousie Orchame, qui enterra sa fille toute vive ; mais Apollon la métamorphosa en un arbre qui porte l'encens. *Ovid. Métam. liv. 4.*

LÉZARD. *Voyez.* ABAS.

LIBAN ou LIBANUS, jeune Syrien, qui fut tué par des scélérats. Les dieux, pour le récompenser du culte qu'il leur avoit rendu, le changerent en montagne. *Voyez* DENDROLIBANUS.

LIBATIONS, cérémonies religieuses qui consistoient à emplir un vase de vin, de lait ou d'une autre liqueur qu'on répandoit toute entiere après y avoir goûté, ou plutôt après y avoir seulement touché du bout des lévres.

LIBENTINE. *Voyez* LUBENTIE.

LIBER. Surnom de Bacchus, pris de la liberté qu'inspire le vin.

LIBERA. On croit que c'est Vénus. On donne aussi ce nom à Proserpine & à Ariane.

LIBÉRALES, fêtes en l'honneur de Bacchus.

LIBERALIS & LIBERATOR ou ELEUTHERIUS. On adoroit Jupiter sous ces noms, comme dieu tutélaire de la liberté.

LIBERTÉ, divinité allégorique. On la représentoit sous la figure d'une femme vêtue de blanc, tenant un sceptre d'une main, un bonnet de l'autre, & ayant auprès d'elle un chat avec un joug rompu.

LIBETHRA, ville & fontaine sur les frontieres de la Macédoine, célèbres dans les poëtes par le tombeau d'Orphée.

LIBETHRIDES, nom donné aux Muses, de celui

Libethra, fontaine de Magnésie qui leur étoit consacrée. *Virg.*

Libitine, divinité qui présidoit aux funérailles. C'est la même que Proserpine. Quelques-uns croient que c'étoit Vénus même, & qu'elle présidoit à la mort des hommes, comme au commencement de leur existence.

Libye, fille d'Epaphus & de Cassiope. Elle épousa Neptune, dont elle eut Agénor & Bélus, & donna son nom à une grande contrée de l'Afrique.

Libystinus, surnom d'Apollon.

Lichas, mieux Lychas. C'est le nom du messager par qui Déjanire envoya à Hercule la chemise fatale de Nessus. Le poison inspira une telle fureur à Hercule, qu'il prit Lichas par les cheveux, & le jetta dans la mer; mais Neptune le changea en rocher.

Licymnius, fils d'Electryon, d'autres disent de Mars. *Voyez* Tlepoleme.

Lierre. *V.* Bacchantes, Bacchus, Cissus.

Ligée, nymphe, fille de Nérée & de Doris. C'est aussi le nom d'une Sirène.

Ligyron, premier nom d'Achille. *Apol. l. 3.*

Ligystus, fils de Phaéton, donna son nom à la Ligurie.

Limaçon. *Voyez* Paresse.

Limenitis, Limniatis, Limnatis ou Limnæa, surnoms donnés à Diane par les pêcheurs qui l'invoquoient comme la déesse des marais & des étangs.

Lymentinus, l'une des divinités qui présidoient aux portes.

Limes, Limi; divinités Romaines dont on sait rien.

Limnacides ou Limnades, les mêmes que les Limniades.

Limnæus ou Limneus, surnoms de Bacchus, pris du culte qu'on lui rendoit dans un quartier d'Athènes nommé Limnes.

Limnatides, fêtes des pêcheurs en l'honneur de Diane-*Limnatis*. *Voyez* Limenitis.

LIMNIADES, LIMNÉES & LIMNIAQUES, nymphes des lacs & des marais.

LIMONIADES, nymphes des fleurs & des prairies.

LINIGERA dea. C'est ou Isis, ou Io adorée comme Isis, par les Egyptiens qui faisoient usage du lin dans leurs habillemens.

LINUS, fils d'Apollon & de Terpsicore, & frere d'Orphée. Il inventa les vers lyriques & les chansons. Ce fut lui qui enseigna la musique à Hercule : mais le disciple ayant été un jour reprimandé trop sévérement, cassa la tête à son maître avec sa lyre.

Il y eut un autre Linus, fils d'Amphimarus & d'Uranie, qui fut tué par Apollon, pour avoir osé se vanter de chanter aussi-bien que lui.

LION, l'un des douze signes du Zodiaque. C'est celui de la forêt de Némée qu'Hercule étrangla, & que Jupiter plaça dans le ciel. *Voyez* HERCULE, ATALANTE, PIRAME, CÉCROPS, CYBELE, ADMÉTE, TERREUR.

LIPARUS, fils d'Auson, donna son nom à une des Isles Eoliennes. *Voyez* EOLIE.

LIRIOPE, nymphe, fille de l'Océan & de Téthys, & mere de Narcisse.

LIT. *Voyez* MARS, CYNIRE, SOMMEIL.

LITES, c'est-à-dire, *Prieres*. Les payens en avoient fait des déesses qu'ils disoient filles de Jupiter. Ils se les figuroient boiteuses, ridées, timides, consternées, &c.

LITHOBOLIE, c'est-à-dire, *Lapidation*. *Voyez* LAPIDATION.

LITTORALES, divinités de la mer. *V.* GLAUCUS.

LIVRE. *Voyez* CLIO, CALLIOPE.

LOCUTIUS. *Voyez* AIUS LOCUTIUS.

LŒMIUS, surnom d'Apollon, lorsqu'on l'invoquoit pour être délivré ou préservé de la peste.

LOI, divinité allégorique, fille de Jupiter & de Thémis. On la représente sous la figure d'une jeune femme tenant un sceptre dans sa main.

LOTIS ou LOTOS, nymphe, fille de Neptune,

qui fuyant les pourſuites de Priape, fut changée en un arbre nommé Lotos de ſon nom.

LOTOPHAGES, peuples d'Afrique qui vivoient du fruit de Lotos, dont la vertu, ſelon la fable, étoit de faire oublier aux étrangers leur patrie, lorſqu'ils en mangeoient. La flotte d'Ulyſſe ayant été jettée par la tempête ſur les côtes des Lotophages, il eut bien de la peine d'en tirer ſes gens, qui avoient mangé de ce fruit.

LOUP. *Voyez* ARCAS, CIRCÉ, LYCAON.

LOUVE. *Voyez* ROMULUS.

LOXIAS, ſurnom d'Apollon, pris de l'obſcurité de ſes oracles.

LUA ou LYÉ, déeſſe qui préſidoit aux expiations. On croit que c'eſt la même que Diane. C'étoit une des divinités auxquelles il étoit permis de conſacrer les dépouilles des ennemis. *Turn. adv.* 16, 20, &c.

LUBENTIE, LUBENTINE ou LIBENTINE, divinité qui préſidoit aux plaiſirs.

LUCARIES ou LUCÉRIES, fêtes qui ſe célébroient dans un bois ſacré proche de Rome.

LUCETIUS, ſurnom de Jupiter, comme dieu de la lumiere. Junon, dans le même ſens, étoit auſſi ſurnommé *Lucetia*.

LUCIFER, fils de Jupiter & de l'Aurore. Il fut mis au nombre des aſtres, & ſa fonction étoit d'annoncer le jour. C'eſt la planete de Vénus, lorſqu'elle paroît un peu avant l'aurore. On donne à cette même planete le nom de *Heſper*, *Veſper* ou de *Veſperugo*, quand elle paroît à l'occident, peu après le coucher du ſoleil.

LUCIFERA, ſurnom de Diane.

LUCINE, divinité qui préſidoit aux accouchemens. C'étoit Junon qu'on adoroit ſous ce nom. Quelques-uns croyent que c'étoit Diane.

LUNA, déeſſe qui préſidoit aux enchantemens & aux opérations nocturnes de la Magie. *Voyez* DIANE, LUNUS.

LUNUS. Les hommes adoroient la Lune ſous ce nom, comme les femmes ſous celui de Luna. Dans la Syrie & la Méfopotamie, la Lune étoit adorée comme un dieu, & jamais comme une déeffe. Cette fuperftition y étoit accréditée par une idée fingu-liere que Spartien nous a confervée. C'eft, dit-il, qu'on croyoit conftamment que ceux qui prenoient cet aftre pour une déeffe, & non pour un dieu, feroient toute leur vie efclaves de leurs femmes ; mais qu'au contraire ceux qui la tiendroient pour un dieu, feroient toujours les maîtres. *Voyez* AGLIBOLUS.

LUPERCA, déeffe que les bergers invoquoient contre les loups.

LUPERCAL. C'étoit un lieu proche de Rome, confacré à Pan dieu des bergers.

LUPERCALES, fêtes en l'honneur du dieu Pan.

LUPERCES, prêtres du dieu Pan. Ils étoient partagés en trois fociétés ou colléges ; favoir, des Fabiens, dits auffi Faviens, des Quintiliens & des Juliens. Ils reftoient nuds, tant que duroient les Lupercales.

LUSTRATIONS, cérémonies religieufes très-fréquentes chez les Grecs & les Romains. Elles fe faifoient ordinairement par des afperfions, des proceffions, des facrifices d'expiation. Les plus folemnelles à Rome étoient celles des fêtes luftrales, qui fe célébroient de cinq en cinq ans ; d'où vint l'ufage de compter par luftres.

LUSTRE. *Voyez* LUSTRATION.

LUTH. *Voyez* APOLLON, ORPHÉE, AMPHION, LINUS, ARION, ERATO, MERCURE & CHIONÉ.

LUTTE, forte d'exercices dans lefquels deux combattans nuds qui s'étoient frottés d'huile, s'efforçoient de fe terraffer.

LYÆUS, un des furnoms de Bacchus, d'un mot grec qui fignifie *délier*, *dégager*, parce que le vin diffipe les chagrins & les inquiétudes.

LYBAS, Grec de l'armée d'Ulyffe. La flotte de ce prince ayant été jettée par une tempête fur les côtes de l'Italie, Lybas infulta une jeune fille de Témeffe, que les habitans de cette ville vengerent en tuant le Grec : mais bientôt les Témeffiens furent affligés de tant de maux, qu'ils penfoient à abandonner entièrement leur ville, quand l'oracle d'Apollon leur conseilla d'appaiser les mânes de Lybas en lui faisant bâtir un temple, & en lui sacrifiant tous les ans une jeune fille. Ils obéirent à l'oracle, & Témesse n'éprouva plus de calamités. Quelques années après, un brave athlète, nommé Euthyme, s'étant trouvé à Témesse dans le tems qu'on alloit faire le sacrifice annuel d'une jeune fille, il entreprit de la délivrer, & de combattre le Génie de Lybas. Le spectre parut, en vint aux mains avec l'athlète, fut vaincu, & de rage alla se précipiter dans la mer. Les Témessiens rendirent de grands honneurs à Euthyme, lequel épousa la jeune fille qui devoit être immolée. *Paus.*

LYCÆUS *Voyez* LYCÉE.

LYCAMBE. *Voyez* ARCHILOQUE.

LYCAON, fils de Titan & de la Terre, roi de Parrhasia, ville d'Arcadie. Il fut métamorphosé en loup dans le temple de Jupiter, pour y avoir immolé un enfant. D'autres racontent autrement cette fable. *Voyez* ARCAS, DEMENETE.

Il y a eu plusieurs autres Lycaons ; un, frere de Nestor, qui fut tué par Hercule ; un autre, fils de Priam, tué par Achille, &c.

LICAONIÆ MENSÆ, *des tables de Lycaon*. c'est-à-dire, *des mets exécrables*. *Voyez* ARCAS.

LYCAONIS, Calisto, fille de Lycaon.

LYCASTE. *Voyez* BUTÈS.

LYCÉE, montagne d'Arcadie, consacrée à Jupiter & à Pan. C'est de-là que le surnom de *Lycæus* fut donné à l'un & à l'autre, & que des fêtes instituées en leur honneur, furent appellées Lycées. Il y avoit à Athènes un temple d'Apollon, nommé Lycée, d'où il étoit aussi surnommé *Lycæus*, & dans la même ville un Gymnase du même nom, célèbre par les leçons qu'Aristote y donnoit.

LYCÆUS pour LYCÆUS. *Voyez* LYCÉE.

LYCHAS. *Voyez* LICHAS.

LYCIDAS, un des Centaures. C'est aussi un nom de berger.

LYCIE, province de l'Asie mineure, célèbre par

les oracles d'Apollon, qui s'y rendoient dans la ville de Patare, & par la fable de la Chimere.

LYCISCA, c'est-à-dire *petite louve*, nom d'une chienne dans Virgile & dans Ovide.

LYCIUS & LICIGÉNÉTE, surnoms d'Apollon.

LYCOMEDE, roi de Scyros, chez qui Achille fut envoyé pour ne point aller à la guerre de Troie. *V.* ACHILLE.

LYCORÆUS, surnom de Jupiter.

LYCORIAS, nymphe, compagne de Cyréne.

LYCORUS, fils d'Apollon & de la nymphe Corycie, donna son nom à une ville qu'il bâtit sur le mont Parnasse.

LYCTIUS. Idomenée est ainsi surnommé de *Lyctus*, ville de Crète d'ont il étoit roi.

LYCURGUE, roi de Thrace, se déclara implacable ennemi de Bacchus, qui pour s'en venger, lui inspira une si grande fureur, qu'il se coupa les jambes.

Il y a eu deux autres Lycurgues : l'un, roi de Némée, & pere d'Archémore ; l'autre, un géant, qui fut tué par Osiris.

LYCUS, fils de Pandion, donna son nom à la Lycie. Ce mot qui signifie *loup*, est aussi un surnom de Lycaon. C'étoit encore le nom d'un fils de Priam, d'un autre Troyen, d'un Centaure, &c. *Voyez* MÉGARE, ZETHUS.

LYDUS, fils d'Hercule & d'Iole. Il y en eut un autre, fils d'Athys & frere de Tyrrhenus, qui donna son nom à la Lydie.

LYÉ. *Voyez* LUA.

LYGDE. *Voyez* IPHIS.

LYNCÉE, l'un des cinquante fils d'Egyptus. Il fut le seul qui fut épargné, quand ses freres furent massacrés par les Danaïdes : Hypermnestre sa femme le sauva. *Voyez* HYPERMNESTRE.

Il y eut un autre Lyncée, frere d'Idas. Castor & Pollux ayant enlevé Phœbé & Ilaïre qui étoient promises à Lyncée & à Idas, ceux-ci prirent les armes pour les retirer de leurs mains ; mais dans le combat Castor fut tué par Lyncée, celui-ci le fut par Pollux, & Idas fut écrasé par la foudre.

Un autre Lyncée, fils d'Apharée, qui fut un des Argonautes, & encore un autre dont parle Varron, avoient la vue si perçante, que leur nom en est passé en proverbe. On les a mal-à-propos confondus avec Lyncus.

LYNCUS, roi de Scythie. Il manqua de reconnoissance envers Triptoléme, envoyé par Cérès pour enseigner l'agriculture aux hommes : il vouloit même le faire mourir : mais Cérès le metamorphosa en Lynx. *Voyez* LYNCÉE.

LYNX. Cet animal, qui a la vue très-perçante, étoit consacré à Bacchus. *Voyez* LYNCUS, LYNCÉE.

LYPARE, isle où Vulcain avoit des forges.

LYRE. *Voyez* APOLLON, ORPHÉE, AMPHION, ARION, ERATO, LINUS & MERCURE.

LYRNESSIS, surnom de Briséis, parce qu'elle étoit de Lyrnesse, ville de la Troade.

LYSIDICE, fille de Pélops & femme de Mestor.

LYSIPPE, une des filles de Prœtus. *Voyez* PRÉTIDES.

LYSIUS, surnom de Bacchus, le même que Lyæus.

LYSSA OU LA RAGE, fille de la Nuit. Quelques-uns en font une quatriéme Furie, & on la représente, comme les autres Furies, avec des serpens qui sifflent sur sa tête & un aiguillon à la main. *Eurip.*

MAC

MA, une des femmes de la suite de Rhée. Jupiter la chargea de l'éducation de Bacchus. Les Lydiens adoroient Rhée elle-même sous le nom de Ma.

MACARÉE, fils d'Eole, épousa Canacée sa propre sœur. *Voyez* CANACÉE.

Un autre Macarée, fils de Lycaon, donna son nom à une ville d'Arcadie.

MACAREIS, Issé, fille de Macarée.

MACARIE, fille d'Hercule, qui se dévoua pour les Athéniens. *Eurip.*

MACÉDON, fils d'Osiris; d'autres disent de Deucalion. Il donna son nom à la Macédoine.

MACHAON, fils d'Esculape, & fameux médecin. Il mourut au siège de Troie.

MACRIS, fille d'Aristée. Elle reçut Bacchus des mains de Vulcain qui l'avoit retiré du milieu des flammes, & s'attira par cette action la colere de Junon, qui l'obligea de s'enfuir.

MÆANDRIUS *juvenis*, Caunus, petit-fils de Méandre.

MÆMACTES, surnom de Jupiter, d'où les fêtes Mémactéries.

MÆNADES, c'est-à-dire, *les furieuses*: on donnoit ce nom aux *Bacchantes. Mænas* au singulier, une Bacchante.

MÆNALA MÆNALIUS. *Voyez* MÉNALE.

MÆNALIS URSA, *l'ourse du mont Ménale.* C'est la constellation de l'ourse, ainsi désignée, parce que Calisto, changée en ourse, étoit d'Arcadie, où est le mont Ménale. *Voyez* ARCAS.

MÆNOLES, c'est-à-dire, *tout furieux*, surnom de Bacchus.

MÆONIDES, surnom donné aux Muses, parce qu'on croyoit que la Méonie étoit la patrie d'Homère le plus célèbre favori des Muses. C'est de-là aussi qu'Homère lui-même est surnommé *Mæonides.*

MÆONIS, Arachné, parce qu'elle étoit de Méonie.

MÆONIUS, surnom de Bacchus, pris du culte qu'on lui rendoit dans la Méonie.

MÆOTIDES, les Amazones, parce qu'elles habitoient les bords des marais Méotides, aujourd'hui la mer de Zabache.

MÆOTIS *ara*, *l'Autel Méoride*. C'est l'autel de la Diane de la Chersonese Taurique, ainsi appellée du voisinage des marais Méorides, cette Chersonese ou presqu'isle, aujourd'hui la Crimée, étant au sud ou est de ces marais. *Voyez* TAURIQUE.

MÆRA. *Voyez* MÉRA.

MAGIE, ancienne superstition par laquelle on prétendoit asservir les élémens, évoquer les morts, pénétrer l'avenir, changer les inclinations, &c.

MAGUSANUS, surnom d'Hercule.

MAÏA, l'une des Pléiades, fille d'Atlas & de Pléione. Jupiter l'aima, & en eut Mercure. Elle nourrit aussi Arcas; ce qui déplût fort à Junon, qui l'auroit beaucoup persécutée, si Jupiter ne l'eût métamorphosée en étoile.

Il y eut une autre Maïa, fille de Faunus, révérée à Rome d'un culte particulier.

MAJESTÉ. Les payens en avoient fait une déesse à laquelle on faisoit des sacrifices à Rome aux calendes de Mai.

MAINS. *Deux mains l'une dans l'autre; symbole de la Concorde.* Voyez CONCORDE, FOI.

MAJUMÉE, fête en l'honneur de Maïa & de Flore.

MALACHBELUS. Les Palmyriens adoroient la Lune sous ce nom, & ils représentoient cette divinité comme un homme avec un croissant sur le dos. *Voyez* AGLIBOLUS, LUNUS.

MALLOPHORE ou MÉLOPHORE, surnom de Cérès. *Voyez* MÉLOPHORE.

MAMERS, MAMERTUS, MAMERCUS & MARMESSUS, anciens noms de Mars.

MAMMELLES. *V.* CÉRÈS, IO, MULTIMAMMIA.

MAMMON ou MAMMONA. Il y en a qui confondent Pluton avec Plutus dieu des richesses & des mines qui sont sous terre, & qui est le même que le Mammon ou Mammona des Phéniciens. Quand on fait de Plutus un dieu différent de Pluton, on le représente comme venant aux hommes en boitant, distribuant les richesses les yeux fermés, & s'en allant avec des aîes.

MAMMOSA. On appelloit ainsi Cérès, à cause d'une infinité de mammelles pleines qu'elle avoit, comme mère nourrice de tout le monde.

MAN ou MANNUS, fils de Tuiston, dieu des anciens Germains.

MANA GENETA, divinité qu'on croyoit préfider aux accouchemens.

MANES. C'est ainsi que les anciens appelloient les ames de ceux qui étoient morts. On élevoit des autels en leur honneur, & on leur faisoit des facrifices pour les appaiser. Par le nom général de *Manes*, les anciens défignoient aussi les dieux des enfers, qu'ils nommoient *Dii inferi*, les dieux d'en-bas, par oppofition aux autres dieux, qu'ils appelloient *Dii fuperi*, les dieux d'en-haut. Il paroît par divers textes des anciens auteurs, que quand ils défignent les dieux des enfers par le nom général de *Manes*, ils entendent particuliérement les *divinités infernales* prépofées aux diverfes purifications des ames. Les lieux destinés à la fépulture des morts, toujours dédiés aux dieux Manes ou dieux d'en-bas, étoient appellés *loca religiofa*; les temples & les autels dédiés aux dieux d'en-haut, étoient appellés *loca facra*. Festus nous apprend que les Augures dans leurs fonctions, par les dieux Manes entendoient généralement tous les dieux, parce que, felon leur doctrine, il se faifoit de leur divinité un écoulement qui pénétroit tout, du mot latin, *manare*, couler.

MANIE, mere des dieux Lares. On donnoit auffi le nom de Manies aux Furies.

MANTEAU. *Voyez* BORÉE.

MANTICLUS, furnom d'Hercule.

MANTO, Thébaine, fille de Tiréfias, fameufe devinereffe. Après la ruine de Thèbes par les Epigones, pour éviter l'efclavage, elle s'enfuit en Afie, où elle bâtit la ville de Claros avec un temple à Apollon. De-là elle paffa en Italie, où elle époufa le dieu du Tibre, ou plutôt Tiberinus, roi d'Étrurie, dont elle eut Ocnus, qui bâtit une ville qu'il appella Mantoue, du nom de fa mere. *Virgile*.

MANTURNA, une des divinités qui préfidoient au mariage.

MAOZIM, idole dont Antiochus s'efforça d'établir le culte parmi les Juifs. Plufieurs croient que c'eft Jupiter Olympien, dont ce prince avoit fait mettre la statue dans le temple de Jérusalem.

MARATHON, ville de l'Attique, célèbre par la victoire que Thésée remporta sur un taureau furieux. Cette ville fut ainsi nommée du nom de Marathon son fondateur, arriere-petit-fils du Soleil.

MARATHONIA virgo. C'est Erigone, parce qu'elle étoit de l'Attique. *Voyez* MARATHON.

MARICA, nymphe que Faunus épousa, & de qui il eut Latinus. Elle donna son nom à un marais proche de Minturne, sur le bord duquel il y avoit un temple de Vénus que quelques-uns croient être la même que Marica. Lactance dit que Marica est la même que Circé.

MARMAX, un des poursuivans d'Hippodamie, tué par Œnomaus.

MARMESSUS. *Voyez* MAMERS.

MARNAS, nom que les Phéniciens donnoient à Jupiter.

MARON, héros Grec, révéré comme un Dieu.

MAROTE, image ridicule représentant une tête, avec un visage devant & derriere, au bout d'un petit bâton, que portoient ceux qui contrefaisoient les insensés. On en met ordinairement une dans la main de Momus.

MARPESSE, fille d'Idas. *V.* EVÉNE.

MARPISSE, la même que Marpesse, quoiqu'on en conte la fable un peu différemment. C'étoit, selon Homere, une nymphe, fille d'Evenus, mariée à Idas, & depuis enlevée par Apollon.

MARS, dieu de la guerre, & fils de Junon. Cette déesse piquée de ce que Jupiter avoit mis au monde Pallas sans sa participation, s'en alla vers l'Océan, pour apprendre à en faire autant. Chemin faisant, elle s'assit à la porte du temple de la déesse Flore pour se reposer. Flore lui demanda le sujet de son voyage, & lui ayant promis de lui enseigner le secret qu'elle desiroit, à condition de ne le jamais dire à personne, elle lui montra une certaine fleur, sur laquelle une femme s'asséyant, devenoit mere sur le champ. Junon mit ainsi au monde Mars, qui fut révéré comme le dieu de la guerre, & l'arbitre de tous les combats. Il aima paſſionnément Vénus, avec laquelle Vulcain le ſurprit. On le repréſente toujours armé de pied en cap, & un coq auprès de lui, parce qu'il métamorphoſa en coq Alectryon ſon favori, qui faiſant ſentinelle pendant qu'il étoit avec Vénus, le laiſſa ſurprendre. On bâtit beaucoup de temples en ſon honneur.

MARSPITER, ſurnom de Mars.

MARSUS, fils de Circé, de qui le peuple Marſe prétendoit deſcendre.

MARSYAS, fameux Satyre, qui mit le premier en muſique les hymnes conſacrées aux dieux. Cybéle l'aima, & s'en fit ſuivre dans ſes voyages. Il défia un jour Apollon à qui chanteroit le mieux ; mais pour le punir, Apollon le lia, & l'écorcha tout vif. Les nymphes le pleurerent tant, qu'un fleuve de Phrygie fut groſſi de leurs larmes & appellé du nom de ce Satyre.

MARTEA. *Voyez* HÉRÈS.

MARTEAU. *Voyez* VULCAIN.

MARTIALES, fêtes en l'honneur de Mars.

MASCULA ou *BARBATA*, ſurnom de Vénus, qu'on repréſentoit quelquefois avec de la barbe, & un peigne à la main.

MASQUE. *Voyez* THALIE, MOMUS, FABLE.

MASSUE. *V.* HERCULE, CENTAURES, ACHÉMON, CHIRON, VERTU.

MATERES ou LES MERES, déeſſes particuliérement révérées à Engyon, ville de Sicile, On croit que ce ſont les nymphes qui prirent ſoin de l'enfance de Jupiter ; ſavoir, Thiſoa, Neda & Agno.

MATRALES, fêtes qu'on célébroit à Rome en l'honneur de Matuta.

MATRONALES, fêtes que les dames Romaines célébroient en l'honneur de Mars.

MATUTA. C'eſt la même qu'Aurore ou que Leucothée.

MATUTINUS PATER ou PERE DU MATIN, nom ſous lequel on adoroit Janus comme dieu du tems.

MAVORS. C'est le même que Mars.

MAUSOLE, roi de la Carie. Après sa mort, Artemise sa femme lui fit faire un tombeau si superbe, qu'il passa pour l'une des sept merveilles du monde. C'est de là qu'on a appellé Mausolées, les sépulcres magnifiques qu'on éleve aux Grands, ou même les représentations qu'on en fait dans les pompes funébres.

MÉANDRE, fleuve de la grande Phrygie, célèbre dans les fables des poëtes, qui le font fils de la Terre & de l'Océan, & pere de Cyanée.

MECASTOR. Voyez ECASTOR.

MECISTE, un des compagnons d'Ajax.

MÉDÉE, grande magicienne, fille d'Eétès. Elle épousa Jason, à qui elle facilita par ses enchantemens la conquête de la Toison d'or, & le suivit dans son pays. Pour retarder son pere qui la poursuivoit, elle sema le long du chemin les membres de son frere Absyrte. Etant arrivée en Thessalie, elle rajeunit le vieil Eson, pere de Jason : & pour venger son mari de la perfidie de Pélias, qui l'avoit envoyé à la conquête de la Toison d'or, espérant qu'il y périroit, elle conseilla aux filles de Pélias d'égorger leur pere, comme un moyen de le rajeunir. Ces filles crédules suivirent ce conseil, & pieusement parricides elles firent encore bouillir dans des chaudieres les membres de Pélias leur pere, comme Médée le leur avoit ordonné. Jason obligé d'abandonner Iolcos, se retira avec Médée à Corinthe, où il épousa Créuse, fille de Créon. Médée, pour se venger encore, fit périr misérablement Créon & Créuse, & massacra de ses propres mains deux enfans qu'elle avoit eus de Jason ; ensuite elle s'enfuit en l'air sur un char traîné par deux dragons ailés. Etant retournée dans la Colchide, elle remit son pere Eétès sur le trône, d'où on l'avoit chassé pendant son absence. *Voyez* MÉDUS.

MÉDÉSICASTE ou MÉDÉSICASTIS, fut une des filles de Priam, que les Grecs, après le siége de Troie, emmenerent captives.

MÉDIOXIMES, dieux Aériens, ou Génies qu'on croyoit habiter dans l'air, ou plutôt on donnoit ce nom aux divinités qui tenoient le milieu entre les dieux du ciel & ceux de la terre.

MÉDITRINA, déesse qui présidoit à la guérison des malades. Le prêtre chargé du soin de son culte, lui faisoit des libations de vin. *Var.*

MÉDITRINALES, fêtes en l'honneur de la déesse Méditrina.

MÉDIUS-FIDIUS ou MEDI-EDI. *Voyez* DIUS FIDIUS.

MÉDON, un de ceux qui voulurent épouser Pénélope pendant l'absence d'Ulysse. Ce fut aussi le nom d'un Centaure, d'un fils d'Ajax, d'un fils de Codrus, &c.

MÉDULINE. *Voyez* ARUNTICES.

MÉDUS, fils d'Egée & de Médée, fut reconnu de sa mere, dans le moment qu'elle pressoit Persès, roi de la Colchide, au pouvoir de qui il étoit, de le faire mourir, le croyant fils de Créon. Revenue de son erreur, elle demanda à lui parler en particulier, & lui donna une épée dont il se servit pour tuer Persès lui-même. Médus remonta ainsi sur le trône d'Eétès son ayeul, que Persès avoit usurpé. *Hygin. Fab.* 17.

MEDUSÆUS EQUUS ou PRÆPES ; le cheval Pégase. *Voyez* PÉGASE.

MÉDUSE, fille de Phorcus, l'une des trois Gorgones. Neptune abusa d'elle dans le temple de Minerve. Cette déesse irritée de ce sacrilége, métamorphosa les cheveux de Méduse en serpens, & donna à sa tête la vertu de changer en pierres tous ceux qui la regarderoient. Persée, muni des talonnieres de Mercure, coupa la tête à Méduse, du sang de laquelle naquit le cheval Pégase, qui frappant du pied contre terre, fit jaillir la fontaine d'Hippocrène. *Métam. liv.* 3.

Méduse fut aussi le nom d'une des filles de Priam, & celui d'une fille de Sthénélus.

MÉGABYZES ou MÉGALOBYZES, prêtres de la Diane d'Ephèse. Ils étoient eunuques.

MÉGALÉSIES, fêtes & jeux solemnels en l'honneur de la grande mere des dieux.

MÉGANIRE ou MÉTANIRE. *Voyez* DÉIPHON, CÉLÉUS.

MÉGAPENTHE, fils de Prœtus, roi de Tyrinthe, changea ses états contre ceux de Persée, quand celui-ci eut tué son pere Acrise. Il y eut un autre Mégapenthe, fils de Ménélas.

MÉGARE, fille de Créon, & femme d'Hercule. Pendant la descente d'Hercule aux enfers, Lycus usurpa le trône de Thèbes, & voulut contraindre Mégare de l'épouser; mais Hercule revint à propos, & tua Lycus. Junon toujours irritée contre Hercule, parce qu'il étoit fils d'une des concubines de Jupiter, le fit tomber en frénésie, & lui inspira une telle fureur, qu'il massacra Mégare & les enfans qu'il avoit eus d'elle.

Il y eut une ville & un royaume de ce nom dans la Grèce.

MEGAREUS, petit-fils d'Hercule, & pere d'Hippomène. C'est aussi le nom d'un fils d'Apollon.

MEGAREIUS *héros*. C'est Hippomène, fils de Megareus.

MÉGARUS, fils de Jupiter, se sauva du déluge de Deucalion, en gagnant à la nâge le sommet d'une haute montagne.

MEGERE, l'une des trois Furies. *V.* FURIES.

MEHERCULES, formule de serment par laquelle on juroit par Hercule. C'est comme s'il y avoit: *Ita me juvet Hercules*, c'est-à-dire, *qu'Hercule me protége, comme il est vrai que*, &c. On disoit aussi *Mehercule*, & simplement *Hercule* & *Hercle* pour *Hercules*, en sous-entendant *me*.

MÉLAMPE, fils d'Amythaon & de Dorippe, grand médecin & fameux devin. On dit qu'il entendoit ce que vouloient dire les oiseaux par leurs gazouillemens. Il guérit les filles de Prœtus de leur fureur. On lui attribue l'invention de purger par le moyen des médecines. Il y eut un autre Mélampe, fils d'Aréus, dont on fit un des dieux Dioscures. Mélampe,
qui

qui signifie *pied noir*, étoit encore le nom d'un chien d'Actéon.

MELAMPYGE. *Voyez* ACHÉMON.

MELANEUS, Grec si adroit à tirer de l'arc, qu'il passa pour fils d'Apollon. C'étoit aussi le nom d'un Centaure, & celui d'un chien d'Actéon. Ce mot signifie *noirâtre*.

MELANION, le même qu'Hippomène.

MÉLANIPPE, fille d'Eole, épousa clandestinement Neptune, de qui elle eut deux fils. Eole en fut si irrité, qu'il fit exposer ces deux enfans aussi-tôt après leur naissance, & crever les yeux à Mélanippe, qu'il renferma dans une étroite prison. Les enfans ayant été trouvés & nourris par des bergers, délivrerent leur mere de la prison où elle étoit renfermée; & Neptune lui ayant rendu la vue, elle épousa Métaponte, roi d'Icarie. *Hygin.*

MÉLANIPPUS, fils d'Agrius, se distingua par sa valeur au siége de Troie.

Il y eut un autre Mélanippus, dont le crime qu'il commit avec Cométho dans le temple de Diane, donna lieu à la loi qui fut faite pour l'expier, d'immoler chaque année à cette déesse un jeune garçon & une jeune fille. *Pausan. l. 7.* Un fils de Mars se nommoit aussi Mélanippus.

MELANIS ou MELÆNIS, c'est-à-dire, *Noire.* On appelloit ainsi Vénus, parce que comme déesse de l'impureté, elle n'aimoit que les ténébres.

MELANTHIE, fille de Deucalion & de Pyrrha.

MELANTHIUS, esclave qui osa se mettre au rang de ceux qui vouloient épouser Pénélope pendant l'absence d'Ulysse. Ce prince étant rentré dans ses états, lui fit souffrir les plus grands supplices.

MELANTHO, nymphe que Neptune aima tellement, qu'il prit la figure d'un dauphin pour l'enlever.

MELAS, fils de Phryxus & de Chalciope, fut un des Argonautes.

MELCARTUS ou MILCRATUS, nom sous lequel les Tyriens adoroient Hercule.

MELCHOM, idole des Ammonites. On croit que c'est la même que Moloch.

MÉLÉAGRE, fils d'Œnée & d'Althée. Althée accouchant de lui, vit les trois Parques auprès du feu, qui y mettoient un tison, en disant *Cet enfant vivra tant que ce tison durera.* Ensuite elles se retirerent. Althée alla promptement se saisir du tison, l'éteignit, & le garda bien soigneusement. Son fils, à l'âge de quinze ans, oublia de sacrifier à Diane, qui, pour s'en venger, envoya un sanglier ravager tout le pays de Calydon. Les princes Grecs s'assemblerent pour tuer ce monstre, & Méléagre à leur tête fit paroître beaucoup de courage. Atalante blessa la premiere le sanglier, dont Méléagre lui offrit la hure comme la plus considérable dépouille. Les freres d'Althée mécontens de cette préférence, prétendirent l'avoir ; mais ce jeune prince les tua, & épousa Atalante. Althée vengea la mort de ses freres, en jettant au feu le tison fatal ; & Méléagre aussi-tôt se sentit dévorer les entrailles à mesure que le tison brûloit. Ensuite Althée se tua de désespoir voyant son fils mort.

MELEAGRIDES. On appella ainsi les sœurs de Méléagre, qui pleurerent tant la mort de leur frere, qu'elles furent changées en poules.

MÉLÈS, fleuve de l'Asie mineure, auprès duquel on croit que nâquit Homère ; ce qui a fait dire qu'il étoit fils de ce fleuve. Il y en a qui disent que Mélès est le nom du pere d'Homère, & que c'est de-là qu'il est surnommé *Meleteus* & *Melesigenes.*

MELETÉ. *Voyez* MUSES.

MELETEUS & MELESIGENES. *Voyez* MÉLES.

MELIA, fille de l'Océan, qu'Apollon épousa, & dont il eut Ténérus & Isménius. *Voyez* CAANTHE.

MÉLIADES, MÉLIES & EPIMÉLIDES, nymphes qui présidoient au soin des troupeaux.

MELIBÉE, fille de l'Océan, & femme de Pélasgus.

MELIBŒUS. Philoctete est ainsi surnommé du nom de Melibée, ville de Thessalie, sa patrie.

MELICERTE, fils d'Athamas & d'Ino. Pour éviter

la fureur de fon pere, il fe précipita dans la mer, & fut métamorphofé en dieu marin. *Voyez* INO, LEUCOTHÉE. C'eft le même que Palémon.

MELICHIUS. Voyez MILICHIUS.

MELIES. *Voyez* MELIADES.

MELISSE, l'une des nymphes qui prirent foin de l'enfance de Jupiter. Elle fut métamorphofée en abeille.

MELISSUS, roi de Crète, & pere des nymphes Amalthée & Méliffe.

MELIUS, furnom d'Hercule, pris d'un mot grec qui fignifie *pomme*; parce qu'un jour qu'on devoit lui facrifier un bœuf, d'autres difent un bélier, la victime ayant manqué, on lui immola une pomme, à laquelle on donna une forte de reffemblance avec l'animal, en y enfonçant d'un côté quatre efpéces d'allumettes, pour lui fervir de pieds, & de l'autre, deux petites chevilles, pour lui faire des cornes.

MELLONE, déeffe des abeilles. Elle avoit l'intendance de tout ce qui les concernoit.

MELOBOSIS, nymphe, fille de l'Océan & de Téthys.

MELOPHORE. Sous ce nom on adoroit Cérès, comme la déeffe tutélaire des troupeaux de brebis.

MELPOMÉNE, l'une des neuf Mufes, déeffe de la Tragédie. On la repréfente ordinairement fous la figure d'une jeune fille, avec un air férieux fuperbement vêtue, chauffée d'un cothurne, tenant des fceptres & des couronnes d'une main, & un poignard de l'autre.

MÉMACTÉNES, fêtes en l'honneur de Jupiter. *Voyez* MÆMACTES.

MEMBRES, Les membres du corps humain avoient chacun leurs divinités particulieres. La tête étoit fous la protection de Jupiter : la poitrine fous celle de Neptune; la ceinture fous celle de Mars; le front fous celle de Génie; les fourcils fous celle de Junon; les yeux fous celle de Cupidon; l'oreille fous celle de la déeffe Mémoire; la main fous celle de la Foi;

le dos sous celle de Pluton ; les reins sous celle de Vénus ; les pieds sous celle de Mercure ; les doigts sous celle de Minerve, &c.

MEMBRES DISPERSÉS. *Voyez* ABSYRTE, EPIDAURE, MÉDÉE, PÉLOPS, ARCAS.

MEMNON, roi d'Abydos, & fils de Tithon & de l'Aurore. Achille le tua devant Troie, parce qu'il avoit amené du secours à Priam ; & lorsque son corps fut sur le bûcher, Apollon le métamorphosa en oiseau à la priere d'Aurore. Cet oiseau multiplia beaucoup, & se retira en Ethiopie avec ses petits, lesquels venoient tous les ans visiter le tombeau de leur pere, qu'ils arrosoient quelquefois de leur sang. On dit que la statue de Memnon rendoit des sons harmonieux, lorsqu'elle étoit frappée des premiers rayons du soleil.

MÉMOIRE. *Voyez* MNÉMOSYNE.

MÉMOIRE ANCIENNE, divinité particuliere adorée à Rome.

MEN, c'est-à-dire, *Mois*. On en avoit fait une divinité particuliere.

MENA ou MENÉ, divinité qui présidoit aux maladies des femmes. On croit que c'est la même que *Luna*.

MENADES. *Voyez* MÆNADES.

MENALE, montagne d'Arcadie. On croyoit que c'étoit le séjour ordinaire du dieu Pan, qui pour cela étoit surnommé *Mænalius*.

MENALIPPE, sœur d'Antiope, reine des Amazones. Elle fut faite prisonniere par Hercule, qui reçut pour sa rançon ses armes & son baudrier.

Une fille du centaure Chiron se nommoit aussi Ménalippe. Ayant épousé Eole, elle fut changée en jument, & placée parmi les constellations.

MENALIPPUS, citoyen de Thèbes, qui ayant blessé à mort Tydée au siége de cette ville, fut ensuite tué lui-même. Tydée se fit apporter la tête de son ennemi, & assouvit sa vengeance en la déchirant avec ses dents, après quoi il expira.

MENDÈS, divinité Egyptienne. C'étoit un bouc

MENECÉE, fils de Creon, roi de Thèbes, se dévoua pour le salut de sa patrie, en se tuant volontairement pour obéir à un oracle qui promettoit à ce prix, la fin des malheurs de Thèbes.

MENÉLAS, fils de Plisthene, frere d'Agamemnon, & roi de Lacédémone. Il avoit épousé Héléne, que Pâris vint lui enlever; ce qui causa le fameux siége de Troie, où il se fit une grande réputation. Ce prince reprit sa femme, & la conduisit à Lacédémone, où il mourut peu après son arrivée.

MÉNÉLÉE, fameux Centaure. Un des chiens d'Actéon s'appelloit aussi Ménélée. c'est le même que *Melaneus*.

MENEPHRON, jeune homme Thessalien qui eut commerce avec sa mere. Diane les métamorphosa en chiens.

MENESTHÉE, descendant d'Erecthée, s'empara du trône d'Athènes, pendant l'absence de Thésée. Il fut un des princes qui allerent au siége de Troie.

C'étoit aussi le nom du cocher de Diomède.

MENESTHIUS, fils de Philomédusc. Il fut tué au siége de Troie par Pâris.

MENIPPE, une des Amazones qui allerent au secours d'Eétès, roi de la Colchide. Ce fut aussi le nom d'une nymphe, fille de Nérée & de Doris, que quelques-uns disent avoir été mere d'Orphée.

MENIUS, fils de Lycaon, lequel ayant été, comme son pere, changé en loup, fut écrasé par Jupiter pour avoir blasphémé contre lui.

MENŒTÈS, l'un des compagnons d'Enée, dont il gouverna les vaisseaux après la mort de Palinure.

MENŒTIADES, Patrocle, fils de Menœtius.

MENŒTIUS, prince Grec d'une grande réputation, & pere de Patrocle. Il étoit fils d'Egine & d'Actor.

MENOTYRANNUS; c'est-à-dire, *roi des Mois*, surnom d'Attis ou Atys, favori de Cybele, sous le nom duquel les Phrygiens adoroient le Soleil.

MENS, c'est-à-dire, *Ame*, *Esprit*. Les payens en avoient fait une divinité qu'ils adoroient comme l'ame générale du monde, & celle de chaque être en particulier. Ils la révéroient auſſi comme la déeſſe de l'intelligence & du bon eſprit.

MENSONGE, divinité infernale. Quelques-uns diſent qu'il avoit le ſoin de conduire les ombres dans le Tartare, & on le repréſentoit avec un air affable & ſéduiſant. C'eſt ſans doute Mercure qu'on entend par cette divinité allégorique.

MENTE, & mieux MENTHE, fille du Cocyte, & une des concubines de Pluton, que Proſerpine, par jalouſie, métamorphoſa en une plante de ce nom.

MENTÈS, roi des Taphiens, dont Minerve prit la reſſemblance pour aſſurer Pénélope qu'Ulyſſe étoit vivant, & pour engager Télémaque à aller le chercher. Homère le diſtingue de Mentor.

MENTOR. C'étoit, dit Homère, un des plus fidèles amis d'Ulyſſe, & celui, à qui, en partant pour Troie, il avoit confié le ſoin de toute ſa maiſon, afin qu'il la conduiſît ſous les ordres du bon Laërte. Ce fut, ſelon le même poëte, de ce Mentor que Minerve prit la figure & la voix, pour accompagner Télémaque, lorſque ce jeune prince partit d'Ithaque pour aller chercher ſon pere.

MEON, ancien roi de Phrygie, que quelques-uns diſent avoir été pere de Cybèle.

MEONIE, contrée de l'Aſie mineure, depuis appellée Lydie, de Lydus fils d'Athys.

MEPHITIS, déeſſe des mauvaiſes exhalaiſons.

MER. On en avoit fait une divinité. Il y en avoit pluſieurs qui préſidoient à cet élément. *Voyez* NEPTUNE, OCÉAN, NÉRÉE, AMPHITRITE, TÉTHYS, &c.

MERA, fille de Prœtus, qui fut aimée de Jupiter, & métamorphoſée en chienne. C'eſt auſſi le nom de la chienne d'Icarius. *V.* ICARIUS.

MERCEDONA, déeſſe qui préſidoit aux marchandiſes & aux payemens.

MERCURE. Cicéron compte cinq Mercures différens, dont le plus célèbre paſſoit pour fils de Jupiter & de Maia. Il étoit dieu de l'éloquence, du commerce & des voleurs, & le maſſager des dieux, principalement de Jupiter, qui lui avoit attaché des aîles à la tête & aux talons pour exécuter ſes ordres avec plus de viteſſe. C'étoit lui qui conduiſoit les ames dans les enfers, avec pouvoir de les en tirer. Il ſavoit parfaitement bien la muſique. Ce fut lui qui déroba les troupeaux, les armes & la lyre d'Apollon, & ſe ſervit de cette lyre dont il ſavoit jouer, pour endormir & tuer Argus qui gardoit la vache Io. Il métamorphoſa Battus en pierre de touche, délivra Mars de la priſon où Vulcain l'avoit enfermé, & attacha Prométhée ſur le mont Caucaſe. Il fut fort aimé de Vénus, dont il eut Hermaphrodite. On le repréſente ordinairement tenant un caducée à la main, avec des aîles à la tête & aux talons. *Voyez* CADUCÉE.

MERCURIALES. C'étoit à Rome une ſociété de marchands, ainſi nommés, parce que Mercure étoit le dieu du commerce. Ce n'eſt que par conjecture que quelques-uns ont penſé qu'il y avoit chez les anciens Romains des fêtes Mercuriales; mais elles étoient fort communes dans la Grèce, & ſur-tout en Crète, ſous le nom d'*Hermées*.

MERE DES DIEUX, GRANDE MERE, MERE NOURRICE, ou ſimplement MERE. On adoroit ſous ces noms la Terre. *Voyez* TELLUS, CYBÈLE.

MÉRION, fils de Molus, & cocher d'Idoménée, qui ſe diſtingua beaucoup au ſiége de Troie. Homère le compare à Mars pour la valeur.

Il y eut un autre Mérion, fils de Jaſon, célèbre par ſes richeſſes & par ſon avarice.

MERMEROS étoit un fameux Centaure.

MERMERUS, fils de Jaſon & de Médée.

MÉROPE, fille d'Atlas & de Pléïone, fut, comme ſes ſœurs, changée en aſtre. *Voyez* PLÉÏADES.

Il y eut une autre Mérope, fille de Cypſelus, & femme de Creſphonte, qui reconnut ſon fils lorſqu'elle alloit le tuer.

MÉROPS, célèbre devin de la Troade, dont les deux fils furent tués au ſiége de Troie.

M iv

Il y eut un autre Mérops, roi de l'isle de Cos, laquelle fut appellée de son nom. Junon touchée de l'extrême douleur qu'il avoit de la mort de sa femme, le changea en aigle, & le plaça parmi les constellations.

Il y eut encore un autre Mérops que Clymene épousa, après qu'elle eut eu Phaéton du Soleil.

MESSAPUS, ou MESAPUS, fils de Neptune, prince d'une contrée de l'Italie, qui alla au secours de Turnus contre Enée.

MESSÈNE, fille de Triopas, & femme de Policaon, fut révérée après sa mort comme une divinité par les Messéniens.

MESSIES, déesses des moissons. Il y en avoit une particuliere pour chaque sorte de moissons.

MESTOR, roi de Mycène, & pere d'Hippothoé. Il étoit fils de Persée & d'Andromède.

METAGETNION, surnom d'Apollon, en l'honneur de qui il y avoit des fêtes appellées Métagernies.

METANIRE ou MEGANIRE, femme de Céleus. *Voyez* CÉLEUS, TRIPTOLÉME.

MÉTEMPSYCOSE, c'est ainsi qu'on nomme l'opinion ridicule de la transmigration des ames d'un corps dans un autre.

METHÉE, l'un des trois chevaux de Pluton.

METHYMNÆUS vates. C'est Arion, parce qu'il étoit de Methymne, ville de l'isle de Lesbos.

METINA, déesse du vin doux.

METIS, nymphe, fille de l'Océan & de Téthys. On dit que Jupiter ayant dévoré cette nymphe, en conçut Minerve dont il accoucha par le secours de Vulcain. *Voyez* MINERVE.

METRA. *Voyez* ERESICHTHON.

MÉTRAGYRTE, surnom de Cybèle, dont les prêtres se nommoient aussi Métragyrtes, c'est-à-dire, *Quêteurs de la mere des dieux*, parce qu'ils faisoient métier de mendier.

MEZENTIUS, prince impie, roi des Tyrréniens. Ces peuples se révolterent contre lui, parce qu'il faisoit égorger ceux qui ne lui plaisoient pas, ou les faisoit mourir attachés bouche à bouche à des cadavres. Enée le défit.

MIDAS, fils de Gordius, & roi de Phrygie. Il reçut humainement Bacchus dans ses états, lequel, en reconnoissance de ce bon office, lui promit de lui accorder tout ce qu'il demanderoit. Midas demanda que tout ce qu'il toucheroit, se changeât en or. Il se repentit bien d'avoir fait une telle demande ; car tout se changeoit en or, jusqu'à ses alimens, dès qu'il les touchoit. Il pria Bacchus de reprendre ce don, & alla par son ordre se laver dans le Pactole, dont les eaux, après cela, ne roulerent plus que du sable d'or. Apollon lui fit venir des oreilles d'âne, pour avoir trouvé le chant du Dieu Pan & de Marsyas plus beau que le sien. *Voyez* ROSEAUX.

MIDÉE ou MIDIE fille d'Aloéus, donna son nom à une ville de la Grèce.

MIGONITIS, surnom de Vénus, pris du culte qu'on lui rendoit à *Migonium* dans la Laconie.

MILANION. *Voyez* ATALANTE.

MILCRATUS *Voyez* MELCARTUS.

MILET, ville qu'un certain Miletus, fils d'Apollon & de Déïone, alla fonder en Carie, où il se retira pour éviter la colere de Jupiter, parce qu'il avoit voulu détrôner Minos.

MILETIS, Biblis, fille de Miletus.

MILETUS, fils d'Apollon. *Voyez* MILET.

MILICHIUS ou MELICHIUS, c'est-à-dire, *doux, propice,* surnom de Jupiter. Le culte de Jupiter *Mélichius* étoit célèbre dans toute la Grèce, mais surtout dans un endroit proche d'Athènes, où on l'adoroit sous la figure d'une pyramide. Bacchus étoit aussi adoré sous le nom de *Milichius,* comme le dieu tutélaire des arbres fruitiers. Ce surnom de Bacchus étoit pris d'un ancien mot grec qui signifie *figue*.

MILON LE CROTONIATE. C'étoit un athlète si vigoureux, qu'il portoit un taureau sur ses épaules, & le tuoit d'un coup de poing. Voulant un jour fendre un arbre en deux, ses mains se prirent dans l'ouverture, de sorte que ne pouvant se défendre contre des loups qui vinrent se jetter sur lui, il en fut dévoré.

MIMALLONES ou MIMALLONIDES. On donnoit aux Bacchantes ce nom, pris de celui de Mimas, montagne de l'Asie mineure, où la célébration des Orgies se faisoit avec beaucoup d'appareil.

MIMAS, géant que Jupiter foudroya. C'étoit aussi le nom d'une montagne. *Voyez* MIMALLONES.

MIMON, un des dieux Telchines.

MINÉE, Thébain, dont les filles furent changées en chauves-souris.

MINEIAS, MINYIAS ou MINYEAS, c'est-à-dire, *fille de Minée. Voyez* MINEIDES.

MINÉÏDES, filles de Minée. Elles étoient trois; savoir, Alcithoé, Clyméne & Iris. *V.* ALCITHOÉ.

MINERVE, autrement PALLAS, déesse de la sagesse, de la guerre & des arts, & fille de Jupiter, qui la fit sortir de son cerveau, armée de pied-en-cap. On conte qu'il se fit donner un coup de hache sur la tête par Vulcain pour la mettre au monde. Elle & Neptune disputerent pour donner un nom à la ville que Cécrops avoit bâtie. Celui qui produiroit la plus belle chose, devoit avoir cet honneur. Elle fit sortir de terre avec sa lance un olivier tout fleuri: & Neptune d'un coup de son trident fit naître un cheval, que quelques-uns prétendent être le cheval Pégase. Les dieux déciderent en faveur de Minerve, parce que l'olivier est le symbole de la paix, & elle appella cette ville Athènes, nom que les Grecs donnoient à cette déesse. On la représente avec le casque sur la tête, l'égide au bras, tenant une lance comme déesse de la guerre, & ayant auprès d'elle une chouette, & divers instrumens de mathématiques, comme déesse des sciences & des arts. *Cartari.*

MINOÏS, Ariane, fille de Minos.

MINOS, fils de Jupiter & d'Europe, & juge des enfers. Il défit les Athéniens & les Mégariens auxquels il avoit déclaré la guerre, pour venger la mort de son fils Androyée. Il prit Mégare par la secours de Scylla, fille de Nisus, roi de cette contrée, laquelle coupa à son pere le cheveu fatal dont dépendoit la destinée des habitans, pour le donner à Minos. Il réduisit les Athéniens à une si grande extrêmité, que par un article du traité qu'il leur fit accepter, il les contraignit de lui livrer tous les ans sept jeunes hommes & sept jeunes filles, pour être la proye du Minotaure. *Voyez* DÉDALE, NISUS.

MINOTAURE, monstre qui nâquit de Pasiphaé & d'un taureau. Minos enferma ce monstre dans un labyrinthe, parce qu'il ravageoit tout, & ne se nourrissoit que de chair humaine. Thésée ayant été du nombre des jeunes Grecs qui en devoient être la proie, le tua, & sortit du labyrinthe par le moyen d'un peloton de fil, qu'Ariane, fille de Minos lui avoit donné. Quoiqu'Euripide, Ovide & d'anciens monumens représentent le Minotaure avec la moitié d'un corps humain, & l'autre moitié de celui d'un taureau, Apollodore, Hygin & d'autres donnent à ce monstre un corps entier d'homme, à la réserve d'une tête de bœuf; & c'est ainsi que sur la cinquiéme planche des *anciennes peintures d'Herculanum*, il est représenté mort & abattu aux pieds de Thésée. *Voyez* THÉSÉE. *Virg. Ovid. Plut.*

MINTHE, c'est la même que Mente. *V.* MENTE.

MINUTIUS, dieu qui avoit à Rome un autel auprès d'une des portes de la ville, qui fut appellée de son nom, *Minutia*.

MINYAS, fils de Chrysès, & petit-fils de Neptune, fut pere d'un peuple de Thessalie, qu'Ovide appelle *Minyeia proles*.

MINYEAS ou MINYIAS. *Voyez* MINEIAS.

MIROIR. *Voyez* PRUDENCE.

MIRSILE. *Voyez* CANDAULE.

MISCELUS. *Voyez* MYSCILLE.

MISÈNE, fils d'Eole, surpassa tous ceux de son tems dans l'art de sonner de la trompette, pour exciter le courage des soldats dans le combat. Après la mort d'Hector, à qui il étoit attaché, il se donna à Énée qu'il suivit en Italie. Ayant osé défier les dieux de la mer, d'emboucher la trompette mieux que lui, un Triton le précipita dans les flots, où il périt. Son corps ayant été trouvé sur un promontoire qui fut depuis appellé de son nom, Énée lui fit faire des funérailles magnifiques.

MISERE : on en avoit fait une divinité, fille de l'Erébe & de la Nuit.

MISÉRICORDE, divinité allégorique, dans le temple de laquelle les malheureux trouvoient un refuge assuré.

MITHRA ou MITHRAS, la principale des divinités subalternes des Perses qui reconnoissoient un dieu invisible, auteur de l'univers, & supérieur au Soleil, aux Planetes & à tous les dieux visibles. Mithra, qu'on croit être le Soleil, étoit représenté sous le symbole du feu. *Voyez* FRUGIFER, MITHRÈS, MITHRIAQUES.

MITHRÈS. Quelques-uns en font un dieu different de Mithras. Ils disent que Mithrès étoit adoré par les Perses comme le plus grand, le premier des dieux ; & Mithras, comme le Soleil & le Feu. *V.* MITHRA.

MITHRIAQUES, fêtes en l'honneur de Mithras. On y immola long-tems des victimes humaines, & tout y inspiroit la crainte & la terreur. Pendant ces fêtes, il n'y avoit que le roi seul à qui il fût permis de s'enivrer.

MNASYLE, jeune satyre qui se joignit à Chromis & à Eglé, pour lier le vieux Silène avec des fleurs.

MNÉMÉ. *Voyez* MUSES.

MNEMONIDES, les Muses, filles de Mnemosyne.

MNEMOSYNE ou la déesse Mémoire. Jupiter l'aima, & eut d'elle les Muses ; elle accoucha sur le mont Piérius, d'où les Muses furent appellées *Piérides*.

MNESTHÉE, Troyen, descendant d'Assaraque, suivit Enée en Italie.

MNÉVIS, bœuf consacré au Soleil. Les habitans d'Héliopole le nourrissoient avec grand soin, & lui rendoient des honneurs divins.

MŒRAGETÈS, ceux des Grecs qui n'admettoient

que deux Parques, leur aſſocioient, comme leur chef, Jupiter, avec ce ſurnom.

MOINEAUX. *Voyez* VÉNUS.

MOIS. *Voyez* MEN.

MOLECU, le même que Moloch.

MOLES, *Molæ*, déeſſes des Meûniers. On les croyoit filles de Mars, parce qu'il écraſe les hommes comme les meules écraſent le bled. *A. Gel. Turn.* On appelloit auſſi Moles les ſtatues coloſſales qu'on élevoit en l'honneur des dieux.

MOLIONE, femme d'Actor.

MOLIONIDES, deſcendans de Molione. Ils naiſſoient avec deux têtes, quatre jambes & quatre bras. On les appelle auſſi les Actorides. *Voyez* ACTOR.

MOLOCH ou MELCHOM, une des divinités des Ammonites & des Moabites. On croit que c'eſt le même que Saturne. Son culte qui fait horreur par les ſacrifices de victimes humaines qu'on lui offroit, avoit été adopté par les Phéniciens, d'où il avoit été porté à Carthage. *Voyez l'hiſtoire ancienne de M. Rollin, tome I, p. 193.*

MOLORCHUS, berger de l'Achaïe, en faveur de qui Hercule, pour avoir été bien reçu de lui, tua le lion de la forêt de Némée qui déſoloit ſes troupeaux.

MOLOSSE, fils de Pyrrhus & d'Andromaque. Un des chiens d'Actéon ſe nommoit ainſi. *V.* MOLOSSUS.

MOLOSSUS, Jupiter étoit ainſi ſurnommé à cauſe du culte particulier que lui rendoient les Moloſſes peuples d'Epire. Les chiens de ce pays étoient fort renommés.

MOLUS. *Voyez* MERION.

MOLY. C'eſt le nom de la plante que Mercure enſeigna à Ulyſſe, pour empêcher l'effet des breuvages de Circé.

MOMEMPHIS, ville d'Egypte, où l'on rendoit à une géniſſe les mêmes honneurs qu'on rendoit à un bœuf, à Memphis.

MOMUS, fils du Sommeil & de la Nuit, & le dieu de la raillerie. Il s'occupoit uniquement à examiner les actions des dieux & des hommes, & à les reprendre avec liberté : c'est pourquoi on le repréſente levant le maſque de deſſus le viſage, & tenant une marotte à ſa main. Neptune ayant fait un taureau, Vulcain un homme, & Minerve une maiſon, Momus trouva que les cornes du taureau étoient mal plantées, & qu'il auroit fallu qu'elles fuſſent plus près des yeux ou des épaules, afin de donner des coups plus violens. Quant à l'homme, il auroit voulu qu'on lui eût fait une petite fenêtre au cœur, pour voir ſes penſées les plus ſecrettes. Enfin la maiſon lui parut trop maſſive pour être tranſportée, lorſqu'on auroit un mauvais voiſin. *Lucien.*

MONDE. Les payens en avoient fait un dieu.

MONETA, nom ſous lequel on adoroit Junon, comme la déeſſe des conſeils, du mot latin *monere.*

MONOGRAMES, c'eſt-à-dire, *qui ſont d'un ſeul & même caractere.* On appelloit ainſi les dieux, pour marquer leur immutabilité.

MONSTRE. *V.* ANDROMÈDE, EGIDE, CADMUS, HARPIES, PHÉDRE, CIRCÉ, EGESTE, GLAUCUS, SCYLLA, SIRÉNE, CHIMERE, HÉSIONE.

MONTAGNES : elles étoient regardées preſque par-tout comme des lieux ſacrés ; quelquefois même on les adoroit comme des divinités. *Voyez* ATLAS, GÉANS, ETNA.

MONTANA. On donnoit ce ſurnom à Diane, par la même raiſon qu'elle avoit celui d'*Acrea. Voyez* ACREA, ADRORINA.

MONYCHUS, Centaure ſi fort, qu'il arrachoit les plus grands arbres.

MOPSOPIUS *juvenis.* C'eſt Triptolème ; parce qu'il étoit de l'Attique, dont une des contrées étoit nommée Mopſopie, de Mopſopus un de ſes anciens rois.

MOPSUS, dieu particuliérement révéré en Cilicie, où l'on venoit de toutes les contrées voiſines conſulter ſon oracle. Quelques-uns croient qu'il avoit été un des Argonautes, & d'autres, qu'il étoit fils de Tiréſias, ayant été l'un & l'autre de fameux devins. Ovide le dit fils d'Ampyx.

Mopsus est encore un nom de berger, fréquent dans les anciennes pastorales.

MORPHÉE, l'un des ministres du Sommeil. Il endormoit ceux qu'il touchoit avec une plante de pavot, & présentoit les songes sous diverses figures.

MORPHO, surnom de Vénus, pris d'un mot grec qui signifie *beauté*. On la représentoit avec des chaînes aux pieds, pour marquer la fidélité & la subordination des femmes envers leurs maris. *Paus.*

MORT, divinité, fille du Sommeil & de la Nuit, & la plus implacable de toutes les déesses. On lui sacrifioit un coq. Les poëtes la représentent n'ayant que les os, avec une robe noire parsemée d'étoiles, avec des aîles, & tenant quelquefois une faux.

MORTA, nom que les anciens donnoient à une des Parques.

MORTS. C'étoit un point essentiel du culte religieux d'honorer la mémoire des morts; & le trait le plus odieux dans la conduite des tyrans, étoit d'empêcher qu'on leur rendît les derniers devoirs. On les embaumoit, on les inhumoit, ou on les brûloit avec une pompe plus ou moins magnifique, selon la qualité des personnes. On les révéroit tous en général sous le nom de dieux Mânes. *Voyez* MANES.

MORYCHUS, surnom que les Siciliens donnoient à Bacchus, lorsqu'au tems de la vendange ils barbouilloient le visage de sa statue avec du vin doux & des figues.

MOUCHE. *Voyez* IO, ARISTÉE, MYIAGRE.

MUÉTE ou MUTA, déesse du silence, & fille du fleuve Almon. Jupiter lui fit couper la langue, & la fit conduire aux enfers, parce qu'elle avoit découvert à Junon son commerce avec Juturne. Mercure, touché de sa beauté, l'épousa, & en eut deux enfans nommés Lares, auxquels on sacrifioit comme à des génies familiers. *Voyez* LARA.

MULCIBER, surnom de Vulcain.

MULTIMAMMIA, surnom qu'on donnoit à Diane, quand on la représentoit comme Cérès avec beaucoup de mammelles.

Munitus. *Voyez* Munychus.

Munichia, surnom de Diane, pris du culte qu'on lui rendoit à Muniquie, port de l'Attique.

Munichus ou Munitus, fils d'Acamas & de Laodicé, donna son nom à un port de l'Attique, où il bâtit un temple à Diane.

Murcie ou Murcé, déesse de la lâcheté.

Murtie ou Myrtie. Vénus étoit ainsi appellée, du myrte qui lui étoit consacré.

Musagete, c'est-à-dire, *guide des Muses*, surnom d'Apollon & d'Hercule.

Muscarius, surnom de Jupiter & d'Hercule ; pour la même raison que celui d'*Apomyius*. Voyez Apomyius.

Musée, fils de la Lune & d'Eumolpus, excella dans la médecine ; & un autre, disciple d'Orphée, dans la poësie.

Musées, fêtes en l'honneur des Muses. On a donné ce nom aux académies & aux cabinets des savans.

Muses, déesses des sciences & des arts, filles de Jupiter & de Mnémosyne. Elles étoient neuf ; savoir, Clio, Melpoméne, Thalie, Euterpe, Terpsicore, Erato, Calliope, Uranie & Polymnie. Il y avoit des peuples qui n'en admettoient que trois, qu'on nommoit Mélété, Mnémé, Aædé. D'autres en comptoient sept ; quelques-uns seulement deux. Quoi qu'il en soit du nombre, elles avoient Apollon à leur tête. Le palmier, le laurier, & plusieurs fontaines, comme l'Hippocréne, Castalie, & le fleuve Permesse, leur étoient consacrés. Elles habitoient les monts Parnasse, Hélicon, Piérius, le Pinde ; & l'on s'imaginoit que le cheval Pégase passoit sur ces montagnes & aux environs. Voyez les Muses chacune en son lieu.

Musica, surnom de Minerve.

Muta. *Voyez* Muéte.

Mutinitinus, ou Mutinus-Titinus, dieu du silence.

Mutinus, Muto & Mutunus, surnoms de Priape.

MYAGRE, MYIAGRE ou MYIACORE, le même que Myode. *Voyez* MYODE.

MYCENES, ville du Péloponèse, célèbre dans la Fable, par son fondateur qui fut Persée, fils de Danaüs, & par ses rois Pélops, Thyeste, Agamemnon, &c.

MYCENIS, Iphigénie, fille d'Agamemnon, comme étant de la ville de Mycenes.

MYGDON fils de Cisseus, & frere d'Hecube.

MYGDONIA mater. Cybèle est ainsi appellée du culte qu'on lui rendoit dans la Mygdonie, petite contrée voisine de la Phrygie. C'est de cette Mygdonie, & non de celle de Thrace, qu'Ovide a parlé, en disant des femmes de ce pays, *Mygdonides nurus*.

MYGDONIDES, Chorœbus, fils de Mygdon.

MYLITTA, une des divinités des Assyriens. C'est la même que Vénus. Quelques-uns croient que c'étoit Lucine.

MYNÉS, roi de Lyrnesse, tué par Achille, qui emmena captive Hippodamie surnommée Briséis, femme de ce prince.

MYODE ou MYIODE, dieu des mouches. On l'invoquoit & on lui faisoit des sacrifices pour être délivré des insectes aîlés. Il avoit à Rome un lieu sacré, où l'on dit qu'une puissance divine empêchoit les chiens & les mouches d'entrer. En Afrique on adoroit le même dieu sous le nom d'Achor. C'est le même que Béelzébub. *Pans. Plin. Solin.*

MYRICÆUS, MYRICINUS & MYRINUS, surnoms d'Apollon, quand on le représentoit avec une branche de bruyere à la main.

MYRMEX, femme d'Epiméthée, & mere d'Ephyrus. C'est aussi le nom d'une jeune fille que Minerve métamorphosa en fourmis, laquelle étant devenue mere d'une multitude de fourmis, ces fourmis furent changées en autant d'hommes, à la priere d'Eaque affligé du ravage que la peste avoit fait dans ces états. Les nouveaux sujets qu'il acquit par cette métamorphose, furent nommés *Myrmidons*, du nom de leur mere *Myrmex*, lequel signifiant *fourmi*, aura donné lieu à la fable.

MYRMIDONS, Thessaliens qui accompagnerent Achille au siége de Troie. *Voyez* MYRMEX.

MYRRHA, fille de Cynire. Elle eut un commerce criminel avec son pere, lequel ayant reconnu son crime, voulut la tuer; mais elle fut métamorphosée en un arbrisseau d'où coule la myrrhe. Adonis naquit de cet inceste.

MYRSILE. *Voyez* CANDAULE.

MYRTA ou MYRTIE, surnoms de Vénus. *Voyez* MURTIE.

MYRTILE, cocher d'Œnomaüs, & fils de Mercure & de Myrto. Pélops le gagna lorsqu'il fallut entrer en lice à la course des charriots avec Œnomaüs, pere d'Hippodamie, pour laquelle il falloit combattre quand on la demandoit en mariage. Myrtile ôta la clavette qui tenoit la roue, & le char ayant été renversé, Œnomaüs se cassa la tête. Pélops, au lieu de donner à Myrtile ce qu'il lui avoit promis, le jetta dans la mer, pour avoir trahi son maître.

MYRTO, fameuse Amazone qui s'abandonna à Mercure, dont elle eut Myrtile.

MYSCILE ou MYSCELUS, habitant d'Argos. N'ayant pu débrouiller un oracle, qui lui avoit dit de bâtir une ville où il se trouveroit surpris par la pluie dans un tems serein & sans nuage, il alla en Italie où il rencontra une courtisanne qui pleuroit: croyant trouver le sens de l'oracle dans cette aventure, il bâtit la ville de Crotone en cet endroit.

MYSÉON, temple de Cérès. *Voyez* MYSIA.

MYSIA, surnom de Cérès, pris du culte qui avoit été institué en son honneur dans l'Achaïe, par un Grec nommé Mysius ou Mysus, dont la maison où il avoit reçu Cérès, lorsqu'elle cherchoit sa fille, devint dans la suite un temple célèbre par les fêtes *Mysies*, & connu sous le nom de *Myséon* ou *Mysion*. Diane étoit aussi surnommée *Mysia*.

MYSION & MYSIUS. *Voyez* MYSIA.

MYSTERES. On n'étoit initié aux mysteres de la

religion payenne, qu'après de longues & quelquefois très-pénibles épreuves, & il y alloit souvent de la vie à les révéler. On ne les appelloit ainsi, que parce qu'on en ôtoit la connoissance au vulgaire; car ils ne contenoient rien d'incompréhensible, non plus que leurs pratiques religieuses. On ne les cachoit même souvent avec tant de soin, qu'à cause des infamies qui s'y commettoient. Chaque divinité avoit ses mysteres particuliers. Les plus célèbres étoient ceux de Cérès, d'Isis, de Bacchus, de Mithra, &c. *V. l'Histoire du Ciel, tom. 1, c. 2, n. 44.*

MISUS. *Voyez* MYSIA.

MYTHIDICE, sœur d'Adraste, & pere d'Hippomédon, un des sept rois qui assiégerent la ville de Thèbes.

N A P

NABO ou NEBO, une des divinités des Assyriens.

NÆNIA. *Voyez* NÉNIE.

NAIADES, filles de Jupiter. Elles présidoient aux fleuves & aux fontaines, & on les honoroit comme des divinités.

NAÏS ou NAIAS, une Naïade; *Naïdes* ou *Naïades*, les Naïades.

NANÉE, une des divinités des Perses. On croit que c'est Diane.

NANNACUS, un des plus anciens rois de la Grèce. Il prédit le déluge de Deucalion.

NAPÆUS, surnom d'Apollon.

NAPÉ. Ce mot qui signifie, *pente d'une montagne couverte d'arbres*, est le nom d'une chienne d'Actéon.

NAPÉES, nymphes qui présidoient aux prairies & aux bocages.

NAPHTÉ. C'est la drogue empoisonnée dont Médée frotta la robe & la couronne qu'elle envoya à Créuse.

NARCÆA, surnom de Minerve, pris du culte qui fut institué en son honneur par Narcée.

NARCÉE, fils de Bacchus, décerna le premier des honneurs divins à son pere. Il fit aussi bâtir un temple à Minerve. *Voyez* NARCÆA.

NARCISSE, fils de Céphise & de Liriope. Il étoit si beau, que toutes les nymphes l'aimoient, mais il n'en écouta pas une. Echo ne pouvant le séduire, en sécha de douleur. Tirésias prédit aux parens de ce jeune homme, qu'il vivroit tant qu'il ne se verroit pas. Revenant un jour de la chasse, il se regarda dans une fontaine, & devint si épris de lui même, qu'il sécha de langueur, & fut métamorphosé en la fleur qu'on appelle Narcisse.

NARTHÉCOPHORE, c'est-à-dire, *qui porte une canne de férule*. Surnom de Bacchus qu'on représente quelquefois avec une de ces cannes à la main, parce que la tige de férule étant fragile & légere, il persuada aux buveurs d'en porter une pour bâton, afin que si dans la chaleur du vin, ils venoient à se battre, ils pussent le faire impunément. On surnommoit aussi *Narthecophores*, ceux qui étoient initiés aux mysteres de Bacchus.

NARYCIUS HEROS, Ajax, fils d'Oilée, ainsi surnommé de Naryx, ville de la Locride où régnoit Oilée.

NASCIO ou NATIO, déesse que les femmes invoquoient pour obtenir une heureuse délivrance.

NASTÈS, un des capitaines qui allerent au secours des Troyens contre les Grecs.

NATALIS, surnom de Junon, de Génius & de la Fortune.

NATALITIES, jeux & fêtes en l'honneur des dieux qu'on croyoit présider à la naissance.

NATIO. Voyez NASCIO.

NATURALES DII, c'est-à-dire, *les dieux naturels*. On comprenoit dans cette classe de dieux, le Monde, le Soleil, l'Air, l'Eau, la Terre, la Tempête, l'Amour, &c.

NATURE, fille de Jupiter. Quelques-uns la font

sa mere, d'autres sa femme. Quelques anciens philosophes croyoient que la Nature n'étoit autre chose que Dieu même, & que Dieu n'étoit autre chose que le monde, c'est-à-dire, tout l'univers; misérable opinion qui a encore d'imbécilles partisans. Plusieurs admettoient un dieu particulier de la nature humaine, qu'on croit être le même que Genius. *Voyez* GÉNIE.

NAUFRAGE. *Voyez* ULYSSE, ENÉE, AJAX, IDOMÉNÉE, NAUPLIUS.

NAULON. On appelloit ainsi la piéce de monnoie qu'on croyoit que Caron exigeoit des morts pour les passer.

NAVIRE. *Voyez* ARGO, EGÉE.

NAUPLIADES, Palamède, fils de Nauplius.

NAUPLIUS, roi de l'isle d'Eubée, & pere de Palamède. Son fils étant allé au siége de Troie, il y fut lapidé par l'injustice d'Ulysse & des autres chefs. Nauplius en fut si indigné, qu'il causa le plus de désordre qu'il put dans les états des princes Grecs pendant leur absence, & qu'après la prise de Troie, voyant la flotte des vainqueurs battue par une violente tempête, il fit allumer pendant la nuit des feux sur les côtes de la mer, vis-à-vis des endroits où étoient les plus dangereux écueils, contre lesquels la plupart de leurs vaisseaux vinrent échouer. Nauplius ayant appris qu'Ulysse & Diomède en étoient échappés, en eut tant de dépit, qu'il se précipita dans la mer.

Il y eut un autre Nauplius, fils de Neptune & d'Amymone, qui fut un des Argonautes.

NAUSICAA, fille d'Alcinoüs, qui ayant rencontré Ulysse après un naufrage, d'où il n'étoit échappé qu'avec beaucoup de peine, le conduisit au palais de son pere, de qui il fut très-bien reçu.

NAUSITHOUS, roi des Phéaciens, fut pere d'Alcinoüs. Il étoit fils de Neptune & de Péribée. Il y en eut un autre, fils de Circé & d'Ulysse.

NAUTÈS, Troyen de la suite d'Enée, qui le consideroit beaucoup à cause de sa grande sagesse.

Naxos, isle de la mer Egée, dans laquelle Thésée abandonna Ariane sur un rocher. Elle étoit célèbre par le culte qu'on y rendoit à Bacchus.

Neæra. *Voyez* Neéra.

Nealenie, une des divinités des Gaulois & des Germains.

Neanthe, musicien qu'Apollon fit mettre en piéces par des chiens, pour le punir d'avoir osé se servir de son luth, qu'il prétendoit toucher aussi-bien que lui.

Nebahaz, idole des Syriens.

Nebo. *Voyez* Nabo.

Nebrophonus, c'est-à-dire, *destructeur des faons de biche*, nom d'un chien d'Actéon.

Nécessité, divinité allégorique, fille de la Fortune. Elle étoit adorée par toute la terre. Sa puissance étoit telle, que Jupiter lui-même étoit forcé de lui obéir. Personne, outre ses prêtresses, n'avoit droit d'entrer dans son temple à Corinthe. On la représentoit, souvent à côté de la Fortune sa mere, avec des mains de bronze, dans lesquelles elle tenoit de longues chevilles & de grands coins.

Necromantie ou Necyomantie, partie de l'art magique, qui consiste dans l'évocation des morts.

Nectar. C'est le breuvage qu'Hébé & Ganymède versoient aux dieux. *Voyez* Ambrosie.

Necyomantie. *Voyez* Necromantie.

Necys, nom sous lequel on rendoit en Espagne de grands honneurs à Mars, qui y étoit aussi appellé Néton ou Nicon. *Macrobe.*

Neda, nymphe, une de celles qui prirent soin de l'enfance de Jupiter.

Néera, nymphe que le Soleil aima, & dont il eut deux filles. C'étoit aussi le nom d'une bergere.

Nehallennia, déesse que les peuples septentrionaux de l'Europe invoquoient pour en obtenir une heureuse navigation.

Neith ou Neïthé, nom sous lequel les Egyptiens adoroient Minerve, qu'ils appelloient aussi

Nitocris, c'est-à-dire, *Minerve la victorieuse.*

NELÉE, fils de Neptune & de la nymphe Tyro. Ayant été chassé de la Thessalie par son frere Pélias, il alla se refugier dans la Laconie, où il bâtit la ville de Pylos, & où il épousa Chloris, dont il eut douze enfans. Hercule le massacra avec eux, excepté Nestor qui étoit absent, après avoir pris & saccagé la ville de Pylos.

NELEÏDES ou NELEIUS. Nestor, fils de Nelée.

NELIDES, *Nelidæ*, les douze enfans de Nelée.

NELEIS, surnom de Diane, en l'honneur de qui il y avoit des fêtes appellées Néléidies.

NEMÉE, fille de Jupiter & de la Lune, donna son nom à une contrée d'Elide, où il y avoit une vaste forêt, fameuse par le terrible lion qu'Hercule étouffa en faveur de Molorchus, & par l'ordre d'Eurysthée. *Voyez* HERCULE, MOLORCHUS.

NEMÉENS, jeux qu'on célébroit auprès de la forêt de Némée. *Voyez* ARCHÉMORE.

NÉMÉSÉES, fêtes lugubres en l'honneur de Némésis. On y faisoit des sacrifices d'expiation pour les morts.

NÉMÉSIS ou ADRASTÉE, déesse de la vengeance, fille de Jupiter & de la Nécessité. Elle châtioit les méchans, & ceux qui abusoient des présens de la Fortune. On la représentoit toujours avec des aîles, armée de flambeaux & de serpens, & sur sa tête une couronne rehaussée d'une corne de cerf.

Les Grecs révéroient plusieurs divinités de ce nom, qu'ils croyoient filles de l'Erebe & de la Nuit.

NEMESTINUS ou NEMESTRINUS, dieu des forêts.

NEMETES ou NEMEETES, surnom de Jupiter, pris de la même raison que celui de *Nemeus.*

NEMEUS. Jupiter & Hercule furent ainsi surnommés, parce que celui-ci avoit tué le lion de la forêt de Némée, & que l'autre avoit un temple célèbre dans cette contrée.

NEMORALES, fêtes en l'honneur de Diane, qu'on adoroit comme la déesse des bois.

NENIE, déesse des funérailles. On donnoit aussi ce nom aux chants funèbres, dont on attribue l'invention à Linus. Comme ces chants étoient ordinairement vuides de sens, on en prit occasion d'appeller *Nenies*, les mauvais vers & les chansons vaines & puériles.

NEOCORES. On nommoit ainsi les prêtres à qui l'on confioit la garde des temples & de tout ce qui servoit aux sacrifices & au culte des dieux. Ils furent d'abord peu considérés; mais dans la suite leur fonction devint un titre de dignité si distingué, qu'il fut l'objet de l'ambition des villes mêmes qui se tenoient honorées d'être Néocores.

NEŒNIES, fêtes qu'on célébroit en l'honneur de Bacchus, quand on buvoit pour la premiere fois du vin nouveau.

NEOMENIE ou NOVILUNION, fêtes qu'on célébroit aux nouvelles Lunes à Athénes & à Rome.

NEOMERIS, nymphe, fille de Nérée & de Doris.

NEOPHRON. *Voyez* EGYPIUS.

NEOPTOLEME, surnom de Pyrrhus, fils d'Achille. A Delphes on célébroit avec grande pompe des fêtes en son honneur, qu'on appelloit Néoptolémies.

NEPHALIES. Les Grecs nommoient ainsi les fêtes, où l'on ne se servoit point de vin dans les sacrifices.

NEPHALION, un des fils de Minos.

NEPHELÉ, femme d'Athamas, & mere de Phryxus & d'Hellé. *Ovid. Nat. Com.*

NEPHELEIS, Hellé, fille de Nephelé.

NEPHTHÉ ou NEPHTHYS, une des divinités des Egyptiens qui joignoient son culte à celui de Typhon. On croit que c'est la même que Vénus.

NEPTUNALIES, fêtes & jeux solemnels qu'on célébroit à Rome en l'honneur de Neptune.

NEPTUNE, fils de Saturne & de Rhée. Lorsqu'il partagea avec ses freres Jupiter & Pluton, la succession de Saturne, l'empire des eaux lui échut, & il fut nommé dieu de la mer. Rhée le sauva de la fureur de son pere, comme elle avoit sauvé Jupiter. Elle le

donna

donna à des bergers, pour l'élever : & quand il fut grand, il épousa Amphitrite, eut plusieurs concubines, & fut chassé du Ciel avec Apollon, pour avoir voulu conspirer contre Jupiter. Ils allerent ensemble aider Laomédon à relever les murailles de Troie, & il punit ce roi pour lui avoir refusé son salaire, en suscitant un monstre marin qui désoloit tout le rivage. Il disputa en vain contre Minerve à qui donneroit un nom à la ville d'Athènes ; il surprit & changea Amymone en fontaine. On le représente ordinairement sur un char en forme de coquille, traîné par des chevaux marins, tenant en sa main un trident. Virgile donne à Neptune le surnom d'*Ægæus*, à cause d'un temple célèbre qu'il avoit à *Ægé*, ville de l'isle d'Eubée. *Ovid. Virg.*

On donnoit le nom de Neptunes à certains Génies dont on fait une description à peu près semblable à celle des Faunes, des Satyres, &c.

NEPTUNIA *proles*, Messapus, fils de Neptune. C'est aussi Cycnus fils, & Hippomène petit-fils de Neptune.

NEPTUNIUS *heros*, Thésée, que les poëtes font quelquefois fils de Neptune.

NERÉE, dieu marin, fils de l'Océan & de Téthys. Il épousa Doris sa sœur, dont il eut cinquante filles appellées Néréides ou nymphes de la mer.

NEREIA, NEREIS ou NERINE, c'est-à-dire, Néréide.

NERÉIDES. *Voyez* NÉRÉE.

NEREIUS *juvenis*, Phocus, petit-fils de Nérée.

NERGEL, idole des Cuthéens.

NERIENE ou NERION, femme de Mars.

NERINA ou NERITA, la même que Neverita.

NERINE. *Voyez* NEREIA.

NERITIUS, surnom d'Ulysse, pris de *Neritos*, montagne de l'isle d'Ithaque.

NESÉE, une des nymphes de la mer.

NESROCH, idole des Ninivites.

NESSUS, Centaure, fils d'Ixion & de la Nue. Il offrit ses services à Hercule pour porter Déjanire au-delà du fleuve Evène : & lorsqu'il l'eut passée, il voulut l'enlever ; mais Hercule le tua d'un coup de flèche. Le Centaure mourant donna sa chemise teinte de son sang à Déjanire, l'assurant que cette chemise auroit la vertu de rappeller Hercule, lorsqu'il voudroit s'attacher à quelqu'autre. C'étoit un poison qui fit perdre la vie à Hercule.

NESTOR, fils de Nélée & de Chloris. Il fut préservé du sort de son pere & de ses freres. *V.* NÉLÉE. Il combattit contre les Centaures, qui vouloient enlever Hippodamie, & se fit une grande réputation au siége de Troie. Apollon le fit vivre trois cents ans.

NETON. *Voyez* NECYS.

NEVERITA, NERITA ou NERINA, déesse de la vénération & du respect.

NEURES, peuples de la Sarmatie Européenne, qui avoient, dit-on, le pouvoir de se métamorphoser en loups, quand ils le vouloient, & de reprendre leur premiere figure.

NICÉ. *Voyez* VICTOIRE.

NICEPHORE, c'est-à-dire, *qui porte la victoire*, surnom de Jupiter. On le représentoit quelquefois tenant une petite statue de la Victoire.

NICOCREON, pere d'Arsinoé.

NICON. *Voyez* NECYS.

C'étoit aussi le nom d'un des dieux Telchines.

NICOPHORE, surnom de Vénus & de Diane. Il a le même sens que celui de Nicephore, donné à Jupiter.

NICOSTRATE, mere d'Evandre, fameuse devineresse, qui fut surnommée *Carmentis* & *Carmenta*, du mot latin *Carmen*, parce qu'elle ne donnoit ses prédictions qu'en vers.

NICTIMENE ou NYCTIMENE, jeune fille Thessalienne. On dit qu'ayant trop aimé son pere, elle fut métamorphosée en hibou. Quelques-uns croient que c'est la même que Myrrha.

NIGER DEUS, c'est-à-dire, *le Dieu noir* : surnom de Pluton. Des peuples Germains ont aussi donné ce nom à Satan.

NIL, fleuve célèbre d'Egypte auquel on offroit des sacrifices comme à un dieu.

NILIGENA JUVENCA, *la génisse née du Nil*, c'est-à-dire, *la genisse Egyptienne*. C'est Isis.

NILOENNES, fêtes en l'honneur du Nil.

NILUS, petit fils d'Atlas, donna son nom au Nil.

NIOBÉ, fille de Tantale, & femme d'Amphion. Ayant eu quatorze enfans, elle osa se préférer à Latone: ce qui irrita tellement cette déesse, qu'elle fit tuer par Apollon & par Diane ses sept fils & cinq de ses filles. Elle fut métamorphosée en rocher.

Il y eut une autre Niobé, fille de Phoronée, & mere d'Argus & de Pelasgus.

NIPHÉ, une des nymphes de la suite de Diane.

NIRÉE, roi de Naxos, fils de Charopus & d'Aglaïa, étoit le plus beau des princes Grecs qui firent le siége de Troie.

NISÆI CANES, c'est-à-dire, *les chiens de la fille de Nisus*. Voyez SCYLLA fille de Phorcus.

NISÉE, une des nymphes de la mer.

NISEIA virgo, ou NISEIS, Scylla fille de Nisus. Voyez SCYLLA fille de Phorcus.

NISUS, roi de Mégare. Le sort lui avoit donné un cheveu, dont dépendoit la destinée des Mégariens, auxquels il devoit commander tant qu'il le conserveroit. Scylla sa fille ayant voulu favoriser Minos, coupa ce cheveu pendant que Nisus dormoit, & le donna à Minos, qui se rendit maître de Mégare. Nisus en la poursuivant pour la punir, fut métamorphosé en épervier, & elle en alouette. *Ovide*.

Il y eut un autre Nisus, ami d'Euryale. Enée fut fort sensible à la mort de ce jeune Troyen, qui fut tué par les Rutules. *Eneid.*

NITOCRIS. Voyez NÉITH.

NIXES, *Nixii dii*, dieux qu'on invoquoit dans les accouchemens difficiles, & quand on se doutoit qu'il y avoit plusieurs enfans. *Ovid.*

NOCES. Voyez TÉTHIS, HIPPODAMIE, FESTIN.

NOCTILUCA, surnom de la Lune.

NOCTIVAGUS deus, le Sommeil.

NOCTURNUS ou NOCTIFER, dieu qui présidoit aux ténèbres. C'est le même que Vesper.

NODINUS, NODOTUS, NODUTIS ou NODUTUS, dieu qui présidoit aux moissons, lorsqu'elles germoient, & quand les nœuds se formoient aux chaumes.

NŒUD GORDIEN. *Voyez* GORDIUS.

NOMIUS, fils d'Apollon & de Cyrène. On adoroit aussi sous ce nom, Jupiter & Apollon, comme dieux protecteurs des campagnes, des pâturages sur-tout, & des bergers.

NONACRINA *virgo*. C'est Calisto, fille de Lycaon & de Nonacris.

NONACRIUS-*héros*. Evandre, ainsi surnommé de Nonacris, montagne d'Arcadie, d'où il étoit originaire.

NONIUS, un des chevaux de Pluton.

NORTIA. C'est le nom que les Etrusques donnoient à la Fortune, considérée comme déesse.

NOTUS, vent du midi, & l'un des quatre principaux.

NOVEMSIDES. Voyez NOVENSILES.

NOVENDIALE ou NOVENDION, sacrifice funèbre qui se faisoit le neuvième jour après le décès de quelqu'un. C'étoit aussi un sacrifice d'expiation pour détourner les malheurs dont on se croyoit menacé.

NOVENSILES ou NOVEMSIDES DII, c'est-à-dire, *dieux nouveaux*. Les payens partageoient leurs dieux en différentes classes : & l'on croit que dans celle des dieux nouveaux, ils mettoient Hercule, Vesta, la Fortune & d'autres divinités, dont Tatius, roi des Sabins, porta le culte à Rome. Il n'y en eut d'abord que neuf : mais comme ces dieux nouveaux se multiplierent dans la suite à l'infini, pour n'en omettre aucun, on les invoquoit tous ensemble sous le nom de *Novensiles Dii*.

NOVILUNION. *Voyez* NÉOMÉNIE.

NUBIGENÆ, c'est-à-dire, *nés de la nue*. Les Centaures.

NUDIPÉDALIES, fêtes que les Grecs & les Romains célébroient ayant les pieds nuds.

NUE. *Voyez* IXION.

NUIT, déesse des ténèbres, fille du ciel & de la Terre. Elle épousa l'Achéron, fleuve des enfers, dont elle eut les Furies & plusieurs autres enfans. On la représente ordinairement avec des habits noirs parsemés d'étoiles.

NUMERIE, déesse des nombres & du calcul.

NUMICIUS ou NUMICUS, fleuve d'Italie, dont Anne, sœur de Didon, devint une nymphe. Ce fleuve, sur les bords duquel avoit été le tombeau d'Enée, étoit révéré comme un dieu. Il n'étoit pas permis de se servir d'autre eau que de celle de ce fleuve pour les sacrifices de Vesta. Ovide donne à ce fleuve l'épithéte *Corniger*, comme Virgile la donne au Tibre, parce qu'on donnoit des cornes aux simulacres qu'on faisoit des fleuves, pour les adorer.

NUNDINA, déesse que les Romains invoquoient, quand ils donnoient un nom à leurs enfans ; ce qu'ils faisoient le neuviéme jour après leur naissance. *Plut.*

NYCTÉE, fils de Neptune & de Celène, & pere d'Antiope & de Nyctimène.

NYCTEIS, Antiope, fille de Nyctée.

NYCTELIUS. Bacchus étoit ainsi appellé, parce que ses sacrifices se faisoient la nuit dans les fêtes Nyctelies qu'on célébroit en son honneur.

NYCTIMENE. *Voyez* NICTIMENE.

NYCTIMUS, fils de Lycaon. Jupiter l'épargna quand il foudroya ses freres avec son pere. Ce fut de son tems qu'arriva le déluge de Deucalion.

NYMPHES, déesses, filles de l'Océan & de Téthys, ou de Nérée & de Doris: les unes appellées Océanitides ou Néréides, demeuroient dans la mer ; les autres appellées Naïades, habitoient les fleuves, les fontaines & les rivieres ; celles des forêts se nommoient Dryades, & les Hamadryades n'avoient chacune qu'un seul arbre sous leur protection : les Napées regnoient dans les bocages & les prairies, & les Oréades sur les montagnes.

NYMPHEUOMENE, surnom de Junon.

NYSÆUS. *Voyez* NYSE.

NYSE. C'est le nom de la nourrice de Bacchus, aussi-bien que celui d'une montagne & de plusieurs villes, tant de l'Inde que de l'Egypte & de la Grèce, où l'on rendoit un culte particulier à Bacchus, qui pour cela est nommé *Nisæus*.

NYSEIDES ou NYSIADES, nymphes qui éleverent Bacchus. *Voyez* NYSE.

O C É.

OANÈS, OANNÈS ou OÈN, un des dieux Syriens. On le représentoit sous la figure d'un monstre avec deux têtes, des mains & des pieds d'homme, le corps & une queue de poisson. On croyoit qu'il étoit sorti de la mer rouge, & qu'il avoit enseigné aux hommes les arts, l'agriculture, les loix, &c.

OAXE, fleuve dans l'isle de Crète, appellé ainsi d'Oaxès, fils d'Apollon. C'étoit aussi une ville de la même isle, bâtie par Oaxus, fils d'Acacallis, & petit-fils de Minos.

OBELIES. On donnoit ce nom à une espece de pains dont on faisoit des oblations à Bacchus.

OBRIMO, surnom de Proserpine.

OCCASION, divinité allégorique qui présidoit au moment le plus favorable pour réussir dans une entreprise. On la représentoit sous la figure d'une jeune femme, ou d'un jeune homme chauve par derriere, un pied en l'air, & l'autre sur une roue, tenant un rasoir d'une main & un voile de l'autre, & quelquefois marchant avec vîtesse sur le tranchant d'un rasoir sans se blesser. *Phédre, Cartari*.

OCCATOR, un des dieux des laboureurs. Il présidoit à cette partie de l'agriculture, qui consiste à herser les terres labourées.

OCÉAN, dieu marin, fils du Ciel & de Vesta.

pere des fleuves & des fontaines. Il épousa Téthys, dont il eut plusieurs enfans.

OCÉANITIDES, nymphes, filles de l'Océan & de Téthys.

OCHESIUS, chef des Etoliens au siége de Troie, où il fut tué.

OCNUS, OCHNUS ou AUCNUS, le même que Bianot, fils du Tybre & de la nymphe Manto.

Les poëtes parlent d'un autre Ocnus, qu'ils feignent être dans le Tartare, à côté d'un âne qui dévore une corde à mesure qu'il la fait.

OCYPETE, l'une des Harpies.

OCYROÉ, fille de Chiron & de Chariclo. Elle fut métamorphosée en cavale, pour avoir voulu connoître l'avenir.

C'étoit aussi le nom d'une nymphe, fille de l'Océan & de Téthys.

OCYTHOÉ. C'est la même qu'Ocypete.

ODACON, divinité Syrienne. On croit que c'est la même que Dagen & qu'Oannès.

ODITÈS, Centaure, fils d'Ixion & de la Nue. Il fut tué aux noces des Pirithoüs.

ODRYSIUS, surnom de Borée, parce que le vent du nord paroît aux peuples méridionaux de l'Europe venir de la Thrace, dont le peuple des Odryses habitoit une contrée. *Carmen Odrysium*, c'est-à-dire, *les vers d'Orphée*, parce qu'il étoit de Thrace.

ODRYSUS, un des dieux des Thraces.

ŒAGRE, épousa Calliope une des Muses, de laquelle il eut Orphée. C'est de son nom que Virgile donne l'épithéte *Œagrius* à l'Hébre, fleuve de Thrace.

ŒBALIDES ou ŒBALIUS, c'est Hyacinthe, fils d'Œbalus.

ŒBALUS, fils de Cynortas, Lacédémonien, épousa Gorgophone, fille de Persée, & veuve de Perierès fils d'Eole. Ce fut, selon Pausanias, le premier exemple d'une veuve qui se soit remariée.

Il y eut un autre Œbalus, fils de Télon & de la nymphe Sébéthis.

ŒBOAS, héros Grec à qui les Achéens érigerent une statue, & décernerent de grands honneurs.

ŒCLIDES. Voyez *OICLIDES*.

ŒDIPE ou **ŒDIPODE**, roi de Thèbes, fils de Laïus & de Jocaste. L'oracle avoit prédit à Laïus que son fils le tueroit, & épouseroit sa mere. Pour éviter de tels crimes, Laïus donna Œdipe, aussi-tôt après sa naissance, à un de ses officiers, pour le faire mourir, mais cet officier touché de compassion, se contenta, pour ne pas répandre son sang, de lui lier les pieds ensemble & de le suspendre à un arbre. Un berger passant par-là, prit l'enfant, & le porta à Polybe, roi de Corinthe, qui l'éleva comme son fils, & le nomma Œdipe, d'une enflure qui lui étoit restée aux pieds ; car c'est ce que ce mot signifie. Ce prince étant devenu grand, & se croyant fils de Polybe, consulta l'oracle sur son sort, & en ayant été menacé des mêmes malheurs dont Laïus avoit déja été menacé, il s'exila lui-même de Corinthe, croyant que c'étoit sa patrie. Il rencontra Laïus dans la Phocide, sans le connoître, eut querelle avec lui, & le tua. De-là il alla à Thèbes, après avoir encore voyagé quelque tems, & il expliqua l'énigme du Sphinx. Jocaste la reine devoit être le prix de celui qui vaincroit ce monstre. Il épousa ainsi sa propre mere, dont il eut deux fils, Etéocle & Polynice, & une fille nommée Antigone. Les dieux irrités de cet inceste, frapperent les Thébains d'une peste, qui ne cessa que quand le berger qui avoit sauvé Œdipe, vint à Thèbes, le reconnut, & lui fit découvrir sa naissance. Œdipe se creva les yeux de désespoir, & s'exila de sa véritable patrie. *Voyez* COLONOS, SPHINX.

ŒDIPODE, le même qu'Œdipe, ce mot qu'on trouve en grec, au premier cas, étant formé du second de celui d'Œdipe. *Voyez* ŒDIPE.

ŒMÉ, une des filles de Danaüs, qui tuerent leurs maris la premiere nuit de leurs noces.

OËN. *Voyez* OANNÈS.

ŒNÉE, roi de Calydon, & mari d'Althée, dont

il eut Méléagre, Tydée & Déjanire. Diane irritée de ce qu'Œnée ne lui avoit pas fait des sacrifices comme aux autres dieux, envoya un sanglier monstrueux qui ravagea tout le pays. Il y en a qui disent que ce fut Méléagre qui oublia de sacrifier à Diane. *Voyez* MÉLÉAGRE, STAPHYLUS.

Il y eut un autre Œnée dont Hercule tua l'échanson qui ne le servoit pas à son gré, en lui frappant la tête d'un seul doigt.

ŒNEIS, nymphe que quelques-uns croient avoir été mere du dieu Pan.

ŒNIDES, Méléagre, fils d'Œnée. C'est aussi Diomède, petit-fils d'Œnée.

ŒNISTERIES, fêtes que les jeunes gens célébroient en faisant des libations de vin en l'honneur de Bacchus.

ŒNO, une des filles d'Anius. *Voyez* ANIUS.

ŒNOMAÜS, roi d'Elide, fils de Mars & pere d'Hippodamie. Ayant appris qu'il mourroit de la main de son petit-fils, il résolut de ne pas marier sa fille. Comme il étoit fort adroit à la course, il obligeoit tous ceux qui venoient la lui demander, de courir avec lui, à condition de l'accorder à celui qui le vaincroit dans cet exercice. Il les tuoit après les avoir vaincus : mais Pélops qui fut le quatorzième, engagea Myrtile, cocher d'Œnomaüs, à ôter la clavette de l'essieu de fer qui retenoit la roue. Œnomaüs fut renversé de son char, & périt misérablement. Pélops victorieux, épousa Hippodamie. *Voyez* MYRTILE.

ŒNONE, une des nymphes du mont Ida. On dit qu'elle se laissa séduire par Apollon, qui lui donna une parfaite connoissance de l'avenir & de la médecine. Elle épousa Pâris, qui l'abandonna bientôt, & à qui elle prédit qu'il seroit la cause de la ruine de Troie. *Voyez* PARIS.

Il y eut une autre Œnone que Jupiter mit au nombre de ses femmes, & dont il eut Eaque.

ŒNOPEUS ou ŒNOPION, roi de l'isle de Chio ; il fit crever les yeux à Orion qui avoit séduit sa fille. Quelques-uns confondent Œnopeus avec Hyrée.

ŒNOTROPES ou CŒNOTROPES, surnom des filles d'Anius, Œno, Spermo & Elaïs. *Voyez* ANIUS.

ŒNOTRUS, un des fils de Lycaon, donna son nom à une contrée d'Italie, où il vint s'établir. Queques-uns rapportent le nom d'Œnotrie, qui fut donné à cette contrée, à un ancien roi des Sabins, nommé aussi Œnotrus. V. ABORIGENES.

ŒNUS. *Voyez* ONCUS.

ŒOLYCUS, pere d'Egée.

ŒONUS, fils de Lycimnius, frere d'Alcmène. Ayant été tué par les fils d'Hippocoon, Hercule vengea sa mort sur le pere & sur ses enfans.

ŒTA, mont fameux par la mort d'Hercule. Il est sur les frontieres de la Thessalie.

ŒTEÆUS ou ŒTÆUS, Hercule, ainsi surnommé du mont Œta, où il se brûla. C'est aussi Ceyx, roi de la partie de la Thessalie, où est cette montagne.

ŒTUS ou OTHUS, géant fils d'Aloéus, & frere d'Ephialte.

ŒUF. *Voyez* LÉDA.

ŒUIL. *Voyez* ŒDIPE. *Au milieu du front*, voyez POLYPHÈME, CYCLOPES, GORGONES, YEUX.

OG, géant d'une taille immense, dont les Syriens firent un dieu.

OGENUS, ancien dieu qu'on croit être le même qu'Océan.

OGGA, OGCA ou ONCA. C'est le nom qu'on donnoit à Minerve dans la Phénicie, d'où il fut porté dans la Grèce.

OGMION ou OGMIUS, une des divinités des Celtes. C'est Hercule. *Voyez le Mercure de France* 1756. *Avril*, 2. vol. p. 112.

OGOA, nom d'un temple fameux qui étoit à Mylase, ville du pays des Cariens. Ce temple étoit consacré à Jupiter surnommé *Osogus. Pauf. l.* 8.

OGYGÈS, fils de Neptune & d'Alitra. Il regna

dans la Grèce, où il fonda plusieurs villes. De son tems un déluge affreux submergea toute l'Attique & toute l'Achaïe. *Pauf.*

OGYGIE, isle & demeure ordinaire de Calypso. C'étoit aussi le nom d'une des filles d'Amphion & de Niobé.

OGYGIUS, surnom d'Apollon & de Bacchus.

OICLÈS, fils d'Antiphas, & pere d'Amphiaras.

OICLIDES ou ŒCLIDES, Amphiaras, fils d'Oiclès.

OILÉE, roi de Locre, & pere d'Ajax.

OILIDES, Ajax, fils d'Oilée.

OISEAUX. *Voyez* AUGURE, AÉDON, ACALE, DIOMÈDE, PHILOMÈLE, PROMÉTHÉE, STIMPHALE, MEMNON, &c.

OLENE. *Voyez* LETHÉE.

OLIVIER. *Voyez* APOLLON, MINERVE.

OLYMPE, célèbre montagne entre la Thessalie & la Macédoine. On croyoit que Jupiter avec toute sa cour faisoit sa demeure ordinaire sur le sommet de cette montagne.

OLYMPIAS, fontaine dans l'Arcadie, auprès de laquelle il y avoit un volcan. On croyoit que c'étoit-là que les géans avoient combattu contre Jupiter.

OLYMPIE, ville de l'Elide dans le Péloponèse, célèbre par le temple de Jupiter Olympien, & par les jeux Olympiques.

OLYMPIENS. On nommoit ainsi les douze dieux principaux; savoir, Jupiter, Mars, Neptune, Pluton, Vulcain, Apollon, Junon, Vesta, Minerve, Cérès, Diane & Vénus.

OLYMPIQUES. *Voyez* JEUX.

OMADIUS, surnom de Bacchus. On célébroit en son honneur des fêtes nommées Omophagies, dans lesquelles on lui sacrifioit un homme dont on déchiroit cruellement les membres les uns après les autres.

OMANUS. C'est le même qu'Amanus.

OMOPHAGIES. *Voyez* OMADIUS.

OMPHALE, reine de Lydie. Hercule eut tant de

passion pour cette princesse, qu'il prenoit sa quenouille, & s'amusoit à filer avec elle.

ONCA ou ONGA. *Voyez* OGGA.

ONCHESTIUS, surnom de Neptune, pris du culte qu'on lui rendoit à Oncheste, ville de Béotie, bâtie par Onchestus un des ses fils.

ONCUS ou OENUS, fils d'Apollon, fut possesseur du cheval Arion.

ONOCENTAURES, esprits malfaisans, qu'on représentoit d'une figure monstrueuse, moitié homme & moitié âne.

ONOCHOIRITÈS ou ONOCHOETÈS, monstre moitié âne & moitié porc, dont les payens disoient que les Chrétiens avoient fait leur dieu. C'étoit une des calomnies que les prêtres des idoles avoient inventées, pour tâcher de jetter du ridicule sur la religion Chrétienne.

ONONYCHITÈS. C'est le même qu'Onochoiritès.

OPALIES, fêtes en l'honneur d'Ops.

OPAS, APHTHAS ou PHTHAS, divinité Egyptienne. On croit que c'est Vulcain.

OPECONSIVA, déesse, la même qu'Ops ou Cybèle. On donnoit aussi ce nom, comme adjectif, au jour du mois d'août & de décembre, où l'on célébroit les Opalies: *Dies Opeconsiva* ou *Opiconsiva*.

OPERTANÉENS, dieux qu'on plaçoit avec Jupiter dans la premiere partie du ciel.

OPHELTE, fils de Lycurgue. C'est le même qu'Archémore. *Voyez* ARCHÉMORE.

OPHIAS. *Voyez* COMBÉ.

OPHIEUS ou OPHIUCUS, constellation que les poëtes on dit être Hercule. Quelques-uns ont cru que c'étoit Esculape. Les Latins l'appelloient *Anguifer* & *Anguitenens*. Le Serpentaire. *Cic. Ov. &c.*

OPHION, ancien roi vaincu par Saturne. C'est aussi le nom d'un géant, & celui d'un des compagnons de Cadmus.

OPHIONÉE, le chef des mauvais Génies. C'est le même qu'Ophiéus.

OPHIONIDES, Amycus, fils d'Ophion.

OPHIUCUS. *Voyez* OPHIÉUS.
OPHTHALMITIS. *Voyez* OPTILÉTIS.
OPICONSIVA. *Voyez* OPECONSIVA.
OPIFER deus, *le dieu secourable*; Esculape.
OPIFEX trisulci fulminis deus, *le dieu qui fait la foudre à trois dards*: Vulcain.
OPIGENE, surnom de Junon, de Diane, de Lucine & de la Lune.
OPINION, divinité allégorique qui présidoit aux sentimens des hommes.
OPIS, nymphe, & l'une des compagnes de Diane: on donnoit aussi ce nom à Diane.
OPITER ou OPITULUS, c'est-à-dire, *Secourable*, surnom de Jupiter.
OPS. *Voyez* CYBÈLE.
OPTILETIS ou OPHTHALMITIS, c'est-à-dire, *qui a de bons yeux*, surnom de Minerve.
ORA. *Voyez* HERSILIE. On prétend que c'étoit une nymphe moitié femme & moitié serpent, dont Jupiter eut un fils nommé Colaxès.
ORACLES: on donnoit ce nom aux réponses que faisoient les prêtres & les prêtresses des faux dieux à ceux qui les venoient consulter sur ce qu'ils devoient faire ou sur ce qui devoit arriver. Ces réponses étoient ordinairement ambiguës & presque toujours captieuses. On donnoit aussi le nom d'Oracles aux différens lieux où ils se rendoient, comme l'Oracle de Delphes, l'Oracle de Cumes, &c.
ORBANA, déesse dont on ne sait que le nom.
ORBONA, déesse qu'on invoquoit pour la conservation des enfans.
ORCHAME. *Voyez* LEUCOTHOÉ.
ORCUS, dieu des Enfers & des Sermens. C'est le même que Pluton; on donnoit aussi le nom d'Orcus au Styx, à l'Achéron, à Caron même & à Cerbère.
OREADES, nymphes des montagnes.
OREILLES d'ASNE. *Voyez* MIDAS.
ORESITROPHUS, c'est-à-dire, *nourri sur les montagnes*, un des chiens d'Actéon.
ORESTE, fils d'Agamemnon & de Clytemnestre.

Lorsqu'il fut grand, il vengea la mort de son pere sur Clytemnestre même, sa mere, qui l'avoit fait assassiner. Etant ensuite allé en Epire, il poignarda Pyrrhus au pied de l'autel où il alloit épouser Hermione, & voulut enlever cette princesse : mais toujours agité des furies depuis son parricide, l'Oracle lui ordonna d'aller dans la Taurique pour se purifier de ses crimes. Il partit accompagné de Pylade son intime ami, qui ne voulut jamais le quitter : & lorsqu'ils furent arrivés, ils furent arrêtés par l'ordre de Thoas, roi de cette contrée, qui ayant su que l'un d'eux étoit Oreste, il ordonna qu'il fût sacrifié. Comme il ne le connoissoit que de nom, Pylade, pour sauver son ami, dit que c'étoit lui qui étoit Oreste ; & celui-ci ne voulant pas que Pylade mourût pour lui, soutenoit que c'étoit lui qui étoit véritablement Oreste ; mais dans le moment qu'Oreste alloit recevoir le coup de couteau, Iphigénie sa sœur, prêtresse de Diane, le reconnut. Elle, Oreste & Pylade sacrifierent Thoas, à cause de ses cruautés, & emporterent la statue de Diane. Oreste mourut de la morsure d'une vipere.

ORESTEA dea, *la déesse d'Oreste*; c'est Diane, dont Oreste avoit emporté la statue de la Chersonnese Taurique.

OREUS, surnom de Bacchus, pris du culte qu'on lui rendoit sur les montagnes.

ORGANA, surnom de Minerve.

ORGEANES, prêtresses de Bacchus qui présidoient aux Orgies.

ORGEONS & ORGIASTES : on donnoit ces noms aux prêtres qui s'assembloient pour quelque cérémonie religieuse.

ORGIES, fêtes en l'honneur de Bacchus, appellées ainsi, à cause de la fureur avec laquelle les Bacchantes les célébroient. Quelques-uns croient que c'étoient les mêmes que les Bacchanales.

ORIBASE, comme qui diroit *Grimpemontagne*, nom d'un chien d'Actéon.

ORIGO. C'étoit le premier nom de Didon.

ORILOCHIA ou OREILOCHIA. Diane donna ce nom à Iphigénie lorsqu'elle la rendit immortelle.

ORION, fils de Jupiter, de Neptune & de Mercure. Ces trois dieux voyageant ensemble, allerent loger chez un nommé Hyrée ou Hyriée, homme fort pauvre, chez qui ils furent bien reçus ; &, pour sa récompense, ils lui promirent de lui accorder ce qu'il leur demanderoit. Il souhaitoit depuis long-tems d'avoir un fils, mais sa femme étant morte, il avoit fait vœu de vivre dans le célibat. Les dieux lui ordonnerent d'apporter la peau du bœuf qu'il avoit tué pour les régaler, & l'ayant trempée dans l'eau, ils l'assurerent qu'il en sortiroit un fils, s'il la gardoit soigneusement au même endroit. Orion en étant né, devint un grand chasseur. Il eut deux filles Metioque & Menippa, qui dans un tems de peste, se dévouerent volontairement à la mort, pour délivrer leur patrie de cette calamité. Diane qu'il avoit osé défier à qui prendroit le plus de bêtes sauvages, fit naître un scorpion qui le mordit, & le fit mourir ; mais Jupiter le métamorphosa en une constellation qui amene les pluies & les orages. *Virg. Hygin &c.*

ORITHYIE. *Voyez* ORYTHIE.

ORMENIS, Astydamie, fille d'Ormenus.

ORNEUS, Centaure, fils d'Ixion & de la Nue. Ce fut aussi un surnom de Priape, en l'honneur de qui il y avoit des fêtes appelées Ornéennes.

ORNITHOMANTIE. C'est l'art des augures.

ORNYTION ou ORNYTUS, fils de Sisyphe, & frere de Glaucus.

OROMASDES ou OROMASE, le principe ou le dieu du bien, selon Zoroastre, qui admettoit un autre principe ou auteur du mal, nommé Arimanius.

OROMÉDON, un des géans qui voulurent escalader le ciel.

ORONTE, un des capitaines Troyens de la suite d'Enée. C'est aussi le nom d'un fleuve de Syrie, qui fut ainsi appellé du nom d'un géant d'une taille prodigieuse.

ORPHÉE, fils d'Apollon & de Clio; &, selon d'autres, d'Œagre & de Calliope. Il jouoit, dit-on, si bien de la lyre, que les arbres & les rochers quittoient leur place, les fleuves suspendoient leur cours, & les bêtes féroces s'attroupoient autour de lui, pour l'entendre. Eurydice sa femme étant morte de la morsure d'un serpent le même jour de ses noces, en fuyant les poursuites d'Aristée, il descendit aux enfers pour la redemander, & toucha tellement Pluton, Proserpine & toutes les divinités infernales par les accords de sa lyre, qu'ils la lui rendirent, à condition qu'il ne regarderoit pas derriere lui, jusqu'à ce qu'il fût sorti des enfers. Ne pouvant commander à son impatience, il se tourna pour voir si Eurydice le suivoit; mais elle disparut aussi-tôt. Depuis ce malheur, il ne put souffrir les femmes, auxquelles il préféra la compagnie des hommes; ce qui irrita si fort les Bacchantes, qu'elles se jetterent sur lui, & le mirent en piéces. On le représente ordinairement avec une lyre, un luth ou un violon. *Voyez* CICONES.

ORPHIQUES: on donnoit ce nom aux Orgies, parce que, selon quelques-uns, Orphée avoit contribué à l'institution de ces fêtes.

ORPHNEUS, un des chevaux de Pluton.

ORSI, nom que les Perses donnoient à l'Etre souverain.

ORSILOQUE. *Voyez* CRÉTHON.

C'étoit aussi un surnom de la Diane de la Chersonnese Taurique.

ORTHANA. *Voyez* ORTHONA.

ORTHÉSIE. *Voyez* ORTHOSIE.

ORTHIA, surnom de Diane.

ORTHONA ou ORTHANA, divinité à laquelle on rendoit un culte semblable à celui de Priape.

ORTHOSIE ou ORTHESIE, surnom de Diane, pris du culte qu'on lui rendoit sur le mont Orthesius en Arcadie. Les Thraces l'adoroient aussi sous ce nom.

ORTHRUS, chien, frere de Cerbère, gardoit les

troupeaux de Géryon. Il fut tué par Hercule.

ORTYGIA dea. C'est Diane, née dans l'isle de Délos, qui étoit aussi nommée Ortygie.

ORUS ou HORUS, le fils bien-aimé d'Osiris & d'Isis. C'étoit aussi un surnom d'Apollon.

ORYTHIE, & mieux ORITHYIE, fille d'Erecthée roi d'Athènes. Elle fut enlevée par Borée, & eut de lui Zétès & Calaïs.

Il y eut une autre Orythie, reine des Amazones, célèbre par sa valeur & par sa vertu. Elle voulut venger ses sœurs, qui avoient été insultées par Hercule & par Thésée; mais le succès ne répondit pas à son courage.

OSCILLES : on nommoit ainsi de petites figures humaines qu'on suspendoit au simulacre de Saturne, pour se le rendre favorable.

OSCOPHORIES, fêtes qu'on célébroit à Athènes en mémoire de la victoire que Thésée avoit remportée sur le Minotaure.

OSIRIS, fils de Jupiter & de Niobé, & mari d'Io, qu'il épousa lorsqu'elle se sauva en Egypte pour fuir les persécutions de Junon. Les Egyptiens l'adoroient sous divers noms, comme Apis, Sérapis, & sous le nom de tous les autres dieux. Les symboles ou les marques par lesquelles on désignoit Osiris, sont une mitre ou bonnet pointu & un fouet à la main. Quelquefois, au lieu d'un bonnet, on lui mettoit sur la tête un globe ou une trompe d'éléphant, ou de grands feuillages. Assez souvent, au lieu d'une tête d'homme, on lui donnoit une tête d'épervier avec une croix ou un T attaché à sa main par le moyen d'un anneau. *Hist. du Ciel.*

OSOGUS, surnom de Jupiter.

OSSA, l'une des montagnes que les géans entassèrent les unes sur les autres pour escalader le ciel.

OSSÆI BIMEMBRES, les Centaures qui habitoient le mont Ossa.

OSSILAGO. *Voyez* OSSIPANGA.

OSSIPANGA, OSSIPAGA ou OSSILAGO, déesse qui présidoit à l'affermissement des os des petits-enfans.

Othus ou Otus. *Voyez* Aloeus.

Otréus, fils de Cisseus, & frere d'Hécube.

Otriades, c'est-à-dire, *fils d'Otréus*. C'est Panthée.

Oubli, fleuve fabuleux. *Voyez* Sommeil, Léthé.

Ours. *Voyez* Bouvier, Egeste, Circé, Arcas, Calisto.

Outils ou Instrumens pour les Arts. *V.* Apollon, Minerve.

Oxilus, fils de Mars.

Il y en eut un autre, fils d'Hémon, célèbre par la sagesse & l'équité avec lesquelles il regna dans l'Elide.

Oye, *entre les mains d'une fille*. Voyez Hercyne.

P A G

Pacalies, fêtes qu'on célébroit à Rome en l'honneur de la Paix.

Pachytos, c'est-à-dire, *épais*, un des chiens d'Actéon.

Pactole, fleuve de Lydie, dont le sable étoit d'or, disent les poëtes, depuis que Midas s'y fut baigné.

Pæan, espece d'hymne en l'honneur d'Apollon, qui pour cela étoit aussi appellé Pæan : on donna aussi ce nom aux vers qu'on chantoit aux fêtes de Bacchus & de Mars. *V.* Io Pæan. *V. aussi* Pœan.

Pæantiades. Voyez Pœantiades.

Pæon. *Voyez* Péon.

Paganalies, fêtes qu'on célébroit dans les villages en l'honneur des dieux champêtres.

Pagasæa. C'est Alceste qui étoit de Pagase, ville de Thessalie.

Pagasæus. *Voyez* Pagasites.

Pagase, ville dans la Thessalie, que les Argonautes bâtirent.

PAGASITES & PAGASÆUS, surnoms d'Apollon.

PAGRUS. Voyez PHAGER.

PAIX, divinité allégorique, fille de Jupiter & de Thémis : on la représente avec un air doux, tenant d'une main une petite statue du dieu Plutus, & de l'autre une poignée d'épics, de roses & de branches d'olivier, avec une demi-couronne de laurier sur sa tête.

PALÆSTES. Voyez PALESTES.

PALAMÈDE, fils de Nauplius, roi de l'isle d'Eubée, & arriere-petit-fils de Bélus. Ce fut lui qui découvrit la feinte d'Ulysse, qui contrefaisoit l'insensé pour ne point aller à la guerre de Troie. Il prit Télémaque encore dans le berceau, & le mit devant le soc de la charrue qu'Ulysse conduisoit : mais Ulysse courut aussi-tôt à son fils, & le retira du danger. Lorsqu'ils furent au siége de Troie, Ulysse pour se venger, cacha dans la tente de Palamède une somme d'argent, qu'il dit lui avoir été volée, & le fit lapider. On croit que Palamède inventa les jeux d'échecs & de dés pendant le siége, aussi-bien que les poids & les mesures.

PALAMNÉENS, dieux malfaisans qu'on croyoit toujours occupés à nuire aux hommes. Ils sont les mêmes que les dieux Telchines. Jupiter étoit surnommé Palamnéen, quand il punissoit les coupables.

PALANTHA, PALANTHO, PALATHO, PALLANTIA ou PALATIA, une des femmes d'Hercule, & mere de Latinus, donna, selon quelques-uns, son nom au mont Palatin : on dit qu'elle étoit fille d'Evandre.

PALATINS. Les prêtres Saliens étoient ainsi surnommés, parce que c'étoit sur le mont Palatin qu'ils célébroient les fêtes de Mars.

PALATINUS, surnom d'Apollon, pris du culte qu'on lui rendoit à Rome dans un temple magnifique, bâti sur le mont Palatin.

PALATUA, déesse particuliérement révérée à Rome sur le mont Palatin. Son prêtre se nommoit *Flamen Palatualis*.

PALATUAL ou PALATUAR ; c'est le nom qu'on donnoit au sacrifice qu'on faisoit à la déesse Palatua.

PALÉMON, dieu marin, fils d'Athamas & d'Ino, le même que Mélicerte. C'étoit aussi un nom commun parmi les bergers.

PALEMONIUS, un des Argonautes.

PALÈS, déesse des pâturages, des bergers & des troupeaux. Quelques-uns croient qu'on entendoit Cybèle sous ce nom, comme représentant la terre, & qu'on l'appelloit anciennement *Parès* ; d'autres veulent que ce soit Cérès.

PALESTES, ou plutôt PALÆSTES ; c'est-à-dire, *Lutteur*. Jupiter fut ainsi surnommé, parce qu'il prit la figure d'un athlète pour combattre contre Hercule, qui lui céda la victoire quand il l'eut reconnu.

PALESTINES, *Palæstinæ Deæ* : on croit que ces déesses dont parle Ovide, étoient les mêmes que les Furies.

PALÆSTRA ou PALESTRE, fille de Mercure, à qui on attribue l'invention de l'exercice de la lutte. D'autres la disent fille d'Hercule, & lui font honneur d'avoir établi, que les femmes qui voudroient disputer le prix de la course & des autres jeux publics, ne le feroient qu'avec la décence qui convient à leur sexe.

PALET. *Voyez* HYACINTHE.

PALEUR. Les Romains l'adoroient conjointement avec la Peur. Ils en avoient fait des dieux, parce qu'en latin leurs noms sont masculins.

PALICES ou PALIQUES. *Voyez* PALIQUES.

PALILIES, fêtes en l'honneur de la déesse Palès : on lui offroit dans ses sacrifices du vin cuit, du millet ou d'autres grains ; & l'on faisoit tourner les troupeaux autour de l'autel, pour la prier de les multiplier & de les préserver des maladies & des loups. C'étoit une cérémonie essentielle à la fête, de mettre le feu à des tas de paille sur lesquels les bergers passoient en sautant.

PALINURE, pilote du vaisseau d'Enée. S'étant endormi, il tomba dans la mer avec son gouvernail; & après avoir nâgé un très-long trajet, il aborda en Italie, où les habitans le tuerent, & jetterent son corps dans la mer. Ils en furent punis par une peste, qui ne cessa que quand ils eurent rendu, suivant la réponse de l'oracle, les derniers devoirs à Palinure.

PALIQUES ou PALISQUES, freres jumeaux, enfans de Jupiter & de Thalie. Cette Muse se voyant grosse, craignit la colere de Junon, & pria la terre de l'engloutir. Sa priere fut exaucée, & elle y accoucha de deux garçons, qui furent appellés Paliques, parce qu'ils nâquirent deux fois, la premiere fois de Thalie, & la seconde de la Terre qui les mit au jour. On dit qu'il se forma deux lacs formidables aux parjures & aux criminels, dans l'endroit où ils nâquirent; d'autres disent qu'en ce lieu les feux du mont Etna commencerent alors à paroître. Les Siciliens leur sacrifioient comme à des divinités. *Ovid. Métam. liv. 5.*

PALLADES, jeunes filles consacrées à Jupiter dans un temple de Thèbe en Egypte. Leur ministere étoit infâme.

PALLADIUM. C'étoit une statue de Minerve; qu'on prétendoit être descendue du ciel, & s'être placée elle-même dans un temple de cette déesse à Troie. L'oracle assura que jamais on ne prendroit la ville tant que cette statue ne seroit point enlevée. Les Grecs étant venus l'assiéger, Diomède & Ulysse passerent par des souterreins, & emporterent ce simulacre : peu après la ville fut prise. Les Grecs, selon quelques-uns, ne prirent qu'un faux Palladium fait à la ressemblance du véritable, à dessein de tromper ceux qui voudroient l'enlever. Enée, selon les mêmes Mythologues, apporta celui-ci en Italie, où il fut enfermé depuis, & conservé avec grand soin dans le temple de Vesta, en un lieu connu des seules Vestales. Les Athéniens avoient aussi un Palladium. Ils prétendoient que c'étoit celui qui étoit descendu du ciel, & que tous les autres étoient de faux Palladions qui avoient été faits sur le modèle du leur. *Tite-Live*, *Eneid*. *Plut*. *Ovid*. *Voyez* ABARIS.

PALLANTE & mieux PALLAS, roi de Trezene. Thésée le massacra aussi-bien que tous ses enfans, excepté une fille nommée Aricée ou Aricie, qui fut femme d'Hippolyte, & s'empara du royaume : on les appelloit Pallantides.

PALLANTIA. *Voyez* PALANTHA.

PALLANTIAS ou PALLANTIS, Aurore, que quelques-uns font fille du géant Pallas.

PALLANTIUS surnom de Jupiter.

PALLAS, géant, pere d'Aurore, qui fut tué par Minerve, d'où cette déesse fut elle-même surnommée Pallas. *Voyez* MINERVE.

Il y eut un autre Pallas, pere d'Evandre, roi d'Italie, qui eut un fils qu'il nomma aussi Pallas. Celui-ci fut tué en combattant pour Enée, avec qui Evandre avoit fait alliance. C'étoit encore le nom d'un fils de Pandion. *Voyez* PALLANTE.

PALENIS, surnom de Minerve.

PALLOR, c'est-à-dire, *Pâleur*; on en avoit fait une divinité. *Voyez* PALEUR.

PALME ou PALMIER *Voyez* VICTOIRE.

PALMYTÈS ou PALMYTIUS, divinité Egyptienne.

PAMBEOTIES, fêtes en l'honneur de Minerve à Coronée, où les Béotiens se rendoient en foule pour les célébrer.

PAMMILA, Egyptienne, nourrice d'Osiris.

PAMMILÈS, PAMMYLÈS ou PAMILÈS, divinité que les Egyptiens adoroient sous une figure semblable à celle de Priape. C'est le même qu'Osiris, ainsi appellé du nom de sa nourrice Pammila.

PAMMILIES ou PAMYLIES, fêtes en l'honneur d'Osiris Pammilès. Elles se célébroient après les récoltes. Le mot *Pamylie* signifie : *Réglez votre langue*. *Voyez l'Hist. du Ciel*, tom. 2, l. 1, n. 13.

PAMPHAGUS, c'est-à-dire, *qui mange tout*, un des chiens d'Actéon.

PAMPHILE, fille d'Apollon : on lui attribue l'invention de l'art de broder en soie.

Un des fils d'Egyptus, qui fut tué par sa femme la premiere nuit de ses noces, se nommoit aussi Pamphile.

PAN, fils de Dæmogorgon, dieu des campagnes, des troupeaux de toute espèce, & particuliérement des bergers. Il poursuivit Syrinx jusqu'au fleuve Ladon, où cette nymphe fut métamorphosée en roseau, que ce dieu coupa, & dont il fit la premiere flûte. Il accompagna Bacchus dans les Indes, & fut pere de plusieurs Satyres. On dit qu'il étoit jour & nuit dans les campagnes, jouant continuellement de la flûte en gardant ses troupeaux. Les poëtes le représentent avec un visage enflammé, des cornes sur la tête, l'estomac couvert d'étoiles, & la partie inférieure du corps semblable à celle d'un bouc. Plusieurs le confondent avec le dieu Sylvain & le dieu Faune. Les Arcadiens l'honoroient particuliérement. *Pan*, est un mot grec qui signifie *tout*; de sorte que sous ce nom, c'étoit, selon Servius, toute la nature qu'on adoroit. Les Latins le nommoient souvent *Inuus. Ovid. Virg. Hygin.*

PANACÉE, fille d'Esculape, qui fut révérée comme une déesse : on croyoit qu'elle présidoit à la guérison de toutes sortes de maladies.

PANAGÉE, c'est-à-dire, *qui se trouve par-tout*, surnom de Diane, pris des différentes fonctions qu'on lui attribuoit au ciel, sur la terre & dans les enfers. *Voyez* DIANE.

PANATHENÉES. *Voyez* QUINQUATRIES.

PANCRACE ou mieux PANCRATION, exercice violent qui faisoit partie des anciens jeux publics de l'Arène. C'étoit un composé de la lutte & du pugilat : on appelloit les Antagonistes, Pancratiastes.

PANCRATES. Voyez *PANTOCRATOR*.

PANDA ou PANTICA, déesse qu'on invoquoit quand on se mettoit en chemin, sur-tout lorsque le voyage étoit dangereux, ou que le lieu où l'on alloit, étoit d'un accès difficile. Quelques-uns, sur l'autorité de Varron, ont cru que Panda étoit la même que Cérès : mais il ne paroît pas que ce soit le vrai sens de cet auteur qui les distingue formellement. *Aul. Gel. l. 13. c. 21.*

PANDARE, fils de Lycaon, fut un de ceux qui allerent au secours des Troyens contre les Grecs : il fut tué par Diomède.

Il y eut un autre Pandare qui suivit Enée, & fut tué par Turnus.

PANDARÉE, Ephésien. Cérès lui avoit accordé le pouvoir de manger tant qu'il voudroit, sans être jamais incommodé. Il étoit pere d'Aédon. *V.* AÈDON.

PANDEME, c'est-à-dire, *Populaire*, surnom de Vénus : on appelloit aussi Pandemes, des jours pendant lesquels on servoit publiquement des festins aux morts.

PANDION, fils d'Erechthée, roi d'Athènes, pere de Progné & de Philomèle, dont les malheurs lui causerent tant de chagrin, qu'il en mourut.

PANDORE. C'étoit une statue que Vulcain fit & qu'il anima. Les dieux s'assemblerent pour la rendre parfaite, en lui donnant chacun une perfection. Vénus lui donna la beauté, Pallas la sagesse, Mercure l'éloquence, &c. Jupiter irrité contre Prométhée, qui avoit dérobé le feu du ciel pour animer les premiers hommes, envoya Pandore sur la terre avec une boîte où tous les maux étoient renfermés. On dit que Prométhée, à qui elle présenta cette boîte, l'ayant refusée, elle la donna à Epiméthée, qui eut l'indiscrétion de l'ouvrir, & que de cette boîte sortirent tous ensemble les maux qui inonderent toute la terre. Il ne resta que la seule espérance dans le fond.

Pandore étoit aussi le nom d'une fille d'Erechthée.

PANDROSE. *Voyez* AGLAURE.

PANELLENIUS ou PANHELLENIUS. Jupiter étoit adoré sous ce nom, comme le dieu tutélaire de toute la Grèce : de-là les fêtes Panhellénies.

PANHELLINON, surnom, ou plutôt temple de Bacchus, comme pere des ivrognes.

PANIER,

PANIER. *Voyez* AGLAURE. *De fleurs*, voyez FLORE. *De fruits*, voyez POMONE.

PANIONION, lieu sacré sur le promontoire de Mycale, où les Ioniens s'assembloient en foule pour célébrer en l'honneur de Neptune des fêtes qu'ils nommoient Panionies.

PANIQUE, qui appartient au dieu Pan. *Voyez* TERREUR PANIQUE.

PANISQUES OU LES PETITS PANS, dieux champêtres qu'on croyoit tout au plus de la taille des Pygmées.

PANOMPHÉE, surnom de Jupiter, pris de deux mots grecs qui signifient *toute voix*, parce qu'il étoit adoré par tous les peuples, à chacun desquels il rendoit des oracles dans son propre langage.

PANOPE ou PANOPÉE, l'une des Néréides. Elle se rendit recommandable par sa sagesse & par l'intégrité de ses mœurs. C'étoit une des divinités qu'on nommoit Littorales. *Voyez* GLAUCUS.

Il y eut une autre Panope, fille de Thésée, qu'Hercule épousa, & dont il eut un fils qu'il nomma aussi Panope.

PANOPÈS, grand chasseur de la suite d'Aceste.

PANOPTES, c'est-à-dire, *qui voit tout*; surnom de Jupiter.

PANOTHÉE, célèbre prêtresse d'Apollon qui vivoit du tems d'Abas ou d'Acrise : on lui attribue l'invention des vers héroïques.

PANTHÉE ou PANTHOUS, fils d'Otréus, Troyen, pere d'Euphorbe. *Virg.* Voyez PANTHÉON.

PANTHÉON, temple bâti en l'honneur de tous les dieux. Les plus fameux étoient à Rome & à Athènes : on appelloit aussi Panthéons ou Panthées, des figures dans lesquelles on réunissoit les symboles de plusieurs divinités.

PANTHERE, c'est-à-dire, *la bête sauvage de Pan*. Cet animal étoit consacré à Pan & à Bacchus.

PANTHOIDES, c'est-à-dire, *fils de Panthous*. C'est Euphorbe. *Voyez* PYTHAGORE.

PANTHOUS. *Voyez* PANTHÉE.

PANTICA. *Voyez* PANDA.

PANTOCRATOR ou PANCRATES, c'est-à-dire, *Tout-puissant*, surnom de Jupiter.

PAON. *Voyez* ARGUS, JUNON.

PAPHIA, surnom de Vénus. *Voyez* PAPHOS.

PAPHOS, ville de l'isle de Chypre, consacrée à Vénus. Cette déesse y avoit un temple superbe.

PAPHUS, fils de Pygmalion & de la statue dont il fit sa femme. *Voyez* PIGMALION.

PAPILLON. *Voyez* PSYCHÉ.

PAPPAS ou PAPPÆUS, c'est-à-dire, *pere*. Surnom de Jupiter, que les poëtes appellent Pere des dieux & des hommes, ou Pere des dieux, ou simplement Pere.

PARALOS, nom du vaisseau sur lequel Thésée, après avoir tué le Minotaure, ramena a Athènes les jeunes filles qui devoient être dévorées par ce monstre. D'autres nomment ce vaisseau *Théoris* ou *Delias*.

PARAMMON. C'est le nom qu'on donnoit à Mercure dans la Lybie, & sous lequel il étoit aussi révéré dans l'Elide. Il signifie fils d'Ammon.

PARASITES, ministres des temples, dont les fonctions à Athènes étoient les mêmes que celles des Epulons Romains. A Rome, par *Parasites d'Apollon*, on entendoit les farceurs & les bouffons.

PARASIUS. *Voyez* PARRHASIUS.

PARCA. *Voyez* PARTULA.

PAREDRES ou SYNHODES : on appelloit ainsi les nouvelles divinités, c'est-à-dire, les hommes qui, après leur mort, étoient mis au nombre des dieux.

PARENTALIES, fêtes funèbres en l'honneur des morts d'une même famille.

PARÈS *Voyez* PALÈS.

PARESSE, divinité allégorique, fille du Sommeil & de la Nuit. Elle fut métamorphosée en tortue, pour avoir écouté les flatteries de Vulcain. Le limaçon & la tortue lui étoient consacrés.

PARILIES, fêtes, les mêmes que les Palilies.

PARIS ou ALEXANDRE, fils de Priam & d'Hécube. Sa mere étant enceinte de lui, alla consulter l'oracle, qui répondit que cet enfant seroit un jour cause de la ruine de sa patrie. Priam, pour éviter ce malheur, ordonna à un de ses officiers, appellé Archélaüs, de faire mourir l'enfant aussi-tôt qu'il seroit né. Archélaüs, par l'ordre d'Hécube, & par compassion, le donna à des bergers du mont Ida pour l'élever, & montra à Priam un autre enfant mort. Quoique Pâris fût élevé parmi les bergers, ce jeune prince s'occupoit à des choses bien au-dessus de cette condition. Comme il étoit parfaitement beau, Jupiter le choisit pour terminer le différent entre Junon, Pallas & Vénus, touchant la pomme que la Discorde avoit jettée sur la table dans le festin des dieux, aux noces de Téthis & de Pélée. Pâris, devant qui ces trois déesses parurent pour le séduire chacune en sa faveur à force de promesses, donna la pomme à Vénus, dont il mérita la protection par ce jugement; mais il s'attira aussi la haine de Junon & de Pallas. Il épousa la nymphe Œnone, qui lui prédit les maux dont il seroit un jour cause. Lorsqu'on célébroit des jeux à Troie, il y alloit, & entroit dans la lice, où il remportoit souvent la victoire sur Hector son frere, sans le connoître. Comme on ne parloit que de ce berger, Priam voulut le voir. Après l'avoir interrogé sur sa naissance, il le reconnut pour son fils; & ne pouvant se refuser à sa tendresse, il le reçut & le plaça dans le rang qui lui appartenoit de droit. On le choisit pour aller en qualité d'ambassadeur à Sparte, redemander sa tante Hésione, que Télamon avoit autrefois emmenée sous le regne de Laomédon. Etant arrivé, il fit sa cour à Héléne femme de Ménélas, & l'enleva. Les Grecs s'assemblerent pour venger cet affront, allerent assiéger Troie, prirent la ville après dix ans de siége, & la saccagerent. Pâris ayant été blessé dans un combat par Pyrrhus, il se fit porter sur le mont Ida, auprès d'Œnone, pour s'en faire guérir, car elle avoit une connoissance parfaite de la médecine; mais Œnone indignée contre lui de ce qu'il l'avoit abandonnée, le reçut mal,

& ne voulut point le guérir. Ce prince étant mort de sa blessure, Œnone se pendit de désespoir, pour lui avoir refusé les secours de son art. *Hom. Ovid. Hérod. Hygin. Nat. Com.*

PARNASSE, mont de la Phocide consacré aux Muses. *Voyez* PARNASSUS.

PARNASSIA, surnom de Thémis, pris d'un temple qu'elle avoit sur le mont Parnasse.

PARNASSIDES : on appelloit ainsi les Muses, à cause du mont Parnasse qu'elles habitoient.

PARNASSUS, fils de Neptune & de Cléodore. Il habitoit les environs du mont Parnasse, auquel il donna son nom : on lui attribue l'invention de l'art des Augures.

PARNETHIUS, surnom de Jupiter, pris du culte qu'on lui rendoit sur une montagne de l'Attique, où il avoit un simulacre d'airain.

PARNOPIUS : ce nom pris d'un mot grec, qui signifie *chenille* ou *sauterelle*, fut donné à Apollon, pour avoir fait mourir ces insectes dans les campagnes de l'Attique, qui en étoient infestées.

PAROS, isle de la mer Egée, célèbre par le beau marbre qu'on en tire. On croit qu'elle fut ainsi nommée de Parus, fils de Jason ; d'autres disent d'un autre Parus, fils de Parrhasius.

PARQUES, filles de l'Erebe & de la nuit. Elles étoient trois ; savoir, Clothon, Lachésis & Atropos. La vie des hommes, dont ces trois sœurs filoient la trame, étoit entre leurs mains. Clothon tenoit la quenouille, Lachésis tournoit le fuseau, & Atropos coupoit le fil avec des ciseaux. Quelques-uns leur donnoient une autre origine, d'autres fonctions & d'autres noms. Ils les appelloient Vénus, Minerve, Martia ou Marté, ou bien Nona, Décima & Marta. *Hist. Deor. Gyrald. lib. 6.*

PARRHASIUS ou PARASIUS, fils de Mars & de Philonomie. Il fut nourri par une louve avec son frere Lycaste, dans une forêt où leur mere les avoit abandonnés aussi-tôt après leur naissance. C'étoit aussi un surnom d'Apollon.

PARRHASIS, surnom de Califto, (la grande ourfe), du nom d'une ville d'Arcadie, où elle étoit née.

PARTA. *Voyez* PARTULA.

PARTHAON, pere d'Œnée, & ayeul de Déjanire.

PARTHAONIA *domus*, la famille de Méléagre.

PARTHÉNIE ou PARTHENOS, c'eſt-à-dire, *Vierge*, ſurnom de Junon, de Diane & de Minerve. C'eſt auſſi le nom d'un des ſignes du Zodiaque.

PARTHENIUS, fleuve de la Paphlagonie, ainſi appellé, parce que Diane ſurnommée *Parthenos*, alloit ſouvent à la chaſſe dans les bois au milieu deſquels il couloit. C'étoit auſſi le nom d'une montagne d'Arcadie, où les jeunes filles célébroient des fêtes en l'honneur de Vénus.

PARTHÉNON, nom d'un temple d'Athènes, conſacré à Minerve-Parthenie.

PARTHÉNOPE, l'une des Sirénes qui ſe déſeſpererent, pour n'avoir pu charmer Ulyſſe par leur chant. Parthénope aborda en Italie; & les habitans ayant trouvé ſon corps, lui éleverent un tombeau. Dans la ſuite, la ville où étoit ce tombeau, ayant été renverſée, on y en bâtit une autre plus magnifique, qu'on appella Naples, c'eſt-à-dire, ville nouvelle; d'où cette ville eſt appellée par Ovide *Parthenopeia mœnia*.

PARTHÉNOPÉE, fils de Méléagre & d'Atalante; d'autres diſent de Mars & de Ménalippe. Il fut tué au ſiége de Thèbes. *Virg. Stace.*

PARTHENOS. *Voyez* PARTHÉNIE.

PARTULA, PARTA, PARCA, PARTUNDA & PARUNDA, déeſſes que les femmes invoquoient dans le tems de leurs couches. Il y en a qui penſent que ces noms n'étoient pas autant de divinités differentes, mais ſeulement des ſurnoms de Lucine.

PASIPHAÉ, fille du Soleil & de Perſa, & femme de Minos. Vénus irritée contre le Soleil de ce qu'il l'avoit fait ſurprendre avec Mars, inſpira à ſa fille Paſiphaé de la paſſion pour un taureau. Cette princeſſe mit au monde le Minotaure, monſtre demi-homme & demi-taureau. Théſée le tua dans le fameux labyrinthe que Minos avoit fait faire par Dédale. *Voyez* TAURUS, MINOTAURE.

PASIPHAEIA, Phédre, fille de Pasiphaé & de Minos.

PASITHÉE ou AGLAÏA, une des Graces.

PASITHOÉ, nymphe, fille de Nérée & de Doris.

PASSALUS. *Voyez* ACHÉMON.

PASTOPHORE, c'est-à-dire, *qui porte un lit*, surnom de Vénus dont les prêtres étoient aussi appellés Pastophores.

PASTOR, c'est-à-dire, *Berger*, surnom d'Apollon. *Voyez* AMPHRISE.

PATAÏQUES, dieux que les Phéniciens adoroient, & qu'ils attachoient à la proue de leurs vaisseaux.

PATALENA, déesse qu'on invoquoit pour les moissons quand les épics commençoient à se former.

PATARÆUS, surnom d'Apollon, pris d'un temple fameux qu'il avoit dans la ville de Patare. Il y rendoit des oracles pendant six mois de l'année; & pendant les six autres mois dans l'isle de Délos.

PATECIQUES, les mêmes que les Pataïques.

PATELLA ou PATELLANA, la même que Patalena.

PATER, c'est-à-dire, *Pere*. Quoique presque tous les dieux eussent ce surnom, on le donnoit plus communément à Jupiter & à Janus. *Voyez* PAPPAS.

PATRIUS. ⎱ *Voyez* PATROUS.
PATROA. ⎰

PATROCLE, fils de Ménœtius & de Sthénélé, l'un des princes Grecs qui se trouverent au siége de Troie. Son étroite union avec Achille fit beaucoup de bruit. Pendant la brouillerie d'Achille avec Agamemnon, Patrocle se mit à la tête de ses troupes; & s'étant couvert des habits & des armes d'Achille, qui s'étoit retiré dans sa tente pour ne plus combattre, il jetta la terreur parmi les Troyens, & donna un fameux combat, dans lequel il fut tué par Hector, avec qui il se battit seul à seul; ce qui détermina Achille à reprendre les armes pour venger la mort de son ami. *Voyez* HECTOR. *Hom. Iliad. Virg. Enéid.*

PATROUS ou PATRIUS, c'est-à-dire, Paternel, & qui aime la patrie. Les Grecs & sur-tout les Athéniens surnommoient ainsi Jupiter & Apollon, sous la protection desquels ils croioient être plus particuliérement que les autres peuples. On donnoit aussi ce surnom à Bacchus, & celui de *Patroa* à Diane.

PATULCIUS, c'est-à-dire *qui ouvre*, surnom de Janus. Junon étoit aussi surnommé *Patulcia*.

PAVENTIA, déesse qu'on invoquoit pour garantir les enfans de la peur.

PAVOR. *Voyez* PEUR.

PAVOT. *Voyez* MORPHÉE. On représente quelquefois Cérès avec un bouquet de pavots à la main. On en donne aussi à Vénus & à Cupidon.

PAUSUS, dieu du repos & du loisir.

PAUVRETÉ, divinité allégorique, fille du Luxe & de l'Oisiveté où de la Paresse. Quelques-uns disent qu'elle étoit la mere de l'Industrie & des beaux arts. On la représente avec un air pâle, & mal habillée, & quelquefois aussi, semblable à une furie, affamée, farouche, & prête à se désespérer.

PAYSANS. Latone fuyant les persécutions de Junon, passa sur le bord d'un marais, où des paysans travailloient à la terre. Elle leur demanda pour se rafraîchir un peu d'eau qu'ils lui refuserent. Latone, pour les punir, obtint de Jupiter qu'ils fussent métamorphosés en grenouilles.

PEAU de lion, *voyez* HERCULE, ADRASTE. De bœufs, *voyez* ORION. De serpent, *voyez* PYTHON. De tygres, *voyez* BACCHANTES. Enflées, *voyez* EOLE. De sanglier, *voyez* ADRASTE.

PECUNIA, déesse de l'argent monnoyé.

PEDÆUS, fils d'Anténor.

PEDASE, fils de Bucolion & de la nymphe Abarbarée. C'étoit aussi le nom d'un des chevaux d'Achille.

PÉDILE, la même que Pasithoé, une des Hyades.

PEDOTROPHE, c'est-à-dire, *qui nourrit les enfans*. On donnoit ce nom à Diane, parce qu'elle présidoit à tout ce qui sert à les nourrir.

PÉGASE, montagne & ville de Thessalie. C'est aussi le nom du cheval aîlé, qui nâquit du sang de Méduse, lorsque Persée coupa la tête à cette Gorgone. En naissant il frappa du pied contre terre, & fit jaillir une fontaine, qui fut appellée Hippocrène. Il habitoit les monts Parnasse, Hélicon & Piérius, & paissoit sur les bords d'Hippocrène, de Castalie & du Permesse. Persée le monta pour aller en Egypte, & pour délivrer Andromède. Bellérophon s'en servit aussi pour combattre la Chimere.

Il y eut un autre cheval aîlé que Neptune fit sortir de la terre d'un coup de trident, & que plusieurs confondent avec Pégase. *Voyez* MINERVE.

PEGASIDES, surnom des Muses, pris de la fontaine que le cheval Pégase fit jaillir en frappant la terre d'un de ses pieds.

PÉGÉES. *Voyez* CRÉNÉES.

PELASGES, les plus anciens habitans de la Grèce, ainsi appellés de Pelasgus, fils de Jupiter; d'où les Grecs en général sont quelquefois appellés Pelasges.

PELASGIE, surnom de Junon.

PELASGIS, surnom de Cérès, pris du culte qui lui étoit rendu dans un temple bâti par Pelasgus.

PELASGUS, fils d'Arcas; d'autres disent de Jupiter, donna l'hospitalité à Cérès, de qui il apprit l'agriculture. On lui attribue l'invention de l'architecture.

Il y eut un autre Pelasgus, fils de Triopas, qui fut célèbre par son respect pour les dieux, en l'honneur desquels il fit bâtir plusieurs temples: le plus magnifique fut celui de Cérès. *Voyez* PELASGIS.

PELÉE, fils d'Eaque, mari de Téthis, & pere d'Achille. Il étoit roi de la Phthiotide en Thessalie.

PÉLIADES, les filles de Pélias. *Voyez* PÉLIAS.

PÉLIAS, fils de Neptune & de Tyro. Il fut nourri par une jument, & devint le plus cruel de tous les hommes. Ayant usurpé les états d'Eson, il immola sa belle-mere à Junon, & fit assassiner la femme & les enfans d'Eson, excepté Jason qu'on déroba à sa fureur, & qu'on fit élever en secret. Jason, dans la fuite, vint redemander fes états à Pélias, qu n'ofa les lui refufer : mais Pélias engagea ce jeune prince à aller conquérir la Toifon d'or, efpérant qu'il y périroit. Jafon revint triomphant avec Médée qui punit Pélias de tous fes forfaits, en confeillant & en perfuadant à fes propres filles de l'égorger, & de faire bouillir fes membres dans une chaudiere, comme étant un moyen néceffaire de parvenir à l'effet de la promeffe qu'elle leur avoit faite, de le rajeunir. Ces filles fe nommoient Amphinome, Evadné & Pélopée. Leur fœur Alceftis ou Alcefte, moins crédule qu'elles, ne prit aucune part à cette horrible exécution.

La lance dont Pallas fit préfent à Pélée le jour de fes noces, avoit le nom de *Pelias*. Il ne fe trouva dans la fuite qu'Achille qui pût s'en fervir. Chiron l'avoit faite d'un morceau de frêne cueilli fur le mont Pélion. Ovide défigne auffi le vaiffeau des Argonautes par *Pélias arbor*, parce qu'il avoit été fait du bois coupé fur le mont Pélion.

PELIDES ou PELEIUS *héros*; Achille, fils de Pélée.

PÉLION, l'une des montagnes de Theffalie que les géans entafferent pour efcalader le ciel.

PELLENEA ou PELLENIS, furnom de Diane adorée à Pelléne, ville d'Achaïe.

PELLONIA, déeffe dont les Romains imploroient le fecours pour chaffer les ennemis.

PELOPÉE. *Voyez* EGISTHE.

PELOPEÏA *virgo*, Iphigénie, arriere-petite-fille de Pélops.

PELOPÉIES, fêtes qu'on célébroit dans l'Elide en l'honneur de Pélops, celui des héros ou demi-dieux, qui étoient en plus grande vénération chez les Grecs.

PELOPIDES, Atrée & Thyefte, petits-fils de Pélops. On a auffi appellé Pélopides, ceux qui leur reffembloient par les crimes; d'où l'adjectif *Pelopeïus* pour *Sceleratus*.

PELOPONÈSE, célèbre prefqu'ifle au midi de la

Grèce, dont elle faisoit partie, ainsi appellée du nom de Pélops, un de ses anciens rois.

PÉLOPS, fils de Tantale. Son pere ayant un jour reçû les dieux chez lui, leur servit les membres de Pélops pour tout mets. Cérès mourant de faim, en mangea une épaule, au lieu de laquelle Jupiter lui en donna une d'ivoire, quand il eut rassemblé ses membres pour les ranimer. Pélops épousa Hippodamie, après avoir vaincu Œnomaüs, pere de cette princesse, & donna son nom au Péloponèse, dont il se rendit maître. *V.* ARCAS, ATRÉE, TÉRÉE.

PELORIES, fêtes Thessaliennes qui ressembloient beaucoup aux Saturnales des Romains.

PELOTON de fil. *Voyez* ARIANE, THÉSÉE, MINOTAURE, PARQUES.

PEN ou *PENNINUS*, une des divinités des Gaulois. On croit que c'étoit le même que Jupiter; quelques uns pensent que c'étoit Pan.

PENATIGER, c'est-à-dire, *qui emporte ses dieux Pénates*, surnom d'Enée.

PÉNATES ou LARES, dieux domestiques & particuliers à chaque famille & à chaque maison. On en plaçoit ordinairement les simulacres auprès des foyers, où on leur rendoit un culte fort religieux. *Voyez* LARA, LARES & LARUNDE.

PENÉE, fleuve de Thessalie. Ce fut sur ses bords que Daphné fut changée en laurier.

PENEIA ou *PENEIS*, Daphné, fille du fleuve Penée.

PENELÉE, un des cinq capitaines des Béotiens au siége de Troie.

PÉNÉLOPE, fille d'Icarius & de Péribée, & femme d'Ulysse. Pour se délivrer de l'importunité de ceux qui vouloient la séduire pendant que son mari étoit au siége de Troie, elle s'engagea d'épouser celui qui tendroit l'arc qui n'étoit connu que d'Ulysse. Pas un seul ne put en venir à bout; & comme ils la pressoient fortement, elle leur promit de se déclarer après avoir achevé une piéce de toile qu'elle travailloit. Mais elle défaisoit la nuit ce qu'elle avoit fait pendant le jour ; & les amusa par toutes sortes d'artifices jusqu'à l'arrivée de son mari, qui les massacra tous. On la regarde comme la plus vertueuse femme de l'antiquité fabuleuse. *Ovid. Hom.* Voyez ICARIUS.

PENETRALES *dii*, les Pénates.

PENIA, déesse de la Pauvreté.

PENINUS PENNINUS. *Voyez* PEN.

PENTAPYLON, c'est-à-dire, *qui a cinq portes*. On donnoit ce nom au temple de Jupiter *Arbitrator*, à Rome.

PENTHÉE, roi de Thèbes, fils d'Echion & d'Agavé. Il méprisoit si fort les dieux, qu'au lieu d'aller au-devant de Bacchus qui passoit par ses états, il commanda qu'on le lui amenât pieds & mains liés. Bacchus prit la forme d'Acéte, l'un de ses pilotes : & lorsqu'il fut en prison, il en sortit sans être vu, & inspira une telle fureur à la famille royale, qu'elle mit ce prince en piéces.

Il y eut une reine de ce nom, fille de Cadmus & d'Hermione.

PENTHESILÉE, fille de Mars, reine des Amazones. Après avoir donné plusieurs marques de valeur, elle fut tuée devant Troie.

PENUS. Les Romains donnoient ce nom au sanctuaire du temple de Vesta.

PÉON, médecin qui guérit Pluton de la blessure qu'Hercule lui avoit faite. Il y en a qui croient que Péon est un surnom d'Apollon.

PEPLON. On nommoit ainsi une longue robe dont on ornoit la statue de Minerve, & celle des autres dieux.

PERANNA, la même qu'Anna Perenna.

PERDIX. *Voyez* ACALE.

PEREPHATTIES. *Voyez* PHEREPHATTE.

PERFICA, déesse infâme, révérée à Rome.

PERGAME. On appelloit ainsi Troie, à cause d'une de ses tours nommée Pergame. Il y eut aussi une ville de ce nom dans la Troade, ou plutôt dans la Mysie, célèbre par le culte qu'on y rendoit à

O vj.

Esculape, parce qu'il y avoit exercé la médecine.

PERGASIE ou PERGÉE, surnom de Diane, adorée à Perge, ville de Pamphylie.

PERGUS, lac de Sicile, sur les bords duquel Pluton enleva Proserpine.

PERIBÉE, femme de Télamon. Alcathoüs, pere de cette princesse, s'étant apperçu que Télamon avoit eu commerce avec elle avant son mariage, ordonna à un de ses gardes de la jetter dans la mer, & Télamon prit la fuite. Le garde qui en eut compassion, au lieu de la noyer, la vendit. Elle fut conduite à Salamine, où elle retrouva Télamon, & accoucha d'Ajax. Quelques-uns disent que ce fut à Thésée qu'on la vendit ; & qu'étant arrivé à Salamine, ce prince touché de ses pleurs, la rendit à Télamon. *Plut.*

Il y eut encore une autre Péribée, fille du géant Eurymédon. Neptune l'épousa, & en eut Nausithoüs, pere d'Alcinoüs. Péribée étoit aussi un surnom de Pénélope, & le nom de sa mere.

PERICIONIUS, surnom de Bacchus, formé de deux mots grecs, l'un desquels signifie *grappe de raisin*.

PERICLYMENE, fils de Nélée. Il reçut de Neptune son ayeul, le pouvoir de se transformer en tout ce qu'il voudroit. Hercule le tua, lorsqu'il le trouva sous la figure d'un aigle ; ou, selon d'autres, d'une mouche. *V.* ACHÉLOUS, CRINISE & VERTUMNE.

PERIERES, fils d'Eole, regna dans la Messenie.

PERIGONE, fille de Sinnis, que Thésée épousa, après avoir tué ce brigand. Il en eut un fils nommé Mélanippe.

PÉRILLE, fameux artisan qui, pour seconder la fureur de Phalaris, inventa un taureau d'airain, dans lequel on enfermoit un malheureux qui mourant cruellement par l'ardeur du feu qu'on allumoit dessous, jettoit des cris qui sortant de cette horrible machine, ressembloient aux meuglemens d'un bœuf. Pérille fut le premier sur qui Phalaris fit l'essai de ce supplice. *Plin. Ovid. Prosp.* &c.

PERIMEDE, fameuse magicienne.

PERIMELE, fille d'Hippodamas. Elle fut jettée dans la mer, & changée en isle, parce qu'elle avoit répondu à la tendresse d'Achéloüs.

PERINA, femme Egyptienne qui la premiere représenta en broderie, Minerve assise, d'où vint la coutume de donner cette attitude aux statues de la déesse, qui pour cela étoit elle-même surnommée *Perina*.

PERIPHALLIES, fêtes en l'honneur de Priape. On les nommoit aussi Phalliques & Phallagogies.

PÉRIPHAS, roi d'Athènes. Il se fit tellement aimer de son peuple, qu'il fut adoré comme Jupiter; ce qui irrita si fort celui-ci, qu'il voulut le foudroyer; mais Apollon intercéda pour lui, & obtint qu'il fût métamorphosé en aigle, dont Jupiter se servoit pour traverser les airs.

Un Grec de la suite de Pyrrhus au siége de Troie, se nommoit Périphas. C'étoit aussi le nom d'un des fils d'Egyptus.

PERIPHETE, géant féroce qui assassinoit les passans, & se nourrissoit de chair humaine. Thésée le combattit, le tua, & dispersa ses os dans les campagnes d'Epidaure.

PERISTERE. Cupidon fit un jour gageure avec Vénus, à qui auroit cueilli le plus de fleurs en une heure de tems. La nymphe Péristere parut tout d'un coup, & se joignit à Vénus; ce qui le fit perdre. Cupidon, de colere, métamorphosa cette nymphe en colombe.

PERMESSE, fleuve qui prend sa source au pied du mont Hélicon. Il étoit consacré aux Muses & à Apollon.

PERO, fille de Nélée & de Chlori. Son pere ayant déclaré qu'il ne la donneroit en mariage qu'à celui qui auroit enlevé les bœufs d'Hercule son ennemi, pour lui en faire présent, Bias, fils d'Amythaon, l'entreprit, en vint à bout, & épousa Péro.

PERPERENE, bourg de Phrygie, où l'on dit que Pâris jugea les déesses. *Voyez* PARIS.

PERRHEBUS, c'est-à-dire, Thessalien. Ovide désigne par cette expression la patrie de Cœneus, une contrée de la Thessalie ayant été habitée par les Perrhébes.

PERSA, PERSÉ ou PERSEIS, fille de l'Océan & de Téthys. Le Soleil l'épousa, & en eut Eétès, Persès, Circé & Pasiphaé.

PERSÉE, fils de Jupiter & de Danaé. Acrise, pere de Danaé, ayant appris de l'oracle qu'il périroit de la main de son petit-fils, fit enfermer Danaé sa fille unique dans une tour d'airain, avec résolution de ne jamais la marier. Jupiter descendit dans cette tour en pluie d'or. Acrise informé que Danaé étoit enceinte, la fit exposer sur la mer. Elle se sauva, & se retira chez Polydecte, où l'on eut soin d'elle & de son enfant qui fut nommé Persée. Celui-ci étant devenu grand, obtint le bouclier de Minerve, avec le secours duquel il fit plusieurs belles actions, dont les deux plus fameuses furent d'avoir coupé la tête à Méduse, du sang de laquelle nâquit le cheval Pégase; puis étant monté sur ce cheval, d'avoir délivré Andromède d'un monstre marin auquel elle étoit exposée. Il métamorphosa ce monstre en rocher, en lui montrant la tête de Méduse. A son retour, Acrise voulut s'opposer à son passage, mais il le tua; & ayant appris que cet Acrise étoit son ayeul, il en fut si affligé, que Jupiter, pour le consoler, l'enleva & le mit entre les Constellations.

PERSEIS ou PERSEIA, Hécate, fille de Persès, fils du Soleil, ou du Titan Perséus. *Voyez* HÉCATE & PERSA.

PERSEPHONE. C'est la même que Proserpine. *V.* PROSERPINE.

PERSÈS, fils du Soleil & de Persa, ayant détrôné son frere Eétès, fut dans la suite tué par Médus, fils de Médée. *Voyez* MÉDUS.

Il y eut un autre Persès, fils de Persée & d'Andromède, qui, selon Hérodote, donna son nom à la nation des Perses. Pline lui attribue l'invention des fléches.

PÉRSEUS, un des Titans.

PERTUNDA, une des déesses de la volupté.

PESEMONTIA, la même que PESSINUNTIA.

PESSINONTE, ville de Phrygie, célèbre par le tombeau d'Atys, & par le culte de Cybèle, qui pour cela étoit surnommée *Pessinuntica*, & dont le simulacre fut transporté à Rome avec tant d'appareil. *Voyez* CLAUDIE.

PESSINUNTIA ou PESSINUNTICA, surnom de Cybèle. *Voyez* PESSINONTE.

PESTE. Les anciens en avoient fait une divinité.

PETA, déesse qu'on invoquoit pour obtenir l'effet des demandes, & de ce qu'on desiroit. *Arnob.*

PETALUS, un de ceux qui à la cour de Céphée voulurent attenter à la vie de Persée.

PEUPLIERS. *Voyez* HÉLIADES.

PEUR ou *PAVOR*. Les Romains en avoient fait une divinité. *Tite-Live.*

PHACETIS ou PHACITIS. C'est le nom de la déesse Syrienne, & la même qu'Aphacitis.

PHÆA. C'est le nom de la Laye de Crommyon, tuée par Thésée.

PHÆCASIENS, divinités particuliérement révérées par les Athéniens, qui les nommoient ainsi, parce qu'on les représentoit avec une espéce de chaussure qu'ils appelloient dans leur langue *Phaicasion*.

PHÆAGES. *Voyez* PHÉAQUES.

PHÆNNA & CLETA, noms des Graces chez les Lacédémoniens qui n'en admettoient que deux.

PHAÉTON & mieux PHAÉTHON, ou ERIDAN, fils du Soleil & de Clyméne. Dans une querelle qu'il eut avec Epaphus, celui-ci lui reprocha qu'il n'étoit pas fils du Soleil, comme il se l'imaginoit. Phaéton irrité, alla s'en plaindre à Clyméne sa mere, qui lui conseilla d'aller voir son pere pour en être plus assuré. Il entra dans le palais du Soleil, le trouva assis sur son trône, où l'or & les diamans brilloient de toutes parts. Dès qu'Appollon l'apperçut, il se dépouilla de ses rayons, & jura par le Styx de lui accorder ce qu'il exigeroit de lui, pour gage de sa tendresse paternelle. Phaéton lui demanda la conduite de son char seulement pendant un jour. Apollon fit en vain tout ce qu'il put, pour le détourner de cette entreprise, & enfin lui confia son char avec regret, après lui avoir donné tous les enseignemens nécessaires. Aussi-tôt qu'il fut sur l'horison, les chevaux ne connoissant pas la main de ce nouveau conducteur, prirent le mors aux dents; de sorte que s'approchant trop de la terre, tout y étoit brûlé par l'ardeur du soleil, & que s'en éloignant trop, tout y périssoit par le froid. Jupiter ne trouva d'autre moyen de remédier à ce désordre qu'en foudroyant Phaéton, qui tomba dans un fleuve d'Italie, auquel il laissa son nom Eridan, aujourd'hui le Pô. Ses sœurs & Cycnus son ami en pleurerent tant, qu'elles furent métamorphosées en peupliers, leurs larmes en ambre, & Cycnus en cigne. Ce malheur causa un tel dérangement dans le ciel, qu'on fut un jour entier sans soleil. *Métam. liv. 2.*

Il y eut un autre Phaéton, fils de Tithon, & petit-fils d'Aurore.

Les poëtes, sur-tout les Grecs, donnent quelquefois le nom de Phaéton au Soleil.

PHAÉTONTIADES ou PHAÉTHONTIDES, c'est-à-dire, *Sœurs de Phaéthon*. Elles sont aussi nommées Héliades. *Voyez* HÉLIADES, PHAÉTON.

PHAETONTIS volucris. C'est le cigne, qu'Ovide désigne ainsi, parce que Cycnus ami de Phaéton, avoit été métamorphosé en cet oiseau.

PHAÉTUSE. *Voyez* HÉLIADES, LAMPÉTIE.

PHAGER, PHAGRUS ou PAGRUS, sorte de poisson dont les Egyptiens avoient fait une divinité.

PHAGÉSIES ou PHAGÉSIPOSIES, fêtes en l'honneur de Bacchus, ainsi appellées des excès de table qu'on y faisoit.

PHAGRUS. *Voyez* PHAGER.

PHALANX, frere d'Arachné. Pallas prit un soin particulier de leur éducation : mais indignée qu'ils y répondissent mal, & qu'ils eussent conçu l'un pour l'autre une passion criminelle, elle les métamorphosa en viperes.

PHALARIS, cruel tyran d'Agrigente. *V.* PÉRILLE.

PHALERE, fils d'Alcon, & ami de Jason. Les Athéniens lui décernerent des honneurs divins.

PHALLIQUES & PHALLAGOGIES. *Voyez* PÉRIPHALLIES.

PHALLOPHORES. On nommoit ainsi ceux qui dans les fêtes de Priape & d'Osiris portoient la figure infâme de Phallus.

PHALLUS, un des quatre principaux dieux de l'impureté. Les trois autres étoient Priape, Bacchus & Mercure. Les déesses infâmes qu'on ne rougissoit pas d'adorer, étoient en plus grand nombre ; Vénus, Cotytto, Perfica, Prema, Pertunda, Lubentie, Volupie, &c.

PHALOÉ, nymphe, fille du fleuve Lyris, laquelle avoit été promise à celui qui la délivreroit d'un monstre aîlé. Un jeune homme appellé Elaathe, s'offrit de le tuer, & y réussit ; mais il mourut avant son mariage. Phaloé versa tant de larmes, que les dieux touchés de sa douleur, le changerent en fontaine, dont les eaux sortant d'une source environnée de cyprès, se mêlerent avec celle du fleuve son pere, mais de maniere qu'on pouvoit les reconnoître par leur amertume.

PHAMILIES, les mêmes que les Pammilies.

PHANETA ou PHANEUS, divinité adoptée par les Grecs. Quelques-uns croient que c'est le Soleil.

PHANTASE, un des fils du Sommeil.

PHAON, jeune Lesbien, qui ayant reçu de Vénus un vase plein de parfums, s'en servit pour se rendre le plus beau des hommes. Il est célèbre par la passion que Sapho eut pour lui.

PHARETRATA dea, c'est-à-dire, *la déesse qui porte un carquois* ; c'est Diane.

PHARIA juvenca, c'est-à-dire, *la génisse de Pharos* : c'est Isis. Pharos étoit le nom d'une petite isle d'Egypte, où Isis étoit particulierement révérée.

PHARIS, fils de Mercure & d'une des filles de Danaüs, bâtit une ville dans la Laconie à laquelle il donna son nom.

PHARNACE, fut une des femmes d'Apollon, qui en eut Cynire.

PHASE, prince de la Colchide, que Thétis n'ayant pu rendre sensible, métamorphosa en fleuve. Il coule dans la Colchide, & se jette dans la mer noire.

PHASIANE, déesse adorée dans le Pont. On croit que c'est la même que Cybèle.

PHASIAS ou PHASIACA conjux. C'est Médée, qui étoit de la Colchide où coule le Phase. Quelquefois c'est Circé.

PHASIS, fleuve de la Colchide. *Voyez* PHASE.

PHÉACIENS ou PHÉAQUES, *Phæaces*, habitans de l'isle de Corcyre, célèbres dans la Fable par les jardins de leur roi Alcinoüs, & par le séjour qu'Ulysse fit chez eux. Ils crurent si bonnement tous les contes qu'Ulysse leur fit des Lestrigons, des Cyclopes, &c. que leur nom passa en proverbe, pour marquer des gens extrêmement crédules.

PHEDIME, un des fils de Niobé.

PHÉDRE, fille de Minos & de Pasiphaé. Thésée l'enleva & l'épousa. Cette princesse ayant conçu de la passion pour Hippolyte, fils de Thésée & d'Antiope reine des Amazones, qui ne voulut point l'écouter, l'accusa auprès de son pere d'avoir attenté à son honneur : ce qui irrita tellement Thésée, qu'il livra son fils à la fureur de Neptune. Hippolyte allant à son exil, un monstre sortit tout-à-coup du fond de la mer, effraya ses chevaux, qui le traînerent à travers les rochers, où le char se fracassa ; & fit périr ce jeune prince. Phédre rendit témoignage à son innocence en se tuant elle même. *Voyez* Bellérophon, Phénix, Phryxus & Ténès accusés de la même maniere.

PHÉGÉE, roi d'Arcadie, reçut dans sa cour Alcméon, qui, agité des furies pour avoir tué sa mere Eriphyle, étoit venu chez ce prince dans l'espérance qu'il y trouveroit du soulagement à son mal. Phégée lui rendit tous les bons offices qu'il en pouvoit espérer, & lui fit épouser sa fille Alphésibée. Alcméon donna à sa nouvelle épouse le collier qui ayant été si funeste à la maison d'Amphiaras, ne le fut pas moins à celle de Phégée. Apollodore donne à la fille de Phégée, le nom d'Arsinoé. *Voyez* ALCMÉON.

PHEGIS, Alphésibée, fille de Phégée.

PHÉGOR, le même que Baal-Péor.

PHEMONOÉ, une des Sibylles. On dit que ce fut la premiere prêtresse qui rendit des oracles dans le temple d'Apollon à Delphes, & qu'elle inventa les vers héroïques. *Plin. Strab. Luc.* Voyez PANOTHÉE.

PHÉNIX, fils d'Amyntor. Ayant été faussement accusé par une concubine de son pere, d'avoir attenté à son honneur, on lui fit crever les yeux: mais Chiron le Centaure le guérit, & lui donna la conduite d'Achille, avec qui il alla au siége de Troie. On lui attribue l'invention des lettres grecques.

Il y eut un autre Phénix, fils d'Agénor, qui n'ayant point trouvé sa sœur Europe qu'il étoit allé chercher, quand Jupiter l'eut enlevée, se fixa dans une contrée des côtes orientales de la Méditerranée, à laquelle il donna son nom.

C'est aussi le nom d'un oiseau fabuleux, dont les Egyptiens avoient fait une divinité. On contoit de cet oiseau qu'il étoit d'une beauté admirable, unique dans toute la nature, &c.

PHERÈS, pere d'Adméte, donna son nom à une ville de la Thessalie.

PHERECLUS, fils d'Harmonide, construisit les vaisseaux sur lesquels Pâris alla à Sparte, d'où il enleva Héléne. C'est de-là qu'Ovide donne le nom de *Phereclea freta* à la mer Egée que Pâris traversa.

PHEREPHATTE. C'est un nom de Proserpine, en l'honneur de qui il y avoit des fêtes nommées aussi Peréphatties.

PHEREPOLIS, surnom de la Fortune.

PHERETIADES. C'est Adméte fils de Pherès.

PHERUSE, nymphe, fille de Nérée & de Doris.

PHIDIPPE, petit-fils d'Hercule, un des capitaines Grecs au siége de Troie.

PHILACEIA. C'est Laodamie femme de Protésilas, le premier des princes Grecs qui débarqua devant Troie. Elle étoit ainsi surnommée de *Philace*, ville de Thessalie.

PHILAMMON, fils d'Apollon & de Chioné.

PHILARQUE, héros Grec à qui on rendit des honneurs divins.

PHILÉE, fils d'Augias, fut exilé par son pere, parce qu'il avoit désapprouvé son injustice envers Hercule. Celui-ci s'étant vengé d'Augias, donna son trône à Philée.

PHILÉMON. *Voyez* BAUCIS.

PHILESIUS, c'est-à-dire, *aimable*, surnom d'Apollon.

PHILETO. *Voyez* HYADES.

PHILIA, une des divinités des Grecs. C'étoit l'Amitié.

PHILLIS. *Voyez* PHYLLIS.

PHILLONE, une des femmes d'Hercule. *Voyez* ECHMAGORAS.

PHILLYRIDES, c'est-à-dire, *fils de Philyre*. C'est Chiron.

PHILOCTETE, fils de Pœan & compagnon d'Hercule. Celui-ci tout près de mourir, lui ordonna d'enfermer ses fléches dans sa tombe, & le fit jurer de ne jamais découvrir le lieu de sa sépulture : il lui donna en même-tems ses armes teintes du sang de l'hydre. Les Grecs ayant appris par l'oracle, qu'on ne prendroit jamais Troie sans les fléches d'Hercule, Philoctete, pour n'être pas parjure, frappa du pied à l'endroit du tombeau où elles étoient enfermées : mais il ne viola pas moins son serment ; & pour punition, lorsqu'il se fut embarqué avec les Grecs, il laissa tomber une de ces fléches sur celui de ses pieds dont il avoit frappé la terre. L'infection de la plaie devint bientôt si grande, que les Grecs ne la pouvant supporter, l'abandonnerent dans l'isle de Lemnos, où, après la mort d'Achille, ils furent obligés de recourir à Philoctete, qui, indigné de l'injure qu'on lui avoit faite, eut bien de la peine à se rendre à leurs prieres. On dit qu'il eut beaucoup de part à la mort de Pâris ; qu'il fut du nombre de ceux sans lesquels Troie ne pouvoit être prise ; & qu'ayant refusé d'y aller, Ulysse l'avoit cherché, & l'avoit contraint de partir avec lui.

PHILOCTUS, fils de Vulcain.

PHILODAMÉE, fille de Danaüs, épousa Mercure, de qui elle eut un fils nommé Pharis.

PHILODICE, fille d'Inachus, & mere de Phœbé & d'Ilaïre.

PHILOLAUS, c'est-à-dire, *qui aime le peuple.* Sous ce nom Esculape étoit révéré comme un dieu. C'étoit aussi le nom d'un des fils de Minos.

PHILOMELE, fille de Pandion, roi d'Athènes. Térée attira cette princesse dans ses piéges, puis lui coupa la langue & l'enferma. Philomèle peignit sur une toile tout ce que Térée lui avoit fait, & l'envoya à Progné sa sœur, femme de Térée. Progné vint à la tête d'une troupe de femmes le jour de la fête des Orgies, délivrer Philomèle de sa prison, puis elle fit à Térée un festin de son propre fils Itys. Après qu'il eut bien mangé, elle lui apporta encore la tête. Ce prince s'étant mis en devoir de poursuivre sa femme, & de la tuer, fut métamorphosé en épervier, Progné en hyrondelle, Philomèle en rossignol, & Itys en faisan. *Voyez* ATRÉE, PÉLOPS & ARCAS.

PHILOMIRAX, c'est-à-dire, *qui aime les enfans*, surnom de Diane.

PHILONOMÉ, seconde femme de Cycnus, qui ayant conçu une passion criminelle pour Ténès ou Tenus que Cycnus avoit eu de sa premiere femme, essaya inutilement de l'engager à y répondre. Outrée de dépit, elle l'accusa auprès de son mari d'avoir voulu l'insulter. Cycnus trop crédule, ayant aussi-tôt fait enfermer son fils dans un coffre, le fit jetter dans la mer, mais Neptune son ayeul en eut soin, & le fit aborder dans une isle où il regna, & qui fut depuis appellée Ténédos,

PHILONOMIE, nymphe de la suite de Diane, qui épousa secrétement Mars, de qui elle eut en même-tems deux enfans, Parrhasius & Lycaste. *Voyez* PARRHASIUS.

PHILYRE, fille de l'Océan. Elle fut fort aimée de Saturne. Rhée les ayant surpris ensemble, Saturne se métamorphosa en cheval pour s'enfuir plus vîte ; & Philyre en eut tant de honte qu'elle alla errer sur les montagnes, où elle accoucha du centaure Chiron. Elle eut tant d'horreur d'avoir mis au monde ce monstre, qu'elle demanda d'être métamorphosée en tilleul. *Virg. Georg. l. 2. & 3. Ovid.*

PHILYREIUS HEROS. C'est Chiron, fils de Philire.

PHILYRIDES. Voyez PHILLYRIDES.

PHINÉE, roi de Thrace, fils d'Agénor, & mari de Cléopatre, fille de Borée, de laquelle il eut deux fils. Après l'avoir répudiée, il épousa une autre femme, qu'il condamna à perdre la vie, parce qu'on l'accusa d'avoir eu des intelligences avec ses enfans, auxquels il fit crever les yeux ; mais Borée vengea l'innocence de ses petits-fils, en rendant aveugle Phinée, qui obtint pour toute consolation, la connoissance de l'avenir. Ce fut aussi pour le punir, que Junon avec Neptune envoyerent les Harpies, qui par leurs ordures gâtoient ses viandes sur sa table ; ce qui dura jusqu'à ce que Zétès & Calaïs vinrent chasser ces monstres. *Apoll. Val. Fl.*

Il y eut un autre Phinée que Persée changea en pierre avec tous ses compagnons, en leur montrant la tête de Méduse, parce que ce roi prétendoit épouser Andromède promise à Persée. *Ovid. Métam.*

Ovide parle encore d'un autre Phinée, qui fut changé en oiseau. *Mét. l. 7.*

PHLEGETHON, un des fleuves des enfers.

PHLEGON, nom d'un des quatre chevaux du Soleil.

PHLEGRA, ville de Macédoine, où l'on prétendoit que les géans avoient combattu contre les dieux.

PHLEGYAS, fils de Mars, roi des Lapithes, & pere d'Ixion. Ayant su que sa fille Coronis avoit été insultée par Apollon, il alla mettre le feu au temple de ce dieu, qui le tua à coups de flèches, & le précipita dans les enfers, où il fut condamné à demeurer éternellement fous un grand rocher, qui paroiſſant toujours prêt à tomber, lui cauſoit une frayeur continuelle.

PHLEGYENS ou PHLEGYES, deſcendans de Phlégyas, furent ſi impies, que Neptune les fit tous périr par un déluge.

PHLIAS, fils de Bacchus, fut un des Argonautes.

PHLŒA, ſurnom de Proſerpine.

PHLŒUS, ſurnom de Bacchus.

PHOBETOR, fils du Sommeil, dieu des ſonges effrayans.

PHOBOS, c'eſt-à-dire, *Peur*. *Voyez* PEUR.

PHOCÆUS. Pylade, fils de Strophius, roi de la Phocide.

PHOCEUS, un des capitaines des troupes de Cyzique, fut tué par Télamon.

PHOCIDE, petite région de la Grèce, entre l'Attique & la Béotie, où eſt le mont Parnaſſe.

PHOCUS, fils d'Eaque.

PHOGOR, le même que Baal-Péor.

PHŒBAS, c'eſt-à-dire, *inſpirée par Phébus*. On donnoit quelquefois ce nom aux prêtreſſes d'Apollon.

PHŒBÉ ou DIANE. *Voyez* DIANE.

La ſœur d'Ilaïre ſe nommoit auſſi Phœbé.

PHŒBEIUS *ales*, l'oiſeau de Phébus : c'eſt le corbeau.

PHŒBEIUS *juvenis*, le même que PHŒBIGENA.

PHŒBIGENA, c'eſt-à-dire, *fils de Phœbus*. Virgile donne ce nom à Eſculape.

PHŒBUS ou APOLLON. Les poëtes déſignent ſouvent le Soleil par le nom de Phœbus. Quand Ovide parle de l'un & de l'autre Phœbus *utroque Phœbo*, cela doit s'entendre du ſoleil levant & du ſoleil couchant. *Voyez* APOLLON.

PHŒMONOÉ. *Voyez* PHEMONOÉ.

PHŒNISSA, Didon, originaire de la Phénicie.

PHŒNIX. *Voyez* PHÉNIX.

PHOLOÉ, montagne de la Theſſalie, étoit le ſéjour ordinaire des Centaures.

C'étoit aussi le nom d'une esclave Crétoise, habile brodeuse, dont Enée fit présent à Sergeste. Une jument d'Admète étoit encore nommée Pholoé.

PHOLUS, l'un des principaux Centaures, qui eurent querelle avec les Lapithes, & qu'Hercule défit aux noces d'Hippodamie ; mais il traita humainement Pholus qui lui avoit autrefois donné l'hospitalité. Virgile dit qu'il fut tué comme les autres.

PHORBAS, fameux brigand qu'Apollon tua à coups de poings.

Le fils aîné de Priam se nommoit aussi Phorbas. Il fut tué par Ménélas.

Il y eut plusieurs bergers de ce nom.

PHORCUS, fils de Neptune & de la nymphe Thoosa, & pere de Méduse. Il étoit roi des isles de Sardaigne & de Corse. Ayant été vaincu, détrôné & accablé par Atlas, il fut changé en dieu marin, & révéré comme le chef des Tritons & des autres divinités subalternes de la mer, que les poëtes nomment le chœur de Phorcus, *chorus Phorci*, & *exercitus Phorci*.

PHORCYADES. On donnoit ce nom aux Gorgones, parce qu'elles étoient filles de Phorcys.

PHORCYNIS, Méduse, fille de Phorcus.

PHORCYS, peut-être le même que Phorcus, fils de la Terre. Il fut pere de plusieurs monstres, tels que les Grées & le serpent qui gardoit le jardin des Hespérides, &c.

Phorcys est encore un nom patronymique, le même que *Phorcymis*.

PHORONÉE, fils d'Inachus, & roi d'Argos. Il fut pris pour arbitre dans un différent qui s'étoit élevé entre Junon & Neptune. On dit qu'il fut le premier qui apprit aux hommes à vivre en société.

PHORONIDES, le fleuve Inachus que quelques-uns font fils de Phoronée.

PHORONIS, Io, sœur de Phoronée.

PHOSPHORE. Quelques-uns donnent ce nom à la déesse Até. C'est aussi celui de Lucifer, l'étoile de Vénus, & un surnom de Diane.

PHRYGIE,

PHRYGIE, fille de Cécrops, donna son nom à une contrée de l'Asie mineure, célèbre par le culte de Cybèle, qui est quelquefois appellée *Mater Phrygia*, la Mere Phrygienne. On nommoit aussi Phrygie, l'endroit du mont Œta, où Hercule se brûla.

PHRYGIENNES ou PHRYGIES, fêtes en l'honneur de Cybèle.

PHRYXUS, fils d'Athamas, & frere de Hellé. Pendant qu'il étoit avec sa sœur chez Cretée leur oncle, roi d'Iolcos, Démodice, femme de Cretée, sollicita Phryxus à l'aimer: mais se voyant refusée, elle l'accusa d'avoir voulu attenter à son honneur. Aussi-tôt une peste ravagea tout le pays, & l'oracle consulté répondit que les dieux s'appaiseroient en leur immolant les dernieres personnes de la maison royale. Comme cet oracle regardoit Phryxus & Hellé, on les condamna à être immolés: mais dans l'instant ils furent entourés d'une nue, d'où sortit un bélier qui les enleva l'un & l'autre dans les airs, & prit le chemin de la Colchide. En traversant la mer, Hellé effrayée du bruit des flots, tomba, & se noya dans cet endroit, qu'on appella depuis l'Hellespont. Phryxus étant arrivé dans la Colchide, y sacrifia ce bélier à Jupiter, en prit la toison qui étoit d'or, la pendit à un arbre dans une forêt consacrée au dieu Mars, & la fit garder par un dragon, qui dévoroit tous ceux qui se présentoient pour l'enlever. Mars fut si content de ce sacrifice, qu'il voulut que ceux chez qui seroit cette toison, vécussent dans l'abondance tant qu'ils la conserveroient, & qu'il fût cependant permis à tout le monde d'essayer d'en faire la conquête. Voilà, selon la Fable, cette fameuse Toison d'or, que Jason accompagné des Argonautes, enleva par le secours de Médée. *Voyez* JASON. On dit que ce bélier fut mis au nombre des douze signes du Zodiaque, & en fut le premier. C'est *Aries* chez les Latins. *Hygin Ovid.*

PHTAS ou APHTAS, nom que les Egyptiens donnoient à Vulcain.

PHTHÍOTIDE, contrée de la Theſſalie, où régnoit Pelée, pere d'Achille.

PHTHIUS, fils d'Achæus, & pere d'Hellen, donna ſon nom à une contrée de la Theſſalie, qui fut la patrie d'Achille. C'étoit la Phthiotide, dont Phthie étoit la capitale, d'où il fut ſurnommé *Phthius*.

PHTHONOS. C'eſt l'Envie. Les Grecs en avoient fait un dieu, parce que ce mot dans leur langue eſt maſculin. Ils le repréſentoient marchant devant la calomnie, avec les mêmes attributs que la déeſſe Envie. *Voyez* ENVIE.

PHILACEIA *conjux.* } *Voyez* PHYLLACIDES.
PHYLACIDES.

PHYLACIS, fille d'Apollon, & ſœur de Phylandre.

PHYLACUS, héros grec, révéré à Delphes.

PHYLANDRE. On croit que c'étoit le mari d'Acalis, fille de Minos, & mere d'Oaxus qu'elle eut d'Apollon. Il étoit fils d'Apollon & de la nymphe Acacalis, que quelques uns confondent avec Acalis.

PHYLEUS, fils de Jupiter, & pere de Megès, fut un des capitaines Grecs qui allerent au ſiége de Troie.

PHYLLACIDES, Protéſilas, parce qu'il étoit de Phylacé, ville de la Phthiotide dans la Theſſalie. Par la même raiſon, Laodamie, femme de Protéſilas eſt nommée par Ovide : *conjux Phylaceia.*

PHYLLIS, fille de Lycurgue roi de Thrace. Ayant écouté Démophoon fils de Théſée, à condition de l'épouſer auſſi-tôt après ſon retour de Créte, elle ſe pendit voyant qu'il tardoit trop à revenir, & fut métamorphoſée en amandier. Démophoon de retour, alla mouiller de ſes pleurs cet arbre, qui pouſſa des feuilles, comme s'il eut été ſenſible à la préſence de ce prince.

PHYLLODOCÉ, nymphe, compagne de Cyrène.

PHYLLOS, ville de la Theſſalie, où Apollon étoit particuliérement révéré, &, du nom de cette ville, ſurnommé *Phylleus*.

PHYSCOA, une des femmes de Bacchus. On lui rendoit des honneurs divins dans l'Elide.

PHYTALMIUS. On honoroit sous ce nom Jupiter, comme auteur de toutes les productions de la nature. Ceux de Trezene donnoient aussi ce nom à Neptune.

PHYTALUS, Grec qui ayant donné l'hospitalité à Cérès, reçut d'elle le figuier, arbre qu'on croyoit avoir été jusques-là inconnu sur la terre.

PHYXIUS, c'est-à-dire, *fugitif*. On invoquoit Jupiter sous ce nom, comme dieu tutélaire de ceux qui fuyoient & qui cherchoient un asyle, pour échapper aux malheurs dont ils étoient menacés. C'étoit aussi un surnom d'Apollon.

PICUMNUS, frere de Pilumnus. Ils furent l'un & l'autre mis au nombre des dieux, & révérés comme protecteurs des liens du mariage. On les invoquoit aux fiançailles.

PICUS, fils de Saturne, à qui il succéda en Italie. Circé le métamorphosa en un oiseau qu'on appelle Pivert, pour n'avoir pas voulu l'épouser, & lui avoir préféré la nymphe Canente. *Ovid. Mét. 14.*

PIEDS DE CHEVRE. *Voyez* PAN, SATYRES.

PIÉRIDES, filles de Piérus. Ayant défié les Muses à qui chanteroient le mieux, elles furent métamorphosées en pies par ces déesses.

On donne aussi ce nom aux Muses. *Voyez* MNÉMOSYNE.

PIÉRIUS, montagne de Thessalie consacrée aux Muses.

PIERRE DE TOUCHE. *Voyez* BATTUS.

PIERRERIES. *Voyez* RICHESSE, FORTUNE, ACHILLE.

PIERRES. *Voyez* DEUCALION. *Pierre quarrée*, voyez TERME. *Pierre qu'un homme dévore*, voyez ABADIR, SATURNE.

PIÉRUS. *Voyez* PIERIDES.

PIÉTÉ, divinité qui présidoit elle-même au culte qu'on lui rendoit, aux soins respectueux des enfans pour leurs parens, & à la tendresse des parens pour leurs enfans.

PIGÉE, une des nymphes, filles d'Ion, appellées Ionides, du nom de leur pere.

PIGEONS. *Voyez* VÉNUS.

PIGMALION ou PYGMALION, fils de Bélus, roi de Tyr. Il fit mourir Sichée mari de Didon, sa sœur, qui se sauva en Afrique avec tous ses trésors, & y fonda la ville de Carthage. Astebé sa femme, aussi cruelle que lui, l'empoisonna; & voyant qu'il ne mouroit pas assez promptement, elle l'étrangla. Après ce crime, voulant encore faire noyer son fils Balcazar, celui-ci se sauva dans une barque, passa en Syrie, où il garda les troupeaux pour gagner sa vie. Narbal un des principaux officiers de la cour, qui l'avoit averti des desseins de sa mere, le fit revenir en lui envoyant un anneau d'or, qui étoit le signe dont ils étoient convenus, & ce prince monta sur son trône après la mort d'Astebé.

Il y eut un autre Pigmalion, fameux sculpteur, qui aima tellement une statue de Vénus qu'il avoit faite, qu'il l'épousa. Il demanda avec instance à Vénus, que cette statue fût animée: ce que cette déesse lui accorda, & il en eut Paphus. *Ovid. Métam.*

PILEATI FRATRES, c'est-à-dire, *les freres qui ont des chapeaux*. Castor & Pollux étoient ainsi appellés, parce qu'on les représentoit avec un bonnet sur la tête.

PILUMNUS, fils de Jupiter, & roi de cette partie de l'Apulie, qui depuis fut appellée Daunie. Ce fut lui qui épousa Danaé, lorsqu'elle fut recueillie par Polydecte dans les états de qui la mer avoit porté cette princesse. Les poëtes ne s'acordent point sur cet article.

PIMPLÉENNES ou PIMPLÉIDES, nom donné aux Muses, de la fontaine Pimpla, qui sort du mont Pimpleus, voisin de l'Olympe. *Horace.*

PIN. *Voyez* ATYS, BACCHANTES, CYBÈLE.

PINARIUS & POTITIUS, étoient deux vieillards à qui Hercule enseigna comme il vouloit qu'on lui sacrifiât.

PINDE, montagne de Thessalie consacrée aux Muses, entre la Thessalie & l'Epire.

PION, un des descendans d'Hercule, bâtit dans

la Mysie la ville de Pionie, où on lui faisoit des sacrifices comme à un dieu.

PIRENE. *Voyez* CENCHRIAS.

PIRENÉE. *Voyez* PYRENÉE.

PIRITHOUS, fils d'Ixion. Ayant oui dire une infinité de merveilles de Thésée, il lui déroba un troupeau, pour l'obliger à le poursuivre; ce que Thésée ne manqua pas de faire. Ils conçurent dans le combat tant d'estime l'un pour l'autre, qu'ils jurerent de ne se plus quitter. Pirithoüs secourut Thésée contre les Centaures, qui vouloient lui enlever Hippodamie, & l'aida encore à enlever Héléne. Il descendit aux enfers pour ravir Proserpine, mais il fut dévoré par le chien Cerbere; & Thésée qui l'avoit suivi afin de l'aider, fut enchaîné par l'ordre de Pluton, jusqu'à ce qu'Hercule vint le délivrer.

PIROÏS, est le nom d'un des quatre chevaux du Soleil.

PIRRENE. *Voyez* BELLÉROPHON.

PIRRHA. *Voyez* DEUCALION.

PIRRHUS. *Voyez* PYRRHUS.

PISÆUS, surnom de Jupiter Olympien, parce que c'étoit proche de la ville de Pysa dans l'Elide, qu'on célébroit en son honneur les Jeux Olympiques.

PISENOR. *Voyez* CAUMAS.

PISINOÉ, une des Sirénes.

PISTIUS, surnom de Jupiter.

PISTOR, c'est-à-dire, *Boulanger*. Jupiter fut ainsi surnommé, parce qu'ayant averti en songe les Romains assiégés dans le Capitole par les Gaulois, de faire des pains de ce qu'il leur restoit de farine, & de les jetter dans le camp des ennemis, cela fit perdre à ceux-ci l'espérance de prendre la place par la famine, & les détermina à lever le siége.

PITHECUSE, isle de la mer Méditerranée, la même qu'Inarime, où aborda la flotte d'Enée allant en Italie, d'où elle fut aussi appellée *Ænaria*. Pithécuse vient d'un mot grec qui signifie *Singe*, parce que, dit Ovide, Jupiter changea en singes les Cercopes, peuples de cette isle, méchans & parjures.

PITHO ou SUADA, déesse de la persuasion. C'étoit aussi le nom d'une des Atlantides, & un surnom de Diane.

PITHŒGIE, fête grecque qui faisoit partie des Anthestéries.

PITTHÉE, ayeul maternel de Thésée, regna à Trezène. Ce fut lui qui enseigna la rhétorique & les sciences à Hippolyte, fils de Thésée.

PITTHIS, c'est-à-dire, *fille de Pitthée*. C'est Ethra.

PITHYS, nymphe qui fut aimée en même-tems de Pan & de Borée. Celui-ci indigné de ce qu'elle avoit donné la préférence à son rival, l'enleva dans un tourbillon & la jetta sur des rochers, où elle expira. La Terre touchée de compassion pour le sort de cette nymphe, la métamorphosa en pin.

PIVERT. *Voyez* PICUS.

PLANTES. *Voyez* CISSUS, CROCUS, MENTE, ARCHÉMORE. Les Egyptiens regardoient la plupart des plantes comme des divinités.

PLATÉE, ville de Béotie, célèbre par le temple de Jupiter-*Liberator*.

PLEÏADES, filles de Pleione & d'Atlas, lesquelles furent métamorphosées en étoiles, & placées sur la poitrine du Taureau, l'un des douze signes du Zodiaque, parce que leur pere avoit voulu lire dans le ciel, pour découvrir les secrets des dieux. Elles étoient sept; savoir, Alcyoné, Céleno, Electre, Maïa, Astérope, Mérope & Taygeté.

PLEIAS, c'est-à-dire, *la Pleïade*. Quand les poëtes employent ce mot au singulier, il faut l'entendre de Maïa la plus brillante des Pleïades.

PLEIONE, femme d'Atlas.

PLESTORUS, dieu adoré dans la Thrace.

PLEURON, fils d'Ætolus, frere de Calydon & pere d'Agénor.

PLEXAURE, nymphe, fille de l'Océan & de Téthys.

PLEXIPPE, un des freres d'Althée. *Voyez* MÉLÉAGRE.

C'étoit aussi le nom d'un fils d'Egyptus, qui fut tué par sa femme, une des Danaïdes.

PLISTHENÉ, fils de Pélops. En mourant, il recommanda ses deux fils Agamemnon & Ménélas, à son frere Atrée qui les éleva comme ses propres enfans. C'est de-là que ces deux princes furent appellés Atrides.

PLONGEON. *Voyez* EGYPIUS.

PLUIE D'OR. *Voyez* ACRISE ou DANAÉ.

PLUTON, dieu des enfers, fils de Saturne & de Rhée. Comme il régnoit sur les morts, la nature de cet empire inspiroit une si grande aversion pour lui, qu'il ne pouvoit trouver de femme ; ce qui le détermina à enlever Proserpine, lorsqu'elle alloit puiser de l'eau dans la fontaine d'Aréthuse en Sicile. On le représente avec une couronne d'ébène sur la tête, des clefs dans sa main, & sur un char traîné par des chevaux noirs. *V.* JUPITER.

PLUTUS, dieu des richesses, ministre de Pluton, & fils de Cérès & de Jasion. Théocrite & Aristophane disent qu'il étoit aveugle. Suivant ce dernier, Plutus au commencement avoit la vue bonne, & ne s'attachoit qu'aux justes ; mais Jupiter lui ayant fait perdre la vue, les richesses devinrent indifféremment le partage des bons & des méchans. On a dit de Plutus qu'il étoit aveugle & très-agile pour aller chez les méchans ; mais qu'il étoit boiteux pour aller chez les hommes vertueux. *Voyez* MAMMON.

PLUVIALIS, PLUVIUS ou HYETIUS, noms qu'on donnoit à Jupiter lorsqu'on lui faisoit des sacrifices pour avoir de la pluie.

PLYNTERIES, fêtes qu'on célébroit à Athènes en l'honneur de Minerve.

PO. *Voyez* ERIDAN.

PODAGRA, surnom de Diane.

PODALIRE, fils d'Esculape. Ce fut un habile médecin aussi-bien que son frere Machaon. Ils allerent l'un & l'autre au siége de Troie.

PODARCES, surnom de Priam, fils de Laomédon. *Voyez* PRIAM.

Il y eut un autre Podarcès qui commandoit dix vaisseaux dans la guerre contre les Troyens.

PODARGE. C'étoit le nom d'une Harpie, ou plutôt d'une jument, mere de Xanthus & de Balius, chevaux d'Achille. Un des chevaux d'Hector se nommoit aussi Podargus.

PŒAN ou PÆAN, pere de Philoctete.

PŒANTIADES, PŒANTIUS ou PŒAS. C'est Philoctete, fils de Pœan.

PŒMENIS, comme qui diroit, *Bergere* : nom d'une chienne d'Actéon.

PŒNA, déesse de la punition, adorée en Afrique & en Italie. C'étoit aussi le nom d'un monstre, qu'Apollon irrité envoya contre les Argiens, & qui venoit prendre les enfans jusques dans les bras de leurs meres pour les dévorer. Il fut tué par un Grec nommé Corœbus, à qui on rendit des honneurs divins. *Voyez* PSAMATHÉ.

POIDS. *Voyez* PALAMÈDE.

POIGNARD. *Voyez* MELPOMÈNE, CALLIRHOÉ, DISCORDE, DIDON.

POISSONS, l'un des douze signes du Zodiaque. Ce sont ceux qui porterent Vénus & Cupidon au-delà de l'Euphrate, lorsqu'elle fuyoit les poursuites du géant Typhon ou Typhoé. D'autres prétendent que ce furent les Dauphins qui menerent Amphitrite à Neptune, & que par reconnoissance celui-ci obtint de Jupiter une place pour eux dans le Zodiaque.

POLEMOCRATE, fils de Machaon, fameux médecin comme son pere, fut révéré comme un dieu.

POLIAS, c'est-à-dire, *de la ville*, ou *adorée dans la ville*, surnom de Minerve.

POLIÉES, fêtes qu'on célébroit à Thèbes en l'honneur d'Apollon-*Polius*.

POLIEUS, c'est-à-dire, *protecteur de la ville*, surnom de Jupiter à Athènes.

POLISSO, la même que Polyxo.

POLITÈS, fils de Priam. Pyrrhus le tua aux yeux de son pere.

POLIUCHOS, c'est-à-dire, *qui garde la ville*, surnom que les Lacédémoniens donnoient à Minerve. On trouve aussi Jupiter-*Poliuchus*.

Polius, c'est-à-dire, *qui a les cheveux blancs*, surnom d'Apollon.

Polixo. *Voyez* Polyxo.

Pollentia, déesse de la puissance, adorée par les Romains.

Pollux. *Voyez* Castor.

Polybe, roi de Corinthe, ayant consulté l'oracle, apprit que ses deux filles seroient emportées par un lion & par un sanglier. Dans la suite Polynice, couvert d'une peau de lion, vint lui demander du secours contre Etéocle son frere ; & Tydée, sous la peau d'un sanglier, vint se refugier chez lui, après le fratricide qu'il avoit commis en la personne de Ménalippe. Polybe donna ses deux filles en mariage à ces deux princes, dont l'habillement le fit souvenir de l'oracle. Il leur demanda pourquoi ils s'habilloient de la sorte ; ils lui répondirent, que descendant, l'un d'Hercule vainqueur des lions, & l'autre de Méléagre vainqueur du sanglier de Calydon, ils portoient sur eux les glorieuses marques des actions de leurs ancêtres.

Il y eut un autre Polybe, avant ou peut-être le même que le précédent, aussi roi de Corinthe, qui adopta Œdipe. *V.* Œdipe.

C'étoit aussi le nom d'un des poursuivans de Pénélope.

Polybée, déesse qu'on croit être la même que Cérès. C'est aussi un surnom de Proserpine.

Polybotès, un des géans qui voulurent escalader le ciel. Neptune le voyant fuir au travers des flots de la mer, l'écrasa sous la moitié d'une isle qu'il jetta sur lui.

Polycaon, fils de Lelex, fut révéré comme un dieu par les Messéniens.

Polycaste, fille de Nestor.

Polydamas, fameux athlète qui étrangla un lion sur le mont Olympe. Il soulevoit avec sa main le taureau le plus furieux, & arrêtoit un char à la

P v

course, traîné par les plus forts chevaux; mais se fiant trop sur sa force, il fut écrasé sous un rocher qu'il s'étoit vanté de pouvoir soutenir.

Il y eut encore un Troyen de ce nom, qu'on soupçonna aussi-bien qu'Anténor, d'avoir livré Troie aux Grecs. *Hom. Perf.*

POLYDE, fameux devin, selon les uns; & médecin, selon les autres: il ressuscita Glaucus, fils de Minos. Il ne faut pas s'étonner de ce que plusieurs le confondent avec Esculape; car dès qu'un médecin se distinguoit dans sa profession, on le comparoit à Esculape, & souvent ce nom lui restoit. *Apoll.*

POLYDECTE, petit-fils de Neptune, roi de l'isle de Seriphe, une des Cyclades. Il reçut chez lui Danaé, qu'on avoit exposée sur la mer, & fit élever Persée, fils de Jupiter & de cette princesse. Persée étant devenu grand, devint suspect à Polydecte qui, pour l'éloigner de lui, l'engagea par l'appas de la gloire à aller combattre la Gorgone Méduse, espérant qu'il y périroit; mais Persée en étant revenu contre son attente, il le pétrifia en lui montrant la tête de la Gorgone.

POLYDORA, nymphe, fille de l'Océan & de Téthys.

Ce fut aussi le nom d'une Amazone, & celui d'une fille de Pelée.

POLYDORE, fils de Priam & d'Hécube. Il fut confié à Polymnestor, qui le massacra après la prise de Troie, pour s'emparer de ses richesses. Priam avoit un autre fils nommé aussi Polydore, qui fut tué par Achille.

Il y eut encore deux princes de ce nom; un, fils de Cadmus; & l'autre, fils d'Hippomédon.

POLYGIUS, surnom de Mercure.

POLYGONE, fils de Protée. Son frere Télégone & lui furent tués par Hercule qu'ils avoient osé provoquer à la lutte.

POLYHYMNIE. *Voyez* POLYMNIE.

POLYMESTOR ou POLYMNESTOR, roi de Thrace, le plus avare & le plus cruel de tous les hommes.

Hécube lui fit crever les yeux pour avoir tué Polydore.

Polymnie, Polymnéie ou Polyhymnie, l'une des neuf Muses. Elle présidoit à la rhétorique. On la représente ordinairement avec une couronne de perles, habillée en blanc, toujours la main droite en action pour haranguer, & tenant un sceptre dans sa gauche.

Polymus, Grec qui montra à Bacchus le chemin des enfers, lorsqu'il y descendit pour en tirer Sémélé.

Polynice, fils d'Œdipe & de Jocaste. *Voyez* Etéocle.

Polypémon. C'est le même que Procruste.

Polyphagus, c'est-à-dire, *grand mangeur*, surnom d'Hercule. *Voyez Addephagus*.

Polyphème, fils de Neptune & de Thoosa. C'étoit un Cyclope d'une grandeur démesurée, qui n'avoit qu'un œil au milieu du front. Ulysse ayant été jetté par la tempête sur les côtes de la Sicile où habitoient les Cyclopes, Polyphème le força lui & les Grecs qui l'accompagnoient, d'entrer dans l'antre où étoient ses moutons, & s'y enferma avec eux pour les dévorer : mais Ulysse le fit tant boire en l'amusant par le récit du siége de Troie, qu'il l'enivra : ensuite aidé de ceux de sa suite, il lui creva l'œil avec un pieu. Le Cyclope se sentant blessé, poussa des hurlemens effroyables : tous ses voisins accoururent pour savoir ce qui lui étoit arrivé ; & lorsqu'ils lui demandoient le nom de celui qui l'avoit blessé, il leur répondit que c'étoit Personne : (car Ulysse lui avoit dit qu'il s'appelloit ainsi,) alors ils s'en retournerent, croyant qu'il avoit perdu l'esprit. Cependant Ulysse ordonna à tous ses soldats de s'attacher sous les moutons, pour n'être point arrêtés par le géant lorsqu'il feroit sortir son troupeau. Ce qu'il prévit, arriva, car Polyphème ayant ôté une pierre que cent hommes n'auroient pu ébranler, & qui fermoit l'entrée de la caverne, il se plaça de façon que les moutons ne pouvoient passer qu'un à un entre ses jambes : &

lorsqu'il entendit Ulysse & tous les autres dehors, il les poursuivit, & leur jetta à tout hazard un rocher d'une grosseur énorme ; mais ils l'éviterent aisément, s'embarquerent, & ne perdirent que quatre d'entr'eux, que le géant avoit mangés. Polyphème aima Galathée, & écrasa Acis que cette nymphe lui avoit préféré. Dans le Recueil des *Peintures anciennes d'Herculanum*, on voit *Planche X* Polyphème représenté avec trois yeux. C'est, dit-on, que le peintre avoit lu des livres que nous n'avons plus : aussi Servius atteste que plusieurs ne donnoient qu'un œil à Polyphème, quelques-uns deux, d'autres trois.

POLYPHONTE, tyran de la Messénie, fut tué par Téléphon, fils de Chresphonte & de Mérope, qui avoit échappé à sa fureur, lorsqu'en usurpant le trône, il massacra tous les princes de la famille royale.

POLYPŒTÈS, fils de Pirithoüs & d'Hippodamie.

POLYTECHNUS, gendre de Pandarée. *Voyez* AÉDON.

POLYXENE, fille de Priam & d'Hécube. Lorsqu'on étoit assemblé dans le temple, pour la cérémonie de son mariage avec Achille, Pâris tua ce prince. Après la ruine de Troie, Pyrrhus immola cette princesse sur le tombeau de son pere.

Une fille de Danaüs se nommoit aussi Polyxène.

POLYXENUS, un des chefs des Grecs au siége de Troie.

POLYXO, prêtresse d'Apollon. Elle excita les femmes de Lemnos à massacrer leurs maris, parce qu'ils avoient amené avec eux des femmes de la Thrace.

Il y eut une autre Polyxo femme de Tlépolème, qui fit pendre Héléne, parce qu'elle avoit été cause de la guerre de Troie, où son mari avoit été tué.

POMPÉENS & APOPOMPÉENS, dieux qu'on invoquoit pour être préservé des maux qu'on craignoit. *Voyez* AVERRUNCUS.

POMMES. *Voyez* DISCORDE ou TÉTHIS, ATALANTE, HESPERIDES. *De pin*, voyez BACCHUS, BACCHANTES.

POMONE, déesse des fruits & des jardins. Vertumne l'aima. *Voyez* VERTUMNE.

POMPILUS, pêcheur de l'isle d'Icarie, fut métamorphosé en une espece de poisson qui ressemble au thon, & que les matelots avoient en grande vénération.

PONTIA, c'est-à-dire, *marine*, surnom de Vénus.

PONTUS, fils de Neptune, qui donna son nom à la mer noire, dite Pont-Euxin, & à une grande contrée de l'Asie mineure.

POPES. On nommoit ainsi à Rome ceux des ministres de la religion qui étoient chargés de tout ce qui concernoit l'immolation des victimes.

POPULONIE, déesse qu'on adoroit à Rome pour être préservé des ravages des ennemis. *Sen.*

Sous ce nom on adoroit aussi Junon, comme déesse de la fécondité.

POREVITH, divinité monstrueuse des Germains.

PORPHYRION, fameux géant, frere d'Alcion.

PORRIMA, sœur ou compagne de Carmente mere d'Evandre.

PORTHAON, pere d'Œnée.

PORTUMNE ou PORTUNUS, fils d'Ino & dieu de la mer. Il présidoit aux ports. Les Grecs adoroient la même divinité sous le nom de Palémon. C'étoit particuliérement en son honneur que se célébroient les Jeux Isthmiques qui, pour cette raison, étoient aussi nommés *Portunalia*.

PORUS, dieu de l'abondance, épousa Pénie ou la Pauvreté, de laquelle il eut Cupidon.

POSEIDAON ou POSEIDON. C'est ainsi que les Grecs appelloient Neptune.

POSTVERTA, divinité qui présidoit aux accouchemens laborieux.

POSTVORSA ou POSTVORTA, déesse qui présidoit aux événemens futurs. Quelques-uns la confondent avec Postverta.

POTAMIDES, nymphes des fleuves & des rivieres.

POTICA, POTINA ou POTA. *Voyez* EDUCA.

POTITIUS. *Voyez* PINARIUS.

POTNIADES, Glaucus roi de Potnia. Les poëtes donnent aussi le nom de *Potniades* aux cavales de ce Glaucus. *Voyez* GLAUCUS, fils de Sisyphe.

POULETS. Quand on déliberoit sur quelqu'affaire importante, on consultoit des poulets, qu'on nommoit sacrés, & on se déterminoit selon la maniere dont on les voyoit manger.

PRÆDATOR, c'est-à-dire, *qui enleve les dépouilles*, surnom de Jupiter, parce qu'on lui consacroit une partie du butin qu'on faisoit sur les ennemis.

PRÆNESTINA dea. La fortune, ainsi appellée, parce qu'elle avoit un temple célèbre à Preneste.

PRÆPES deus, *le dieu au vol rapide* : c'est Cupidon. *Præpes Jovis*. C'est l'aigle de Jupiter. *Præpes Meduseus* ; le cheval Pégase.

PRAXIDICE, déesse qui présidoit au bon succès des discours & des entreprises. Il y avoit ceci de particulier au simulacre de cette divinité, que ce n'étoit qu'une tête de femme qu'on mettoit dans les lieux qui lui étoient consacrés.

On donna aussi le nom de Praxidices aux filles d'Ogygès ; savoir, Alalcoménie, Telxinie & Aulis, auxquelles on bâtit un temple, & par lesquelles on juroit. On regardoit les Praxidices commes des divinités vengeresses ; c'est ce que signifie leur nom.

PRAXIS, c'est-à-dire, *action*, surnom de Vénus.

PRECIDANÉES, victimes qu'on immoloit la veille des grandes solemnités.

PRÉMA, une des déesses qui présidoient au mariage.

PRÉROSIES. *Voyez* PROAROSIES.

PRÉTIDES ou PRŒTIDES, filles de Prœtus, lesquelles prétendoient être plus belles que Junon : mais cette déesse leur inspira une telle frénésie, qu'elles errerent dans les campagnes, s'imaginant être vaches. Elles se nommoient Lysippe, Iphianasse & Iphinoé. *Voyez* CASSIOPE.

PRÉTUS. *Voyez* PRŒTUS.

PRÉUGENE, jeune Lacédémonien qui enleva la statue de Diane-*Limnatis*, & la transféra avec son culte de Sparte, à Mifoa autre ville de la Laconie.

PREUX, c'est-à-dire, *vaillant*. On appelloit ainsi les princes qui entreprirent deux fois le siége de Thèbes, à la tête desquels étoit Adraste roi d'Argos. *Voyez* ADRASTE.

PRIAM, roi de Troie, fils de Laomédon : son véritable nom étoit Podarcès. Il fut emmené en Grèce avec sa sœur Hésione, lorsqu'Hercule se fut rendu maître de Troie : mais il se racheta, & vint relever les murs de cette ville. Il épousa Hécube, dont il eut plusieurs fils & plusieurs filles, & rendit son empire florissant. Pâris l'un de ses enfans, ayant enlevé Héléne, les Grecs vinrent assiéger cette ville, & la saccagerent après dix ans de siége. Pyrrhus massacra Priam au pied d'un autel qu'il tenoit embrassé. Ce malheureux pere se vit périr avec toute sa famille, pour avoir trop aimé ses enfans, & pour les avoir écoutés trop aveuglément. *Hom. Virg. Ovid.*

PRIAMEIA virgo, Polyxene ou Cassandre, filles de Priam.

PRIAMEIS, Cassandre, fille de Priam. *Ovid.*

PRIAMIDES, Hélénus, fils de Priam. *Virg.*

PRIAPE, dieu des jardins, fils de Bacchus & de Vénus. Il nâquit avec une difformité étrange ; ce qui arriva par un enchantement de Junon, pour se venger de Vénus qu'elle haïssoit mortellement. Les habitans de Lampsaque, ville proche de l'Hellespont, où il demeuroit, peu contens de sa conduite envers leurs femmes, le chasserent, & pour se venger, il les rendit furieux & extravagans dans leurs plaisirs. Ce dieu présidoit à toutes les débauches. On le représentoit toujours avec une barbe & une chevelure fort négligées, tenant une faucille à la main. *Voyez* PHALLUS.

PRIAPÉES, fêtes en l'honneur de Priape.

PRIERES. *Voyez* LITES.

PRIMNO, nymphe ; fille de l'Océan & de Téthys.

PRINCEPS *dearum*, *la premiere des déesses*; c'est Junon.

PRINTEMS, divinité poétique, représentée sous

la figure de la déesse Flore ou de Vertumne.

PRIOLAS, petit-fils de Tantale, fut tué par Amycus.

PRION, prince des Gétes, fut tué par Jason.

PROACTURIES. *Voyez* PROAROSIES.

PROAO, dieu qu'on adoroit dans les Germànies.

PROAROSIES, ou plutôt PROÉROSIES & PRÉROSIES, fêtes qu'on célébroit en l'honneur de Cérès avant qu'on ensemençât les terres. Le peuple appelloit ces fêtes Proacturies.

PROCLUS, roi d'Argos. *Voyez* BELLÉROPHON. Quelques-uns le confondent avec Prœtus. *Voyez* PRŒTUS.

PROCRIS. *Voyez* CÉPHALE.

PROCRUSTE ou PROCUSTE, fameux voleur avec qui Thésée se mesura, & qu'il tua.

PROCYON. Les Grecs nomment ainsi la Canicule.

PRODIGIALIS. On nommoit ainsi Jupiter quand on lui faisoit des sacrifices pour détourner les malheurs dont on se croyoit menacé par des prodiges qui étoient regardés comme des marques de la colere des dieux.

PRODOMÉENS ou PRODOMÉES, dieux qu'on invoquoit quand on posoit les fondemens d'un édifice.

PRODOMIE, surnom de Junon.

PROÉROSIES, les mêmes que les Proarosies.

PRŒTIDES. *Voyez* PRÉTIDES.

PRŒTUS ou PRÉTUS, fils d'Abas roi d'Argos. On croit que c'est le même que Proclus. *Voyez* BELLÉROPHON. Il fut presque toujours en guerre avec son frere Acrise; ces deux freres se haïssoient mortellement dès le ventre de leur mere. Il eut plusieurs filles, appellées Prétides, & fut pétrifié à l'aspect de la tête de Méduse que Persée lui montra.

PROFERA, déesse dont on ne sait que le nom.

PROFUNDA JUNO. Quelquefois les poëtes nomment ainsi Proserpine.

PROFUNDUS JUPITER. C'est Pluton.

PROGNÉ ou PROCNÉ. *Voyez* PHILOMÈLE.

PROLOGIES, fêtes qu'on célébroit quand on devoit cueillir les fruits.

PROMACSUS, c'est-à-dire, *Défenseur*, surnom d'Hercule & de Mercure.

PROMÉTHÉE, fils de Japet & de Clymène. Ce fut lui qui forma les premiers hommes de terre & d'eau; il monta au ciel avec le secours de Pallas, & y déroba du feu pour les animer. Jupiter irrité de ce vol, commanda à Mercure de l'attacher sur le mont Caucase, où un aigle mangeoit son foie à mesure qu'il renaissoit. Ce supplice dura jusqu'à ce qu'Hercule vint l'en délivrer. *Hésiod. Ovid. Horace.*

PROMETHIDES, Deucalion, fils de Prométhée.

PRONOÉ, nymphe, fille de Nérée & de Doris.

PRONUBA. Sous ce nom on adoroit Junon, comme la déesse tutélaire du mariage.

PROPÉTIDES, filles d'Amathonte, qui soutenoient que Vénus n'étoit pas déesse. Pour les punir, elle leur fit perdre toute honte & toute pudeur, jusqu'à ce qu'elles périrent, & furent changées en rochers.

PROPYLÆA, surnom de Diane.

PRORSA ou PROSA. *Voyez* PROSE.

PROSCLYSTIUS, surnom de Neptune.

PROSE, divinité du paganisme assez inconnue. On dit qu'elle présidoit aux accouchemens heureux. *Prorsa* ou *Prosa*, mot latin fort ancien, signifie *droit*, de-là vient Prose, en latin *recta oratio*, discours uni : c'est le contraire de la poësie, qu'on appelle en latin *versa oratio*, discours tourné, & de-là vient le mot de Vers.

PROSERPINE, fille de Jupiter & de Cérès. Lorsqu'elle cueilloit des fleurs dans les campagnes de la Sicile, Pluton l'enleva malgré les vives oppositions de Cyanè. Cérès sa mere alla la chercher par tout le monde : elle descendit aux enfers, & l'y trouva : mais comme elle s'étoit déja fort attachée à Pluton, elle n'en voulut pas sortir. *Voyez* CÉRÈS. On la représente ordinairement à côté de Pluton sur un char traîné par des chevaux noirs. *Ovid. Claud.*

PROSTROPÉENS ou PROSTROSPÉES, Génies malfaisans, révérés par les Grecs.

PROSYMNA. Junon est ainsi appellée du nom d'une des nymphes qui prirent soin de son enfance. C'étoit aussi un surnom de Cérès.

PROSYMNUS ou PROSUMNUS. C'est le même que Polymus.

PROTÉE, fils de l'Océan & de Téthys. Il avoit reçu en naissant la connoissance de l'avenir, sur lequel il ne s'expliquoit que quand on l'y forçoit. Il avoit aussi le pouvoir de changer de corps, & de prendre toutes les figures qu'il vouloit. Il parut en spectre devant Tmolus & Télégone ses enfans, géans d'une cruauté inouie, & les épouvanta si fort, qu'ils renoncerent à leur barbarie. *Virg. Georg. liv.* 4.

PROTELIE, sacrifice qu'on faisoit à Diane & à Junon-*Pronuba* avant la célébration du mariage. On y invoquoit aussi Vénus & les Graces.

PROTÉSILAS, fils d'Iphiclus, roi d'une partie de l'Epire. Il avoit épousé Laodamie, dont il fut si passionnément aimé, qu'elle fit faire sa statue de cire après sa mort, & la couchoit dans son lit. L'Oracle lui avoit prédit qu'il mourroit à Troie : il y mourut en effet, ayant voulu y aller malgré cette prédiction.

PROTHÉE ou PROTHOUS, un des capitaines Grecs qui allerent au siége de Troie.

PROTHENOR, un des cinq chefs des Béotiens qui étoient au siége de Troie.

PROTO, une des Néréides.

PROTOGENIE, fille de Deucalion & de Pyrrha ; d'autres disent sœur de Pandore. On conte que Jupiter eut d'elle Ethlius qu'il plaça dans le ciel, d'où ce demi-dieu ayant manqué de respect à Junon, fut précipité dans les enfers.

PROTOMEDÉE, nymphe, fille de Nérée & de Doris.

PROTRYGÉES, fêtes qu'on célébroit avant les vendanges en l'honneur de Bacchus & de Neptune.

PROVIDENCE. Elle avoit un temple dans l'isle de Délos. On la trouve représentée sous la figure d'une femme âgée & vénérable, tenant une corne d'abondance d'une main, & les yeux fixés sur un globe vers lequel elle étend une baguette qu'elle tient de l'autre main. Les Romains en avoient aussi fait une divinité à laquelle ils donnoient pour compagnes les déesses Antevorta & Postvorta.

PRUDENCE, divinité allégorique qu'on représente avec un miroir entouré d'un serpent.

PRYTANITIDES. On nommoit ainsi dans la Grèce, les veuves qui étoient chargées du soin de garder le feu sacré de Vesta.

PSALACHANTE, nymphe qui se tua du désespoir qu'elle eut de se voir méprisée de Bacchus.

PSAMATHÉ, fille de Crotopus roi d'Argos, ayant épousé secrétement Apollon, en eut un fils qu'elle nomma Linus, & qu'elle cacha dans un bois où il fut dévoré par des chiens. Apollon irrité de la mort de l'enfant, envoya contre les Argiens le monstre Pœna, qui leur causa bien des alarmes. Psamathé fut révérée comme une déesse. *Voyez* PŒNA.

Une des Néréides se nommoit aussi Psamathé.

PSAPHON, Lybien qui voulant se faire reconnoître comme dieu, amassa un grand nombre d'oiseaux, à qui il apprit à répéter ces mots : *Psaphon est un grand dieu*. Quand il les crut assez instruits, il les lâcha sur des montagnes, qu'ils firent retentir de ces mêmes mots ; ce qui ayant frappé les habitans de la Libye, ils regarderent Psaphon comme un dieu, & lui décernerent des honneurs divins.

PSILA, surnom de Bacchus, d'un mot grec qui signifie *ailé*, parce que le vin rend agiles ceux qui en boivent avec modération.

PSITYROS, c'est-à-dire, *qui parle beaucoup*, surnom de Vénus & de Cupidon.

PSOPHIS, fils de Lycaon, bâtit dans l'Arcadie une ville à laquelle il donna son nom.

PSYCHÉ. C'est un mot grec qui signifie *ame*. Les payens en avoient fait une divinité, dont on a raconté bien des fables. Cupidon l'aima & la fit transporter par Zéphyre dans un lieu de délices, où elle demeura long-tems avec lui sans le connoître. Enfin s'étant fait connoître, après avoir été long-tems sollicité pour dire qui il étoit, il disparut. Vénus jalouse de ce qu'elle avoit réduit son fils, la persécuta tant, qu'elle la fit mourir. Jupiter lui rendit la vie, & lui donna l'immortalité en faveur de Cupidon. On la représente avec des aîles de papillon aux épaules. *Apul. Fulg.*

PTERELAS, fils de Neptune, & roi des Taphiens. Ce nom qui signifie *ailé*, étoit aussi celui d'un chien d'Actéon.

PTOUS, fils d'Athamas & de Thémistho. C'étoit aussi une montagne de la Béotie, où il y avoit un oracle d'Apollon.

PUDEUR. Les Grecs en avoient fait une divinité. *Voyez* ICARIUS.

PUDICITÉ, divinité Romaine. Il y avoit la Patricienne & la Plébéienne.

PUGILAT. C'étoit une sorte d'exercice dans lequel deux hommes se battoient à coups de poings. Souvent les antagonistes s'armoient de cestes, qui étoient des gantelets de fer, ou garnis de fer; & alors l'exercice étoit cruel & dangereux. L'un des deux y laissoit ordinairement la vie. *Enéid. l. 5.*

PULLAIRE. On nommoit ainsi celui qui avoit soin des poulets sacrés. *Voyez* POULETS.

PULVINAIRES. C'est la même chose que les Lectisternes. *Voyez* LECTISTERNES.

PURS, *Puri dii*. On nommoit ainsi en Arcadie des dieux dont on ignoroit ou dont on cachoit les noms particuliers. On observoit religieusement les sermens qu'on faisoit par ces dieux Purs.

PUTA, déesse qu'on invoquoit pour la taille des arbres.

PUTEAL. On nommoit ainsi l'autel qu'on élevoit en plein air dans les endroits où le tonnerre étoit tombé, en l'honneur de Jupiter-*Fulgur*, de Cœlus, du Soleil & de la Lune. Ce mot a un autre sens qui n'a point de rapport à la Fable.

PYANESIES; fêtes qu'on célébroit à Athènes en

l'honneur d'Apollon, pour accomplir un vœu que fit Théfée lorfqu'il alla combattre le Minotaure.

PYGAS, reine des Pigmées, que Junon irritée de ce qu'elle ofoit fe comparer à elle, changea en grue.

PYGMÆA mater; Pygas reine des Pygmées.

PYGMALION. Voyez PIGMALION.

PYGMÉES, peuples de Lybie. Ils n'avoient qu'une coudée de hauteur; leur vie étoit de huit ans; les femmes engendroient à cinq, & cachoient leurs enfans dans des trous, de peur que les grues avec lefquelles cette nation étoit toujours en guerre, ne vinffent les enlever. Ils oferent attaquer Hercule, qui avoit tué leur roi, appellé Antée. Un jour l'ayant trouvé endormi dans un grand chemin, ils fortirent des fables de Lybie, & le couvrirent comme une fourmiliere, jufqu'à ce que s'étant éveillé, il les enferma dans fa peau de lion & les porta à Euryfthée.

PYLADE, fils de Strophius, célèbre par fon amitié pour Orefte. Voyez ORESTE.

PYLAGORE, furnom de Cérès.

PYLARTÈS, Troyen qui fut tué par Ajax.

PYLEMENE, général des Paphlagoniens, qui étant venu au fecours des Troyens, fut tué par Ménélas.

PYLEONS. Les Lacédémoniens nommoient ainfi les couronnes & les guirlandes dont ils ornoient la ftatue de Junon.

PYLIUS, furnom de Neftor, parce qu'il étoit roi d'une contrée de l'Achaïe, dont Pyle étoit la capitale.

PYRACMON, Cyclope, l'un des forgerons de Vulcain.

PYRAME, jeune Affyrien célèbre par fa paffion pour Thisbé. Comme fes parens & ceux de Thisbé qu'il aimoit, les gênoient extrêmement, ils fe donnerent un rendez vous pour partir enfemble, & fe retirer dans un pays éloigné. Thisbé arriva la premiere au rendez-vous; & ayant apperçu une lionne qui avoit la gueule toute enfanglantée, elle fe fauva, & laiffa tomber fon voile, que la lionne déchira & teignit de fon fang. Pyrame étant arrivé, ramaffa le voile, & croyant que Thisbé étoit dévorée, il se perça de son épée. Thisbé revint un moment après, trouva Pyrame expirant, & connoissant l'erreur, elle se perça aussi avec la même épée. Les fruits du meurier sous lequel cela se passa, devinrent noirs, de blancs qu'ils étoient. *Métam. l. 3. Hygin.*

PYRECHME, tyran de l'isle d'Éubée qui fut tué par Hercule.

PYRENE. *Voyez* PYRENÉES.

PYRENÉE, roi de Thrace. Ayant un jour enfermé chez lui les Muses qui s'y étoient arrêtées en retournant au Parnasse, & n'ayant pas voulu les laisser sortir, elles s'attacherent des ailes & s'envolerent. Pyrenée monta sur une haute tour, d'où il se jetta en l'air pour voler après elles: mais il tomba & se cassa la tête.

Pyrenée étoit aussi un surnom de la Vénus adorée dans les Gaules.

PYRENÉES, montagnes qui séparent les Gaules, c'est-à-dire, la France, de l'Espagne, ainsi appellées, dit-on, de Pyrene, fille de Pyrenée, laquelle après avoir écouté Hercule, fuyant la colere de son pere, y fut dévorée par les bêtes sauvages.

PYRETUS, monstre moitié homme & moitié cheval. *Ovid.*

PYRGO, gouvernante des enfans de Priam.

PYRISOUS, c'est-à-dire, *sauvé du feu*. Ce fut le premier nom d'Achille, parce qu'au cri que jetta son pere effrayé de le voir dans le feu où Thétis sa mere l'avoit mis, pour le purifier de ce qu'il avoit de mortel, il en fut retiré avec précipitation.

PYROCIS ou PYROÏS, le même que Piroüs.

PYROMANTIE, sorte de divination qui se faisoit par le moyen du feu.

PYRONIA, surnom de Diane.

PYROUS, un des chevaux du Soleil.

PYRPHLEGETHON. C'est le même que Phlégéthon.

PYRRHA. *Voyez* DEUCALION.

Ce fut sous le nom de Pyrrha qu'Achille déguisé

en fille, fut caché dans la cour de Lycomède, pour ne pas aller au siége de Troie. *Voyez* ACHILLE.

PYRRHUS, fils d'Achille & de Déidamie. Ce prince se distingua fort au siége de Troie par sa valeur & par ses cruautés. Il immola Polyxène sur le tombeau d'Achille, massacra Priam au pied d'un autel, emmena Andromaque avec Astyanax en Epire. Quelques-uns disent qu'il fit précipiter Astyanax du haut d'une tour, & qu'étant arrivé en Epire, il épousa Andromaque. Hermione sa femme, transportée de jalousie, communiqua ses chagrins à Oreste, dont elle étoit fort aimée, & promit de l'épouser s'il vouloit assassiner Pyrrhus. Oreste commit ce crime dans le temple même pendant une cérémonie.

PYTHAGORE, philosophe, auteur de l'extravagante opinion de la métempsycose. Pour l'accréditer, il assuroit qu'il avoit été au siége de Troie, sous le nom d'Euphorbe, qu'auparavant il avoit été Ethalide, fils de Mars, & que depuis le siége de Troie, il avoit été successivement Hermotime, Délius, &c.

PYTHIE. *Voyez* PYTHONISSE.

PYTHIONICE, surnom de Vénus.

PYTHIQUES ou PYTHIENS. *Voyez* JEUX.

PYTHIUS, nom qu'on donnoit à Apollon pour avoir tué le serpent Python, ou plutôt à cause du culte qu'on lui rendoit à *Pythos* ville de la Phocide.

PYTHIS. *Voyez* PITHYS.

PYTHON, serpent d'une grandeur prodigieuse que la terre engendra de son limon après le déluge de Deucalion. Junon l'envoya contre Latone, l'une des concubines de Jupiter. Celle-ci, pour l'éviter, fut contrainte de se jetter dans la mer, où Neptune fit paroître l'isle de Délos, qui servit de retraite à cette fugitive. Apollon tua ce serpent dans la suite à coups de fléches, en mémoire de quoi il institua les jeux Pythiens. Il mit la peau de ce monstre sur le trépied, où lui, ses prêtres & ses prêtresses s'asseyoient pour rendre ses oracles. *Métam. Nat. Com.*

On appelloit aussi Pythons des Génies dont on

croyoit qu'ils entroient dans les corps des hommes, & sur-tout des femmes, pour leur découvrir ce qui devoit arriver.

PYTHONISSE ou PYTHIE. C'étoit la prêtresse qui rendoit des oracles à Delphes dans le temple d'Apollon. Elle se plaçoit sur un trépied couvert de la peau du serpent Python. Lorsqu'elle vouloit prédire l'avenir, elle entroit en fureur, parloit d'une voix grêle, basse & inarticulée, entroit dans des agitations horribles, & évoquoit quand elle vouloit les mânes des morts.

Q U I

QUADRATUS DEUS, c'est-à-dire, *le Dieu quarré*. C'est le dieu Terme, qu'on révéroit quelquefois sous la figure d'une pierre quarrée. On donnoit aussi ce nom à Mercure dans le même sens que celui de *Quadriceps*.

QUADRICEPS, c'est-à-dire, *qui a quatre têtes*. On donnoit ce surnom à Mercure, comme au dieu de la fourberie & de la duplicité, & à Janus par la même raison que celui de *Quadrifrons*.

QUADRIFRONS ou QUADRIFORMIS, c'est-à-dire, *qui a quatre visages*. On appelloit ainsi Janus, qu'on représentoit souvent sous cet emblême, pour marquer que son empire s'étendoit sur toutes les parties du monde.

QUENOUILLE. *Voyez* PARQUES, OMPHALE ou HERCULE.

QUERQUETULANES, nymphes qui présidoient à la conservation des chênes. On les appelloit ainsi du mot latin *quercus* qui signifie *chêne*. Elles avoient aussi le nom de Dryades & d'Hamadryades.

QUIES, déesse du repos & de la tranquillité. Les prêtres chargés du soin de son culte, étoient nommés les Silentieux.

QUIÉTALE. On appelloit ainsi Pluton, du mot latin

latin *quies*, qui signifie *repos*, parce qu'on croyoit qu'il regnoit sur les morts.

QUINCTILIENS. *Voyez* LUPERCES.

QUINQUATRIE ou QUINQUATRUS, fête en l'honneur de Minerve, la même que les Grecs appelloient Panathénée. *Varron. A. Gel. Ovid. &c*

QUIRINAL, petit mont ou colline dans l'enceinte de Rome. On l'appelloit Quirinal, de Quirinus, surnom de Romulus qui y avoit un temple.

QUIRINALES, fêtes que les Romains célébroient en l'honneur de Romulus, surnommé Quirinus.

QUIRINUS, surnom de Romulus. *V.* HERSILIE.

C'étoit aussi un surnom de Mars. *Voyez* GRADIVUS.

QUIRIS ou QUIRITIA. Les dames Romaines qui s'étoient mises sous la protection de Junon, l'adoroient sous ce nom.

R E C

RABDOMANTIE, c'est-à-dire, *Divination par la baguette*. Elle se faisoit en jettant plusieurs petites baguettes dans un vase, d'où ensuite on les retiroit, & l'on prétendoit que par la vertu de certaines paroles magiques, ces baguettes se trouvoient dans une disposition qui faisoit connoître ce qu'on vouloit savoir. On en attribue l'invention aux nymphes nourrices d'Apollon.

RAGE. *Voyez* LYSSA.

RAISINS. *Voyez* BACCHUS, BACCHANTES, POMONE, SILÉNE, STAPHYLUS.

RAME ou AVIRON. *Voyez* CARON, SATURNE.

RAMEAU D'OR. *Voyez* ÉNÉE.

RAPTA DIVA, c'est-à-dire, *la déesse enlevée*. C'est Proserpine.

RASOIR. *Voyez* OCCASION.

RATS. *Voyez* CRINIS.

RECARANUS ou CARANUS, surnom d'Hercule.

REDARATOR, un des dieux qui préfidoient au labourage.

REDICULUS, dieu en l'honneur de qui on bâtit un *fanum* dans l'endroit d'où Annibal, lorfqu'il approchoit de Rome pour en faire le fiége, frappé tout d'un coup d'une terreur panique, retourna fur fes pas pour s'éloigner de cette ville ; ce qui la fauva. Le nom de ce dieu eft pris du mot *redire, retourner*. Il y en a qui croient que *rediculus* n'eft qu'un furnom du dieu Tutanus adoré dans le même endroit.

REGIFUGION ou FUGALIES, fête qu'on célébroit à Rome en mémoire de l'expulfion des Rois.

RÉGLE *à la main d'un homme*. Voyez SÉRAPIS.

REINE DES DIEUX. C'eft Junon.

REINE DES ASTRES, ou fimplement REINE, furnom de Junon ; mais plus ordinairement c'eft la Lune, fur-tout avec l'épithéte *bicornis*, qui marque fes croiffans.

REINE DU CIEL, une des divinités des Syriens. On croit que c'eft la Lune.

REMPHAN. C'eft le nom que les Syriens donnoient à Hercule. Quelques-uns croient que c'étoit une déeffe, la même que Vénus.

REMURIA. C'étoit la même fête que *Lemuria*. Voyez LEMURES.

REMUS, frere de Romulus. Voyez ROMULUS.

RENARD. Alcmène ayant promis d'époufer celui qui tueroit un renard qui défoloit les environs de Thèbes, Amphitryon entreprit de le faire ; & pour y réuffir, il emprunta de Céphale un chien nommé Lélaps qui n'avoit jamais manqué fa proie. Ce chien pourfuivant le renard, Jupiter les pétrifia l'un & l'autre. On les rapporta à Thèbes en cet état, où ils furent préfentés à Alcmène qui tint parole à Amphitryon & l'époufa.

RENOMMÉE, divinité poëtique meffagere de Jupiter. On dit qu'elle alloit nuit & jour, qu'elle fe plaçoit fur les plus hauts lieux pour publier toutes fortes de nouvelles, & qu'elle ne pouvoit fe taire.

Les poëtes la repréſentent ſous la figure d'un monſtre ailé d'une taille gigantefque & horrible, ayant autant d'yeux, d'oreilles, de bouches & de langues que de plumes ſur tout ſon corps. *Virg. Æn l. 4.*

RESPICIENTES DII, c'eſt-à-dire, *les dieux qui regardent.* On les adoroit comme les divinités propices, qui n'étoient occupées qu'à rendre les hommes heureux.

RHACIUS, Crétois qui épouſa Manto, fille de Tyréſias, de qui il eut Mopſus.

RHADAMANTHE, roi de Lycie, fils de Jupiter & d'Europe. Il rendit la juſtice avec tant de ſévérité & d'impartialité, qu'étant mort, on s'imagina qu'il avoit été nommé par le Sort pour être juge des Enfers avec Eaque & Minos.

RHAMNÈS, augure du camp de Turnus, fut tué par Niſus.

RHAMNUSIA *dea* ou *virgo*. C'eſt la Fortune, ou plutôt Néméſis, parce qu'elle étoit particulièrement révérée à Rhamnas, bourg de l'Attique.

RHAMNUSIE, déeſſe de l'indignation, la même que Néméſis.

RHAMNUSIS, la même que *Rhamnuſia dea*.

RHANIS, nymphe, l'une des compagnes de Diane.

RHAPSODOMANTIE, ſorte de divination qui ſe faiſoit ordinairement en ouvrant à l'aventure un livre de quelque poëte, ſur-tout d'Homère ou de Virgile, & en prenant pour réponſe le premier vers ſur lequel on tomboit. *Voyez* AGYRTES.

RHARIAS. Cérès fut ainſi ſurnommée, parce que ce fut dans un champ de Rharus pere de Céléus, qu'elle montra à celui-ci la maniere de ſemer & de recueillir le bled.

RHARUS, fils de Cranaüs & pere de Céleus. *V.* RHARIAS.

RHEA SYLVIA. *Voyez* SYLVIA.

RHECIUS ou CERCIUS & AMPHITUS, cochers de Caſtor & de Pollux.

RHENÉ, une des femmes de Mercure.

RHÉE. *Voyez* CYBÈLE.

Une des femmes d'Apollon se nommoit aussi Rhée. Il en eut un fils nommé Anius, qui fut roi de Délos.

RHÉSUS, roi de Thrace. Il porta du secours à Priam; mais la premiere nuit de son arrivée, un Troyen traître, nommé Dolon, facilita à Ulysse & à Diomède le moyen de le tuer & d'emmener ses chevaux, desquels dépendoit une partie des destinées de Troie.

RHETUS ou RHŒCUS. *Voyez* RHŒTUS.

RHEXENOR, fils de Nausithoüs & frere d'Alcinoüs, fut tué par Apollon.

RHIN. Ce fleuve fut révéré comme un dieu par les Germains & par les Gaulois.

RHINOCOLUSTÈS, c'est-à-dire, *coupeur de nés*, surnom d'Hercule.

RHIPHÉE, Troyen dont Virgile loue beaucoup la justice & l'équité.

C'étoit aussi le nom d'un Centaure.

RHODE, isle de la mer Méditerranée célèbre par le culte qu'on y rendoit à Minerve & aux dieux Telchines.

RHODIE, une des nymphes Océanitides.

RHODOPE, reine de Thrace qui fut métamorphosée en une montagne appellée de son nom. Ovid. *Voyez* HÉMUS.

RHODOPEIUS. Orphée est ainsi surnommé, parce qu'il étoit de Thrace, où est le mont Rhodope.

RHŒBUS, cheval de Mezentius.

RHŒTEIUS, surnom donné à Enée, à cause de *Rhœteum*, ville & promontoire de la Troade.

RHŒTUS, RHETUS ou RHŒCUS, un des Centaures, fils d'Ixion. C'étoit aussi, si ce n'est le même, un géant qui fut tué par Bacchus changé en lion.

Il y eut un autre Rhœtus, roi d'une contrée de l'Italie, dont le fils Anchemole qu'il poursuivoit pour le punir d'un crime qu'il avoit commis, se réfugia auprès de Turnus qui lui donna un afyle. *Virg.*

RICHESSE, divinité poëtique, fille du Travail & de l'Epargne. On la repréfente fous la figure d'une femme fuperbement habillée, toute couverte de pierreries, tenant en fa main une corne d'abondance.

RIPHÆUS. Virgile caractérife le vent *Eurus* par ce furnom pris des *Riphées*, montagnes de la Scythie où regnent de grands vents.

RISUS, dieu des ris & de la gaieté.

ROBE *empoifonnée*, voyez CRÉUSE, GLAUCÉ. *Parfemée d'étoiles*, voyez MORT. *Noire*, voyez NUIT.

ROBIGALIES, fêtes en l'honneur de la déeffe Robigo. *Ovid.*

ROBIGO ou *RUBIGO*, déeffe qu'on invoquoit pour détourner la rouille des bleds. D'autres en font un dieu qu'ils appellent *Robigus* ou *Rubigus*.

ROBIGUS. Voyez ROBIGO.

ROCHER. *Voyez* ARIANE, CYANÉE, AJAX, POLYPHÈME, PHÉGYAS, GALATHÉE.

ROI, furnom de Jupiter,

ROI DES SACRIFICES; *Rex facrificulus*. Dans la République Romaine, c'étoit un citoyen à qui on donnoit ce titre, pour offrir des facrifices qui ne pouvoient être faits que par un roi.

ROMA, Troyenne qui étant venue en Italie avec Enée, époufa Latinus. Elle en eut deux enfans; favoir, Remus & Romulus, qui bâtirent une ville qu'ils appellerent Rome du nom de leur mere. On raconte autrement l'hiftoire de la naiffance de Remus & de Romulus. *Voyez* ROMULUS, ROME.

ROME, ville d'Italie la plus puiffante qui ait jamais été. Elle fut révérée dans tout l'empire Romain, fous le nom de la déeffe *Roma*, à qui on bâtit des temples où on lui rendoit les plus grands honneurs. On la nommoit Rome éternelle, la Reine des Villes, la Déeffe des Nations, la Souveraine de l'Univers, &c. *Voyez* ROMA, ROMULUS, ROMUS.

ROMULUS, fils de Mars & de Rhéa-Sylvia. Etant né & ayant été expofé avec Rémus, ils furent allaités par une louve. Lorsqu'ils furent grands, Romulus se défit de son frere & s'empara de tout le pays des environs du mont Aventin, où il fonda la ville de Rome. Il ramassa quelques aventuriers, & se rendit bientôt formidable à tous ses voisins. Comme il manquoit de femmes pour ses sujets, & que ses voisins ne vouloient point lui en donner, il célébra des jeux auxquels il invita les Sabins & les Sabines qui s'y trouverent en grand nombre avec d'autres peuples voisins. Lorsqu'on fut assemblé, Romulus donna un signal, & aussi-tôt ses soldats enleverent toutes les filles qui étoient venues à ces jeux. *Voyez* HERSILIE.

ROMUS, fils d'Ulysse & de Circé.

Il y eut un autre Romus, fils d'Enée & de Lavinie, qui bâtit la ville de Rome à laquelle il donna son nom. *Voyez* ROMA, ROMULUS.

ROSE, fleur qui faisoit les délices des anciens qui en ornoient les statues de Vénus & de Flore. C'étoit le symbole de la mollesse & de la volupté.

Rosea dea ; la déesse de couleur de rose. C'est l'Aurore.

ROSEAUX. Le barbier de Midas ayant apperçu des oreilles d'âne à ce roi en le rasant, avoit bien envie de le dire à quelqu'un ; mais il craignoit d'être maltraité. Pour se soulager de ce fardeau, il fit un trou dans la terre, où il se déchargea de son secret : ensuite il couvrit ce trou, & s'en alla. Peu après il crût des roseaux dans cet endroit, lesquels étant agités par le vent, articuloient des paroles qui apprirent à tout le monde que Midas avoit des oreilles d'âne.

ROSSIGNOL. *Voyez* PHILOMÈLE.

ROUE. *Voyez* FORTUNE, IXION, OCCASION.

RUBIGALIES. *Voyez* ROBIGALIES.

Rubigo. Voyez *Robigo.*

RUMIA, RUMILIA ou RUMINA, déesse qui présidoit à la nourriture des enfans à la mammelle.

RUMINAL. Le figuier sous lequel on trouva Rémus & Romulus qu'une louve allaitoit, fut ainsi nommé de *Ruma*, ancien mot latin qui signifie mammelle.

RUMINUS, Jupiter étoit ainsi surnommé, comme le dieu nourricier de tout l'univers.

RUNCINA, déesse qu'on invoquoit quand on recueilloit les bleds. *Varron.*

RURINA ou RUSINA, déesse qui présidoit au ménage général des champs.

RUSOR, surnom de Pluton.

RUTULES, peuples d'Italie célèbres par la guerre qu'ils firent à Énée.

S A C

SABADIUS, un des dieux des Thraces. On croit que c'est le même que Sabasius.

SABAÏSME. On appelloit ainsi la partie de l'idolâtrie qui consistoit dans le culte des Astres.

SABASIUS ou SABAZIUS, surnom de Bacchus en l'honneur de qui il y avoit des fêtes nommées Sabasies, qu'on célébroit par des danses, des courses, & avec des transports de fureur. Quelques-uns croient que Sabasius fut un fils de Jupiter & de Proserpine, plus ancien que Bacchus.

C'étoit aussi un surnom de Jupiter & du Soleil.

SABBA, fameuse devineresse qu'on a comptée au nombre des Sibylles. On croit que c'étoit celle de Cumes.

SABINS, peuples d'Italie. Ayant été invités à des jeux que Romulus célébroit, leurs filles furent enlevées par les Romains. *Voyez* ROMULUS, SABUS.

SABINUS, le même que Sabus.

SABIS ou SABIM, dieu des Arabes. *Pline.*

SABLIER. *Voyez* SATURNE.

SABUS, dieu que les Sabins adoroient comme l'auteur de leur nation.

SACÉENNES ou SACÉES, fêtes Persanes & Syriennes en l'honneur d'Anaïtis. Elles ressembloient beaucoup aux Saturnales.

SACRIFICE. *Voyez* IPHIGÉNIE, IDOMENÉE, CALLIRHOÉ, DIDON, HERCULE.

SÆVA *dea, la déesse cruelle*; c'est Diane.

SAFRAN. *Voyez* CROCUS.

SAGESSE, Minerve étoit regardée comme la déesse de la sagesse.

SAGARITIS, nymphe du fleuve Sangarus en Phrygie.

SAGITTAIRE, l'un des douze signes du Zodiaque. *Voyez* CHIRON.

SAÏS & SAÏTÈS, surnoms de Minerve adorée à Saïs, ville d'Egypte.

SALACIA, déesse de l'eau, & femme de Neptune. On croit que c'est la même qu'Amphitrite.

SALAMBO, nom sous lequel les Syriens adoroient Vénus dont ils célébroient les fêtes avec de grandes marques de deuil.

SALAMINIUS, surnom de Jupiter, pris du culte qu'on lui rendoit à Salamine, ville que Teucer, obligé de fuir de l'isle de Salamine, alla bâtir dans celle de Cypre.

SALAMINUS, un des Dactyles. *Voyez* DACTYLES.

SALGANEUS, surnom d'Apollon.

SALIENS, prêtres du dieu Mars. Ils étoient douze, & célébroient leurs fêtes en dansant & en sautant dans les rues : c'est pourquoi on les appelloit *Salii* de *Salire*, qui signifie sauter. Ils étoient les dépositaires des boucliers sacrés. *Voyez* ANCILÉ.

SALISUBSULUS. Muret a voulu que ce mot qui ne se trouve que dans Catulle, fût un surnom de Mars : mais Vossius prouve que ce mot est corrompu ; & qu'au lieu de *Salisubsuli*, il faut lire *Salii ipsulis*. *Voyez Vossii observationes ad Catullum*. in 4°. p. 46.

SALMACIS. *Voyez* HERMAPHRODITE.

SALMONÉE, roi d'Elide. Il fut écrasé par Jupiter, parce qu'il contrefaisoit la foudre, & qu'il se faisoit rendre des honneurs divins.

SALMONIS, Tyro, fille de Salmonée.

SALSIPOTENS, surnom de Neptune.

SALUS, c'est-à-dire, *conservation*, *santé*. Les Romains en avoient fait une divinité. On la représentoit sous l'emblême d'une femme assise sur un trône, tenant une coupe à la main, & ayant auprès d'elle un autel autour duquel un serpent faisoit un cercle de son corps, de sorte que sa tête se relevoit au-dessus de cet autel. *Voyez* SANTÉ.

SALUTIFER *puer*. C'est Esculape.

SAMIUS, Pythagore, de l'Isle de Samos.

SAMOS, isle dans la mer Méditerranée vis-à-vis de l'Ionie. Junon y étoit particuliérement adorée, d'où elle étoit surnommée Samienne.

SAMOTHRACE, isle de la mer Egée, célèbre par le culte qu'on y rendoit à Cérès, à Proserpine & aux dieux Cabires. Il y avoit un oracle aussi fameux que celui de Delphes.

SANCTUS, ce nom donné quelquefois aux divinités payennes, signifie, *propice*, *vénérable*. Voyez SANCUS.

SANCUS, SANGUS, ou SANCTUS, dieu des Sabins, dont le culte fut transféré à Rome. On croit que c'est Hercule.

SANG ou JOUR DU SANG. On appelloit ainsi certaines fêtes de Cybèle & de Bellone, dans lesquelles leurs prêtres transportés de fureur se couvroient de sang en se faisant des incisions par tout le corps.

SANGARIDE ou SANGARIS, nymphe. *V.* ATYS.

SANGARIUS *puer*. C'est Ganymède, parce qu'il étoit de la Phrygie où le fleuve Sangarius prend sa source.

SANGLIER. *Voyez* ADRASTE, MÉLÉAGRE, ADMÉTE, HERCULE, ADONIS.

SANGUS. Voyez SANCUS.

SANTÉ, *Sanitas*, la même que *Salus*. Elle avoit plusieurs temples à Rome. On l'adoroit aussi sous le nom d'Hygiée, ou d'Hygie, qu'on représentoit couronnée d'herbes médicinales, & tenant un serpent dans sa main droite. *Voyez* SALUS.

SAO, une des Néréides.

SAOTAS ou SAOTES, c'est-à-dire, *qui conserve*, surnom de Jupiter & de Bacchus.

SAPHO ou SAPPHO, Lesbienne célèbre par la beauté de son génie poëtique, & par sa passion pour Phaon. *Voyez* PHAON.

SARAPIS. *Voyez* SÉRAPIS.

SARDOPATER. *Voyez* SARDUS.

SARDUS, fils d'Hercule, premier roi de l'isle de Sardaigne, y fut révéré comme un dieu. On le nommoit quelquefois *Sardopater*.

SARON, dieu marin. Il présidoit particuliérement à la manœuvre des matelots.

SARONIE ou SARONIS, surnom de Diane.

SARPÉDON, roi de Lycie, fils de Jupiter & de Laodamie fille de Bellérophon. Il se distingua au siége de Troie, où il porta du secours à Priam, & fut tué par Patrocle. Les Troyens, après avoir brûlé son corps par l'ordre de Jupiter, en garderent précieusement la cendre. *Hom. Iliad.*

Il y a eu un autre Sarpédon roi de Thrace, & un autre encore fils de Neptune.

SARPEDONIES. Diane avoit sous ce nom un temple dans la Cilicie, où elle rendoit des oracles.

SARRITOR, dieu champêtre. Il présidoit à cette partie de l'agriculture, qui consiste à sarcler & à ôter les mauvaises herbes qui naissent dans les terres ensemencées.

SATOR, un des dieux des laboureurs. On l'invoquoit dans le tems des semailles. Jupiter étoit aussi appellé *Sator hominum & deorum*, c'est-à-dire, *pere des dieux & des hommes*.

SATURNALES, fêtes en l'honneur de Saturne, qui se célébroient à Rome avec grand appareil au mois de Décembre. Il étoit défendu de traiter d'aucune affaire pendant ces fêtes, & d'exercer aucun art, excepté celui de la cuisine. Toutes les distinctions de rang cessoient alors, jusques-là que les esclaves pouvoient impunément dire à leurs maîtres tout ce qu'ils vouloient, & même railler leurs défauts en leur présence. *Lucien*, *Horace*, *&c.*

SATURNE, autrement appellé le Tems, fils de Cœlus. Ne voulant plus souffrir d'autres héritiers que lui, & Titan son frere, il porta à son pere un coup de faux ; & le sang qui coula dans la mer, s'étant mêlé avec l'écume, donna la naissance à Vénus. L'envie qu'il eut de regner, lui fit accepter la couronne de Titan son frere aîné, à condition qu'il n'éleveroit point d'enfans mâles, & qu'il les dévoreroit aussi-tôt après leur naissance. Cependant Rhée trouva moyen de soustraire à sa cruauté, Jupiter, Neptune & Pluton. *Voyez* JUPITER. Titan ayant su que son frere avoit des enfans mâles contre la foi jurée, arma contre lui, & le fit prisonnier. Jupiter étant devenu grand, délivra son pere, & le rétablit sur le trône. Mais bien-tôt après, Saturne lui tendit des piéges, craignant qu'il ne le détrônât un jour, ce que Jupiter fit en effet pour se venger. Saturne se sauva en Italie, où Janus, roi de cette contrée, le reçut humainement. Ce fut-là qu'il enseigna l'agriculture aux hommes, & le tems de son regne fut si heureux, qu'on l'appella l'Age d'or. S'étant attaché à Phylire, il se métamorphosa en cheval, pour éviter les reproches de Rhée sa femme, qui le surprit avec cette nymphe, de laquelle il eut Chiron. On le représente sous la figure d'un vieillard, tenant une faux, pour marquer que le tems détruit tout ; ou un serpent qui se mord la queue, comme s'il retournoit d'où il vient, pour montrer le cercle perpétuel & la révolution des tems : quelquefois aussi on lui donne un sablier ou un aviron pour exprimer la rapidité de cette même révolution.

SATURNIA, Junon, fille de Saturne.

L'Italie fut aussi appellée *Saturnia tellus*, dû nom de Saturne qui y avoit regné. *Voyez* SATURNE.

SATURNIGENA, Jupiter, fils de Saturne.

SATYRES, monstres moitié hommes & moitié chêvres, avec des cornes. Ils habitoient les forêts & les montagnes. On les honoroit comme des dieux.

SAURUS, brigand qui ravageoit une contrée de l'Elide, fut tué par Hercule.

Saut de Leucade. Leucade est une isle de la mer Ionienne, en face de l'Isthme qui sépare l'Achaïe du Péloponèse. Un promontoire formé de rochers très-escarpés & qui par sa grande élévation avance beaucoup sur la mer, termine cette isle du côté du midi. De la cime la plus élevée de ces rochers, on se jettoit, dit-on, dans la mer, pour se guérir de la passion de l'amour : ce qui a rendu ce promontoire fameux sous le nom de *Saut de Leucade*. Voyez *le Mercure de France*, Juillet 1760, t. 2.

Saxanus, surnom d'Hercule.

Scamandre, fils de Jupiter & de Doris. Il fut métamorphosé en fleuve pour être immortel, & il promenoit ses eaux autour de Troie. Jupiter, pour lui marquer son amitié, lui accorda le droit de faire une fête à toutes les jeunes filles au moment qu'elles alloient se marier. Lorsque leur mariage étoit conclu, elles alloient la veille de leurs noces se baigner dans le fleuve : Scamandre aussi-tôt sortoit d'entre ses roseaux, les prenoit par la main, & les conduisoit dans son palais.

Scamandrius, premier & vrai nom, selon Homère, d'Astyanax fils d'Hector & d'Andromaque.

Scée, porte de la ville de Troie où étoit le tombeau de Laomédon.

Sceptre. V. Polymnie, Melpomène, Eole.

Scheneé. *Voyez* Atalante.

Schœneia virgo ou Schœneis, Atalante, fille de Schénée.

Sciéries, fêtes qu'on célébroit en Arcadie en l'honneur de Bacchus.

Scinis, brigand, le même que Sinnis.

Sciras ou *Scirias*, surnom de Minerve, pris du culte qu'on lui rendoit dans un temple bâti en son honneur par un devin de Dodone, nommé Scirus.

Scires ou Scirophories, fêtes qu'on célébroit à Athènes en l'honneur de Minerve-*Sciras*. Pendant qu'elles duroient, on faisoit de petites cabanes de feuillage, & dans les jeux qui en faisoient partie, les jeunes gens tenoient à la main des seps de vignes chargés de raisins.

SCIRIAS. Voyez SCIRAS.

SCIRON. Voyez SCYRON.

C'étoit aussi le nom d'un vent furieux. On lui faisoit des vœux pour être garanti des ravages qu'il causoit.

SCIROPHORIES. Voyez SCIRES,

SCIRUS. Voyez SCIRAS.

SCORPION, l'un des douze signes du Zodiaque. Voyez ORION.

SCOTITAS, ou, selon Pausanias, SCOTINAS, surnom de Jupiter.

SCYLLA, fille de Nisus, roi de Mégare. V. NISUS.

Il y eut une autre Scylla, fille de Phorcus que les Grecs nomment Phorcys, laquelle ayant de l'inclination pour Glaucus, dieu marin, pria l'enchanteresse Circé de le rendre sensible ; mais Circé n'en fit rien ; car elle l'aimoit elle-même, & elle empoisonna la fontaine où Scylla se baignoit ; de sorte que quand cette nymphe y alla, elle fut transformée en un monstre effroyable, dont la partie inferieure ressembloit à un chien. Elle eut tant d'horreur d'elle-même, qu'elle se précipita dans un gouffre de la mer de Sicile. Le bruit des flots, qui, dans cet endroit vont se briser contre des rochers, a donné lieu aux poëtes de feindre que c'étoient les aboyemens de ce monstre. Voyez CARYBDE.

Il est bon d'observer que Virgile & Ovide confondent les deux Scylla, en attribuant à la fille de Nisus ce qui ne convient qu'à celle de Phorcus.

SCYPHIUS, cheval que Neptune fit naître d'une grosse pierre.

SCYRIAS, surnom de Déidamie, fille de Lycomède roi de l'isle de Scyros.

SCYRON, fameux brigand qui désoloit l'Attique. Thésée le défit, & brûla ses os, dont il fit un sacrifice à Jupiter. Ovide dit que Thésée les jetta dans la mer, & qu'ils furent changés en rochers.

SCYTHES, peuples barbares qui habitoient sur les

bords de la mer noire. Ils étoient ainsi appellés, dit-on, de Scythas fils d'Hercule.

SCYTHON. Ovide lui donne l'épithète *Ambiguus*, parce qu'il pouvoit se changer en femme, & reprendre sa forme naturelle toutes les fois qu'il le vouloit.

SEBADIES, fêtes, les mêmes que les Sabasies. *Voyez* SABASIUS.

SEBETHIS, nymphe, mere d'Œbalus.

SECULAIRES, jeux solemnels qu'on célébroit à Rome de cent ans en cent ans en l'honneur d'Apollon & de Diane.

SECRETUS, surnom de Jupiter.

SEGESTA ou SEGETIA. *Voyez* SEIA.

SEIA, SEJA ou SEYA, déesse qu'on invoquoit pour les champs ensemencés. On l'appelloit *Segetia* ou *Segesta*, quand les bleds étoient levés. Il y en a qui croient que *Seia* est un surnom de la Fortune, dite aussi *Seiana*.

SEIANA. *Voyez* SEIA.

SELASIE, surnom de Diane.

SELECTI, c'est-à-dire, *choisis*. Le conseil de Jupiter étoit composé de douze dieux, qu'on nommoit Consentes; mais les Romains s'étant imaginé que c'étoit trop peu pour suffire à l'administration des affaires du monde, ils l'augmenterent de huit nouveaux conseillers, qu'ils appellerent les dieux choisis, ou simplement les *Choisis*. Ceux qu'ils honorerent de ce choix qu'ils crurent ratifié par Jupiter, étoient Génius, Janus, Saturne, Bacchus, Pluton, le Soleil, la Lune & Tellus.

SELENÉ. C'est le nom que les Grecs donnoient à la Lune.

SELENITIDES, femmes d'Asie qui pondoient des œufs, d'où naissoient des géans d'une grandeur énorme.

SELENUS. *Voyez* ARGYRE.

SÉMÉLÉ, dite aussi Thyoné, fille de Cadmus & de Thébé. Elle fut fort aimée de Jupiter, dont elle eut Bacchus. *Voyez* BACCHUS.

SEMELEIA *proles*, fils de Sémélé. C'est Bacchus.

SEMELEIUS THYONEUS, Bacchus, fils de Sémélé, & petit-fils de Thyoné.

SEMENTINES, fêtes qu'on célébroit à Rome dans le tems des semailles, en l'honneur de Cérès & de Tellus.

SEMIFER, surnom de Chiron, parce qu'il étoit moitié homme & moitié cheval.

SEMIRAMIS, femme de Ninus roi des Assyriens, fameuse par son ambition, par son courage & par ses débauches. On croyoit qu'étant morte, elle avoit été changée en colombe, & on lui rendit des honneurs divins.

SEMON, dieu qu'on croit le même que *Fidius* & que *Sancus*. On donnoit aussi ce nom à Mercure & à plusieurs autres. *Voyez* SÉMONES.

SÉMONES. On appelloit ainsi certaines divinités qui tenoient une espéce de milieu entre les dieux & les hommes: ils étoient regardés comme des Génies tutélaires des hommes.

SENTA, fille de Picus, épousa Faunus son frere; ce qui la fit surnommer elle-même Fauna. Les Romains en firent une divinité qu'ils appelloient la bonne Déesse. *Voyez* FAUNA.

SENTIA, déesse de la pensée.

SENTINUS, dieu des sentimens & des sens.

SEPTIMONTION, fête qui fut instituée à Rome, lorsqu'une septiéme colline fut comprise dans l'enceinte de cette ville, d'où elle fut surnommée *Septicollis*.

SERA, une des divinités qui présidoient aux semailles. *Voyez* SESSIES.

SERAPIS ou SARAPIS, divinité Egyptienne qu'on représentoit sous une figure humaine, portant un boisseau sur la tête, ou une regle à la main. *Hist. du Ciel*. Voyez APIS.

SERGESTE, Troyen qui suivit Enée en Italie.

SERIPHE, isle de la mer Egée, dont Persée pétrifia les habitans, en leur montrant la tête de Méduse.

SERMENT. *Voyez* STYX, ORCUS, ACONCE.

Serpent. *Voyez* Python, Aristée, Achélous, Méduse, Eumènides, Envie, Cadmus, Euridice, Esaque, Caducée, Laocoon, Latone, Discorde, Tirésias, Prudence, Salus, Saturne.

Serpentaire, une des constellations. Les poëtes ont feint que c'étoit le serpent ou dragon du jardin des Hespérides, tué par Hercule, & que Junon plaça parmi les Astres. *Voyez* Ophieus.

Servator, surnom de Jupiter & de Bacchus.

Serus, le même que Cerus.

Sessies, déesses qu'on invoquoit quand on ensemençoit les terres. On en comptoit autant qu'il y avoit de semailles différentes.

Severes ou les Déesses severes. On croit qu'elles étoient les mêmes que les Furies, parce qu'on les représentoit avec les mêmes attributs. Elles avoient un temple à Athènes.

Seya. Voyez *Seia*.

Sibylles, filles qui prédisoient l'avenir. Une des plus renommées à été celle de Cumes; elle faisoit sa demeure ordinaire dans un antre auprès de cette ville, & étoit fille de Glaucus. On dit qu'Apollon lui ayant témoigné sa tendresse, ne put la rendre sensible, qu'à condition de la faire vivre autant d'années qu'elle pourroit tenir de grains de sable dans sa main. Elle devint, dit-on, si décrépite, qu'il ne lui resta plus que la voix pour rendre des oracles : on l'appelloit Déiphobé, ou Demo, ou Démophile, ou Hiérophyle, ou Amalthée. Il y avoit plusieurs autres Sibylles. La plus ancienne a été la Delphique, appellée Artémis, que quelques-uns appellent aussi Daphné. Après celle-là étoit la Sibylle Erythrée : ensuite celle de Cumes. Eryphile ou Erophyle prédisoit à Samos; l'Hellespontique à Marpese, bourg sur les bords de l'Hellespont : la Lybienne en Lybie : enfin la Tiburtine qu'on appelloit Albunée, faisoit ses prédictions à Tibur, aujourd'hui Tivoli en Italie.

Sicelides *musæ*, c'est-à-dire, *Muses Siciliennes*. Virgile désigne ainsi les Muses qu'il suppose avoir inspiré Théocrite Sicilien, qui a fait des poësies pastorales.

SICHÉE ou SICHARBAS, prêtre d'Hercule, & mari de Didon, Pygmalion le fit tuer pour avoir ses richesses, qui étoient très-grandes. *Voyez* DIDON.

SICULUS, fils de Neptune, regna dans l'isle de Sicile à laquelle il donna son nom.

SICYON, petit-fils d'Erechthée, donna son nom à une ville & à une contrée du Péloponèse.

SIDEREUS conjux, le mari changé en astre. C'est Lucifer, mari d'Alcione. *Ovid*.

SIDONIUS hospes. Cadmus, parce qu'il étoit de Phénicie, où étoit la ville de Sidon.

SIGALEON ou SIGALION. C'est le même qu'Harpocrate. *Voyez* HARPOCRATE & SILENCE.

SIGÉE, promontoire de la mer Egée sur lequel étoit le tombeau d'Achille.

SIGILLARIES, fêtes Romaines qu'on célébroit après les Saturnales, & pendant lesquelles on se faisoit réciproquement des présens de petites figures de cire ou d'argille, & d'autres semblables colifichets. Cela donnoit lieu à une foire où l'on exposoit en vente toutes sortes de choses. Aulu-Gelle parle d'un exemplaire du second livre de l'Enéide, qui dans une de ces foires fut vendu vingt pieces d'or.

SIGNES DU ZODIAQUE. *Voyez* ZODIAQUE.

SILENCE, divinité allégorique. On la représentoit sous la figure d'un homme, tenant un doigt sur sa bouche, ou sous la figure d'une femme ; & alors on l'appelloit *Muta* chez les Latins, c'est-à-dire, Muette. *Voyez* HARPOCRATE.

SILENE. C'étoit un vieux Satyre qui avoit été le nourricier de Bacchus qu'il aima toujours beaucoup, & qu'il suivit par-tout, monté sur un âne, dans la conquête des Indes. A son retour, il s'établit dans les campagnes d'Arcadie, où il se faisoit fort aimer des jeunes bergers & des jeunes bergeres. Il ne passoit pas un jour sans s'enivrer ; mais il avoit le vin agréable. *Voyez* EGLÉ.

SILÉNES. On donnoit ce nom aux Satyres quand

ils étoient vieux. On entendoit aussi par Silénes, des Génies familiers, tels que celui dont Socrate se vantoit d'être toujours accompagné. *Voyez* DÆMON.

SILICERNION. On nommoit ainsi le festin qu'on servoit aux dieux Mânes.

SILVAIN. *Voyez* SYLVAIN.

SILVIA. *Voyez* SYLVIA.

SIMÆTHIUS héros, Acis, fils de la nymphe Siméthis.

SIMOÏS, fleuve de Phrygie aux environs de Troie. Il s'opposa avec Scamandre, autre fleuve, par un débordement; à la descente des Grecs qui venoient assiéger cette ville.

SIMOÏSIUS, jeune Troyen, ainsi nommé, parce qu'il étoit né sur les bords du Simoïs. Il fut tué par Ajax fils de Télamon.

SINGA. C'est le nom sous lequel les Phéniciens adoroient Pallas, dont Cadmus enleva le simulacre, & le plaça dans la ville de Thèbes.

SINGES. *Voyez* CERCOPES, PITHÉCUSE. Les Egyptiens adoroient les Singes.

SINNIS, SCINIS ou SCHINIS, fameux brigand qui désoloit les environs de Corinthe. C'étoit vraisemblablement le même que Cercyon. *V.* CERCYON.

SINOÉ, nymphe qui prit soin de l'enfance de Pan, qui pour cela fut surnommé *Sinoïs*.

SINOÏS. *Voyez* SINOÉ.

SINON, fils de Sisyphe. Il passa pour le plus fourbe & le plus artificieux de tous les hommes. Lorsque les Grecs firent semblant de lever le siége de Troie, Sinon se laissa prendre par les Troyens; à qui il en imposa avec tant d'artifice, que non-seulement ils ne lui firent aucun mal, mais que même ils le reçurent parmi eux, lui laissant autant de liberté qu'au plus fidéle Troyen. Dès que le cheval de bois fut entré dans la ville, ce fut lui qui pendant la nuit en alla ouvrir les flancs ou les Grecs s'étoient enfermés, & livra ainsi Troie aux Grecs. *Enéid. liv.* 2.

SINOPE, fille d'Asope, fut aimée d'Apollon de qui elle eut un fils nommé Syrus. D'autres disent qu'elle demeura toujours vierge. Ce fut aussi le nom d'une Amazone.

SIPHNE, isle de la mer Egée où il y avoit des mines d'or & d'argent qu'Apollon détruisit par un déluge, parce que les habitans avoient négligé d'en consacrer la dixme dans son temple.

SIPYLEIA *genitrix*, Niobé, mere de Sipylus.

SIPYLI *flexibile saxum*: C'est Niobé, mere de Sipylus, changée en rocher.

SIPYLUS, un des fils de Niobé.

SIRÉNES, filles d'Achéloüs & de Calliope, monstres que tous les peintres & les sculpteurs représentent comme moitié femmes & moitié poissons ; mais cette imagination qui ne vient que de l'ignorance de la Fable, est démentie par les poëtes & par les anciens auteurs, du moins ceux qui sont les plus recommandables, & qui tous dépeignent les Sirénes moitié femmes & moitié oiseaux. Pline (*liv.* 10, *ch.* 49.) les place parmi les oiseaux fabuleux, & Ovide (*Mét. liv.* 5.) leur donne des visages de filles avec des plumes & des pieds d'oiseaux. Ces monstres, dit-on, chantoient avec tant de mélodie, qu'elles attiroient les passans, & ensuite les dévoroient. Ulysse se garantit de leurs pièges en bouchant les oreilles à ses compagnons, & en se faisant attacher au mât de son vaisseau. Les Sirénes étoient trois, qu'il faudroit représenter comme de belles femmes dans la partie supérieure du corps, jusqu'à la ceinture, ayant le reste en forme d'oiseaux avec des plumes. L'une d'elles tiendroit à la main une espéce de tablette, la seconde deux flûtes, & la troisième une lyre. *Serv. Claud.* Voyez SIRENUSSE.

SIRENUSSE, promontoire de la Lucanie qui étoit le séjour des Sirénes. Ce fut de-là que désespérées de n'avoir pû enchanter Ulysse, elles se précipiterent dans la mer, où elles furent changées en rochers.

SIRIUS, c'est une des étoiles qui forment la constellation de la Canicule. Les anciens en redoutoient si fort les influences, qu'ils lui offroient des sacrifices pour en détourner les effets. Quelques anciens ont donné ce nom au Soleil.

SISACHTHÉE, c'est-à-dire, *décharge des intérêts*, fête qu'on célébroit à Athènes pour perpétuer la mémoire & l'usage d'une loi de Solon en faveur des pauvres débiteurs.

SISTRE *à la main d'une femme.* Voyez IO.

SISYPHE, fils d'Eole, qui désolant l'Attique par ses brigandages, fut tué par Thésée. Ce fut un homme si méchant, que les poëtes ont feint qu'il étoit condamné dans les enfers à rouler continuellement une grosse pierre ronde du bas d'une montagne en haut, d'où elle retomboit sur le champ.

SITHNIDES, nymphes d'une fontaine dont l'eau étoit conduite à Athènes par un magnifique aqueduc.

SITO, surnom de Cérès.

SIVA, divinité des Celtes. On croit que c'est Ops-Consiva.

SMILAX, nymphe qui eut tant de douleur de se voir méprisée du jeune Crocus, qu'elle fut changée aussi-bien que lui en un arbrisseau, dont les fleurs sont petites, mais d'une excellente odeur. On conte autrement cette métamorphose. *Voyez* CROCUS.

SMINTHEUS, surnom d'Apollon. V. CRINIS.

SOCHOTHBENOTH, idole des Babyloniens.

SOCUS, jeune Troyen dont Homere vante la taille avantageuse & le courage. Il fut tué par Ulysse. C'étoit aussi un surnom de Mercure.

SOLEIL. Les payens comptoient cinq Soleils : l'un fils de Jupiter ; le second, fils d'Hypérion ; le troisiéme, fils de Vulcain surnommé Opas ; le quatriéme avoit pour mere Acantho, & le cinquiéme étoit pere d'Eeta & de Circé. *Cic. de Nat. Deor. l. 3. Arnob. l. 4. Voyez* APOLLON, PHAÉTON.

SOLITAURILIES ou SUOVITAURILIES, sacrifices de trois victimes mâles ; savoir, d'un porc, d'un bélier & d'un taureau. On ne les faisoit que de cinq ans en cinq ans.

SOMMEIL, fils de l'Erébe & de la Nuit. On dit qu'il a son palais dans un antre écarté & inconnu, où les rayons du foleil ne pénétrent jamais. Il y a dit-on, à l'entrée une infinité de pavots & d'herbes affoupiffantes. Le fleuve d'Oubli coule devant ce palais, & on n'y entend point d'autre bruit que le doux murmure des eaux de ce fleuve. Le Sommeil repofe dans une falle fur un lit de plumes entouré de rideaux noirs. Les Songes font tous couchés autour de lui, & Morphée fon principal miniftre veille pour prendre garde qu'on ne faffe du bruit. On le repréfente couché fur un lit, tenant une corne d'une main & une dent d'éléphant de l'autre.

SOMNIALIS. On honoroit Hercule fous ce nom quand on croyoit avoir reçu de lui des avertiffemens en fonge.

SONGES, divinités infernales fubordonnées au Sommeil. Chaque Songe avoit une fonction particuliere. Ceux qui préfidoient aux vifions véritables, fortoient par une porte de corne; & ceux qui ne formoient que de vaines illufions, paffoient par une porte d'ivoire. On les repréfentoit avec de grandes aîles de chauves-fouris toutes noires. *Voyez* SOMMEIL, MORPHÉE, PHOBÉTOR.

SOPOR, c'eft-à-dire, *profond fommeil*, dieu différent du Sommeil. On lui donnoit pour femme Pafithée une des Graces.

SORACTE, montagne d'Italie célèbre par le culte qu'on y rendoit à Apollon.

SORADEUS, un des dieux des Indiens.

SORANUS, furnom de Pluton.

SOROADIOS, le même que Soradeus.

SORODÆMONES, les mêmes que les Lemures.

SORT, divinité allégorique. On le confond avec le Deftin ou la Fortune.

SORTS PRENESTINS. Ces forts étoient des tablettes de chêne chargées de fentences d'une écriture antique, & renfermées dans une caffette faite de bois d'olivier. Le hafard qu'on croyoit conduit par la vertu fecréte de la déeffe qu'on adoroit à Preneste, les tiroit par la main d'un enfant, & l'on croyoit apprendre fon fort de la lecture qui en étoit faite par un des ministres qu'on nommoit *Sortilèges*.

SOSIANUS, surnom d'Apollon.

SOSIPOLIS, c'est-à-dire, *qui conserve la ville*, surnom de Jupiter. C'étoit aussi le nom d'un Génie adoré dans l'Elide.

SOSPES ou SOSPITA, ou SOTIRA, c'est-à-dire, *Conservatrice*, surnom de Junon, de Diane, de Minerve, &c.

SOSIRATE, jeune Grec ami d'Hercule. On lui rendit des honneurs divins. Ce fut aussi le nom d'un célèbre athléte.

SOTER, le même que *Saotas*.

SOTERES, c'est-à-dire, *Conservateurs*, surnom de Castor & de Pollux.

SOTIRA, la même que *Sospes*.

SOURIS. *Voyez* CRINIS.

SPARTE, ville célèbre du Péloponèse, & capitale de la Laconie. Junon y étoit particulièrement révérée. *Voyez* LELEX.

SPATALE. C'est le nom d'une nymphe.

SPÉLAÏTE, surnom d'Hercule, de Mercure & d'Apollon.

SPERCHIUS, fleuve de la Thessalie qui fut révéré comme un dieu.

SPHINX, monstre qui avoit le visage d'une femme, le reste du corps ressemblant à un chien & à un lion, avec des aîles. Junon irritée contre les Thébains, parce qu'Alcmène avoit écouté Jupiter, envoya ce monstre sur le mont Cythéron, où il proposoit une énigme, & dévoroit ceux qui ne l'expliquoient pas, après s'être présentés pour la deviner. Cette énigme consistoit à savoir quel étoit l'animal qui avoit quatre pieds le matin, deux à midi, & trois le soir. Œdipe reconnoissant l'homme à ce portrait, développa le sens de l'énigme : aussi le Sphinx se précipita de rage, & se cassa la tête ; ensuite Œdipe épousa Jocaste sa propre mere sans la connoître, laquelle devoit être le prix de celui qui vaincroit ce monstre. *Voyez* ŒDIPE.

SPICIFERA *dea*, c'est-à-dire, *la déesse qui porte des épis* ; c'est Cérès.

SPINENSIS DEUS ou *le Dieu des épines*. On l'invoquoit pour qu'il les empêchât de croître dans les champs ensemencés.

SPINTURNICION & SPINTURNIX. C'est le même que Sphinx.

SPIO, nymphe, fille de Nérée & de Doris.

SPODIUS, c'est-à-dire, *cendre*. Apollon fut ainsi surnommé d'un autel de cendres sur lequel on lui offroit des sacrifices.

SPONSOR, c'est-à-dire, *Répondant*, surnom de Jupiter.

STABILINUS, le même que Statanus.

STAPHYLUS, pere d'Anius. Selon quelques-uns, il étoit fils de Thésée & d'Ariane; & selon d'autres, de Bacchus & d'Erigone, que ce dieu trompa sous la figure d'une *grape de raisin*, sens du mot grec dont est formé le nom de *Staphylus*. Il y en a qui disent que Staphylus étoit un berger du roi Œnée, & que ce berger ayant remarqué qu'une des chévres qu'il conduisoit, revenant toujours plus tard & plus gaie que les autres, il la suivit un jour, & la trouva dans un endroit écarté ou elle mangeoit du raisin, fruit dont l'usage avoit été jusques-là inconnu. Ils ajoutent que Staphylus en porta à Œnée, qui en fit du vin, & que ce fut du nom de ce roi que les Grecs donnerent à cette liqueur celui d'*œnon*. *Probus*.

Il y eut un autre Staphylus, fils de Silene.

STATA, déesse qu'on invoquoit pour être garanti des incendies. C'est la même que Vesta.

STATANUS ou STATILINUS, dieu auquel on faisoit des vœux quand les enfans commençoient à pouvoir se soutenir sur leurs pieds. Il y avoit encore une déesse *Statina* qu'on invoquoit pour la même raison.

STATOR. On adoroit Jupiter sous ce nom, pour obtenir de lui qu'on combattît de pied ferme, ou qu'il fît revenir les fuyards au combat.

STATUES. V. PYGMALYON, PALLADIUM, PÉ-

NATES, ANCHISE, THOAS, COLOSSE, LAODMIE.

STELLÉ ou STELLIO. On croit que c'est le même qu'Abas, qui fut changé en lézard, parce qu'il s'étoit moqué de Cérès, la voyant boire & manger avec trop d'avidité lorsqu'elle étoit chez une vieille pour s'y reposer, en allant chercher sa fille Proserpine.

STÉNOBÉE. *Voyez* STHÉNOBÉE.

STENTOR, un des Grecs qui allerent au siége de Troie. Il avoit la voix si forte qu'il faisoit seul autant de bruit que cinquante hommes qui auroient crié tous ensemble.

STERCULIE, STERCUTUS & STERQUILINUS, divinités qui présidoient à tout ce qui contribue à engraisser la terre. Quelques uns croient que sous ces noms c'étoit la Terre même qu'on adoroit.

STERCUTIUS, fils de Faunus roi d'Italie, fut mis au nombre des dieux. C'étoit aussi un surnom de Saturne, & le même que Stercutus. *Voyez* STERCULIE.

STERCUTUS. *Voyez* STERCULIE.

STEROPE, l'un des plus habiles forgerons de Vulcain.

Il y eut une nymphe de ce nom qui fut une femme de Mars.

STEROPEGERETE. On donnoit ce surnom à Jupiter dans le même sens que celui de *Fulgurator*.

STERQUILINUS. *Voyez* STERCULIE.

STESICHORE, poëte Grec qui perdit la vue, dit-on, pour avoir fait une satyre contre Héléne, & qui la recouvra après avoir chanté la palinodie.

STHENELÉ, femme de Ménétius, & mere de Patrocle.

STHENELEIA *proles*. Cycnus, fils de Sthénélus.

STHENELEÏUS, Eurysthée, fils de Sthénélus.

STHÉNÉLUS, roi d'Argos & de Mycènes, fils de Persée & d'Andromède.

Il y eut plusieurs autres Sthénélus, entr'autres un fils d'Actor qui suivit Hercule dans son expédition contre les Amazones; & un autre, fils de Capanée

&

& d'Evadné, un des chefs des Grecs qui firent le siége de Troie.

STHENIAS, c'est-à-dire, *robuste*, surnom de Minerve.

STHENIUS. Les Argiens adoroient Jupiter sous ce nom.

STHENNYO, une des Gorgones. *V.* GORGONES.

STHENOBÉE, fille d'Iobate & femme de Prœtus. *Voyez* BELLÉROPHON.

STILBÉ, nymphe qui fut une des femmes d'Apollon.

STIMPHALE, & mieux STYMPHALE, lac d'une puanteur horrible, sur lequel Hercule tua à coups de fléches une quantité prodigieuse d'oiseaux sales qui incommodoient les environs.

STIMULA, déesse de la vivacité.

STIPHILUS ou STIPHELUS, un des Centaures qui furent tués aux noces de Pirithoüs.

STOPHÉE, surnom de Diane.

STRATIUS, c'est-à-dire, *belliqueux*, surnom de Jupiter. C'est aussi le nom d'un des fils de Nestor.

STRENA ou STRENÆ. Les Romains adoroient sous ce nom des divinités qui présidoient aux présens & aux profits qu'on n'attendoit pas.

STRENIA ou STRENUA, déesse de l'activité & de l'ardeur dans le travail, la même qu'Agénorie.

STRICTÉ, c'est-à-dire, *mouchetée*, une chienne d'Actéon.

STROPHADES, isle de la mer Ionienne, séjour des Harpies.

STROPHÆUS, surnom de Mercure.

STROPHIUS, roi de la Phocide, qui sauva Oreste de la cruauté de Clytemnestre. Oreste élevé avec Pylade, fils de ce prince, lui fut toujours uni par la plus tendre amitié.

STRYMON, fleuve entre la Thrace & la Macédoine, sur les bords duquel Orphée pleuroit la mort d'Eurydice.

STYGIUS JUPITER. C'est Pluton.

STYMPHALE. *Voyez* STIMPHALE.

R

STYMPHALIE. Diane étoit ainsi surnommée de Stymphale ville d'Arcadie, où elle avoit un temple.

STYRACITE, surnom d'Apollon, pris du culte qu'on lui rendoit sur le Styracion, montagne de Crète.

STYRITIS, surnom de Cérès honorée à Styre ville de la Phocide.

STYX, fleuve d'enfer. Il en faisoit neuf fois le tour. Lorsque les dieux avoient juré par ses eaux, ils n'osoient plus être parjures, ou s'ils révoquoient leur serment, ils étoient privés pendant cent ans de la divinité. C'étoit aussi le nom d'une divinité infernale qui présidoit à ce fleuve. Elle découvrit à Jupiter la conjuration des dieux contre lui; & ce fut pour la récompenser de ce bon office, qu'il voulut que ses eaux fussent respectées par les habitans du ciel, de la terre & des enfers. *Ovid. Métam. liv. 2.*

SUADA ou SUADELA. *Voyez* PITHO.

SUBDIALES. *Voyez* HYPÉTRES.

SUBIGUS & SUBJUGUS, dieux qu'on invoquoit dans les mariages.

SUBRUNCINATOR ou SUBBUNCATOR, un des dieux des laboureurs.

SUBSOLANUS, l'un des principaux vents, le même qu'Eurus.

SUCCUBES, mauvais Génies. On s'imaginoit qu'ils prenoient la forme de femmes pour séduire les hommes.

SUMMANUS, surnom de Pluton. Quelques-uns en font un dieu particulier qui présidoit aux éclairs & aux tonnerres de nuit. Il étoit extrêmement redouté, & plus révéré que Jupiter même.

SUNIAS, surnom de Minerve qui avoit un temple sur le promontoire de *Sunium* dans l'Attique.

SUOVITAURILIES. *Voyez* SOLITAURILIES.

SYCEATE, le même que Sycitès.

SYCÉE, un des Titans, qui fuyant la colere de Jupiter, fut reçu dans le sein de la terre, où il fut changé en figuier.

SYCITÈS, surnom de Bacchus.

SYLLIS, nymphe, une des femmes d'Apollon.

SYLVAIN, dieu des forêts. On le représente tenant un jeune cyprès à la main. On le confond souvent avec le dieu Pan & le dieu Faunus. C'est de son nom qu'on nomma Sylvains des divinités champêtres qui paroissent être les mêmes que les Faunes.

SYLVIA, RHEA-SYLVIA ou ILIA, reine d'Albe, & fille de Numitor. Elle fut enfermée avec les Vestales par Amulius son oncle, qui ne vouloit point de concurrent au trône. Mais un jour en allant puiser de l'eau dans le Tybre, dont un bras passoit alors à travers le jardin des Vestales, elle s'endormit sur le bord, & rêva qu'elle étoit avec le dieu Mars. Elle fut mere de Remus & de Romulus.

SYLVIUS, fils d'Enée, qui fut ainsi nommé parce qu'il nâquit dans une forêt.

SYMATHIUS heros. Acis est ainsi surnommé, parce qu'il étoit de la Sicile où coule le fleuve Simæthus.

SYMMAQUIE, surnom de Vénus.

SYMPLEGADES, deux gros rochers de la mer noire vers l'embouchure du Bosphore, très-peu séparés l'un de l'autre. Les poëtes en ont parlé comme de deux monstres qui se rapprochoient & s'entrechoquoient pour engloutir les vaisseaux qui s'engageoient dans ce passage.

SYNALLAXIS, une des nymphes Ionides.

SYNHODES. *Voyez* PARÈDRES.

SYNTHRONES. Les mêmes que les Synhodes & Parédres.

SYRA, célèbre divinité des Syriens, appellée par excellence la déesse Syrienne. On croyoit qu'elle étoit née sur les bords de l'Euphrate, d'un œuf couvé par une colombe. *Voyez* PHACÉTIS.

SYRÉNES. *Voyez* SIRÉNES.

SYRIA, la même que Syra.

SYRINX, nymphe d'Arcadie. Elle fut fort aimée du dieu Pan; & comme il la poursuivoit, elle implora le secours des Nayades ses sœurs sur les bords du fleuve Ladon, qui la prit sous sa protection &

la métamorphosa en roseau, dont Pan fit, dit-on, la premiere flûte.

TAN

T. *Cette lettre suspendue à la main d'un homme, voyez* OSIRIS. *A la main d'une femme, voyez* IO.

TAAUTÈS. *Voyez* TAUTÉS.

TACITA ou MUTA, déesse du silence.

TÆDIFERA dea, c'est-à-dire, *la déesse qui porte des torches*, surnom de Cérès, pris des recherches qu'elle fit de sa fille.

TAGÈS, petit-fils de Jupiter. Il n'étoit encore qu'enfant lorsqu'il enseigna aux Etruriens l'art de deviner. On dit qu'il étoit fils de Génius & que son nom étoit en grande vénération dans l'Etrurie. *Cic.*

TALAÏRE. *Voyez* ILAÏRE.

TALASION, TALASSION, TALASSUS ou TALASSIUS, qu'il faut écrire ainsi sans h, étoit regardé comme le dieu de l'innocence des mœurs qu'on portoit au mariage. *Voyez* THALASSIUS.

TALAUS, pere d'Adraste.

TALETON. On donnoit ce nom à un temple du Soleil qui étoit sur le mont Taygéte.

TALTHYBIUS, un des hérauts de l'armée des Grecs qui assiégerent Troie. *Homere.*

TALUS, neveu de Dédale. C'est le même qu'Acale. *Voyez* ACALE.

TAMBOUR. *Voyez* CORYBANTES, CYBÈLE.

TAMUZUS ou THAMMUZUS, un des dieux Syriens. On croit que c'est Adonis.

TANAGRA, fille d'Eole, donna son nom à une ville de Béotie.

TANAÏS, une des principales divinités des Arméniens. On croit que c'étoit Vénus.

TANFANA, déesse qui chez les Germains présidoit au sort par des baguettes.

TANTALE, fils de Jupiter & de la nymphe Plota.

Il enleva Ganymède, pour se venger de Tros, qui ne l'avoit point appellé à la premiere solemnité qu'on fit à Troie. Pour éprouver les dieux qui vinrent un jour chez lui, il leur servit à souper les membres de son fils Pélops; & Jupiter l'en punit en le condamnant à une faim & une soif perpétuelles. Mercure l'enchaîna, & l'enfonça jusqu'au menton au milieu d'un lac dans les enfers, & plaça auprès de sa bouche une branche chargée de fruits, laquelle se redressoit lorsqu'il en vouloit manger, & l'eau se retiroit lorsqu'il en vouloit boire.

Il y eut un autre Tantale, à qui Clytemnestre avoit été promise en mariage, ou même mariée avant qu'elle épousât Agamemnon.

C'étoit aussi, selon quelques auteurs, le nom du fils que Thyeste eut d'Erope femme de son frere Atrée, & dont celui-ci lui fit servir les membres dans un festin.

TANTALIDES; Agamemnon & Ménélas, arriere-petits fils de Tantale.

TANTALIS, Niobé, fille de Tantale.

TAPHIUS ou TAPHUS, fils de Neptune & d'Hippothoé, fut chef d'une troupe de fugitifs avec lesquels il alla s'établir dans une isle qu'il appella Taphus de son nom.

TAPISSERIES. *Voyez* PÉNÉLOPE, PHILOMELE, ARACHNÉ.

TARAN, TARANIS ou TARAMIS, noms sous lesquels les Celtes adoroient Jupiter à qui ils immoloient des victimes humaines.

TARAS, fils de Neptune, fonda la ville de Tarente en Italie.

TARAXIPPUS, dieu ou génie qui effrayoit les chevaux. Il étoit adoré dans l'Elide.

Ce fut aussi un surnom de Glaucus, fils de Sisyphe, qui dans des jeux fut mis en piéces par des jumens.

TARCHON, chef des Etrusques qui conduisit des secours à Enée contre Turnus.

TARDIPES, surnom de Vulcain, parce qu'il étoit boiteux.

TARPEIA, une des Vestales choisies par Numa.

TARPEIUS PATER. C'est Jupiter adoré à Rome sur le mont Tarpéien.

TARSOS, surnom de Jupiter, dont le culte étoit célèbre à Tarse, ville de Cilicie.

TARTARE. C'étoit, selon les poëtes, un lieu dans les enfers, où alloient ceux qui avoient mal vécu, pour y être tourmentés par toutes sortes de supplices.

TARTAREUS deus. C'est Pluton.

TARTAREUS custos ; le chien Cerbere.

TATIUS, roi des Sabins. Il fit alliance avec Romulus, contre qui il avoit fait long-tems la guerre, parce qu'il avoit enlevé les Sabines.

TAUREAU, l'un des douze signes du Zodiaque. Ce fut l'animal sous la figure duquel Jupiter enleva Europe, & qui, pour cela, fut mis au nombre des constellations. *V.* EUROPE, PASIPHAÉ, ARISTÉE, ACHÉLOUS, MILON, DIRCÉ, EGON, EGESTE, POLYDAMAS, ADDEPHAGUS.

TAUREUS & TAURICEPS, surnoms de Neptune, pris du bruit des flots de la mer, qui semblent meugler comme des taureaux.

TAURICORNIS, TAUROCEPHALE, TAUROCEROS, surnoms de Bacchus, qu'on représentoit avec des cornes de taureau. *Voyez* TAUROMORPHE.

TAURIDE. C'est improprement que plusieurs nomment ainsi la Chersonnèse Taurique. *Voyez* TAURIQUE.

TAURIES, fêtes en l'honneur de Neptune *Tauriceps*. Voyez *TAUREUS*.

TAURIQUE [Chersonnèse.] Cette presqu'isle, appellée aujourd'hui la Crimée, étoit habitée par des Scythes cruels qui immoloient des victimes humaines à Diane. On les nommoit Taures & Tauroscythes, d'ou on appelloit Taurique la presqu'isle où ils habitoient ; on donnoit aussi ce nom à Diane qui y étoit adorée.

TAUROBOLIE ou TAUROPOLIE, surnom de Diane, pris des croissans qu'on lui donne, comme attributs, & qui ont une sorte de ressemblance avec des cornes de taureau.

TAUROBOLION, sacrifice d'un taureau en l'honneur de Cybèle & des grands dieux. Il n'y en avoit point qui fussent accompagnés de cérémonies plus ridicules.

TAUROCEPHALE ou TAUROCEROS. *Voyez* TAURICORNIS.

TAUROMORPHE, c'est-à-dire, *qui ressemble au taureau*. On donnoit ce surnom à Bacchus, parce que le vin pris avec excès rend les hommes semblables à des taureaux furieux.

TAUROPHAGE. Bacchus étoit ainsi surnommé, parce qu'on donnoit un taureau pour prix des meilleurs dithyrambes. *Voyez* DITHYRAMBUS.

TAUROPOLIE. *Voyez* TAUROBOLIE.

TAUROPOLIES, fêtes en l'honneur de Diane-Tauropolie, soit à cause des croissans de la Lune, soit parce qu'elle étoit adorée par les Taures. *Voyez* TAURIQUE, TAUROBOLIE.

TAURUS, Crétois qui voyoit secrétement Pasiphaé femme de Minos, de qui il eut un fils. C'est ce qui a donné lieu à la fable du Minotaure.

TAYGETE, l'une des Pléiades.

Il y avoit aussi dans la Laconie une montagne de ce nom, célèbre par les fêtes qu'on y faisoit en l'honneur de Bacchus.

TECMESSE, jeune Phrygienne qui plut à Ajax dont elle étoit captive.

TEGEATICUS *ales*. C'est Mercure qui étoit d'Arcadie, où étoit la ville de Tégée.

TEGEA, Atalante, de Tégée.

TEGÆA *sacerdos*. C'est Carmenta, originaire de Tégée, ville d'Arcadie.

TEGEÆA *virgo*, Calisto, de Tégée ville d'Arcadie.

TEGÉEN, surnom de Pan, pris du culte qu'on lui rendoit à Tégée, ville d'Arcadie.

TEIA *musa*, *la muse Teïenne*. C'est Anacréon qui étoit de la ville de *Teium* en Paphlagonie.

R iv

TÉLAMON, fils d'Eaque. Il épousa Péribée, dont il eut le fameux Ajax. Il monta le premier à l'assaut, lorsqu'Hercule prit la ville de Troie sous le regne de Laomédon, & il eut Hésione pour sa récompense. Il fut aussi du nombre des Argonautes.

TELAMONIDES, TELAMONIADES & TE-LAMONIUS heros, Ajax, fils de Telamon.

TELCHINES. C'étoient des magiciens & des enchanteurs, à qui on attribuoit l'invention de plusieurs arts. On les mit au nombre des dieux après leur mort. On croit que c'est d'eux qu'Apollon a eu le surnom de *Telchinius*. Leur culte étoit célèbre surtout dans l'isle de Rhode, qui a été aussi nommée *Telchinia*. Quelques-uns croient qu'ils sont les mêmes que les Curétes.

TELCHINIUS. *Voyez* TELCHINES.

TELCHIUS, un des cochers de Castor & de Pollux.

TELEA. *Voyez* TELEUS.

TÉLÉGONE, fils d'Ulysse & de Circé, qui resta avec sa mere quand Ulysse sortit de l'isle de cette enchanteresse. L'oracle avoit prononcé qu'Ulysse périroit de la main de son fils ; ce qui le détermina, lorsqu'il fut arrivé dans son isle, à se démettre de sa couronne en faveur de Télémaque : après cela il s'exila sans rien dire, & alla dans un désert, ensorte qu'on crut qu'il étoit mort. Télégone étant devenu grand, obtint de Circé la permission d'aller voir son pere ; & lorsqu'il débarquoit, Ulysse ramassa dans la campagne quelques gens, à la tête desquels il se mit, pour s'opposer à la descente de Télégone, qu'il croyoit être un ennemi qui venoit surprendre l'isle d'Ithaque. On en vint aux mains, & Ulysse fut tué par son propre fils, lequel ayant connu son crime, quitta l'isle d'Ithaque, & vint en Italie, où il bâtit la ville de *Tusculum*. *Ovid*. 1 *Fast*.

Il y eut un géant de ce nom, grand ami de Tmolus.

Ce fut aussi le nom d'une fille de Pharis, qui épousa Alphée.

TÉLÉMAQUE, fils unique d'Ulysse & de Pénélope. Il n'étoit encore qu'au berceau lorsque son pere partit pour le siége de Troie. Aussi-tôt qu'il fut à l'âge de quinze ans, il alla courir les mers, accompagné de Minerve, sous la figure de Mentor, son gouverneur, pour chercher son pere. Pendant ce voyage, il courut beaucoup de risque, & retrouva enfin Ulysse à son retour dans l'isle d'Ithaque. Quelque tems après que son pere se fut démis de la couronne, il alla voir Circé, à qui il s'étoit attaché pendant son voyage, & l'épousa, dit-on mal-à-propos, dans le tems que Télégone époufoit Pénélope, & qu'il venoit de tuer son pere. *Voyez* TÉLÉGONE.

TELEME, fils d'Eurymus, avoit prédit à Polyphème qu'Ulysse lui créveroit l'œil unique qu'il avoit au milieu du front. *Ovid.*

TELEPHASSA, femme d'Agénor, & mere d'Europe & de Cadmus.

TELEPHE, fils d'Hercule & d'Augé. Ayant été abandonné par sa mere, il fut trouvé sous une biche qui l'allaitoit. Teuthras, roi des Mysiens, l'adopta pour son fils; & lorsqu'il fut en âge de porter les armes, il entreprit de s'opposer aux Grecs qui alloient à Troie: mais Achille le blessa & Téléphe ne put être guéri qu'après avoir fait alliance avec ce prince, & avoir mis sur la plaie un onguent fait de la rouille de la lance dont il avoit été blessé.

TELESPHORE ou EVEMERION, médecin qui fut célèbre dans son art & dans celui de deviner. Les Grecs en firent un dieu.

TELESTO, nymphe, fille de l'Océan & de Téthys.

TELETHUSE, femme de Lygdus & mere d'Iphis, qui de fille fut métamorphosée en garçon.

TELEUS, c'est-à-dire, *parfait* ou *adulte*. On invoquoit Jupiter sous ce nom dans les cérémonies du mariage. On y donnoit aussi le nom de *Telea* à Junon.

TELIFER puer, c'est-à-dire, *l'enfant qui porte des traits.* C'est Cupidon.

TELLUMON, dieu qui présidoit aux productions de la terre.

TELLURUS, dieu de la terre.

TELLUS ou LA TERRE, femme du Ciel. On la repréſentoit ſous la figure d'une femme toute couverte de mammelles. C'eſt la même que Cybèle.

TELMESSUS, fils d'Apollon, fonda la ville de Telmeſſe, dont les habitans furent célèbres par leur habileté dans l'art des augures.

TELON, roi de Caprée, épouſa la nymphe Sébéthis, de laquelle il eut un fils nommé Œbalus.

TELPHISSE, nymphe, fille de Ladon, donna ſon nom à une fontaine dont l'eau étoit ſi froide, que Tireſias mourut après en avoir bu.

TEMENUS, fils de Phégée & frere d'Arſinoé. *Voyez* ALCMÉON.

TEMENITES, ſurnom d'Apollon. *Cic.*

TEMERUS brigand qui fut tué par Théſée.

TEMESÆUS ou TEMESIUS GENIUS. On donna ce nom au ſpectre de Temeſſe, ville d'Italie. *Voyez* LYBAS.

C'étoit auſſi le nom d'un héros grec à qui on rendoit des honneurs divins.

TEMPÉ, vallée dans la Theſſalie entre les monts Oſſa & Olympe. C'étoit la plus belle & la plus charmante de tout l'univers. Les dieux & les déeſſes alloient s'y promener & s'y réjouir. Il y avoit dans la Béotie une autre vallée de même nom, qu'Ovide caractériſe par le mot *Cycneia*, à cauſe de la métamorphoſe qui s'y fit, de Cycnus en cigne.

TEMPÉRANCE, divinité allégorique qu'on repréſente ſous la figure d'une femme tenant un frein ou une coupe.

TEMPESTE. Les Romains en avoient fait une divinité. *Ovid.*

TEMPS, divinité poëtique. *Voyez* SATURNE.

TENARE, fameux promontoire dans le Péloponèſe, au pied duquel on croyoit qu'on pouvoit deſcendre aux enfers par des cavernes profondes & obſcures. C'eſt de-là que les poëtes ſe ſervent quelquefois du mot *Tenare* pour déſigner les enfers. Il y avoit un temple de Neptune, ſurnommé *Tænarium*, qui ſervoit d'aſyle inviolable pour les malheureux.

TENEDOS, isle de la mer Egée, célèbre par le culte qu'on y rendoit à Apollon & à Ténès.

TENERUS, fils d'Apollon.

TENÈS ou TENUS, fils de Cycnus. Ayant été enfermé tout jeune dans un coffre, & jetté dans la mer, les flots le porterent dans une isle qu'on appelloit Leucophrys, & qui depuis fut nommée Tenedos. Il fut révéré comme un dieu dans cette isle. *Voyez* PHILONOMÉ.

TERAMBUS, fils de Neptune, le meilleur musicien de son tems. Fier de son talent, il osa insulter des nymphes, qui le firent périr misérablement, & le changerent en un insecte semblable à l'escarbot.

TERÉE, roi de Thrace, fils de Mars. Il fut métamorphosé en épervier. *Voyez* PHILOMÈLE.

TERENTE, endroit du champ de Mars où étoit un autel dédié aux dieux infernaux, & tout-à-fait enfoncé dans la terre dont il étoit couvert. On ne retiroit cette terre que pendant les jeux séculaires, & on la remettoit aussi-tôt qu'ils étoient finis. *Ovid.*

TERGEMINA. *Voyez* TRIFORMIS.

TERGEMINUS, surnom de Cerbère & de Geryon.

TERME, divinité qui présidoit aux limites des champs. Lorsque les dieux voulurent céder la place du Capitole à Jupiter, ils se retirerent dans les environs par respect; mais le dieu Terme demeura à sa place. On le représentoit sous la forme d'une tuile, ou d'une pierre quarrée, ou d'un pieu fiché en terre.

TERMINALIES, fêtes en l'honneur du dieu Terme & de Jupiter-*Terminalis*.

TERMINALIS, surnom de Jupiter à qui les bornes des champs étoient consacrées.

TERPSICHORE, l'une des neuf muses, déesse de la musique & de la danse. On la représente sous la figure d'une fille couronnée de guirlandes, tenant une harpe & des instrumens de musique autour d'elle.

TERRE ou TELLUS. *Voyez* TELLUS.

TERREUR ou *FORMIDO*. On en avoit fait une

déesse qu'on représentoit sous la figure d'une femme avec une tête de lion.

TERRIGENÆ fratres, c'est-à-dire *les freres-nés de la Terre* : les Titans.

TÊTE coupée ou couverte de serpens. *Voyez* MÉDUSE, PERSÉE, EUMÉNIDES, NÉMÉSIS : *trois têtes, une d'un gros paysan, une de cheval, & une autre de chien sur un corps de femme.* V. HÉCATE.

TÉTHRAS. *Voyez* TEUTHRAS.

TÉTHYS, fille du Ciel & de la Terre, & femme de l'Océan, qui en eut un grand nombre de nymphes, appellées Océanitides ou Océanies, du nom de leur pere. On la représente ordinairement sur un char en forme de coquille, traîné par des dauphins. Il ne faut pas confondre cette Téthys avec Thétis fille de Nerée. *Voyez* THÉTIS.

TEUCER, roi de la Troade, & ayeul de Tros. Il donna son nom aux Troyens, appellés aussi Teucriens.

Il y eut un autre Teucer, fils de Télamon & d'Hésione, lequel fut chassé de son pays pour n'avoir pas vengé la mort d'Ajax sur Ulysse.

TEUCRIE & TEUCRIENS. On appelloit ainsi Troie & les Troyens, du nom de Teucer, l'un de leurs rois.

TEUCRIS, fille de Teucer, qui fut femme de Dardanus.

TEUMESIUS leo. C'est le lion de Némée, ainsi appellé de la forêt Teumesus où il étoit.

TEUTADAMAS, pere de Pelasgus.

TEUTATÈS, TAAUTES, THEUT, THOYS, THOYT, THEUTUS ou THOT. Différens noms de Mercure, qui étoit adoré sous celui de Teutatès dans les Gaules, où on lui immoloit des victimes humaines. Son culte avoit commencé en Egypte, où il avoit regné sous le nom d'Athotès ou de Thot. Après sa mort, les Egyptiens le révérerent comme un dieu, & lui donnerent le chien pour symbole. Ils le représentoient sous la figure d'un homme avec une tête de chien, qui en égyptien se nommoit Anubis. C'est aussi le nom qu'on donna à Thot lui-même, confondant le symbole avec l'objet qu'il représentoit. *Hist. du Ciel*, &c.

TEUTHIS, prince d'une contrée d'Arcadie, partit avec les Grecs pour le siége de Troie ; mais étant au port d'Aulis, il eut avec Agamemnon un démêlé qui lui fit prendre la résolution de se retirer. Comme il étoit transporté de colere, il blessa Pallas, qui sous la figure d'un Grec, vouloit le retenir.

TEUTHRANTIA *turba*. Ovide désigne ainsi les cinquante filles de Teuthras.

TEUTHRAS ou TETHRAS, fils de Pandion roi de Cilicie & de Mysie. On dit qu'il avoit cinquante filles, & qu'Hercule les épousa toutes. *Voyez* AUGÉ, TÉLEPHE, THESPIS.

TEUTON. *Voyez* TUISTON.

THALAMÉ. On donnoit ce nom à l'endroit des temples où se rendoit les oracles.

THALASSIUS ou TRALASSUS, dieu des noces, le même qu'Hymen. Quelques-uns croient que ce n'étoit qu'un cri de joie qu'on répétoit souvent dans les mariages. Voyez-en l'origine dans Tite-Live, liv. 1. *Voyez* TALASIN.

THALIE, l'une des neuf Muses. Elle présidoit à la comédie & à la poësie lyrique. On la représente sous la figure d'une jeune fille couronnée de lierre, tenant un masque à sa main, & chaussée avec des brodequins.

L'une des Graces se nommoit Thalie.

C'étoit aussi le nom d'une des Néréides, & celui d'une autre nymphe: *Voyez* THÉALIE.

THALYSIES, sacrifices qu'on faisoit pendant les fêtes Airéennes.

THALLO, fille de Saturne & de Thémis, étoit une des Heures.

C'étoit aussi une divinité qui présidoit au germe & à l'accroissement des plantes.

THAMIMASADÈS, nom sous lequel les Scythes adoroient Neptune.

THAMMUS, THAMMUZ ou THAMMUSUS, un

des dieux des Syriens, le même que Tamuzus.

THAMYRAS ou THAMYRIS, petit-fils d'Apollon. Il étoit si vain, qu'il osa défier les Muses à qui chanteroit le mieux; & convint avec elles, que s'il les surpassoit, elles le reconnoîtroient pour leur vainqueur; qu'au contraire, s'il en étoit vaincu, il s'abandonneroit à leur discrétion. Il perdit: les Muses lui crevèrent les yeux, & lui firent oublier tout ce qu'il savoit.

THARANIS, le même que Taran.

THARGELIES, fêtes Athéniennes en l'honneur d'Apollon & de Diane.

THAROPS, ayeul d'Orphée, que Bacchus fit roi de Thrace.

THARTRAC, idole des Syriens.

THASIUS, surnom d'Hercule.

THAUMANTIA, THAUMANTEA, THAUMANTIAS ou THAUMANTIS, c'est-à-dire, l'admirable, ou fille de Tháumas, surnom d'Iris.

THAUMAS, fils de la Terre, & pere d'Iris & des Harpies.

THEA, une des nymphes Océanitides.

THEAGENE. Voyez CHARICLÉE.

THÉALIE OU THALIE, mere des dieux Paliques. Voyez PALIQUES.

THEANO, femme d'Anténor, & prêtresse de Pallas. Ce fut elle qui livra le Palladium aux Grecs.

THEBAIS, surnom d'Andromaque. V. EÉTION.

THÉBÉ, fille d'Asope & femme de Mars. Voyez THÉBES.

THÉBES, ville fameuse de Béotie en Grèce. Elle fut ainsi appellée de Thébé, femme de Mars, laquelle étoit reine de cette contrée. On conte qu'Amphion la rebâtit au son de sa lyre. V. AMPHION. Ce qui a donné lieu à cette fable, est qu'Amphion roi du pays, persuada par son éloquence aux peuples qui habitoient les campagnes & les rochers des environs, de venir demeurer dans sa ville. Cadmus en a été le premier fondateur.

THÉÉDYNATES. Voyez DIVIPOTES.

THEIA ou THIA, déesse, mere du Soleil & de la Lune. *Voyez* THIA.

THELESPHORE. *Voyez* TELESPHORE.

THELETUSE. *Voyez* TELETHUSE.

THELPUSE. C'est la même que Telphisse.

THELXIOPE, une des Sirénes.

THEMENITÈS, le même que Temenitès.

THÉMIS, fille du Ciel & de la Terre, & déesse de la justice. On la représente ordinairement avec une balance à la main & un bandeau sur les yeux. Ayant refusé d'épouser Jupiter, ce dieu la soumit à sa volonté, & eut d'elle la Loi & la Paix. Jupiter plaça sa balance au nombre des douze signes du Zodiaque. Quelques-uns la représentent tenant une épée à la main.

On a aussi donné le nom de Thémis à Carmente, mere d'Evandre.

THEMISTA. *Voyez* THEMISTIADES.

THEMISTIADES, nymphes qui prédisoient l'avenir. Elles étoient ainsi appellées du nom de Carmente, surnommée Thémis ou Themista, fameuse devineresse.

THÉMISTO, femme d'Athamas. Elle fut si piquée de ce qu'Athamas l'avoit répudiée, & qu'il avoit épousé Ino, qu'elle résolut de s'en venger, en massacrant Léarque & Mélicerte enfans d'Ino. Mais la nourrice avertie de ce dessein, donna les habits de ces deux princes aux enfans de Thémisto qui massacra ainsi ses propres fils. Elle se poignarda dès qu'elle eut reconnu son erreur.

THEOCLYMENE, devin qui prédit à Pénélope le retour d'Ulysse.

THEODAMAS, pere d'Hylas. Il fut tué par Hercule, à qui non-seulement il avoit refusé l'hospitalité, mais qu'il avoit encore osé attaquer. Hercule emmena Hylas, pour qui il eut la plus tendre amitié.

THEŒNUS, c'est-à-dire, *dieu du vin*, surnom de Bacchus, d'où les fêtes Théœnies.

THÉŒNIES. *Voyez* THEŒNUS.

THEOGAMIES, fêtes en mémoire de l'enlévement de Proserpine.

THEONOÉ. *Voyez* LEUCIPPE.

THEOPHANE, fille que Neptune épousa, & qu'il métamorphosa en brebis. Elle fut mere du fameux bélier à la toison d'or.

THEORIUS, surnom d'Apollon.

THEOXENIES; fêtes instituées par Castor & Pollux en l'honneur de tous les dieux.

THEOXENIUS, c'est-à-dire, *le dieu hospitalier*, surnom d'Apollon.

THERAPNÉ, ville de Laconie, lieu de la naissance de Castor, de Pollux & d'Héléne.

THERAPNÉENS, surnom de Castor & de Pollux. *Voyez* THERAPNÉ.

THERITAS, c'est-à-dire, *féroce*, surnom de Mars.

THERMESIE, surnom de Cérès.

THERMODOON, fleuve de Thrace célèbre par les Amazones qui habitoient sur ses rives.

THERODAMAS, roi de Scythie, qui nourrissoit des lions de sang humain pour les rendre plus cruels ; ce qui a fait dire à Ovide *Therodamanteos leones*.

THERON, c'est-à-dire, *qui chasse bien*, nom d'un chien d'Actéon.

THERSANDRE, fils de Polynice, alla au siége de Troie.

THERSILOQUE, fils d'Anténor. Il fut tué au siége de Troie.

THERSITE, Grec lâche & insolent, qu'Achille piqué de ses injures, tua d'un coup de poing. Il étoit si laid, qu'il étoit passé en proverbe pour exprimer un visage hideux, de dire que c'étoit *une face de Thersite*.

THÉSÉE, fils d'Egée & d'Ethra, fille de Pitthée. Il donna pendant sa vie des marques d'une valeur extraordinaire, & marcha sur les traces d'Hercule. Il dompta plusieurs monstres, comme le Minotaure, dont il devoit être la proie. *Voyez* MINOTAURE. Il enleva plusieurs femmes, comme Héléne, Ariane, Phédre & d'autres; mais il les rendoit lorsqu'elles ne consentoient pas à leur enlévement. Il en abandonna quelques-unes, entr'autres, Ariane, & descendit aux enfers avec Pirithoüs pour l'aider à enlever Proserpine. Mais il y fut condamné par Pluton à être attaché à une pierre, & y demeura jusqu'à ce qu'Hercule, envoyé par Eurysthée, alla l'en délivrer: il tenoit si fort à cette pierre, qu'il y laissa de sa peau. Il dompta les Amazones, & fit prisonniere leur reine Antiope, ou Hippolyte, qu'il épousa, & dont il eut un fils nommé Hippolyte. Il abandonna ce fils à la fureur de Neptune, ayant cru trop légérement les accusations calomnieuses de Phédre. Les Epirotes le firent prisonnier, & le firent beaucoup souffrir dans sa prison, pendant laquelle Ménesthée arriere-petit-fils d'Erechthée, s'empara de ses états. Etant de retour, il le chassa du trône, y remit ses enfans, & gouverna parfaitement son peuple. On dit qu'il mourut à Athènes, & que les Athéniens lui dresserent des autels.

THÉSEÏDES ou THESIDES. On appelloit ainsi les Athéniens, du nom de Thésée qui avoit été leur roi. Ce nom au singulier, est pour Hippolyte fils de Thésée.

THÉSEIES ou THESÉENNES, fêtes en l'honneur de Thésée.

THESEÏUS heros. C'est Hyppolite, fils de Thésée.

THESMOPHORE, c'est-à-dire, *législatrice*, surnom de Cérès qui apprit aux hommes à vivre en société, & leur donna des loix.

THESMOPHORIES, fêtes en l'honneur de Cérès. Thesmophore.

THESPIADES. Les Muses étoient ainsi surnommées, parce qu'on leur rendoit de grands honneurs à Thespie, ville de Béotie. Les enfans qu'Hercule eut des filles de Thespis, furent aussi appellées Thespiades.

THESPIS ou THESPIUS, fils d'Erechthée. On dit qu'il fut pere de cinquante filles, qui furent toutes femmes d'Hercule. *Voyez* THEUTRAS.

THESTIADES, Toxée & Pléxippe fils de Thestius & oncles de Méléagre.

THESTIUS, fils de Parthaon, & pere d'Althée mere de Méléagre; qui pour cela est aussi appellée *Thestias*.

THESTOR. *Voyez* LEUCIPPE. On dit qu'il fut pere de Calchas, & qu'il s'étoit rendu fort célèbre dans l'art de deviner.

THESTORIDES, Calchas, fils de Thestor.

THÉTIS, fille de Nérée & de Doris, étoit si belle, que Jupiter vouloit l'épouser; mais il ne le fit pas, parce que Prométhée avoit prédit qu'elle seroit mere d'un fils, qui devoit être un jour plus grand & plus illustre que son pere. On la maria avec Pélée, dont cette déesse eut Achille. Jamais noces ne furent plus brillantes que celles-là : tout l'Olympe, les divinités infernales, aquatiques & terrestres s'y trouverent, excepté la Discorde qui n'y fut pas invitée; laquelle, pour se venger, jetta sur la table une pomme d'or avec cette inscription : *A la plus belle*. Junon, Pallas & Vénus la disputerent, & s'en rapporterent à Pâris, qui donna la pomme à Vénus. Lorsqu'Achille fut contraint d'aller au siége de Troie, Thétis alla trouver Vulcain, & lui fit faire des armes & un bouclier, dont elle fit présent elle-même à son fils : elle le garantit souvent de la mort pendant le siége.

Cette Thétis n'est pas la mere des nymphes Océanitides. *Voyez* TÉTHYS.

THEURGIE ou MAGIE BLANCHE. On donnoit ce nom à celle qu'on employoit pour des fins honnêtes & salutaires, comme on appelloit Géotie ou Magie noire, celle où l'on ne se proposoit que de faire du mal.

THEUT, THEUTATES ou THEUTUS. *Voyez* TEUTATÈS.

THIA, femme d'Hyperion, & mere du Soleil, de la Lune & d'Aurore.

THISBÉ. *Voyez* PYRAME.

THISIPHONE. *Voyez* TISIPHONE.

THISOA, une des nymphes qui prirent soin de l'enfance de Jupiter. Elle étoit en grande vénération dans l'Arcadie.

THOAS, roi de la Cherfonnèfe Taurique. Il fut tué par Orefte. *Voyez* IPHIGÉNIE & ORESTE.

Il y eut un autre Thoas, fils de Bacchus, & pere d'Hypfipyle.

THOÉ, nymphe, fille de l'Océan & de Téthys. C'étoit auffi le nom d'une jument d'Admète.

THONIUS, Centaure, fils d'Ixion & de la Nue.

THOON, Troyen tué par Ulyffe.

THOOSA, nymphe que Neptune époufa, & dont il eut le géant Polyphême.

THOR, le même que Taran.

THORATÈS ou THORNAX, furnom d'Apollon.

THOUS, prince Troyen de la famille de Priam. Il fut tué au fiége de Troie.

C'eft auffi le nom d'un chien d'Actéon : il fignifie *leger à la courfe*.

THOT, THOYS ou THOYT. *Voyez* TEUTATÈS.

THOXEUS, fils d'Euryte & frere d'Iole. Il y en eut un autre, fils de Theftius.

THRACE, grande contrée de l'Europe auquel Thracia, fille de Mars, donna fon nom. D'autres difent que ce fut Thracé, fille de Titan.

THRASEAS ou THRASIUS, célèbre Augure, qui étant allé à la cour de Bufiris, tyran d'Egypte, dans un tems d'une extrême féchereffe, lui dit qu'on auroit de la pluie, s'il faifoit immoler les étrangers à Jupiter. Bufiris lui ayant demandé de quel pays il étoit, & ayant connu qu'il étoit étranger : *Tu feras le premier*, lui dit-il, *qui donneras de l'eau à l'Egypte* : & auffi-tôt il le fit immoler.

THREÏCIUS *facerdos* C'eft Orphée, parce qu'il demeuroit dans la Thrace. *Virg.*

THREISSA, furnom d'Opis, parce qu'elle étoit de Thrace. *Virg.*

THULÉ. Les anciens nommoient ainfi une ifle qu'ils regardoient comme l'extrêmité du monde. On croit que c'eft l'Iflande.

THURAS, THURRAS ou TURIUS, un des dieux des Assyriens. On croit que c'est Mars.

THYA, une des femmes d'Apollon.

THYADES ou THYIADES, c'est-à-dire, *furieuses*. On donnoit ce nom aux prêtresses de Bacchus. *V.* THYIA.

THYAS. Voyez THYIAS.

THYASE, sorte de danse en l'honneur de Bacchus.

THYELLA, une des Harpies.

THYESTE, fils de Pélops & d'Hippodamie, & frere d'Atrée. Il fut incestueux avec sa belle-sœur Erope, femme d'Atrée, lequel, pour s'en venger, mit en piéces l'enfant qui en étoit né, & en fit servir les membres à Thyeste dans un festin. On dit que le soleil ne parut pas ce jour-là sur l'horison, pour ne point éclairer une action aussi détestable.

THYESTIADES, Egisthe, fils de Thyeste.

THYIA, fille de Deucalion, que Jupiter épousa & dont il eut Macédon. Il y en eut une autre, si peut-être ce n'est la même, qui fut la premiere initiée aux mysteres de Bacchus dont elle fut prêtresse. On croit que c'est de son nom que les autres prêtresses de Bacchus furent appellées Thyiades ou Thyades.

THYIADES. *Voyez* THYADES.

THYIAS ou THYAS, prêtresse de Bacchus. *V.* THYIA.

THYIES, fêtes en l'honneur de Bacchus.

THYMBRÆUS, surnom d'Apollon, pris du culte qu'on lui rendoit à Thymbra, ville de la Troade.

THYMŒTÈS, fils de Priam, ou plutôt un de ses sujets, dont on dit que la femme étant accouchée le même jour que Pâris nâquit d'Hécube, on tua son fils à la place de Pâris que Priam avoit condamné à périr pour prévenir les maux dont l'oracle avoit prédit qu'il seroit cause. On ajoute que, pour s'en venger, Thymœtès se mit d'intelligence avec les Grecs, & qu'il leur facilita les moyens de se rendre maîtres de Troie.

THYONÉ, mere de Sémélé, & aïeule de Bacchus.

THYONEUS, surnom de Bacchus. *V.* THYONÉ.

THYRSE, baguette ou pique entourée de pampre, de raisins & de lierre, avec une pomme de pin au bout. Les Bacchantes, Bacchus & ses prêtres en tenoient toujours dans leurs mains.

TIBÉRINUS SYLVIUS, fils d'un roi des Albains, qui se noya dans un fleuve auquel il donna son nom, & dont il fut regardé comme le dieu.

TIBERIS, le même que Tibérinus.

TIBURTUS, l'ainé des fils d'Amphiaras, vint avec ses freres en Italie où ils bâtirent une ville qui fut appellée Tibur. On lui érigea un autel dans le temple d'Hercule de cette ville, un des plus célèbres d'Italie.

TIGRES. *Voyez* BACCHUS, ADMÈTE.

TIMANDRE, fille de Léda & sœur de Clytemnestre. Elle fut l'aïeule d'Evandre.

TIMANTHE, peintre fameux, qui dans un tableau du sacrifice d'Iphigénie, après avoir donné à ses personnages tous les traits de la plus vive douleur, n'en trouvant point d'assez forts pour Agamemnon, lui mit un voile sur le visage.

TIMARATE, une des trois vieilles qui présidoient à l'oracle de Jupiter de Dodone. Les deux autres étoient Proménie & Nicandre. Elles furent changées en colombes.

TIMESIUS, héros grec, fut révéré comme un dieu dans la ville d'Abdère, dont il avoit jetté les premiers fondemens.

TIMOR, dieu de la crainte. On le distinguoit de *Pavor.*

TIMORIE, déesse particulièrement adorée par les Lacédémoniens.

TIPHOÉ ou TIPHON. *Voyez* TYPHON.

TIPHYS, fameux pilote qui conduisit le navire Argo sur lequel étoient les Argonautes pour aller conquérir la toison d'or.

TIRÉSIAS, Thébain & fameux devin. Ayant un jour vu deux serpens ensemble sur le mont Cythéron, il tua la femelle, & fut sur le champ métamorphosé en femme. Sept ans après, il trouva deux autres serpens de même, tua le mâle, & redevint homme auſſi-tôt. Jupiter & Junon, diſputant un jour ſur les avantages de l'homme & de la femme, prirent Tiréſias pour juge, qui décida en faveur des hommes; mais il ajouta que les femmes étoient cependant plus ſenſibles. Jupiter, par reconnoiſſance, lui donna la faculté de lire dans l'avenir; mais Junon mécontente du jugement, l'en punit en le rendant aveugle.

TIRYNS, fils d'Argus, bâtit la ville de Tirynthe dans le Péloponèſe.

TIRYNTHIUS, ſurnom d'Hercule, parce qu'il étoit originaire de la ville de Tirynthe. C'eſt auſſi pour la même raiſon qu'Ovide nomme *Tirynthia*, Alcmène, mere d'Hercule.

TISAMENE, fils d'Oreſte, regna après ſon pere à Argos, d'où il fut chaſſé par les Héraclides. Ce fut auſſi le nom d'un fameux devin, & celui d'un fils de Therſandre.

TISIPHONE, l'une des trois Furies infernales. *Voyez* EUMÉNIDES.

TISIS, Meſſénien, habile dans l'art des augures.

TISON. *Voyez* MÉLÉAGRE ou ALTHÉE.

TITAN, fils du Ciel & de la Terre. *V.* SATURNE. Ses enfans étoient des géans qu'on appelloit auſſi Titans, du nom de leur pere. *Voyez* TITEA.

On donne le nom de Titan au Soleil, ſoit parce qu'on l'a cru fils d'Hypérion l'un des Titans, ſoit parce qu'on l'a pris pour Hypérion même. *Voyez* HYPÉRION.

TITANIA, Pyrrha, petite-fille de Japet un des Titans. C'eſt auſſi un ſurnom de Diane, comme Phœbus ou le Soleil étoit ſurnommé Titan. *Voyez* TITAN. *Titania* eſt encore Circé fille de Titan.

TITANIS, Latone, petite-fille de Cœus, un des Titans.

TITARESE ou TITARESIUS, fleuve de Theſſalie, dont on croyoit que les eaux venoient du Styx.

TITEA, l'une des femmes de Cœlus, laquelle en eut dix-ſept enfans nommés Titans du nom de leur mere. Les Mythologues paroiffent diftinguer ces Titans des fils de Titan fils de Saturne. On croit que Titea eft la même que Tellus.

TITHENIDIES, fêtes que les nourrices célébroient à Lacédémone en l'honneur de Diane.

TITHIUS ou TITYUS, géant prodigieux, fils de Jupiter. Il nâquit dans une caverne, où fa mere s'étoit cachée pour fuir la colere de Junon. Apollon & Diane le tuerent à coups de fléches, parce qu'il avoit perdu le refpect à Latone. Son corps couvroit neuf arpens de terre, & il fut condamné au même fupplice que Prométhée.

TITHON, fils de Laomédon. *Voyez* AURORE.

TITHONIA *conjux*. C'eft Aurore.

TITHORÉE, nymphe qui donna fon nom à une ville de Béotie.

TITHRAS, fils de Pandion.

TITIAS, héros Grec à qui on décerna des honneurs divins.

TITIE, déeffe particulièrement révérée par les Myléfiens. C'eft la même que Titea.

TITIENS. On donnoit ce nom à une fociété de prêtres d'Apollon, *Titii Sodales*, qui exerçoient l'art des augures.

TITIRES. On donnoit ce nom à certains Génies de la fuite de Bacchus.

TITYUS ou TITYON, le même que Tithius.

TLEPOLÈME ou TLEPTOLÈME, fils d'Hercule, qui ayant tué fon oncle Licymnius, fils de Mars, fut obligé de fuir, & vint s'établir dans l'ifle de Rhode. Il alla au fiége de Troie, où il fut tué par Sarpédon.

TLESIMENE, pere d'Aulon.

TMOLUS, montagne de Phrygie, fameufe par fon fafran, & par le culte qu'on y rendoit à Bacchus.

Il y eut un géant de ce nom, lequel accompagné de Télégone autre géant, maffacroit tous les paffans : mais Protée s'étant transformé en fpectre, les épouvanta de telle forte, qu'ils ne tuerent plus perfonne.

Toile. *V.* Philomèle, Arachné, Pénélope.

Toison d'or. *Voyez* Phryxus, Jason.

Tolumnius, augure du camp de Turnus qui se distinguoit dans les combats.

Tombeau. *V.* Anchise, Achille, Mausole.

Tomos, d'un verbe grec qui signifie *couper en morceaux*, ville de Pont, ainsi appellée, parce que ce fut-là, dit-on, que Médée mit en piéces son frere Absyrte. Cette ville fut depuis célèbre par l'exil d'Ovide.

Tonées, fêtes en l'honneur de Junon.

Tonneau. *Voyez* Bacchus.

Tonnant, surnom de Jupiter.

Tonnerre. Il a été adoré comme un dieu. *Voyez* Bidental, Putéal.

Torche ardente. *Voyez* Discorde, Bacchantes, Némésis, Cérès.

Tortor, c'est-à-dire, *Bourreau*, surnom d'Apollon pris d'un temple qu'il avoit à Rome dans une rue où l'on vendoit les fouets dont on se servoit pour punir les criminels.

Tortue. *Voyez* Paresse.

Tour. *Voyez* Danaé. *Sur la tête d'une femme*, *voyez* Cybèle, Io.

Toxophore, c'est-à-dire, *qui porte un arc*, surnom d'Apollon.

Trachinius, Ceyx est ainsi surnommé, parce qu'il étoit de la ville de *Trachis*, aussi appellée Heraclée, en Thessalie.

Tranquilité. On en avoit fait une divinité.

Travail, fils de l'Erebe & de la Nuit.

Travaux d'Hercule. *Voyez* Hercule.

Trépied sacré. Ce trépied soutenoit une espece de petite table, ordinairement d'or ou d'argent, sur laquelle les prêtres & les prêtresses d'Apollon se plaçoient pour rendre leurs oracles. Apollon avoit couvert celui de Delphes de la peau du serpent Python. *Voyez* Pythonisse.

Trestonie, déesse qu'on invoquoit contre la lassitude dans les voyages.

Trezene,

TREZENE, fils de Pélops, bâtit dans le Péloponèse une ville à laquelle il donna son nom.

TRICCÆUS, surnom d'Esculape, pris du culte qu'on lui rendoit dans la ville de Tricca en Macédoine où il étoit né.

TRICEPHALE ou TRICEPS, c'est-à-dire, *qui a trois têtes*, surnom de Mercure pris des différentes fonctions qu'on lui attribuoit au ciel, sur la terre & dans les enfers. C'étoit aussi un surnom de Diane. *Voyez* TRIFORMIS.

TRICLARIA, surnom de Diane. *V.* EURYPILE.

TRICTIRIES ou TRICTYES, sacrifices en l'honneur de Mars-*Enyalius*.

TRIDENT. *Voyez* NEPTUNE, AJAX.

TRIDENTIFER ou TRIDENTIGER, c'est-à-dire, *armé d'un trident*. C'est Neptune.

TRIETERIQUES ou TRIENNALES. On appelloit ainsi des fêtes de Bacchus qu'on célébroit tous les trois ans.

TRIFORMIS, c'est-à-dire, *qui a trois formes*, surnom de la Chimere. On surnommoit encore ainsi Diane, considérée comme la lune dans ses trois principaux aspects, lorsqu'elle est nouvelle avec ses croissans, au second quartier, lorsque la moitié de son globe paroît éclairé, & à la pleine lune. On lui donnoit encore ce surnom, comme ceux de *Tergemina* & de *Triceps*, considérée comme Hécate avec ses trois têtes. *Voyez* HÉCATE, CHIMERE.

TRIGLA. C'étoit un endroit d'Athènes, où l'on offroit à Hécate un mulet, poisson de mer que les Grecs appelloient Trigla; d'où elle étoit surnommée Triglantyne & Trigline.

TRINOCTIUS, surnom d'Hercule, pris de la longueur de la nuit, qui dura, dit-on, autant que trois autres, lorsque Jupiter vint voir Alcmène.

TRIOCULUS, c'est-à-dire, *qui a trois yeux*, surnom de Jupiter qu'on représentoit quelquefois avec trois yeux, deux à leur place ordinaire, & un au milieu du front.

TRIONES. Ce mot signifie proprement des *bœuf*

de charrue. On donna ce nom aux étoiles qui forment les constellations des deux ourses que Virgile appelle *Gemini Triones*, comme si ces étoiles étoient autant de bœufs qui labourassent le Pole Arctique, où on les voit toujours. Par *septem Triones*, on entend la grande ourse, constellation dont les sept principales étoiles forment ce qu'on appelle ordinairement le charriot, les quatre premieres paroissant faire les quatre roues, & les trois autres, le timon. *Voyez* CALISTO.

TRIOPAS, roi de Thessalie, & pere de Mérope. C'étoit aussi le nom du pere d'Erisichthon.

TRIOPIUS, surnom d'Apollon, particulièrement révéré à Triopie ville de Carie, ou l'on célébroit en son honneur des jeux solemnels dans lesquels on donnoit des trépieds aux vainqueurs.

TRIOPS, c'est le même que Triopius. C'étoit aussi le nom d'un fils de Neptune.

TRIOPUS, fils du Soleil, donna son nom à un promontoire & à une ville de la Carie.

TRIPHALLUS, surnom de Priape.

TRIPHYLLIUS. Jupiter avoit sous ce nom un temple magnifique dans l'Elide.

TRIPLICES deæ, les trois Parques.

TRIPTOLÈME, fils de Céléus roi d'Eleusis, & de Métanire ou Méganire. Cérès, en reconnoissance des bons offices de Céléus, donna de son lait à Triptolème qu'elle voulut rendre immortel en le faisant passer par les flammes; mais Métanire effrayée de voir son fils dans le feu, l'en retira avec précipitation; ce qui empêcha l'effet de la bonne volonté de Cérès. Elle lui apprit l'art de cultiver la terre. *V.* CÉRÈS.

TRIPUDION. C'étoit proprement la maniere dont mangeoient les poulets sacrés, & de laquelle on tiroit des augures.

TRISMEGISTE, c'est-à-dire, *trois fois grand*, surnom de Mercure.

TRITIE, fille de Triton, prêtresse de Minerve.

TRITOGENIE, c'est-à-dire, *née de la tête*, surnom de Minerve, pris de la maniere dont les poëtes ont feint qu'elle étoit née. *Voyez* TRITONIE.

TRITON, dieu marin, fils de Neptune & de la nymphe Salacia. Il servoit de trompette à Neptune, usant pour cet effet d'une coquille ou d'une conque en forme de trompette. Il avoit la partie supérieure du corps semblable à l'homme & le reste semblable à un poisson. La plupart des dieux marins sont aussi appellés Tritons, & sont représentés de la sorte avec des coquillages.

TRITONIA ou TRITONIS. Minerve fut ainsi surnommée, parce qu'elle avoit été élevée sur le bord d'un marais nommé Triton, dans la Béotie.

TRIVESPER-LEO, c'est-à-dire, *le lion des trois nuits*, surnom d'Hercule, le même que *Trinoctius*.

TRIVIA, surnom de Diane qui présidoit aux chemins fourchus.

TRIUMPHUS, surnom de Bacchus.

TRŒZEN. *Voyez* TRÉZENE.

TRŒZENIUS heros. C'est Lelex, parce qu'il étoit du Péloponèse ou étoit Trézene.

TROIE. *Voyez* TROYE.

TROÏLE, fils de Priam & d'Hécube. Le destin avoit résolu que Troie ne seroit jamais prise tant qu'il vivroit. Il fut assez téméraire pour attaquer Achille qui le tua, & peu après la ville fut prise.

TROÏUS heros. C'est Enée. *Virg*. C'est aussi Esaque fils de Priam. *Ovid*.

TROMPE D'ÉLÉPHANT. *Voyez* OSIRIS.

TROMPETTE. *V.* RENOMMÉE, CLIO, MISENE. *En forme de conque ou de coquille.* Voyez TRITON.

TROPÆA. *Voyez l'article suivant.*

TROPÆUCHUS ou TROPHÆUS & TROPÆUS. Jupiter étoit ainsi surnommé, parce qu'il présidoit aux triomphes. On donnoit aussi le surnom de *Tropæa* à Junon, pour la même raison.

TROPÆUS, surnom de Jupiter, pris du mot grec qui signifie *tourner*, parce qu'il faisoit tourner le dos, c'est-à-dire, qu'il mettoit en fuite les ennemis. Il se prend aussi quelquefois dans le même sens que *Tropæuchus*.

TROPHÆUS. Voyez TROPÆUCHUS.

TROPHONIUS, fils d'Apollon. Il rendoit des oracles dans un antre affreux. Ceux qui vouloient le consulter, devoient se purifier. Après bien des cérémonies, ils entroient dans la caverne; & s'y étant endormis, ils voyoient ou entendoient en songe ce qu'ils demandoient. Voyez AGAMÈDE.

Trophonius étoit aussi un surnom de Jupiter.

TROUPEAUX de moutons ou de bœufs. Voyez ADMÈTE, APOLLON, POLYPHÈME, AJAX, CACAUS, MERCURE, ARGUS.

TROS, fils d'Erichthonius & pere d'Ilus. Il fut roi de Troie, qui fut ainsi appellée de son nom.

TROYE, & mieux TROIE, ville fameuse dans la Phrygie. Pâris, fils de Priam roi de cette contrée, ayant enlevé Héléne, femme de Ménélas, fut cause de sa ruine. Cette ville fut assiégée par les Grecs dix ans durant, & fut prise par le moyen d'un grand cheval de bois que Pallas avoit conseillé aux Grecs de fabriquer, & dans lequel on enferma des troupes. Les assiégeans ayant fait semblant de se retirer, les Troyens mirent des roues sous les pieds de cette machine, firent une grande brèche à la muraille, & la traînerent dans la ville. Pendant la nuit les soldats sortirent, donnerent un signal, mirent le feu dans tous les quartiers, avertirent le reste de l'armée, & la ville fût brûlée & saccagée. Voyez HÉLÉNE, PARIS, HECTOR, ACHILLE, ULYSSE, PRIAM, DARDANUS, ILUS, LAOMÉDON.

TUBILUSTRIES, fêtes Romaines où l'on purifioit les trompettes sacrées par un sacrifice qu'on offroit à l'entrée du temple de Saturne.

TUCIA ou TUTIA, Vestale, qui, accusée d'un crime, prouva son innocence, dit-on, en puisant de l'eau dans un crible, qu'elle porta du Tibre au temple de Vesta.

TUISTON, TUISCON ou TEUTON, dieu des Germains. On croit que c'étoit le même que le Teutatés des Gaulois.

TUMULTE, dieu, fils de Mars.

TURNUS, roi des Rutules, à qui Lavinie avoit été promise. Il fut tué par Enée son rival dans un combat singulier. *Enéid. liv.* 11 & 12.

TURRITA ou TURRIGERA, surnom de Cybèle qu'on représente avec une tour sur la tête.

TUSCULUS, fils d'Hercule, donna son nom à cette partie de l'Italie qui fut depuis appellée Tyrrhenie. *Voyez* TYRRHENUS.

TUTANUS, dieu de la sûreté.

TUTELA. On donnoit ce nom à la statue du dieu ou de la déesse qu'on mettoit sur la proue d'un vaisseau, pour en être la divinité tutélaire. *Voyez* TUTELINA.

TUTÉLAIRES. On nommoit ainsi les dieux particuliers d'un lieu, d'une ville, d'une contrée, &c. Ils étoient les mêmes que les Indigétes.

TUTIA. *Voyez* TUCIA.

TUTELINA, TUTULINA ou TUTELA, déesse qui présidoit à la conservation des grains recueillis & serrés. *Varron.*

TUYSCON, le même que Tuiston.

TYCHÉ, nom que les Grecs donnoient à la Fortune. C'étoit aussi le nom d'une nymphe, fille de l'Océan & de Téthys, & celui d'une des Hyades.

TYCHIS, l'un des quatre dieux Lares. *Voyez* ANACHIS.

TYCHIUS, habile ouvrier qui fit le bouclier d'Ajax.

TYCHON, un des dieux de l'impureté.

TYDÉE, fils d'Œnée & d'Althée. Il fut envoyé par Polynice auprès d'Etéocle roi de Thèbes, pour le sommer de lui rendre son royaume; mais en ayant été mal reçu, il le défia en toutes sortes de combats, où il eut toujours l'avantage. Etéocle indigné de se voir toujours vaincu, lui tendit plusieurs piéges, dont l'autre se tira encore. Quelque tems après, Tydée fut enfin tué au siége de Thèbes.

TYDIDES, c'est-à-dire, *fils de Tydée*. C'étoit Diomède.

TYMANDRE. *Voyez* EGYPIUS.

Pymœtès. *Voyez* Thymœtès.

Tyndare, roi d'Œbalie, & mari de Léda. Ses descendans & ceux de sa femme furent appellés Tyndarides. *Voyez* Castor.

Tyndarides, *au plur.* Castor & Pollux, comme fils de Tyndare; & en général les descendans de Tyndare: *au sing.* c'est communément Castor.

Tyndaris, Héléne, comme fille de Tyndare.

Typhis. *Voyez* Tiphys.

Typhon, Typhoé ou Typhus, l'un des géans qui escaladerent le ciel. Etant épris de Vénus, il l'a poursuivit jusques sur les bords de l'Euphrate, & deux gros poissons la passerent avec son fils de l'autre côté de ce fleuve. On dit que ces deux poissons furent mis au nombre des douze signes du Zodiaque. Il y en a, qui font de Typhon & de Typhoé deux géans différens, mais tous deux d'une taille énorme.

C'étoit aussi un surnom de Priape.

Tyr, ville de la Phénicie. Hercule y étoit particulièrement révéré, d'où il étoit surnommé *Tyrius*.

Tyrbé ou Confusion, fête en l'honneur de Bacchus.

Tyrimnus, dieu dont le culte étoit célèbre à Thyatire.

Tyrius, surnom d'Hercule. *Voyez* Tyr.

Tyro, l'une des Néréides, & mere de Nélée, de Pélias, d'Eson, d'Amithaon, & de Phérès. *Voyez* Enipée.

Tyrrhenus, fils d'Athys, donna son nom à une contrée de l'Italie, où il avoit conduit une colonie de Lydiens, dont les descendans furent extrêmement superstitieux.

Tyrrhides, les enfans de Tyrrhus.

Thyrrhus, gardien des troupeaux du roi Latinus. Un cerf qu'il avoit apprivoisé, ayant été tué par Ascagne, fut la premiere cause de la guerre entre les Troyens & les Latins. *Virg.*

Tyrsis. On donnoit ce nom au palais de Saturne.

U L Y.

UCALEGON, un des principaux Troyens que son grand âge empêcha de combattre contre les Grecs.

UDÉE, pere d'Euripe, un des ancêtres de Tirésias.

UFENS, un des princes d'Italie qui donna du secours à Turnus contre Enée. Il fut tué par un Troyen nommé Gyas.

ULIUS, c'est-à-dire, *Salubre*, surnom d'Apollon.

ULIXES. Quelques auteurs écrivent & prononcent ainsi le nom d'Ulysse.

ULTOR, c'est-à-dire, *Vengeur*, surnom de Jupiter & de Mars.

ULTRICES deæ, les déesses vengeresses, ce sont les Furies.

ULYSSE, roi de l'isle d'Ithaque, fils de Laërte & d'Anticlée. Il contrefit l'insensé pour ne point aller au siège de Troie ; mais Palamède mit, pour l'éprouver, son fils Télémaque encore enfant, devant le soc d'une charrue qu'il faisoit tirer par des bœufs. Ulysse, de crainte de blesser son fils, leva la charrue. Cette attention découvrit sa feinte, & il fut contraint de partir. Il rendit de grands services aux Grecs par sa prudence & ses artifices. Ce fut lui qui alla chercher Achille chez Lycomède, où il le trouva déguisé en femme, & le découvrit, en présentant aux dames de la cour des bijoux, parmi lesquels il y avoit des armes sur lesquelles ce jeune prince se jetta aussi-tôt. Ulysse enleva le Palladium avec Diomède, fut un de ceux qui s'enfermerent dans le cheval de bois, & contribua par son courage à la prise de Troie. En retournant en Ithaque, il lutta pendant dix ans contre les tempêtes & tous les dangers de la mer. Ayant fait naufrage, il aborda dans l'isle de Circé, où cette enchanteresse eut de lui un fils appellé Télégone. Pour le retenir, elle changea tous ses compagnons en bêtes sauvages : mais ayant

S iv

trouvé moyen de sortir de cette isle, il fit encore naufrage, & fut jetté dans celle de Calypso qui le retint aussi auprès d'elle. Enfin son vaisseau se brisa auprès de l'isle des Cyclopes, où Polyphème dévora quatre de ses soldats, & l'enferma avec le reste dans son antre, d'où ce prince sortit heureusement.

Ulysse évita par son adresse l'enchantement des Sirènes; & lorsqu'il sortit d'Eolie, Eole, pour marque de sa bienveillance, lui donna des peaux où les vents étoient enfermés : mais quelques-uns de ses gens ayant ouvert ces peaux par curiosité, les vents s'échapperent & firent un désordre affreux. L'orage jetta Ulysse sur les côtes d'Afrique, lorsqu'il étoit sur le point de rentrer dans sa patrie. Il fit encore naufrage pour la derniere fois, perdit ses vaisseaux qui furent tous brisés, se sauva seul sur un morceau de bois, & arriva en Ithaque dans un état pitoyable, sans être reconnu de personne. Il se mit cependant au nombre des concurrens, pour tendre l'arc qu'on avoit proposé, & dont Pénélope devoit être le prix : il en vint à bout, se fit reconnoître, rentra dans le sein de sa famille, & tua tous ses rivaux. Quelque tems après, il se démit de ses états entre les mains de Télémaque, parce qu'il avoit appris de l'oracle qu'il mourroit de la main de son fils : il fut en effet tué par Télégone qu'il avoit eu de Circé. *Voyez* TÉLÉGONE. Il fut mis au nombre des demi-dieux. *Homere, Odyss. Iliad. Hygin. Virg.*

UMBRON, fameux enchanteur du pays des Marses, qui vint au secours de Turnus contre les Troyens. Il fut tué par Enée.

UNIGENE, c'est-à-dire, *née d'un seul*, surnom de Minerve.

UNXIA, surnom de Junon qu'on invoquoit dans une cérémonie des mariages, laquelle consistoit à frotter d'huile ou de graisse les poteaux de la porte de la maison où les nouveaux mariés s'établissoient, pour en écarter les maux & l'effet des enchantemens. On croit que c'est de cette onction que le nom d'*uxor* a été donné à une femme mariée. *Unxia* étoit aussi une déesse particuliere qui présidoit à l'usage des huiles de parfum.

UPIS. Les Lacédémoniens donnoient ce nom à Diane.

URAGUS, surnom de Pluton.

URANIE, l'une des neuf muses. Elle préside à l'astronomie. On la représente sous la figure d'une jeune fille vêtue d'une robe couleur d'azur, couronnée d'étoiles, soutenant un globe avec les deux mains, autour d'elle plusieurs instrumens de mathématiques.

Uranie fut aussi le nom de plusieurs nymphes, & un surnom célèbre de Vénus. Sous le nom d'Uranie, c'est-à-dire, *céleste*, on adoroit Vénus comme la déesse des plaisirs innocens de l'esprit, & on l'appelloit par opposition Vénus terrestre, quand elle étoit l'objet d'un culte infâme & grossier.

URANUS. C'est le même que Cœlus pere de Saturne.

URIUS, surnom de Jupiter.

URNE, vase où l'on mettoit les cendres des morts après les avoir brûlés. *Voyez* DESTIN, MINOS.

UROTALT, divinité des Arabes qui adoroient sous ce nom Orus ou le Soleil.

UTÉRINE, une des déesses qu'on invoquoit dans les accouchemens.

V A C

VACHE. *Voyez* IO, IPHIANASSE.

VACUNA, divinité que les Romains adoroient, principalement les habitans de la campagne. On lui offroit des sacrifices, particulièrement dans le tems que les travaux étoient finis. Varron enseigne que cette déesse étoit la même que la Victoire, sur-tout lorsqu'elle couronne ceux qui surpassent les autres en sagesse.

S v

VAGITANUS, dieu qui préſidoit aux premiers cris des enfans. *Voyez* VATICANUS.

VAISSEAUX. *Voyez* ARGO, JASON, THÉSÉE, ULYSSE, ENÉE, &c.

VALENTIA, déeſſe adorée par les premiers habitans de l'Italie. C'étoit auſſi le premier nom de la ville de Rome.

VALLON SACRÉ, ſelon les poëtes. C'eſt l'eſpace de la vallée où coulent le fleuve Permeſſe, & la fontaine d'Hippocrène, & où l'on croyoit que paiſſoit le cheval Pégaſe. Ce vallon étoit conſacré aux Muſes.

VALLONIA, déeſſe des vallées.

VAN, inſtrument pour nettoyer le grain. C'étoit un ſymbole myſtique de Bacchus, parce que ceux qui étoient initiés à ſes myſteres, avoient dû être purifiés de leurs vices par les épreuves qui précédoient l'initiation, comme le bled eſt ſéparé de la paille par le moyen du van. On donnoit auſſi ce ſymbole à Orus, comme au dieu du labourage. *Virg. Serv. Hiſt. du Ciel.*

VATICANUS, dieu qui rendoit des oracles dans un champ proche de Rome. Il y en a qui croient que c'eſt le même que Vagitanus, & qu'il eſt ainſi nommé, parce que la premiere ſyllabe de ſon nom *va* ou *ua*, eſt le cri des enfans qui viennent de naître.

VAUTOUR. *Voyez* EGYPIUS.

VEDIUS, VÉJOVIS ou VEJUPITER, une des divinités malfaiſantes que les Romains honoroient, non par aucune eſpérance d'en recevoir du bien, mais pour détourner les maux qu'ils en appréhendoient. On repréſentoit Véjovis armé de flèches. On croit que c'eſt Pluton.

VELEDA, fameuſe devinereſſe qui regna dans la Germanie, où elle fut depuis révérée comme une divinité. Les Germains donnerent ſon nom aux femmes qui parmi eux prédiſoient l'avenir.

VENATRIX dea, c'eſt-à-dire, *la déeſſe chaſſeuſe.* C'eſt Diane.

VENILIE, nymphe, femme de Faunus & mere de

Turnus. Quelques-uns ont dit qu'elle étoit femme de Neptune, & la même que Salacia.

VENTS, divinités poëtiques, enfans du Ciel & de la Terre ; ou, selon d'autres, d'Astréus & d'Héribée. Eole étoit leur roi, & les tenoit enchaînés dans des cavernes. Il y en avoit quatre principaux ; savoir, Eurus, Auster, Aquilon & Favonius : les autres étoient Euronotus, Vulturne, Subsolanus, Cæcias, Chaurus ou Corus, Africus, Libonotus, &c.

VENULUS, un des principaux d'entre les Latins, qui alla demander du secours à Diomède contre les Troyens, mais inutilement.

VÉNUS, autrement CYPRIS, fille du Ciel & de la Terre ; ou, selon quelques-uns, de la Mer. On dit encore que Saturne fut l'auteur de sa naissance, & qu'elle fut formée de l'écume de la mer ; (*Voyez* SATURNE,) quoique d'autres veulent qu'elle soit fille de Jupiter & de Dioné. Il y a eu plusieurs Vénus, & il est vraisemblable que toutes les débauches qu'on n'attribue qu'à une seule, étoient de plusieurs femmes à qui on donnoit ce nom. Quoi qu'il en soit, on conte qu'aussi-tôt après sa naissance, les Heures l'emporterent avec pompe dans le ciel, où tous les dieux la trouverent si belle, qu'ils voulurent l'épouser & la nommerent déesse de l'amour. Vulcain l'épousa, parce qu'il avoit forgé des foudres à Jupiter contre les géans. Cette déesse ne pouvant souffrir son mari, à cause de sa laideur, eut une infinité de courtisans, entr'autres, le dieu Mars. Vulcain l'ayant surprise avec ce dieu, entoura l'endroit d'une petite grille imperceptible, & appella ensuite tous les dieux, qui se moquerent de lui. Elle épousa aussi Anchise, prince Troyen, dont elle eut Enée, pour qui elle fit faire des armes par Vulcain, lorsque ce prince alla fonder un nouvel empire en Italie. Elle aima Adonis. On dit qu'elle eut Cupidon du dieu Mars. Cette déesse avoit une ceinture, qui inspiroit si infailliblement de la tendresse, que Junon la lui emprunta pour se faire aimer de Jupiter. Vénus étoit toujours accompagnée des Graces, des

Ris, des Jeux, des Plaisirs & des Attraits. Pâris, devant qui elle se montra dans toute sa beauté, lui donna la pomme que Junon & Pallas disputoient avec elle, & que la Discorde avoit jettée sur la table aux noces de Thétis & de Pélée. Elle présidoit à tous les plaisirs & ses fêtes se célébroient par toutes sortes de débauches. On lui bâtit des temples partout. Les plus superbes étoient ceux d'Amathonte, de Lesbos, de Paphos, de Gnide & de Cythere. Elle voulut que la colombe lui fût consacrée, à cause de la nymphe Péristere, qui l'aida à cueillir des fleurs, à l'occasion de sa gageure avec Cupidon. *V.* PÉRISTERE. On la représente ordinairement avec Cupidon son fils, sur un char traîné par des pigeons, ou par des cignes, ou par des moineaux, & quelquefois montée sur un bouc. Il n'y a rien de plus abominable que toutes les débauches que les poëtes racontent de cette infâme déesse. *Ovide, Hygin, Natalis Comes, &c. Voyez* LUCIFER.

VERGE. *V.* MERCURE, BELLONE, CADUCÉE.

VERGILIES; les mêmes que les Pleiades.

VÉRITÉ, divinité allégorique, fille de Saturne & mere de la Vertu. On la représente sous la figure d'une femme, ayant un air majestueux, & habillée simplement.

VERJUGODUMNUS, un des dieux des Gaulois.

VERSEAU. C'est l'un des douze signes du Zodiaque. C'étoit, dit-on, Ganymède, que Jupiter plaça au ciel. Les Latins le nomment *Aquarius*.

VERTICORDIE, surnom de Vénus, qui a le même sens que celui d'Apostrophie. *V.* APOSTROPHIE.

VERTU, divinité allégorique, fille de la Vérité. On la représente sous la figure d'une femme simple, vêtue de blanc, assise sur une pierre quarrée. Et lorsqu'on la considere comme la Force, on la représente sous la figure d'un vieillard grave, tenant en sa main une massue.

VERTUMNE, dieu de l'automne; &, selon d'autres, des pensées humaines & du changement. Il pouvoit prendre toutes sortes de figures. Il s'attacha fort à Pomone, & prit la figure d'une vieille, pour lui conseiller d'aimer. L'ayant persuadée, il se nomma. Lorsqu'ils furent dans un âge avancé, il se rajeunit avec elle, & ne viola jamais la foi qu'il lui avoit promise. *Voyez* PROTÉE, PÉRICLYMENE, ACHÉLOUS.

Comme ce dieu étoit adoré sous mille formes, Horace dit au pluriel, *Dii Vertumni*, les dieux Vertumnes; comme si en effet il eût eu autant de Vertumnes que ce dieu prenoit de figures differentes. *Dacier.*

VERVACTOR, un des dieux des laboureurs.

VESPER, le même qu'Hesper. *Voyez* LUCIFER, NOCTURNUS.

VESTA, la plupart des auteurs donnent ce nom à Cybèle, parce qu'elle étoit, comme Vesta, la déesse du feu. Il y en a beaucoup qui croient qu'il y a eu deux Vesta, l'une femme du Ciel, & l'autre femme de Saturne. Si l'on regarde Cybèle comme déesse du feu, on l'appelle Vesta. Il n'appartenoit qu'à des vierges de célébrer ses mysteres, & leur unique soin étoit de ne jamais laisser éteindre le feu dans ses temples. Quand elles le laissoient éteindre, ou quand elles manquoient à leur vœu de virginité, elles étoient condamnées à être enterrées toutes vives. On les appelloit Vestales.

VESTALES. C'étoient des filles qui se consacroient au culte de la déesse Vesta. *Voyez* VESTA.

VEUVE. *Voyez* CHÉRA.

VIALES, divinités qui présidoient aux grands chemins. Mercure y tenoit le prémier rang, & on leur sacrifioit des pourceaux.

VIBILIE, déesse des voyageurs qui l'invoquoient sur-tout quand ils s'étoient égarés de leur chemin.

VICA POTA, déesse qui présidoit à la Victoire.

VICES. Les Grecs & les Romains en avoient fait des dieux.

VICTA, déesse des vivres.

VICTIMES. On nommoit Victimes ou Hosties les animaux qu'on égorgeoit en l'honneur des dieux.

Quand la victime étoit égorgée, on la brûloit quelquefois toute entiere, & c'est ce qu'on nommoit holocauste ; mais ordinairement les sacrificateurs en réservoient la plus grande partie, gardoient la meilleure pour eux, & donnoient le reste à ceux qui faisoient les frais du sacrifice.

VICTOIRE ou NICÉ, divinité allégorique qu'on dit être fille de la déesse Styx & du géant Pallax. On la représente sous la figure d'une jeune fille toujours gaie, avec des ailes, tenant d'une main une couronne d'olivier & de laurier, & de l'autre une branche de palmier. Les Athéniens ne donnoient point d'ailes à leur déesse Victoire, comme pour l'empêcher de s'éloigner d'eux.

VICTOR, c'est-à-dire, *Vainqueur*. Jupiter avoit sous ce nom des temples & des fêtes particulieres. C'étoit aussi un surnom d'Hercule.

VICTRIX, c'est-à-dire, *Victorieuse*, surnom de Vénus.

VIEILLES. *V.* GRÉES, GALANTHIS, TIMARATE.

VIEILLESSE, divinité infernale, fille de l'Erebe & de la Nuit.

VIERGE. *Voyez* ASTRÉE, ICARIUS, ERIGONE.

VIGNES. *Voyez* BACCHANTES, POMONE, ALCITHOÉ, SILENE, STAPHYLUS.

VIMINEUS, surnom de Jupiter, pris des autels qui lui étoient consacrés à Rome sur le mont Viminal.

VINALIES, fêtes Romaines. On les célébroit en l'honneur de Vénus avant que de commencer les vendanges, & en l'honneur de Jupiter, lorsqu'on commençoit à boire le vin nouveau.

VINCTRIX, la même que *Vitrix*.

VIOLENCE, déesse, sœur de la Victoire.

VIOLON, LYRE ou LUTH. *Voyez* ORPHÉE, APOLLON, AMPHION, ARION, ERATO, LINUS, MERCURE.

VIRAGO: c'est-à-dire, *femme qui a le courage d'un homme*, surnom de Diane & de Minerve. Virgile le donne aussi à Juturne.

VIRBIUS. Hyppolyte fut ainsi appellé, quand Dine , par le secours d'Esculape , lui eut rendu la vie.

Ce fut aussi le nom d'un fils d'Hippolyte, qui donna du secours à Turnus contre les Troyens.

VIRGINAL, temple de Pallas où il n'étoit permis qu'aux seules filles d'entrer, & dans lequel on n'immoloit que des victimes femelles qui n'eussent point encore eu de petits.

VIRGINENSIS, une des déesses qui présidoient au mariage. C'étoit un surnom de Diane.

VIRIPLACA, déesse qui présidoit au raccommodement des maris avec leurs femmes, quand il y avoit des brouilleries dans le ménage.

VITISATOR, surnom de Bacchus.

VITRIX, c'est-à-dire, *qui noue, qui fait des nœuds*, surnom de Vénus.

VITULA, déesse de la joye, selon quelques-uns. D'autres disent qu'elle présidoit aux alimens qui servent à l'entretien de la vie. Il y en a qui prétendent que ce n'étoit qu'un surnom de la Victoire.

VITUMNUS ou VITUNUS, dieu qui présidoit aux premiers instans de la vie, & à sa conservation.

VOIE LACTÉE. On appelle ainsi cette suite de taches blanches qu'on voit au ciel pendant la nuit dans un tems serein. On conte qu'elles viennent d'une goutte de lait que Junon répandit, lorsqu'elle repoussa Hercule, que Jupiter avoit approché d'elle pour lui donner l'immortalité. *Voyez* HERCULE.

VOILE. *Voyez* PYRAME.

VOLCENS ou VOLSCENS, un des capitaines de l'armée de Turnus. Il fut tué par Nisus.

VOLTUMNA, VOLTUNNA ou VULTURNA, déesse particulierement révérée par les Etrusques. C'étoit dans son temple qu'ils s'assembloient pour les affaires d'état.

VOLTURNALES & VOLTURNE. *V.* VULTURNE.

VOLUMNA & VOLUMNUS, dieu & déesse de la bonne volonté. On les invoquoit dans les cérémonies du mariage.

VOLUPIE & VOLUPTÉ, déesses infâmes qui présidoient aux débauches.

VOLUTRINA ou VOLUTINA, déesse de la menue paille qui enveloppe le grain.

VULCAIN, dieu du feu, fils de Jupiter & de Junon. Comme il étoit extrêmement laid & mal fait, aussi-tôt qu'il fut né, Jupiter lui donna un coup de pied, & le jetta du haut en bas du ciel. Vulcain se cassa la jambe en tombant ; ce qui le rendit boiteux. Il épousa Vénus. Il fournissoit des foudres à Jupiter, & tenoit ses forges dans les isles de Lypare, de Lemnos & au fond du mont Etna. Les Cyclopes, ses forgerons qui n'avoient qu'un œil au milieu du front, travailloient continuellement sous lui. *Voyez* VÉNUS, JUNON. *Ovid. Virg. &c.*

VULCANALES ou VULCANIES, fêtes en l'honneur de Vulcain.

VULTURNA. *Voyez* VOLTUMNA.

VULTURNE ou VOLTURNE, vent qu'on croit être le même qu'Eurus. C'étoit aussi le nom d'un dieu adoré à Rome, en l'honneur de qui il y avoit des fêtes qu'on nommoit Vulturnales. On croit que c'est le même que Tiberinus.

W O D

WODAN ou GODAN, un des dieux des anciens Germains. Quelques-uns ont cru que c'étoit le même que Mercure.

X A N

XANTHO, nymphe, fille de l'Océan & de Téthys.

XANTHUS ou XANTHE, fleuve de la Troade. Il s'opposa avec Scamandre & Simoïs à la descente des Grecs, par un débordement de ses eaux.

Un des chevaux d'Achille s'appelloit Xanthus.

XENIUS. Jupiter étoit adoré sous ce nom, comme dieu de l'hospitalité.

XENODICE, fille de Minos & de Pasiphaé.

XISITHRUS ou XISUTHRUS, ayant été averti par Saturne d'un déluge qui devoit inonder toute la terre, il fit construire un grand vaisseau, par le moyen duquel il en fut garanti avec sa famille. Quand il sortit de ce vaisseau, il disparut & fut mis au nombre des dieux.

XUTHUS, fils d'Hellen, épousa une fille d'Erechthée, de laquelle il eut Ion & Achæus, dont l'un donna son nom à l'Ionie, & l'autre à l'Achaïe.

YEU

YEUX. *Un homme qui a des yeux par tout le corps,* voyez ARGUS. *Qui a trois yeux,* voyez TRIOCULUS. *Qui n'a qu'un œil,* voyez POLYPHÈME, CYCLOPES. *Trois vieilles sans yeux, & dont l'une tient un œil à la main,* voyez GRÉES, GORGONES. *Fille avec des aîles remplies d'yeux,* voyez RENOMMÉE.

ZAN

ZACORE, un des princes qui vinrent au secours de Persès : il fut tué par Argus fils de Phryxus.

ZAGREUS surnom de Bacchus.

ZAMOLXIS, disciple de Pythagore & législateur des Thraces, de qui il reçut après sa mort des honneurs divins.

ZAN. *Voyez* ZEUS.

ZANANAS ou ZAS. *Voyez* ZEUS.

ZANCLÉ, mot grec qui signifie *faux* ou *faucille.* Ce nom fut donné à la Sicile, parce qu'on croyoit que la faux de Saturne y avoit été trouvée. Ainsi, *Charybdis Zanclæa*, dans Ovide, signifie que le gouffre de Charybde est vers les côtes de la Sicile.

ZAVANAS, un des dieux des Syriens.

ZÉERNEBOCH, c'est-à-dire, *le Dieu noir*, un des dieux des Germains. *Voyez* NIGER.

ZÉLÈS, habitant de Cyzique, qui fut tué par Pollux.

ZEN. *Voyez* ZEUS.

ZÉPHYRE, vent d'Occident, & l'un des quatre principaux. Il étoit fils d'Eole & de l'Aurore, selon quelques-uns. Il souffle avec tant de douceur, & a cependant tant de puissance, qu'il rend la vie aux arbres & aux fruits. Il épousa la déesse Flore, dont il eut plusieurs enfans. On le représente sous la figure d'un jeune homme ayant un air serein.

ZEPHYRITIS, Flore, femme de Zéphyre.

ZÉRANTHION ou ZÉRYNTHE, antre fameux dans la Thrace, consacré à Hécate. On venoit y sacrifier pour être garanti des périls qu'on craignoit.

ZÉRYNTHIE, surnom de Vénus.

ZÈS. *Voyez* ZEUS.

ZÉTÈS ou ZÉTHÈS, fils de Borée & d'Orythie, & frere de Calaïs. *Voyez* CALAÏS.

ZÉTHUS ou ZÉTUS, fils de Jupiter & d'Antiope. Lorsque Lycus roi de Thèbes eut épousé Antiope, il la soupçonna de s'entendre avec Epaphus, & la répudia sur le champ pour épouser Dircé. Jupiter alors voulut plaire à Antiope, & la trompa en prenant la figure de Lycus, comme si celui-ci eût voulu se raccommoder avec elle. Dircé croyant que Lycus revoyoit Antiope, la fit enfermer & lui fit souffrir une infinité de maux, jusqu'à ce qu'elle s'échappa, & alla accoucher sur le mont Cythéron, de Zéthus & d'Amphion, qu'elle donna à élever à des bergers. Ces deux jeunes princes instruits dans la suite de l'histoire de leur mere, attacherent Dircé à la queue d'un taureau furieux qui la mit en piéces, & ils ne se quitterent jamais. On dit qu'ils se rendirent fort habiles, Amphion, dans la musique; & Zéthus, dans l'exercice de la chasse.

ZEUS, nom que les Grecs donnoient à Jupiter,

qu'ils appelloient aussi ZEN, ZAN, ZÈS, ZAS, DIS, DEN, DAN, &c.

ZEUXÉ ou ZEUXO, nymphe, fille de l'Océan & de Téthys. *Hesiode.*

ZEUXIDIE, surnom de Junon.

ZEUXIPPE, fils d'Apollon & de la nymphe Syllis, regna à Sicyone.

ZIDORE ou BIODORE, c'est-à-dire, *qui donne la vie*, surnom de Cérès.

ZODIAQUE. C'est cet espace du ciel que le soleil parcourt pendant l'année, & qui est divisé en douze parties, où sont douze constellations qu'on nomme les douze signes du Zodiaque, & dont voici les noms, le Bélier, le Taureau, les Gemeaux, l'Ecrevisse, le Lion, la Vierge, la Balance, le Scorpion, le Sagittaire, le Capricorne, le Verseau & les Poissons. Voyez ces signes, chacun sous son nom.

ZOOGONES, dieux qui présidoient à la conservation de la vie de tous les animaux. *Zoogonos* étoit aussi un surnom particulier de Jupiter.

ZOOLÂTRIE, c'est-à-dire, *adoration des animaux*, idolâtrie qui fut autrefois la principale de l'Egypte.

ZOROASTRE, auteur du culte idolâtre appellé Sabaïsme. *V.* SABAISME. Il y a eu deux Zoroastres. *Voyez Hist. anc. Tom.* I, *chap.* 4, *art.* 4, *& l'Hist. de l'Acad. des Inscript. T.* 29.

ZOSTERIE, surnom de Minerve, tiré d'un ancien mot grec qui signifie *prendre les armes.* Il y avoit aussi Apollon *Zosterius.*

ZYGIE, nom sous lequel on adoroit Junon, comme déesse du lien conjugal. *Pindare.*

F I N.

Addition à l'Avertissement.

APRÈS ces mots qui font les deux premieres lignes de la page vj ; *de sorte qu'on a dans ce petit Livre tout ce qu'il y a d'essentiel à savoir sur la Fable*, ajoutez : relativement à l'intelligence des anciens auteurs & sur-tout des poëtes. C'est le principal objet qu'on s'est proposé ; & si le moyen n'en étoit que comme ébauché dans les premieres éditions, on oseroit presque se flatter d'être parvenu dans les dernieres, & particulièrement dans celle-ci, à en faire une espece de *Commentaire général de Mythologie* sur les textes des anciens auteurs, non-seulement en ce qui constitue l'historique de la Fable, dans les articles tels que ceux d'*Achille*, d'*Ajax*, &c. & ce qui regarde la religion payenne, comme dans les articles *Ambrosie*, *Dieux*, *Manes*, &c. mais aussi dans ce qui concerne la géographie poëtique, les noms patronymiques & les surnoms des fausses divinités. En voici quelques exemples pris seulement de la lettre A. Si on lit dans Ovide : *Æmonias si quis decurrit ad artes* ; Et dans un autre endroit : *Per tamen adversi gradieris cornua tauri Æmoniosque arcus*. En cherchant ici l'article *Æmonia*, on y trouvera que par *artes Æmonias*, il faut entendre *la magie*, & la constellation du *Sagittaire* par *Æmonios arcus*.

Si on lit dans un endroit de Virgile : *memor ille matris Acidaliæ*, & dans un autre : *sacri monstrat nemus Argileti* ; on trouvera à l'article *Acidalie* que c'est Vénus, & pourquoi elle est ainsi surnommée, & à l'article *Argilete*, ce qu'il faut entendre par *sacri nemus Argileti*.

Enfin, si dans Horace on lit : *O Diva gratum quæ regis Antium* ; ou bien : *Lævis Agyieu*, on trouvera aux articles *Antium* & *Agyeus*, quelles sont les divinités dont le poëte parle dans ces deux endroits.

Il en est de même pour les noms patronimyques. Qu'on life dans Horace : *Quin & Atridas duce te superbos*, &c. dans Virgile : *Hortator scelerum Æolides*, & dans Ovide : *Æolis interea tantorum ignara malorum* ; on trouvera à l'article *Atrides* que ce sont *Agamemnon & Ménélas* ; à l'Article *Æolides*, que c'est *Ulysse*, & à l'article *Æolis* que c'est *Alcione*.

Outre les observations qui regardent l'intelligence des Auteurs, on en a recueilli quelques autres, qui, sans y avoir un rapport aussi direct, peuvent néanmoins y contribuer, comme à l'article *Achille*, on a observé que la fable qui le suppose invulnérable, n'étoit pas reçue du tems d'Homere ; à celui de *Colchide*, qu'on y a supposé une ville de Colchos qui n'a jamais existé ; à celui de *Sirènes*, qu'elles n'étoient pas des monstres moitié femmes & moitié poissons comme on se les figure ; mais des monstres si differens de ceux-là, que Pline les appelle des oiseaux fabuleux, &c.

F I N.

APPROBATION.

J'AI lu, par l'ordre de Monseigneur le Garde des Sceaux, un manuscrit, qui a pour titre : *Dictionnaire abrégé de la Fable*, &c. & je n'y ai rien trouvé qui m'ait paru en devoir empêcher l'impression. Ce 3 Janvier 1727.

Signé, BOINDIN.

AUTRE APPROBATION.

J'AI lu, par l'ordre de Monseigneur le Garde des Sceaux, des augmentations faites à un Livre, qui a pour titre : *Dictionnaire abrégé de la Fable*, &c. dans lesquelles je n'ai rien trouvé qui pût en empêcher l'impression. Ce 5 Septembre 1732.

Signé, GRANET.

PRIVILÉGE DU ROI.

LOUIS, par la grace de Dieu, Roi de France & de Navarre : A nos amés & féaux Conseillers, les Gens tenans nos Cours de Parlement, Maîtres des Requêtes ordinaires de notre Hôtel, Grand-Conseil, Prévôt de Paris, Baillifs, Sénéchaux, leurs Lieutenans Civils, & autres nos Justiciers qu'il appartiendra; SALUT. Nos amés les sieurs SAILLANT & NYON, Libraires à Paris. Nous ont fait exposer qu'ils desireroient faire réimprimer & donner au Public, un *Dictionnaire de la Fable* ; s'il Nous plaisoit leur accorder nos Lettres de renouvellement de Privilége pour ce nécessaires. A CES CAUSES, voulant favorablement traiter les Exposans, Nous leur avons permis & permettons par ces Présentes, de faire imprimer ledit Ouvrage autant de fois que bon leur semblera, & de le vendre, faire

vendre & débiter par tout notre Royaume pendant
le temps de six années consécutives, à compter du
jour de la date des Présentes : Faisons défenses à
tous Imprimeurs, Libraires & autres personnes, de
quelque qualité & condition qu'elles soient, d'en
introduire d'impression étrangere dans aucun lieu
de notre obéissance ; comme aussi d'imprimer ou
faire imprimer, vendre, faire vendre, débiter, ni
contrefaire ledit Ouvrage, ni d'en faire aucun
extrait, sous quelque prétexte que ce puisse être,
sans la permission expresse & par écrit desdits
Exposans, ou de ceux qui auront droit d'eux, à
peine de confiscation des Exemplaires contrefaits,
de trois mille livres d'amende contre chacun des
contrevenans, dont un tiers à Nous, un tiers à
l'Hôtel-Dieu de Paris, & l'autre tiers auxdits Exposans, ou à celui qui aura droit d'iceux, & de
tous dépens dommages & intérêts, à la charge que
ces Présentes seront enregistrées tout au long sur le
Registre de la Communauté des Imprimeurs & Libraires de Paris, dans trois mois de la date d'icelles ;
que l'impression dudit Ouvrage sera faite dans notre
Royaume, & non ailleurs, en bon papier & beaux
caracteres, conformément aux Réglemens de la Li-
brairie, & notamment à celui du 10 Avril 1725,
à peine de déchéance du présent Privilége ; qu'a-
vant de l'exposer en vente, le Manuscrit qui aura
servi de copie à l'impression dudit Ouvrage, sera
remis dans le même état où l'Approbation y aura
été donnée, ès mains de notre très-cher & féal
Chevalier, Chancelier, Garde des Sceaux de France,
le sieur DE MAUPEOU ; qu'il en sera ensuite remis
deux Exemplaires dans notre Bibliothéque publique, un dans celle de notre Château du Louvre,
& un dans celle dudit sieur DE MAUPEOU ; le
tout à peine de nullité des Présentes. Du contenu
desquelles vous mandons & enjoignons de faire jouir
lesdits Exposans & leurs Ayans-cause, pleinement
& paisiblement, sans souffrir qu'il leur soit fait aucun trouble ou empêchement ; Voulons que la copie

des Préfentes, qui fera imprimée tout au long, au commencement ou à la fin dudit Ouvrage, foit tenue pour dûement fignifiée, & qu'aux copies collationnées par l'un de nos amés & feaux Confeillers-Secretaires, foi foit ajoutée comme à l'original. Commandons au premier notre Huiffier ou Sergent fur ce requis, de faire, pour l'exécution d'icelles, tous actes requis & néceffaires, fans demander autre permiffion, & nonobftant clameur de Haro, Charte Normande, & Lettres à ce contraires; Car tel eft notre plaifir. DONNÉ à Paris, le trentième jour du mois de Septembre, l'an de grace mil fept cent foixante-douze, & de notre règne le cinquante-huitiéme. Par le Roi en fon Confeil.

Signé, LE BEGUE.

Nous fouffignés, reconnoiffons que Madame veuve Defaint eft intéreffée pour moitié dans le préfent Privilége. A Paris, le 2 Octobre 1772.

Signé, SAILLANT & NYON.

Regiftré le préfent Privilége & enfemble la Ceffion fur le Regiftre XVIII. de la Chambre Royale & Syndicale des Libraires & Imprimeurs de Paris, N°. 2203, conformément au Réglement de 1723. A Paris, ce 3 Octobre 1772.

Signé, C. A. JOMBERT, pere, *Syndic*.

De l'Imprimerie de CHARDON. 1774.

www.ingramcontent.com/pod-product-compliance
Lightning Source LLC
Chambersburg PA
CBHW050912230426
43666CB00010B/2126